# SPORT UND RECHT

Herausgegeben von

**Dr. Friedrich-Christian Schroeder**
o. Professor an der Universität Regensburg

und

**Hans Kauffmann**
Ministerialrat im Bayerischen Staatsministerium der Justiz

1972

WALTER DE GRUYTER · BERLIN · NEW YORK

ISBN 3 11 004191 X

 — Satz und Druck: Felgentreff & Goebel, 1 Berlin 61, Zossener Straße 55

# Inhalt

Anhang

## Vorwort

Seit dem Bestechungsskandal in der Fußball-Bundesliga ist es auch der breiteren Öffentlichkeit bewußt geworden, daß der Sport keinen rechtsfreien Raum darstellt, sondern einer großen Zahl von Rechtsvorschriften unterworfen ist, die z. T. schwierige Probleme aufwerfen. Wer sich näher mit der Materie befaßt hatte, hatte freilich schon vorher beobachtet, daß die neuzeitliche Entwicklung des Sports diesen immer mehr in den rechtlich geregelten Sektor der menschlichen Beziehungen hineingeschoben hat. Grundlage hierfür ist die Entwicklung des Sportes zu einem Massenphänomen, die ihrerseits wiederum auf der technischen Entwicklung mit ihrem ungeahnten Gewinn an Freizeit, gleichzeitig aber auch dem gesteigerten Bedürfnis nach Ausgleich für eine vielfach stumpfsinnige Berufstätigkeit beruht. Aus der Häufigkeit der sportlichen Betätigung wie auch aus der Entwicklung gefährlicher Sportgeräte erwuchsen Gefahren für die Beteiligten, denen das Recht durch Vorschriften über die Verhütung und den Ausgleich von Schäden zu begegnen sucht. Gleichzeitig entstanden eine ausgedehnte Zubehörindustrie und ein einschlägiges Dienstleistungsgewerbe, die entsprechende Rechtsprobleme mit sich brachten. Vor allem aber entstand eine umfassende Sportorganisation, die sowohl in ihren Innenbeziehungen als auch in ihren Beziehungen zur Außenwelt erhebliche rechtliche Probleme aufgeworfen hat. Der Übergang zum Berufssport, aber auch schon das Erfordernis einer Förderung von Spitzensportlern, lösten für die Beteiligten den Sport völlig aus dem Bereich einer Freizeitbeschäftigung heraus und unterwarfen ihn dem Arbeitsrecht oder ähnlichen Regelungen und damit zugleich den hiermit regelmäßig verbundenen Rechtsgebieten des Steuer- und Versicherungsrechts.

Der Bundesligaskandal hat aber zugleich deutlich gemacht, daß sich die Rechtswissenschaft und die Rechtsliteratur dem Sport noch nicht in einem dem Umfang der aufgeworfenen Probleme adäquaten Ausmaß zugewandt haben. Während etwa das „Recht des Arztes" und das Schulrecht anerkannte Rechtsgebiete sind, läßt sich dies für das Sportrecht bisher leider noch nicht behaupten. Zwar erschien schon 1936 eine zusammenfassende Darstellung[1], und auch heute liegt eine Gesamtdarstellung vor[2] (schon eine Gesetzessammlung ist bemerkenswerterweise

[1] *Stefan Nürk,* Sport und Recht.
[2] *Bernhard Reichert,* Grundriß des Sportrechts und des Sporthaftungsrechts, 1968.

nur in der DDR erschienen[3]). Es handelt sich hierbei jedoch um verhältnismäßig knappe Darstellungen, die sich zudem damit begnügen, das umfangreiche Material zunächst einmal zu sammeln, zu referieren und zu ordnen. Dagegen fehlt es an einer wissenschaftlichen Durchdringung der Materie sowohl in der Herausarbeitung typischer Merkmale als auch der monographischen Behandlung und Vertiefung einzelner Themen. Hierfür dürfte weniger die Tatsache verantwortlich sein, daß Rechtswissenschaft und Sport zwei verhältnismäßig getrennte Lebensbereiche sind; die erwähnte starke rechtliche Ausarbeitung des Arztrechts beweist das Gegenteil. Vielmehr dürfte hierfür eine gewisse Geringschätzung des Sportes durch die Rechtswissenschaft verantwortlich zu machen sein. Diese dürfte zu einem nicht geringen Anteil auf einer schichtenspezifischen Einschätzung des Sportes durch die Rechtswissenschaft beruhen. Hierfür ist es bezeichnend, daß eine der bedeutendsten neueren Untersuchungen über die strafrechtliche Bewertung von Sportverletzungen sich mit der studentischen Schlägermensur beschäftigt[4]! Die Geringschätzung des Sportes durch die Rechtswissenschaft dürfte allerdings auch darauf beruhen, daß sie die durch den Sport aufgeworfenen Rechtsprobleme unterschätzt hat. Auch hierfür könnte die gegenüber dem Sportrecht auffallend lebhafte Pflege des Rechts des Arztes sprechen: geht es doch bei letzterem um die Verantwortung für Leben oder Tod des Patienten, während es beim Sport überwiegend nur um Tätlichkeiten, Beleidigungen und dergl. geht. Indessen hat auch hierbei der Bundesligaskandal eine Schlüsselfunktion gehabt, hat er doch mit dem Ausspruch eines lebenslänglichen Ausschlusses von einer von einem Verein monopolisierten Tätigkeit grundlegende Probleme der Rechtsordnung wie die Zulässigkeit einer vom Staat unabhängigen Vereinsgerichtsbarkeit mit allen sich daran anknüpfenden Fragen wie denen der „Betriebsjustiz“, der Drittwirkung der Grundrechte und der Verhältnismäßigkeit aufgeworfen. Der Bundesligaskandal hat denn auch bereits führende Köpfe der deutschen Rechtswissenschaft zu einer Stellungnahme veranlaßt. Aber auch sonst enthält der Sport infolge seiner Entwicklung zu einem Massenphänomen und infolge der überwiegend fahrlässigen Delikte Rechtsprobleme, die angesichts der enormen Bedeutung der Verkehrskriminalität im Blickpunkt des wissenschaftlichen Interesses stehen, wie die Fragen der Umreißung und der Einordnung der Sorgfaltspflicht bei der Fahrlässigkeit, des erlaubten Risikos und der Sozialadäquanz. Die bei der Beurteilung von Sportvorgängen gewonnenen Erfahrungen lassen sich anhand der Frage ihrer Übertragbarkeit auf die Verkehrskriminalität verifizieren und umgekehrt und ggf. entsprechend übertragen. Es ist daher kein Zufall, daß eine neuere Arbeit, die sich mit Fragen der Einwilligung und der Risikoübernahme

3 *H.-G. Heyens*, Sportrecht. Eine Zusammenstellung der wichtigsten Beschlüsse und Materialien. Deutscher Zentralverlag, Berlin, 1958.

4 *Eberhard Schmidt*, Schlägermensur und Strafrecht, Juristenzeitung 1954, 369ff.

vor allem anhand der Verkehrskriminalität beschäftigt, das strafrechtliche Risiko des Sportlers in ihre Erörterungen einbezieht und den Vergleich beider Materien immer wieder für eine rechtliche Durchdringung fruchtbar macht[5].

Während also die Rechtswissenschaft allmählich den wissenschaftlichen Reiz von Rechtsvorgängen im Sport entdeckt, gilt didaktisch ein umgekehrter Prozeß. Bei Studenten der Rechtswissenschaft, aber auch bei Rechtspraktikern, ist eine weitgehende Unkenntnis der modernen dogmatischen Entwicklung, wenn nicht sogar ein Vorbehalt, zu beobachten. Dagegen ist in weiten Kreisen ein Interesse am Sport populär. Es ist ein anerkanntes didaktisches Rezept, Rechtsprobleme nicht in der oft befremdenden systematischen Weise, sondern anhand einzelner Fälle oder Lebensbereiche exemplarisch zu erörtern und zu lehren. Hierfür scheint das Sportrecht infolge des in hohem Maße bestehenden Affektionsinteresses in hervorragender Weise geeignet.

Aus allen diesen Gründen war das Bayerische Staatsministerium der Justiz gut beraten, als es für die 28. Tagung der Deutschen Richterakademie im Februar 1972 das Thema „Sport und Recht" wählte. Dies nicht nur deshalb, weil eine derartige Tagung einerseits durch die Referate die wissenschaftliche Durchdringung der zum Thema gemachten Materie fördert und andererseits — wie geschildert — ein aktuelles Thema zum Vehikel der Information über neueste rechtsdogmatische Entwicklungen macht. Sondern vor allem deshalb, weil gerade die Tagungen der Deutschen Richterakademie Gelegenheit geben zu einer umfassenden, über die einzelnen Rechtsdisziplinen hinausreichenden Erörterung, wie sie das Sportrecht erfordert.

In dem vorliegenden Sammelband sind die auf der 28. Tagung der Deutschen Richterakademie gehaltenen Referate unabhängig von der z. T. durch die Verfügbarkeit der Referenten bedingten Tagungsordnung in folgender Weise geordnet. An der Spitze steht ein grundlegender Beitrag über das Thema „Sport und Gesellschaft". Anschließend folgen die Beiträge, die das Sportrecht über den Rahmen der Sportorganisation hinaus in allgemeiner Weise behandeln und dabei auch den Individualsport einbeziehen. Vom Thema her am allgemeinsten ist hierbei der Beitrag über „Sport und Strafrecht". In engem Zusammenhang mit dem Strafrecht stehen die Probleme des Dopings. Sie werden zunächst von medizinischer Seite aus und dann von rechtlicher Seite aus erörtert. Dabei konnten im Rahmen der Tagung und dementsprechend auch dieses Sammelbandes nur grobe Umrisse gegeben werden; es dürfte einleuchtend sein, daß die Beiträge zu dieser Frage dem Leser nur eine erste Orientierung geben können und eine erschöpfende Stellungnahme einen wesentlich größeren Rahmen einnehmen müßte.

[5] *Heinz Zipf*, Einwilligung und Risikoübernahme im Strafrecht, 1970.

Die folgenden Beiträge befassen sich mit einem Sportbereich, der in der letzten Zeit die größte praktische Bedeutung erlangt und die meisten gerichtlichen Entscheidungen hervorgerufen hat: dem Skirecht. Das Schwergewicht der Erörterungen liegt dabei auf dem Gebiet des Zivilrechts, wie man umgekehrt sagen kann, daß das Zivilrecht im Rahmen der Tagung und des Sammelbandes — abgesehen von dem noch zu erörternden Organisationsrecht — nur anhand der Problematik von Skiunfällen zur Geltung kommt. Dies ist allerdings insofern kein Mangel, als — wie gesagt — Skiunfälle in der letzten Zeit den ganz überwiegenden Anteil der Rechtsstreitigkeiten gestellt haben. Innerhalb des Skirechts ist die Aufteilung dergestalt, daß das deutsche Recht in zwei Referate aufgeteilt worden ist. Davon behandelt das erste den Kollisionsunfall, das zweite die Probleme der Verkehrssicherungspflicht, der Haftung des Skilehrers, Liftunfälle und die Produzentenhaftung — ein weiteres Beispiel dafür, wie das Sportrecht einen Kristallisationspunkt für die modernsten dogmatischen Probleme darstellt. Anschließend folgen zwei Referate über das Skirecht in unseren wichtigsten alpinen Nachbarstaaten, nämlich Österreich und der Schweiz. Diese Beiträge sind aufgenommen worden einmal wegen der infolge des Skitourismus erheblichen praktischen Bedeutung dieser ausländischen Rechte für die deutsche Praxis, zum anderen, weil infolge der weitgehenden Ungeklärtheit der entsprechenden Rechtsprobleme im deutschen Recht die Lösungen in unseren Nachbarstaaten eine gesteigerte Bedeutung für die deutsche Rechtspraxis haben.

Danach wendet sich der Sammelband den speziell mit der Organisation des Sportes verbundenen Rechtsproblemen zu. An der Spitze dieses Teils steht ein Beitrag des Präsidenten des Deutschen Sportbundes über die Organisation und die Aufgaben des Sports in der Bundesrepublik Deutschland. Anschließend folgt ein Beitrag über die „Grundrechte der Sportler", der sich vor allem der Rechtsstellung des Sportlers im organisatorischen Sportbetrieb widmet. Ein weiterer Beitrag „Rechtsfragen aus der Arbeit des Deutschen Alpenvereins" schildert die umfassenden Rechtsprobleme, die sich einem einzelnen Sportverein stellen, wobei freilich das spezielle Tätigkeitsgebiet dieses Sportvereins zu spezifischen Problemen führt.

Die weiteren Beiträge befassen sich mit der Sportgerichtsbarkeit. An der Spitze steht ein grundsätzlicher Beitrag über das Verhältnis von „Vereinsrecht und staatlicher Gerichtsbarkeit". Es folgen dann Beiträge über das in der letzten Zeit so besonders umstrittene Problem der Vereinsgerichtsbarkeit des Deutschen Fußball-Bundes. Der Vorsitzende des Bundesgerichts des Deutschen Fußball-Bundes behandelt „Die Rechtsgrundlagen der Sportgerichtsbarkeit des Deutschen Fußball-Bundes". Der Vorsitzende des Kontrollausschusses des Deutschen Fußball-Bundes referiert über „Aufbau, Aufgaben und Verfahren der

Sportgerichte und des Kontrollausschusses des Deutschen Fußball-Bundes".

Abschließend wird noch ein Sonderthema behandelt, nämlich das Thema „Sport im Strafvollzug". Dieses Thema weist eine vielfältige Beziehung zum Recht auf. Einerseits ist der Strafvollzug selbst Teil des Rechts, der in der letzten Zeit infolge des Vordringens der relativen Straftheorien immer mehr in den Vordergrund der Strafrechtspflege tritt. Schon von hier aus gehört eine Betrachtung über den Sport im Strafvollzug ohne weiteres in das Gesamtthema „Sport und Recht". Im übrigen ist aber der Sport im Strafvollzug seinerseit wieder rechtlichen Regelungen unterworfen. Es ist bemerkenswert, daß versicherungsrechtliche Probleme im Rahmen dieses Sammelbandes gerade in dem Beitrag „Sport und Strafvollzug" behandelt werden.

Damit ist zugleich angedeutet, daß der vorliegende Sammelband bei allem Streben nach einer über die einzelnen Fachgebiete hinausgreifenden Erörterung des Sportrechts keine erschöpfende Darstellung dieses Gebietes geben kann. Während von den Gebieten „Sport und Grundgesetz" und „Sport und Zivilrecht" — wie gesagt — nur Teilprobleme erörtert sind, fehlen völlig die arbeitsrechtlichen, steuerrechtlichen und versicherungsrechtlichen Probleme des Sports. Auch die wettbewerbsrechtlichen Probleme des Sports sind nur in strafrechtlicher Hinsicht erörtert. Weitere Themen einer umfassenden Darstellung des Sportrechts wären das Schulsportrecht und das Sportpresserecht. Schließlich wirft der Sport auch erhebliche völkerrechtliche Probleme auf.

Wenn auch eine derartige umfassende Darstellung des Sportrechts im Rahmen des hiermit vorgelegten Sammelbandes nicht gegeben werden konnte, so hoffen die Herausgeber doch, mit der Vorlegung der auf der 28. Tagung der Deutschen Richterakademie gehaltenen Referate die weitere Durchdringung des Sportrechts in Wissenschaft und Praxis anzuregen.

Regensburg, Pfingsten 1972

*Friedrich-Christian Schroeder*

# Sport und Gesellschaft

von

Staatssekretär ERWIN LAUERBACH, München

## I. Phänomen „Sport"

Der Sport gehört zu den großen, erregenden Erscheinungen unserer Tage. Olympische Spiele, Welt- und Europameisterschaften sowie andere Sportereignisse von nationaler Bedeutung stehen im Rampenlicht des Interesses der Öffentlichkeit. Auch die Massenmedien Fernsehen, Rundfunk und Presse haben nicht unwesentlich dazu beigetragen, daß der Sport heute ein gesellschaftspolitischer Faktor ersten Ranges ist.

In unserer pluralistischen Gesellschaft darf es nicht verwundern, daß der Sport in vielen Perspektiven gesehen wird. Breit ist die Skala zwischen Zustimmung, Faszination, Begeisterung bis hin zum Fanatismus auf der einen Seite und Skepsis, Kritik, Unbehagen, Abwertung, ja sogar Ablehnung auf der anderen Seite. Auch Philosophen, Soziologen, Schriftsteller, Politiker und Journalisten äußern sich sehr unterschiedlich über das Wesen des Sports. Es fällt nicht schwer, aus der Vielfalt widersprechender Aussagen einige Beispiele gegenüberzustellen.

Für die einen ist der Sport eine bevorzugte Ausdrucksform demokratischer Lebensweise, für die anderen ein beliebtes Demonstrationsobjekt totalitärer Regierungssysteme, Sport zeigt sich einmal als Selbstdarstellung des Individuums, zum anderen als Kult der Massen. Er wird von vielen als ein Weg der Völkerverständigung betrachtet und von ebensovielen als Ersatz kriegerischer Auseinandersetzungen gedeutet. Sport wird von den einen als Mittel zur Erholung und Gesunderhaltung gepriesen und von den anderen als eine Form harter Fronarbeit und als Raubbau an der Gesundheit verurteilt. Für die einen zählt nur der Sieger, die Spitzenleistung, der Rekord; anderen dagegen vermittelt allein selbsttätige harmonische und rhythmische Bewegung höchstes Sportlerglück.

In diesen Aussagen wird deutlich, wie verschieden der Sport als gesellschaftliche Institution gewertet wird, solange er als ein einheitliches Phänomen angesehen wird. Gerade die Vielschichtigkeit des Sports läßt den Schluß zu, daß weder positive noch negative Eigenschaften für den Sport typisch sind. In einer hochdifferenzierten Industriegesellschaft wie der unseren differenziert sich auch die Bedeutung des Sports für die Sportler und für die Gesellschaft. Der Soziologe *Helmut Plessner* formuliert das so: „Der Sport ist nicht besser und nicht schlechter als die Gesellschaftsordnung der er entstammt. Man kann sie nicht bejahen und ihn verneinen."

Verzichten wir darauf, dem Terminus „Sport" weltanschaulichen Inhalt zu geben und begnügen wir uns mit der Feststellung des Russen

Puni: „Der Sport ist eine Chance, die Entscheidungen in vielen, auch in einander entgegengesetzten Richtungen zuläßt." Es liegt im Ermessen und zum größten Teil an der Motivation und Veranlagung des einzelnen, ob er einen Sport wählt, dessen Schwerpunkt in der mehr spielerischen, dem Spaß und Ausgleich dienenden Betätigung liegt (Breitensport) oder ob er sich für die Losung „citius, altius, fortius" entscheidet und den Urtrieb des Menschen nach immer höheren und besseren Leistungen im Leistungssport zu befriedigen sucht.

Vielleicht mag diese Gegenüberstellung verwundern, da doch die Ansicht vorherrscht, daß Leistungssport und Breitensport zusammengehören. Es ist richtig, daß Breitensport und Leistungssport wechselseitig aufeinander einwirken. Leistungs- und Spitzensport sind ohne die Grundlage des Breitensports genausowenig denkbar, wie der Breitensport ohne den ständigen Anreiz und das Vorbild des Leistungssports verkümmern würde. In beiden Bereichen ist sowohl das Spiel als auch das Leistungselement enthalten. Der Ansporn zur Leistung gehört auch zum Breitensport. Nur ist sein Ziel nicht die Höchstleistung in der Konkurrenz mit anderen Athleten, sondern die persönliche Leistung, auch die des weniger Talentierten. Andererseits sind auch im Leistungssport die Elemente von Freiwilligkeit und Freude an der körperlichen Tätigkeit gegeben. Ohne sie wären Spitzenleistungen gar nicht möglich. Trotzdem ist heute das Verhältnis von Breitensport und Leistungssport, genauer gesagt Hochleistungssport, problematisch geworden. Das Problem liegt darin, daß im Leistungs- und Spitzensport der Begriff Arbeit auftaucht, und zwar in dem strengen Sinn, in dem wir von industrieller Arbeitswelt zu reden gewohnt sind. Da, abgesehen von der Freiwilligkeit der Teilnahme, Sportleistungen unter gleichartigen Regeln stehen wie die Berufsleistungen, ist der Leistungssport nach *Plessner* ein „Abbild der industriellen Welt".

*J. Habermas* verschärft diese Aussage noch, indem er von der „Verdoppelung der Arbeitswelt" im Leistungssport spricht.

Gestatten Sie mir, daß ich das Problem des Leistungssports noch etwas tiefer ausleuchte. Ich möchte hierzu zwei Beispiele herausgreifen, die mir geeignet erscheinen, die Problematik des heutigen Spitzensports aufzuzeigen. Ein junger Mann, Medaillenanwärter für München 1972, beginnt den Tag damit, daß er beim Frühstück versucht, ein Viertel der täglich vorgeschriebenen 6000 Kalorien hinunterzukriegen. Weil ihm das Steak, der Quark, die Eier und Milch mittlerweile zuwider sind, hilft er mit muskelbildenden Konzentraten, sogenannten Anabolica nach; denn selbst bei guten natürlichen Anlagen reicht die Fähigkeit des Körpers, durch Training Muskeln auszubilden, nicht immer für Höchstleistungen aus. Anschließend macht sich unser durch die „Sporthilfe" geförderter Athlet an seine Tagesarbeit, die im wesentlichen aus Laufen, Springen, Drücken und Stoßen von Gewichten besteht. Er wird umsorgt und ärztlich überwacht. Seine Herzmuskeltätigkeit und sein Blutdruck werden regelmäßig gemessen, seine Schrittlänge und die Hebelwirkung seiner Gliedmaßen kontrolliert, seine Schnellkraft erhöht. Kurzum, sein Körper wird auf das ersehnte und vorausgeplante Leistungsoptimum gebracht. Da steht er nun, „Deutschlands Olympiahoffnung", ein Wunderwerk an Muskeln und Sehnen, und eine Seele, manchmal auch nur „Nerven" genannt, hat er auch. Die Qualifikationsnormen, die man als Voraussetzung zur Teilnahme an den Olympischen Spielen erreichen muß, sind so hoch gesetzt, daß zum Beispiel *Emil Zatopek,* der bei den Olympischen Spielen 1952 in Helsinki die Langstreckenwettbewerbe gewann, mit seinen damaligen Leistungen heute keine einzige Qualifikation mehr schaffen würde. Dabeisein kann also nur derjenige, der in jahrelanger systematischer Trainingsarbeit und unter Verzicht auf viele Annehmlichkeiten sein Leben ganz dem Ziel „Rekord" unterordnet. Aus der „herrlichsten Nebensache der Welt" ist längst harte Arbeit geworden.

Auf die Bedeutung der sportlichen Leistung werde ich an anderer Stelle noch näher eingehen. Der Spitzensportler unserer Tage steht unter einem Leistungszwang des Sportpublikums. Es verlangt das Unglaubliche als das Selbstverständliche. Das Sportpublikum verlangt die Höchstleistung und wenn schon nicht den Rekord, dann zumindest den Sieg.

Auch hierzu ein Beispiel. *Ingrid Becker,* Sportlerin des Jahres 1971 und mehrfache Deutsche Meisterin, hatte 1964 in Tokio nur um zwei Zentimeter die Bronzemedaille im Weitsprung verpaßt. An diesem Tag lief das Mädchen *Ingrid Becker* Spießruten durch ein Spalier von Anteilnahme und Mitleid. Bei der abendlichen Pressekonferenz wurde sie als Viertbeste der Welt, aber leider eben nur als Viertbeste vorgestellt. Nach längerer Diskussion über den möglichen dritten Platz trat ein Reporter auf sie zu und beglückwünschte sie. Viertbeste der Welt zu sein, sei doch eine wunderbare Sache. Der sonst so beherrschten Leichtathletin rannen die Tränen über die Wangen, als sie sich hierfür bedankte und hinzufügte, daß dies der erste Glückwünsch an diesem Tag sei. Ein vierter Platz ist eben nichts.

Stimmt uns dieser Vorfall nicht nachdenklich? Der Spitzensportler von heute liest sein Image aus der Zeitung heraus, die ihn zum Vorbild der Nation erhebt. Der Leistungszwang prägt und formt seine Persönlichkeit. Aus Trainingsaufwand wird Lebensaufwand. Oft scheint das Ergebnis des Lebensaufwandes eines Athleten zusammengeschrumpft zu sein auf Zehntelsekunden oder Zentimeter, die auf der Siegertafel aufleuchten. Die vom Sportler erbrachte Leistung verwandelt sich in eine Ware, die der als Konsument auftretende Zuschauer gegen den geforderten materiellen Gegenwert „Geld" eintauscht.

Dieser Tausch ist unabhängig davon, ob es sich bei den beteiligten Sportlern um Berufssportler oder um Amateure handelt. Hochleistungssport ist heute ein Beruf — selbst wenn die Sportler sich Amateure nennen. Jeder Spitzensportler muß, wie im eigentlichen Berufssport, täglich viele Stunden hart trainieren. Damit eine Ausbildung für einen anderen Beruf zu verbinden, wird immer schwieriger. In vielen Sportarten ist es inzwischen notwendig geworden, bereits im Alter von 10 bis 14 Jahren mit der Karriere als Hochleistungssportler zu beginnen. Dr. *Erwin Scheuch* sieht gerade hierin die besondere Problematik des Hochleistungssports, daß heute schon sehr frühzeitig Menschen aus normalen Bezügen herausgenommen werden müssen, damit die spätere Leistung erbracht werden kann. Hochleistungssportler zu sein ist eben ein Beruf, selbst in den Sportarten, bei denen kein Publikum Eintrittskarten bezahlt und auch aus dem Erlös keine Höchstgehälter an die Aktiven weitergezahlt werden. Daraus entstehen heute gravierende Sozialprobleme. Der Unterschied zwischen dem Hochleistungs-Amateur und dem Profisportler besteht heute eigentlich nur darin, daß der Profi ein vertraglich geregeltes Einkommen erhält, während der Amateur Unterstützung durch die „Sporthilfe" bekommt. Die Grenzen zwischen Amateur- und Berufssport sind undeutlich geworden.

Im Leistungssport haben sich die Prinzipien der Leistungsgesellschaft voll durchgesetzt. Sie bestimmen heute auch das Gesicht der Olympischen Spiele. Es hat keinen Sinn, über den Leistungssport kulturkritische Klage zu führen. Es kommt vielmehr darauf an, anzuerkennen, daß der moderne Hochleistungssport ein Stück der Arbeitswelt selbst geworden ist. Man kann schwerlich leugnen, daß der Sport in diesem Bereich alle Merkmale der Leistungsgesellschaft übernommen hat. Das bedeutet aber, daß es höchste Zeit ist, den Amateurbegriff des Internationalen Olympischen Komitees neu zu überdenken. Nicht der Hochleistungssport selbst, sondern ein Festhalten an einer unserer Wirklichkeit nicht mehr angemessenen Amateuridee könnte die Olympischen Spiele der Zukunft gefährden. Wenn sich die Olympischen Spiele auch zum Forum des Hochleistungssports entwickelt haben, ist ihr Ziel dennoch nicht nur, Leistungsgrenzen zu erproben und hinauszuschieben, sondern auch breite Teile der Bevölkerung des Gastgeberlandes für den Sport zu motivieren. In unserem eigenen Land haben wir gesehen, welche Kräfte das Wort „Olympia" mobilisieren kann. Ganz abgesehen von gewaltigen Sportbauten und der weltweiten Publicity hat der Sport selbst Auftrieb wie nie zuvor erhalten. Exakte Planung im Leistungssport, bessere Koordination und Zusammenarbeit der Trainer auf den verschiedenen Ebenen, gezielte Talentsuche in Schule und Verein, großzügigere Talentförderung, qualifizierte Trainerausbildung, Gründung der Deutschen Sportkonferenz sind nur einige Ergebnisse, die ohne olympischen Aufwind wohl kaum so schnell eingeleitet worden wären. Hoffen wir, daß die Bundekrepublik Deutschland in München, wie *Willi Daume* sagt, „ganz und gar nicht allein nach den errungenen Medaillen beurteilt wird, sondern nach der Selbstdarstellung, die wir von uns und unserem Volk" geben.

## II. Bedeutung des Sports für die moderne Gesellschaft

Die Bedeutung des Sports für die moderne Gesellschaft kann selbstverständlich nicht am Hochleistungssport allein gemessen werden. Bereits 1927 schrieb Baron *Pierre de Coubertin,* Wiedererwecker der Olympischen Spiele, an einen Freund: „Der Glanz der Olympischen Spiele blendet mich ganz und gar nicht. Sie betreffen ja nur eine Elite. Aber auf der anderen Seite der Elite steht die Masse, stehen alle, die Sport treiben, ohne unbedingt Höchstleistungen vollbringen zu wollen. Ein Land ist erst dann wirklich sportlich, wenn der Sport für die Mehrzahl seiner Einwohner ein persönliches Bedürfnis ist."

Fragen wir uns: Ist dieser Ruf nach mehr Sportlern tatsächlich gerechtfertigt? Welche Funktionen erfüllt der Sport in der modernen Gesellschaft? Über Wert und Nutzen des Sports für unsere Gesellschaft läßt sich sehr viel sagen. Ich werde mich hier auf die biologischen, pädagogischen und sozialen Aspekte beschränken.

### 1. Biologische Aufgabe des Sports

Vorweg kann festgestellt werden, daß es

*Kleinkinder* gibt, die in den urbanen Hochhäusern nicht schreien sollen, die sich nicht austoben dürfen, die keine Möglichkeit haben, ungefährdet mit gleichaltrigen Freunden zu spielen; daß es

*Kinder* gibt, die in Betonwüsten aufwachsen, die verjagt werden von der Straße, von den spärlichen Rasenplätzen, von den letzten Bäumen, die am besten vor dem Fernsehapparat aufgehoben sind; daß es

*Jugendliche* gibt, die ihren Aktivitätsüberschuß bei „Ersatzhandlungen" wie Schlägereien oder Rasereien mit dem Motorfahrzeug abreagieren, die ihre Selbstverwirklichung und -entfaltung in der Gemeinschaft Gleichgesinnter beim Alkohol, am Spielautomat oder im Drogenrausch betreiben; daß es

*Erwachsene* gibt, bei denen infolge des Mangels an Bewegung und körperlicher Arbeit bei gleichzeitiger Überernährung, nervöser Überbeanspruchung und übermäßigem Zigaretten- und Alkoholkonsum die Herz-Kreislaufkrankheiten quantitativ zum größten Gesundheitsproblem geworden sind.

Während noch im Jahre 1950 die Herz- und Kreislauferkrankungen 21 % der Todesursachen ausmachten, stehen sie dem Gesundheitsbericht der Bundesregierung zufolge heute mit rund 43 % an der Spitze aller Todesursachen. Inzwischen konnten namhafte Wissenschaftler einwandfrei belegen, daß es sich bei einem großen Teil dieser Fälle um echte Bewegungsmangel-Krankheiten handelt, die durch körperliches Ausdauertraining hätten wirksam beeinflußt werden können.

Noch unseren Großeltern und Eltern wurde im Beruf und Alltag ein gehöriges Maß an körperlicher Anstrengung abverlangt. Heute nehmen uns Motoren, Autos, U- und Straßenbahnen, Fahrstühle und Rolltreppen, Waschmaschinen, Staubsauger und Rasenmäher fast jede schwere körperliche Arbeit ab. Die Menschheit der Industrienationen strebt mehr und mehr einem, wie Professor *Neumann* sagt, „vollautomatisierten Hockerdasein" zu. Der Mangel an Bewegung und körperlicher Anstrengung läßt Muskeln, Sehnen, Bänder, Lunge und Herz entarten; denn Organe, die nicht ausreichend in Funktion gesetzt werden, antworten mit einem Anpassungsvorgang — sie verkümmern. Jeder passionierte Autofahrer wird durch den „Muskelkater", von dem er bereits nach wenigen Kilometern Fußmarsch befallen wird, oder durch die Atemnot, die ihm schon nach einem kurzen Treppensteigen zu schaffen macht, daran erinnert, wie sehr sein körperliches Leistungsvermögen bereits gelitten hat.

Nicht minder besorgniserregend sind die Schäden im Skelettsystem (Bandscheiben, Fußleiden) und Haltungsschwächen, die sich schon bei der Schuljugend zeigen und bei der Musterung der Wehrpflichtigen erschreckende Prozentzahlen offenbaren. Interessant sind auch die Untersuchungen der Universität Rostock, denen zufolge die Epiphysenfugen der langen Röhrenknochen von Kindern und Jugendlichen bei stärkerer Belastung früher verknöchern, so daß die betreffenden Personen kleiner bleiben. Für das von Ärzten oft mit Bangen beobachtete unharmonische Hochschießen unserer Kinder und Jugendlichen, die sogenannte Akzeleration, darf demnach neben der Ernährung und Reizüberflutung auch die zu geringe Körperbelastung verantwortlich gemacht werden.

*Mellerowicz* führt aus, daß sich die Kosten für Krankenbehandlung, Arbeitsausfall, Leistungsminderung und Frühinvalidität nach vorsichtigen Schätzungen in der Größenordnung von jährlich über 10 Milliarden DM bewegen.

Bei dieser Situation kommt einer dynamischen Leibeserziehung in unseren Tagen allergrößte Bedeutung zu. Nur eine sinnvolle sportliche Betätigung kann den aufgezeigten Gefahren wirksam entgegenwirken und vorbeugen. Je regelmäßiger und vielseitiger Sport getrieben wird, um so nachhaltiger ist seine Wirkung auf die Funktionstüchtigkeit des Körpers. Der Sport bietet Wachstumsreize, beugt Haltungs- und Entwicklungsstörungen vor, steigert die Leistungs- und Widerstandskraft und hilft mit, die richtigen Maßstäbe für eine gesunde Lebensführung bis ins hohe Alter zu gewinnen.

Um noch einem weit verbreiteten Irrtum zu begegnen, muß betont werden, daß sich eine Kräftigung der Muskeln nur durch selbsttätige aktive Anspannung erreichen läßt. Massage, Wärmeanwendung u. ä. schaffen lediglich günstigere Voraussetzungen für eine Leistungssteigerung des Bewegungsapparates. Der persönliche Einsatz kann uns indessen von niemandem abgenommen werden.

## 2. Pädagogische Funktion

Nicht weniger wichtig als der gesundheitliche Wert des Sports ist auch seine erzieherische und bildende Wirkung, ist der Erwerb von Fähigkeiten und Eigenschaften, die sich in der Auseinandersetzung mit der sportlichen Umwelt ergeben.

Für mich persönlich als aktiven Flugsportler liegt es nahe, diese Behauptung mit dem Hinweis auf die Erziehung zu partnerschaftlichem Verhalten (zwischen Piloten), zu Selbstbeherrschung und zu Verantwortlichkeit zu belegen, die der Flugsport bietet. In diesem Sportbereich ist es ja ohne Übertreibung eine Frage von Leben und Tod, daß die genannten Eigenschaften ausgebildet sind. So gewiß deshalb dieser Hinweis beweiskräftig ist, kann ich doch bei Ihnen nicht die konkrete Erfahrenswelt hierfür unterstellen. Versetzen wir uns daher lieber in die Lage eines Zuschauers, der einen Schwarm Buben und Mädchen auf einem Spielplatz beim Spiel beobachtet: Hier wird gelaufen, gesprungen, geworfen, gerutscht, gekrochen, gepurzelt, gehoben, geklettert, gerungen, balanciert und noch vieles mehr. Wenn ich an einen heißen Sommertag denke, so finden wir wahrscheinlich die gleichen Kinder in den Freibädern beim Plantschen, Spritzen, Tauchen, Schwimmen und Wasserspringen. Im Winter wird gerutscht, gerodelt, Eis- und Ski gelaufen. Als Folge dieser Auseinandersetzung mit der gegenständlichen Spielwelt erwirbt das Kind einen reichen Schatz von Bewegungserfahrungen, ein sicheres Verhältnis zu einem bedeutenden Stück Lebenswirklichkeit und nicht zuletzt einen wachen Geist. Treibt ein Kind ferner auch Sport in der Schule oder gar in einem Sportverein, lernt es also den Umgang mit Bock, Barren, Reck, Ball, Seil, Leiter, Sprossenwand, Latte und weiteren Geräten kennen, so erweitern sich seine Umweltbezüge beachtlich.

Das praktische Umgehen mit diesen Objekten und das Entdecken ihrer Umgangsqualitäten bilden wichtige Schritte im Zurechtfinden des Kindes in der Umwelt. In den verschiedenen Übungsformen des Sports, besonders aber in den Spiel- und Kampfformen, öffnet sich ein jugendgemäßes Vorfeld für die Erziehung zu sozialem und politischem Verhalten. Im Wechsel der Situationen innerhalb des Sports werden vitale Energien, Willenskraft und selbstständiges Handeln, aber auch Selbstbeherrschung, Hilfsbereitschaft und Partnerschaft gefordert und auf die Probe gestellt. Der Sport bietet für jung und alt Bewährungsproben.

In diesem Zusammenhang darf die erzieherische Bedeutung der sportlichen Leistung nicht unerwähnt bleiben. Gestatten Sie mir hierzu einige Bemerkungen. Wir bezeichnen unsere gegenwärtige Gesellschaft gern als Leistungsgesellschaft, weil die Leistung als Maßstab für den sozialen Stellenwert des einzelnen gelten kann. Der Leistungssport hat die Prinzipien der Leistungsgesellschaft übernommen. Hier wie dort gibt es festgelegte Leistungsnormen, die erfüllt werden sollen. Schon aber melden sich Vertreter der neuesten linken Gesellschaftskritik, wie *Böhme, Güldenpfennig, Jensen* und *Pfister,* die ihre Kritik am Sport mit der allgemeinen Kritik am Leistungsprinzip (im Gefolge *Marcuses* Lustprinzip statt Leistungsprinzip) verbinden. Schützenhilfe erhalten sie von einigen Schichten des Establishments, die ebenso an der Vermengung von echter Leistung und sozialem Erfolg interessiert sind. Soll man ihrer Behauptung zustimmen, daß unsere öffentlich deklarierte „Leistungsgesellschaft" sich immer mehr zu einer reinen „Erfolgsgesellschaft umwandelt"? Hans *Lenk* präzisiert, was viele meinen: „Heute ist weniger die persönliche, wirklich vollbrachte Leistung der Maßstab für die Einordnung in soziale Ränge, sondern vielmehr die soziale Wirkung einer Leistung oder oft nur der Schein der Leistung. Erfolg wird schon als Leistung ausgegeben; Erfolg zu haben, ist selbst oft schon eine Leistung."

In einem Land anhaltenden materiellen Wohlstandes haben wir uns daran gewöhnt, fast alles an Produktionszahlen und Konsumerfolgen zu messen. Technologischer Fortschritt, Wirtschaftswachstum und soziale Sicherheit sind aber abhängig von der Leistungsfähigkeit und dem Leistungswillen des einzelnen. Die Weltprobleme der Zukunft werden sich nur lösen lassen, wenn Bereitschaft und Wille zur Leistung sich weltweit verbreiten, wenn in der Erziehung die Leistungsmotivation geweckt und prämiert wird.

Kann der Sport wirksam zur Einübung und Verbreitung von Leistungsmotivationen beitragen?

Der amerikanische Soziologe *Goffman* hat vor Jahren bereits gezeigt, wie wesentlich Leistungen des einzelnen zur Selbstfindung, Selbstdarstellung und Selbstbestätigung sind. So wie andere Leistungen bieten auch sportliche Leistungen Gelegenheit zur Erhöhung des Selbstwerts und Selbstvertrauens. Man hat vom Sport wie von der Raumfahrt als imagestarkem Abenteuerersatz gesprochen, als dem Feld der aktiven Selbstbewährung des kleinen Mannes im sonst geglätteten Dasein. Wo kann der junge Mensch sonst noch eine Leistung als seine eigene Gestaltung erleben und unter dem Risiko des Scheiterns und der als Herausforderung erlebten Anwesenheit des Publikums darstellen und der Beurteilung aussetzen, ohne daß seine berufliche und soziale Etxistenz ernsthaft auf dem Spiel stünde?

Wo hat sich der aktionsfreudige einzelne noch so kompromißlos dem Leistungsdruck zu unterziehen und seine gesamte Leistungskraft auf wenige Augenblicke des Wettkampfes zu konzentrieren, seine Energiereserven bis an die Grenze heran zu mobilisieren als beim Sport? Derartige Erfahrungen werden als Eigenleistungen erlebt. Sportliche Leistungen sind nicht zu erschleichen. Die Vorbedingungen können erleichtert werden, die Leistung selbst muß der einzelne erbringen. Sport, vorwiegend der Leistungssport, eröffnet sich somit als Feld der Selbstdarstellung des Individuums, als Schule der Leistungsmotivation und als Erfahrungsbereich der Selbstfindung. Ohne Demonstration und hohe soziale Bewertung von Leistungen ist keine Vorbildwirkung, kein

Anreiz möglich; ohne Vorbild keine Vorbildwirkung. Ohne miterlebte Leistungen keine Aktualisierung von Leistungsmotivationen!

Grundsätzlich ist daher der Leistungssport zu befürworten, wenn er auch in der Form des Spitzensports aktualisiert an Olympischen Spielen zum Teil problematisch geworden ist.

Kritisch sei hier noch auf den übertriebenen Ehrgeiz mancher Eltern hingewiesen, die Kinder zum Kompensationsobjekt eigener ehrgeiziger, aber nicht verwirklichter Wünsche machen. Die peinlichen Szenen in den Sportarenen, wenn Eltern als „Manager" ihrer Kinder auftreten, sind bekannt. Weitaus seltener, als allgemein angenommen wird, sind Kinder von Leistungssportlern „gefährdet". Eltern, die Askese und Härten eines Leistungstrainings an sich selbst erfahren haben, werden ihre Kinder kaum zum Hochleistungssport zwingen. Die jedoch meist sehr intensive sportliche Förderung dieser Kinder führt zu einer positiven Leistungsüberlegenheit gegenüber Gleichaltrigen.

## 3. Soziale Funktion

Bei aller Wertschätzung der Ausstrahlung einer hohen Vitalität und Leistungsbereitschaft auf die Persönlichkeit des Sporttreibenden findet der persönlichkeitsprägende Gehalt des Sports jedoch seinen sinnfälligsten Ausdruck in der mitmenschlichen Lebenseinstellung. Sie erinnern sich gewiß noch zurück an die Zeit, in der Sie sich als 12jährige Buben nach der Schule mit großer Besessenheit und viel Geschrei einem rasch improvisierten „Fußballmatch" hingegeben haben. In dieser spannungsgeladenen Atmosphäre erlebt jeder von uns, wie die eigenen egoistischen Wünsche mit den Ansprüchen des Gegenspielers hart aufeinanderprallten. Dabei erfuhren wir, daß gemeinsames Spiel sofort unmöglich wird, wenn die Bereitschaft fehlt, das eigene Wollen auf das des Mitspielers abzustimmen. Durch die freiwillige Einordnung in alle möglichen Gemeinschaftsformen des Sports werden Verhaltensweisen geübt, die für den einzelnen in allen Lebensbereichen wünschenswert, für die demokratische Gesellschaftsordnung sogar lebensnotwendig sind.

Wenn auch nicht jeder die Meinung von *Ortega y Gasset* teilen wird, „daß im Anfang des Staates schöpferische Kräfte stehen, die dem sportlichen Tätigkeitsbereich angehören", womit doch wohl gesagt sein soll, daß die Gemeinsamkeit sportlicher Betätigung gleichsam die Wurzel staatlicher Gemeinschaftsbildung ist, so darf doch soviel als sicher gelten, daß dem Sport in besonderem Maße eine Gemeinschaft bildende Kraft innewohnt. Eines der äußeren Zeichen dafür ist die Tatsache, daß die Sporttreibenden sich zu Gruppen zusammenschließen, die zu Stätten echter Geselligkeit werden. In unserer heutigen sehr stark differenzierten Gesellschaft kommt dem Sport eine neue Funktion zu: die Kommunikation. In allen möglichen Lebensbereichen vollziehen sich Prozesse der Spezialisierung, die den gegenseitigen Austausch von Information und Erfahrung erschweren. Die Menschen werden einander fremder. Hinzu kommen Spannungen zwischen Altersgruppen sowie Trennung nach Weltanschauung und Lebensstil. Der Kreis der Freunde und Bekannten wird stets homogener, aber dadurch auch einseitiger. Homogene Privatbereiche fordern zur Korrektur auf, verstärken das Bedürfnis nach Orten, an denen sich Vielfalt als gemeinsames Interesse bei sonst bleibender Verschiedenheit ausdrücken kann. Sport in seinen verschiedenen Ausdrucksformen ist ein solcher Ort, an dem sich sonst sozial Getrenntes vorübergehend zusammenfindet. Hier können sich Menschen mit verschiedenen Lebensstilen und unterschiedlichen Gesinnungen auf „neutralem" Boden treffen.

Es ist sicher richtig, wenn Graf von *Krockow* sagt: „Hier bewegt man sich gesellig im Kreise der Gleichinteressierten; man steht gleichsam a priori auf „Du" ohne sich doch, entlastet vom Ernst der Weltanschauungen und vom Zwang der beruflichen Verhältnisse, zu nahe kommen zu müssen."

Lassen Sie mich die Bedeutung des Sports für unsere moderne Gesellschaft mit den Worten der Soziologen zusammenfassen. Die Soziologie, die ihr Interesse am Sport erst seit jüngster Zeit stärker bekundet, sieht den Sport hauptsächlich als Ausgleich gegenüber den Anforderungen und Prägungen der Industriegesellschaft. Die Philosophen und Soziologen *Risse, Scheler, Jaspers, Plessner* und von *Krockow* kommen dabei zu folgenden Aussagen:

*Sport* ist ein vital-motorischer Ausgleich gegenüber der körperlichen Unterbeanspruchung und dem deformierenden Einfluß der modernen Büro- und Fließbandarbeit.

*Sport* ist ein psychisch-bereichernder Ausgleich gegen die Langeweile und Abstumpfung im Arbeitsprozeß.

*Sport* ist ein sozial-integrativer Ausgleich gegenüber der Entfremdung aller gegen alle durch die Spezialisierung und Bürokratisierung der Arbeitswelt.

*Sport* ist ein triebstauentlastender Ausgleich gegenüber dem Mangel an Möglichkeiten zur Abreaktion aggressiver Tendenzen *(Lorenz)*.

Ich hoffe, Ihnen hiermit aufgezeigt zu haben, daß der Sport heute nicht mehr eine Angelegenheit einiger weniger ist. Der Sport ist heute eine Notwendigkeit für Menschen aller Altersklassen und aller Berufsgruppen.

Im bisherigen Verlauf meiner Ausführungen stand der Sport in seiner Gesamtheit im Blickfeld. Wenden wir uns zum Abschluß noch einigen Teilbereichen zu, nämlich dem Schul-, Vereins- und Freizeitsport.

## III. Sport und Schule

Die besonderen Aufgaben des Sportunterrichts in der Schule ergeben sich aus den Forderungen und Bedürfnissen des Schulkindes nach Bewegung und Spiel. Die Erhaltung und Verbesserung der körperlichen Leistungsfähigkeit, die Verhütung von Zivilisationskrankheiten, die

Vermittlung von sozialen Erfahrungen und Einsichten, das Erleben von Spaß und Freude durch Sport und die Motivierung für „Sport in der Freizeit" sind heute wesentliche Ziele des Sportunterrichts.

Die Erfüllung dieser Aufgaben erfordert eine angemessene Unterrichtszeit für den Sport. Dabei sollen in den ersten vier Schuljahren die Schüler durch eine vierstündige Grundausbildung an den Sport herangeführt werden, um so Entscheidungsfelder zu schaffen für die ab dem 5. Schuljahr vorgesehene stärkere Differenzierung der Programme. Neben nach wie vor zwei Stunden pro Woche Ausbildung in breitester Form soll der Schüler im Rahmen von zwei weiteren verbindlichen Stunden die Möglichkeit erhalten, in Neigungsgruppen die Sportart zu vertiefen, die ihm besonders liegt und die sein Verhältnis zum Sport allgemein und über die Schulzeit hinaus prägt. In Fördergruppen und Gruppen für Schulsonderturnen soll den bewegungsgehemmten, leistungsschwachen und haltungsschwachen Schülern von der Schule her die notwendige Unterstützung genauso zuteil werden wie den leistungsfähigen und leistungswilligen Schülern in Talentfördergruppen und Leistungsgruppen. Sport und Spiel sind aber ohne Wettbewerb nicht denkbar. Aus diesem Grund ist für den Schulsport ein differenziertes Angebot von Wettkämpfen wichtig.

Entsprechend dem Leistungsvermögen und Leistungswillen der Schüler werden daher zunächst im Sinne des Breitensports Wettkämpfe für jeden Schüler wie z. B. die Bundesjugendspiele mit Mehrkämpfen in der Leichtathletik, im Schwimmen und Turnen angeboten.

Zum Auffinden von Talenten werden sogenannte Talentsuche-Wettkämpfe auf Bezirks- und Landesebene durchgeführt, die dem einzelnen helfen sollen, sein eigenes Talent zu entdecken, wie den Sportorganisationen die Möglichkeit bieten sollen, Nachwuchs zu werben.

Schließlich werden durch den Wettbewerb „Jugend trainiert für Olympia", einem Förderungswerk der Kultusministerkonferenz, des Verlagshauses Gruner und Jahr, des Senats von Berlin und des Deutschen Sportbundes, auch den leistungsstarken und leistungswilligen Schülern Mannschaftswettkämpfe in Turnen, Leichtathletik, Schwimmen, Rudern und Volleyball auf Bundesebene angeboten, deren Finale jährlich in Berlin stattfindet.

Ich habe bereits erwähnt, daß der Schulsport mit den aufgezeigten Zielen weit über die Schulzeit hinaus wirksam werden will. Dazu muß nicht nur ein attraktiver, moderner Sportunterricht angeboten werden, sondern auch mehr und mehr Sportarten in die Schule einbezogen werden, die das ganze Leben hindurch ausgeübt werden können — sog. Lifetime-Sportarten — und auch solche, die familiengerecht sind, d. h. Sportarten, bei denen Altersunterschiede ausgeglichen werden können und für die nur wenige Mitspieler notwendig sind. Der Stellenwert des Schulsports ist von ausschlaggebender Bedeutung für den Vereinssport wie auch für die sonstigen Organisationen und nicht zuletzt auch für den familiären Bereich.

## IV. Sport — Verein — Freizeit

Der Präsident des Deutschen Sportbundes äußerte unlängst: „Nach einem Jahrzehnt, in dem aus gutem Grund der Spitzensport die Öffentlichkeit stärker beschäftigt und ihre Unterstützung gefunden hat, wird im kommenden Jahrzehnt neben der weiteren Förderung der sportlichen Hochleistung der *Sport für alle* zu einer Frage von öffentlichem Rang und wachsendem gesellschaftlichen und politischen Gewicht werden.“ Der große Sprung zum Volkssport ist aber sicher nicht möglich ohne eine starke Vereinsbewegung. Ich meine, daß den Kritikern und Skeptikern, die die Turn- und Sportvereine gern als nicht überlebensfähige Relikte aus „Opas Zeiten“ bezeichnen, die ständig zunehmenden Zahlen der Mitglieder und Vereine des Deutschen Sportbundes zu denken geben sollten. Inzwischen haben sich mehr als 10 Millionen Menschen in über 40 000 Turn und Sportvereinen zusammengefunden. Daher ist die große Bedeutung des Vereinssports für das sportliche Leben in unserer Gesellschaft nicht zu übersehen. Die Turn- und Sportvereine grenzen sich von anderen Vereinen ab durch ihre sportlichen Ziele. Hierzu ein paar Zitate aus Satzungen: Der Turn- und Sportverein ist „die auf freiwilliger Grundlage beruhende gemeinnützige Vereinigung seiner Mitglieder“. Er „hat die Aufgabe, alle Sportarten in seinen Abteilungen zu pflegen und den Sport gegenüber der Öffentlichkeit zu vertreten“. Ein Spezialverein erstrebt die „planmäßige Pflege von Leibesübungen, insbesondere des Rudersports“, ein anderer „die Pflege des Turnens durch Übungen nach den deutschen Turnregeln, durch Turnspiele und Turnfahrten“. Man möchte „den Grundsatz der Freiheit und Freiwilligkeit in Sportausübung und Sportgemeinschaft“ sowie „Ordnung, Sittlichkeit, Gemeinschaftssinn und Geselligkeit“ fördern. Weitere Ziele sind: „Pflege der Kameradschaft, Förderung des Gemeinschaftsgeistes durch freiwillige Unterordnung unter die sportlichen Gesetze“, „Erziehung zu sportlichem Geist“, Entwicklung eines gesunden Kulturlebens und einer umfassenden Persönlichkeitsbildung“, „Vermittlung von Freude und Gesundheit“, „allseitige körperliche Ausbildung“, aber „auch sittliche Ertüchtigung“. Für alle Ziele sind die Vereine „besonders bemüht, das Interesse der Jugend zu wecken“ und die Jugend „zu charakterlich wertvollen Menschen zu erziehen“. Ich müßte mich wiederholen, würde ich die gesundheitlichen, erzieherischen und gesellschaftlichen Funktionen der Turn- und Sportvereine herausstellen, sind sie doch identisch mit den Funktionen des Sports an sich. Auch ein Versuch einer Standortbestimmung des Vereins kann nicht zu einem befriedigenden Ergebnis führen, da man in aller Kürze keine verbindliche Aussage über das vielfältige Wesen des Sportvereins abgeben kann. Was er ist, bestimmt er am Ende selbst. Der Verein von heute ist ein Ort von Gleichinteressierten, derjenigen nämlich, die miteinander Spiel und Sport betreiben, die Spaß, Freude, Vergnügen, Entspannung suchen und die mit anderen Menschen einen Teil ihrer freien Zeit auf gesellige Weise verbringen möchten. Es kann nicht geleugnet werden, daß die Sportvereine in hohem Maße ein Bildungs- und Übungsfeld des Gemeinschaftsgeistes im Rahmen der heutigen Gesellschaft sind. Unsere Bevölkerung ist außerdem sportfreudiger geworden und, wenn diese anhaltenden Tendenzen nicht täuschen, dann setzt der Sport erst gerade zum großen Sprung nach vorne an. *Willi Daume* stellte die Prognose, daß die Mitgliederzahl des Deutschen Sportbundes von heute 10 Millionen auf 18 Millionen Menschen im Jahr 1980 steigen werde. Dieser Blick in die Zukunft erscheint gar nicht so utopisch, wenn man einer Umfrage des Instituts für Demoskopie in Allensbach Glauben schenken darf. Demnach möchten rund 11 Millionen Mitbürger noch gerne schwimmen, ebenfalls 11 Millionen würden gern wandern, rund 9 Millionen wären für den Skilauf zu gewinnen und ebenfalls 9 Millionen interessieren sich für Reiten oder Segeln; rund 6,3 Millionen wären für den Tennissport zu gewinnen und über 6 Millionen interessieren sich für Kanu und Rudern. Dazu kommen rund 5 Millionen Aspiranten für regelmäßige Fahrradtouren und weitere Millionen Interessenten, die sich für andere Sportarten erwärmen könnten. Diese Zahlen erklären, warum der Präsident des Deutschen Sportbundes, Dr. Kregel, betonte, daß das Ziel „Sport für alle" nicht heißen solle, daß alle auch in die Turn- und Sportvereine gehen müßten, die gar nicht alle Sportinteressierten auffangen könnten. Zweifellos wird der Vereinssport mit dem weitverzweigten Netz seiner Vereine auch in Zukunft der maßgebliche Träger des Breitensports sein. Es wird aber auch erforderlich sein — und erfreuliche Ansätze dafür sind bereits vorhanden —, daß die Länder und Kommunen einer zielstrebigen Freizeitpolitik neue, attraktive Einrichtungen für Bewegung, Sport und Spiel in der Freizeit schaffen. Neben den kommerziellen Trägern, Schulen und Hochschulen muß auch der Betriebssport einen ganz entscheidenden Beitrag zum Breitensport der Zukunft leisten.

## V. Sportförderung — Zukunftssicherung

Ich habe versucht, darzustellen, welche Bedeutung nach meiner Überzeugung dem Sport in unserer Gesellschaft zuzumessen ist. Angesichts seiner biologischen, pädagogischen und sozialen Wirkungen für den Menschen kann der Beitrag des Sports zum Wohle der Gesellschaft kaum überschätzt werden. Umgekehrt kann von der Gesellschaft wohlwollendes Verständnis für den Sport- und — darauf basierend — ein finanzieller Beitrag zur Förderung des Sports erwartet werden. Wir jedenfalls, daß möchte ich hier als Mitglied der Bayerischen Staatsregierung und Staatssekretär in dem für die Sportförderung zuständigen Kultusministeriums betonen, haben die Verpflichtung gesehen, hier mit erheblichen Haushaltsmitteln Hilfen zu geben, mit Zuschüssen, das darf ich noch hinzufügen, deren Gesamthöhe — ohne Einrechnung des Kostenanteils aus dem Staatshaushalt für die Olympiade — in den vergangenen Jahren stets stärker angestiegen ist als das Gesamtvolumen des Kultushaushalts. Dies deshalb, weil im Bereich der Sportförderung noch ein großes Aufgabenpensum vor uns liegt. Ich hoffe, ich kann bei Ihnen nun auf das vorhin genannte wohlwollende Verständnis hierfür rechnen. Sportförderung ist ja ein wichtiger Beitrag zur Sicherung der Zukunft für den Menschen. In der Welt von morgen muß der Sport Lebensgewohnheit sein, wenn der Mensch von morgen die unmenschlichen Auswirkungen der Technisierung, Industrialisierung und des Konsums überleben will. So gehört zum vieldiskutierten Umweltschutz neben dem Recht des Menschen auf saubere Luft, auf reines Wasser und auf Schutz vor Lärm auch das Recht auf ausreichenden und offenen Raum für Sport und Spiel! Der Spielraum in seiner ursprünglichen Bedeutung wird zu einem wichtigen Lebensraum werden. Ich möchte Herrn Dr. *Kregel* zustimmen, wenn er sagt: „Keiner wird je zählen, wieviel Kinder stolz und froh aus der Sportstunde kommen, wieviel Frauen neuen Schwung aus dem Sport in den Alltag mitnehmen, wieviel Gesunde neue Kraft schöpfen, wieviel Ältere sich jünger fühlen und wieviele, die am Arbeitsplatz am Tage keine Befriedigung gefunden haben, abends doch ein Tor schießen. Zählen kann man sie nicht — aber jeder kann es selbst an sich erfahren, daß unser Leben ein wenig lebenswerter werden kann: „durch Sport".

**Literatur:**


Böhme, Jensen u. a., Sport im Spätkapitalismus, Frankfurt 1971.

Brecht, B., Die Krise des Sports, aus: Schriften zur Politik und Gesellschaft, Frankfurt 1971.

de Coubertin, P., Mein Programm, Stuttgart 1966.

DOG, Olympisches Lesebuch, Dortmund 1971.

Goffman E., The Presentation of Self in Everyday Life, New York 1959.

Habermas, J., Soziologische Notizen zum Verhältnis von Arbeit und Freizeit, Bonn 1958.

Hagelstange, R., Sieg des Athleten-Triumph der Ideologie? Festvortrag 1970.

Kirn, E., Motivation im Sportunterricht, aus: Die Leibeserziehung, Schorndorf 1971, Heft 11.

Kregel, W., Das Ziel heißt Sport für Alle, Vortrag beim Schwimm- und Sportverein Ulm 1846 am 10. Januar 1971.

von Krockow, C., Der Wetteifer in der industriellen Gesellschaft und im Sport, Frankfurt 1962.

Lenk, H., Sport-Gesellschaft-Philosophie, Waterloo/Kanada 1971.

Lenk, H., Leistungsmotivation und Mannschaftsdynamik, Schorndorf 1970.

Lenz, S., Brot und Spiele.

Lersch, P., Der Sport als Aufgabe unserer Zeit, in: Jahrbuch des Sports, DSB (Hrsg.) Frankfurt 1959.

Lorenz, K., Das sogenannte Böse. Zur Naturgeschichte der Aggression,

Wien 1963.
Marcuse, H., Triebstruktur und Gesellschaft, Frankfurt 1970.
Mellerowicz, H., Sport in Therapie und Rehabilitation, Berlin 1963.
Mierke, K., Wille und Leistung, Göttingen 1955.
Neumann, O., Beitrag der Leibeserziehung zur leibseelischen Entwicklung im Jugendalter, Heidelberg 1967.
Nöcker, J., Sport als Prophylaxe in der modernen Welt, Davos 1967.
Plack, A., Die Gesellschaft und das Böse, München 1969.
Plessner, Bock, Grupe, Sport und Leibeserziehung, München 1970.
Plessner, Soziologie des Sports, in: Deutsche Universitätszeitung 1952, Heft 22.
Riganer, B., Kritische Soziologie des Sports, in: Die Leibeserziehung, Schorndorf 1971, Heft 1.
Risse, H., Soziologie des Sports, Berlin 1921.
Scheler, M., Psychologie des Sports,
Scheuch, E., Der Sport in der sich wandelnden Gesellschaft, in: Jahrbuch des Sports, DSB (Hrsg.), Frankfurt 1971.
Seehase, G., Der Verein, Schorndorf 1967.
Vetten, H., Sport und Rekord, aus: Süddeutsche Zeitung 1971 Nr. 242.
Weyer, W., Sport und Erholungsanlagen, aus: Sportstättenbau und Bäderanlagen, Köln 1971, Heft 3.
Winkler, H., Leibeserziehung, aus: Danielsen, Erziehung zum Menschen, Frankfurt 1954.
Wischmann, B., Wert, Bedeutung und Auftrag sportlichen Hochleistungsstrebens, Sonderdruck des Deutschen Leichtathletikverbandes 1968.

# Sport und Strafrecht

von

Prof. Dr. FRIEDRICH-CHRISTIAN SCHROEDER, Regensburg

## 1. Einführung

Das Thema „Sport und Strafrecht“ stellt zwar nur einen Teilbereich aus dem umfassenden Thema „Sport und Recht“ dar, ist aber seinerseits sehr komplex.

1.1. Zunächst einmal sind die Beziehungen zwischen Sport und Strafrecht durchaus wechselseitig: In der anglo-amerikanischen Wissenschaft wird das Strafverfahren vielfach mit Hilfe sportlicher Kategorien zu erfassen gesucht[1]. Hierher stammt beispielsweise der Begriff des „fair trial“, der über die Europäische Menschenrechtskonvention inzwischen auch in das deutsche Strafverfahrensrecht Eingang gefunden hat[2]. Allerdings wird diese Betrachtungsweise häufig auch in negativem Sinne verwendet; die amerikanische Strafprozeßwissenschaft spricht hierbei von der sog. „sporting theory of justice“[3]. Vor kurzem ist ferner die These vertreten worden, daß das Aufkommen technischer, des Gerechtigkeitsinhalts entleerter, Regeln und einer Funktion des Rechts zur Erziehung einer bestimmten Gesittung, vor allem im Verkehrsstrafrecht, dem Recht zunehmend eine sportliche Komponente verleihe, wobei ebenfalls auf Vor- und Nachteile hingewiesen wurde[3a].

1.2. Aber auch wenn man diese Dimension einmal ganz außen vor läßt, behält das Thema noch eine beträchtliche Spannweite.

Diese Spannweite beruht auf der enormen Entwicklung, die der Sport seit dem Ende des letzten Jahrhunderts genommen hat und die ihrerseits wiederum auf der technischen Entwicklung mit ihrem ungeahnten Gewinn von Freizeit, aber auch dem gesteigerten Bedürfnis nach Ausgleich für eine vielfach stumpfsinnige Berufstätigkeit und nicht zuletzt mit der ungehemmten Verbreitungsmöglichkeit durch neuartige Massenmedien beruht. Diese neuartige Bedeutung des Sports hat der Einführungsbeitrag eindringlich geschildert. Dadurch hat nicht nur die Sportausübung selbst eine ungeheure Ausweitung in quantitativer und qualitativer Hinsicht erfahren. Der Bereich „Sport“ beschränkt sich heute nicht mehr auf die unmittelbare Sportauübung; hinzugetreten sind eine umfangreiche Sportorganisation, teils autonom,

[1] Eingehend *Joachim Herrmann,* Die Reform der deutschen Hauptverhandlung nach dem Vorbild des anglo-amerikanischen Strafverfahrens, 1971, S. 152ff. Kulturgeschichtlich *Johan Huizinga,* Homo Ludens. Vom Ursprung der Kultur im Spiel, Taschenbuch-Ausgabe 1956, S. 79 ff.

[2] Näher *Werner Pieck,* Der Anspruch auf ein rechtsstaatliches Gerichtsverfahren, 1966.

[3] *Herrmann,* aaO. S. 157.

[3a] *Fritz Werner,* Sport und Recht, 1968, S. 20 ff.

teils in Form entsprechender Abteilungen innerhalb der Staatsorganisation, eine bedeutende Sportartikel- und Sportgeräteindustrie sowie einschlägige Dienstleistungsbetriebe, ein ausgedehntes Informationswesen in Form von speziellen Publikationsorganen, ständigen Seiten der Tageszeitungen, Rundfunk, Fernsehen und Büchern und schließlich noch weitere sportbezogene Tätigkeitsbereiche wie etwa der Fußballtoto.

Mit dieser ungeheuren Ausweitung haben sich natürlich auch die Möglichkeiten der Sportkriminalität enorm erweitert. Schon die klassische Problematik der Körperverletzung oder Tötung von Mitsportlern hat beispielsweise durch die Entwicklung des Skilaufs zu einem Massensport eine ganz neue Dimension erhalten. Der gnadenlose Leistungszwang und die Entwicklung der Sportmedizin haben zu Formen des Dopings geführt, bei denen sich die Frage der Sittenwidrigkeit der damit verbundenen Körperverletzung aufdrängt[4]. Aber mit der erwähnten organisatorischen und institutionellen Ausweitung des Sports hat die Sportkriminalität auch die Tatbestände der Tötung und Körperverletzung längst verlassen und nahezu sämtliche Straftatbestände erfaßt. Es gibt Vermögensdelikte praktisch in jeder Form von der Unterschlagung oder Untreue des Vereinskassierers über den Betrug am Konkurrenten, am Zuschauer, am Fußballtoto bis zur Subventionserschleichung. Platzverbote ziehen Hausfriedensbrüche nach sich. Der BGH hatte darüber zu entscheiden, ob jugendliche Fußballspieler dem Trainer „anvertraut" sind i. S. des § 174 StGB[5]. Eine starke Bürokratisierung führt zur Fälschung von Spielerpässen und sonstigen Urkunden, die bei Sportveranstaltungen versammelten großen Menschenmengen sind die Brutstätte für Massendelikte, während die staatliche Sportaufsicht und -förderung einschlägige Amtsdelikte nach sich zieht. Schon bangt die Bundesregierung im Hinblick auf die Olympischen Spiele vor Flaggenzwischenfällen, und bedenkt man schließlich, wie sehr die sportlichen Erfolge der DDR deren politische Aufwertung vorbereitet haben, so erscheint es nicht einmal abwegig, neuartige Trainingserkenntnisse der Sportmedizin als Staatsgeheimnisse anzusehen[6]. Selbstverständlich ist auch das Nebenstrafrecht wie insbesondere das Steuerstrafrecht betroffen.

[4] Z. B. Blutwechsel durch den schwedischen Mediziner Bjoern Ekblom, Frankfurter Allgemeine Zeitung vom 24. 9. 1971; Injektionen in die Halsblutgefäße von Kugelstoßern in der DDR, Frankfurter Allgemeine Zeitung vom 23. 9. 1971.

[5] BGHSt. 17, 191.

[6] In der Bundesrepublik sind allerdings durch das 8. StÄG von 1968 die Landesverratsvorschriften von Nachteilen für das „Wohl der Bundesrepublik Deutschland" auf schwere Nachteile für die äußere Sicherheit der Bundesrepublik Deutschland umgestellt worden. Immerhin genügt nach § 99 StGB eine geheimdienstliche Tätigkeit „gegen die Bundesrepublik Deutschland", sofern sie für den Geheimdienst einer fremden Macht erfolgt.

1.3. Diese enorme Spannweite stellt den Referenten vor die Frage, worauf er sich in seinem Referat beschränken soll. Das Problem des Dopings kann hier außer acht bleiben, wei dafür eine eigene Sitzung vorgesehen ist. Im übrigen könnte man daran denken, gewissermaßen vom Zentrum zur Peripherie vorzudringen und mit der Sportausübung selbst zu beginnen, dabei zunächst die Straftaten unter dem Sportausübenden zu behandeln, dann die durch Sportausübung begangenen Straftaten gegenüber Außenstehenden bzw. die Straftaten an Sportausübenden durch Außenstehende, danach die im Rahmen der Sportorganisation auftretenden Straftaten und schließlich die Straftaten, die in dem sportbezogenen Sektor auftreten. Dieses Verfahren würde jedoch zusammengehörige Komplexe in wenig glücklicher Weise zerreißen. Z. B. tangiert eine Bestechung von Spielern eines fremden Fußballvereins durch einen abstiegsbedrohten Verein u. U. sowohl das Verhältnis der Spieler untereinander als auch das Verhältnis zwischen den Spielern und den Zuschauern, das Verhältnis zwischen den Spielern und ihrem Verein, das Verhältnis zwischen den beiden beteiligten Vereinen und schließlich noch den sportbezogenen Sektor wie den Fußballtoto.

Es erscheint mir daher glücklicher, es bei dem eben gegebenen Überblick über die Vielfalt der in Frage kommenden Tatbestände zu belassen und mich hier auf einige typische Probleme zu konzentrieren.

Auch dabei werden allerdings die Sportausübung und in diesem Rahmen die Tötungs- und Körperverletzungstatbestände an der Spitze stehen. Auf Einzelheiten und Besonderheiten der verschiedenen Sportarten kann freilich nicht eingegangen werden; dies wird z. T. in den späteren Beiträgen erfolgen[7]. Hier können nur einige übergreifende Gesichtspunkte herausgearbeitet werden. Diese Erörterung wird mir Gelegenheit geben, einen Einblick in die lebhafte Entwicklung der Dogmatik der Fahrlässigkeit, der Sozialadäquanz und des erlaubten Risikos in der allerjüngsten Zeit zu geben. Anschließend möchte ich die durch den aktuellen Bundesliga-Skandal aufgeworfenen Fragen der unlauteren Beeinflussung von Sportergebnissen behandeln und dann noch kurz zur Beleidigung übergehen.

Den Abschluß soll eine Untersuchung des Verhältnisses zwischen dem Sport und der Strafrechtspflege geben. Denn das darf schon jetzt gesagt werden: die Strafrechtspflege ist bisher gegenüber der infolge der modernen Massenmedien immer wieder für Millionen von Bürgern offensichtlichen Kriminalität im Sport erstaunlich leger verfahren.

Für unfruchtbar halte ich es im Gegensatz zu den meisten anderen Autoren[8], vorweg eine abstrakte Definition des „Sports“ zu suchen

[7] S. u. S. 57 ff., 136.

[8] *G. Mahling*, Die strafrechtliche Behandlung von Sportverletzungen, Diss. Berlin 1940, S. 4 ff.; *Eb. Schmidt*, Schlägermensur und Strafrecht, JZ 1954, 369, 370 f.; *H. Zipf*, Einwilligung der Risikoübernahme im Strafrecht, 1970, S. 84 f.

und anschließend zu prüfen, ob für die entsprechende Tätigkeit besondere strafrechtliche Regeln gelten. Vielmehr soll zunächst von einem möglichst weiten, sich mit dem allgemeinen Sprachgebrauch deckenden, Begriff des Sports ausgegangen werden und erst anschließend bei den einzelnen Rechtsinstituten wie etwa dem erlaubten Risiko geprüft werden, ob sie sich auf einen bestimmten Bereich beschränken; gegebenenfalls ist dann zu fragen, ob es sinnvoll ist, den Begriff des Sports entsprechend einzuengen.

## 1. Körperverletzung und Tötung

### 2.1. Körperverletzung und Tötung von Mitsportausübenden

Körperverletzungen und Tötungen kann man sowohl hinsichtlich ihrer Beziehung zum Sport als auch hinsichtlich ihrer Häufigkeit als die typische Sportkriminalität bezeichnen. Dabei lassen sich kriminalätologisch folgende Formen unterscheiden:

a) Manche Sportarten sind geradezu auf die Beibringung von Körperverletzungen gerichtet, wie z. B. das Boxen. Auseinandersetzungen, die auf die Beibringung von schweren Körperverletzungen oder gar auf die Tötung ausgerichtet sind, gelten allerdings in unserem Kulturkreis nicht als Sport. Der „Zweikampf mit tödlichen Waffen" genoß bis vor kurzem[9] eine gewisse Privilegierung, die jedoch nicht auf seiner Anerkennung als Sport beruhte, sondern auf die Tolerierung bestimmter Standessitten zurückging.

b) Besonders häufig sind Verletzungen, die zwar nicht das Ziel einer Sportart bilden, aber aus dem der Sportart entsprechenden Kampf Mann gegen Mann resultieren, wobei es gleichgültig ist, ob es sich um Einzel- oder um Mannschaftssport handelt[10].

c) Eine weitere typische Gefahrenquelle ist der Kampf nebeneinander, aber um das gleiche Ziel. Schäden entstehen hier z. B. durch das Schneiden beim Bahnradfahren und durch das Rempeln beim Wettlauf.

d) Eine letzte Gruppe umfaßt endlich die Schäden, die weder beim Kampf Mann gegen Mann noch beim Kampf um das gleiche Ziel entstehen, sondern bei der gemeinsamen Benutzung von Anlagen, sei es bei einem voneinander unabhängigen Wettkampf, wie z. B. beim Kugelstoßen, sei es beim gemeinsamen Training. Hierher gehört insbesondere die große Anzahl von Verletzungen beim Skilauf.

Es wird sich zeigen, daß diese zunächst rein kriminalätiologische Einteilung auch gewisse rechtliche Auswirkungen hat.

#### 2.1.1. Vorsatz

Als erstes stellt sich das Problem der Abgrenzung zwischen Vorsatz und Fahrlässigkeit, das nach der modernen und immer mehr anerkannten Dogmatik auf der Ebene des Tatbestandes und daher vor der Rechts-

[9] Abgeschafft durch das 1. StrRG vom 25. 6. 1969, BGBl. 1969 I S. 645.

[10] So mit Recht schon *Mahling* aaO. S. 6.

widrigkeit zu behandeln ist. Vorsatz kommt zunächst bei den zuerst genannten Körperverletzungen in Betracht, die geradezu das Wesen einer Sportart ausmachen. Nach den Regeln über die unwesentliche Abweichung des Kausalverlaufs erstreckt sich der Vorsatz auch auf schwerere Verletzungen, als sie der Täter eigentlich gewollt hat, z. B. einen Bruch des Nasenbeins, sofern nicht ein schwerer Tatbestand wie die schwere Körperverletzung erreicht wird[11]; hier kommt allerdings das erfolgsqualifizierte Delikt des § 224 StGB in Betracht. Aber auch bei sonstigen Verletzungen, insbesondere beim Wettkampf, dürfte sehr viel häufiger Vorsatz anzunehmen sein, als dies bisher geschieht. Dies ist z. T. durch eine gewisse Neuorientierung der strafrechtlichen Dogmatik bedingt. Bei der Abgrenzung zwischen dolus eventualis und bewußter Fahrlässigkeit hat sich die Entwicklung heute deutlich von der Einwilligungstheorie ab- und der Wahrscheinlichkeitstheorie zugewandt, wobei freilich feinere Abgrenzungskriterien zugrundeliegen, wie etwa, ob der Täter die Tatbestandsverwirklichung ernst nimmt und trotzdem handelt[12], die Möglichkeit der Tatbestandsverwirklichung in seinen für die Tat maßgeblichen Willensentschluß einbezieht[13], ob der Täter sich für die Tatbestandsverwirklichung entschieden hat[14]. Im deutschen Sprachraum hat sich in vier voneinander unabhängigen Rechtssystemen die Formel herausgebildet, daß sich der Täter mit der Tatbestandsverwirklichung „abfindet"[15]. Nach diesen Umschreibungen wird häufig Vorsatz gegeben sein, wenn der verteidigende Fußballspieler den Ball unter allen Umständen wegbringen will, wenn Sportler sich beim Kampf um das gleiche Ziel in gefährlicher Weise behindern. Dagegen werden bei der gemeinsamen Benutzung von Anlagen wie insbesondere beim Skilauf nur selten eine so hohe Erfolgswahrscheinlichkeit und jenes typische „Handeln um jeden Preis" gegeben sein, wie es der dolus eventualis erfordert.

### 2.1.2. Fahrlässigkeit

Bei der überwiegenden Zahl der Sportverletzungen kommt zweifellos nur Fahrlässigkiet in Betracht. Dabei ist zu berücksichtigen, daß eine

[11] Vgl. aber*Schönke-Schröder* StGB, 15. Aufl. 1970, § 59 Rdn. 24 (im Widerspruch dazu allerdings § 226 Rdn. 4); *H. J. Hirsch* LK 9. Aufl. 1972, § 224 Rdn. 5.

[12] *G. Stratenwerth,* Dolus eventualis und bewußte Fahrlässigkeit, ZStW 71 (1959), 51 ff.

[13] *O. A. Germann,* Vorsatzprobleme dargestellt aufgrund kritischer Analyse der neuern Judikatur des Schweizerischen Bundesgerichtes, SchwZStR 1961, 357 ff.

[14] *C. Roxin,* Zur Abgrenzung von bedingtem Vorsatz und bewußter Fahrlässigkeit — BGHSt 7, 363, JuS 1964, 53, 58 ff.

[15] BGHSt. 7, 363, 369; § 16 E 1962; Entscheidungen des Schweizer. Bundesgerichts 81 VI 202; § 6 Abs. 2 StGB der DDR; Österreich. OGH v. 20. 4. 1970 (9 Os 178/69).

Bestrafung wegen Fahrlässigkeit auch dann möglich ist, wenn der Vorsatz lediglich nicht nachweisbar ist. Zwar ist zwischen Vorsatz und Fahrlässigkeit mangels rechtsethischer und psychologischer Vergleichbarkeit keine Wahlfeststellung möglich, doch können die Fahrlässigkeitsdelikte als Auffangtatbestände angesehen werden[16].

Bei der Fahrlässigkeit ist bekanntlich das alles überragende Problem die Konkretisierung der Sorgfaltspflicht, an deren Verletzung der gegenüber dem Täter zu erhebende Vorwurf anknüpft. Mit Recht hat *Jescheck* die Konkretisierung der Sorgfaltspflichten als die derzeit dringlichste Aufgabe der Strafrechtsdogmatik bezeichnet[17]. Diese Aufgabe folgt vor allem aus dem verfassungsrechtlichen Gebot der hinreichenden Bestimmtheit von Strafgesetzen[18]. Allerdings wird diese Rechtsunsicherheit hinsichtlich des Umfangs der erforderlichen Sorgfalt dadurch abgemildert, daß die Erfordernisse der Gefahrverhütung sich in den betroffenen Lebenskreisen immer wieder zu normierten Verhaltensregeln verdichten. Für den Sport sind derartige Regeln geradezu typisch. Wenn auch ein Teil der Regeln nur der Sicherung der Kampfgleichheit und der Spannung des Wettkampfes dient, so stellt doch ein großer Teil dieser Regeln offensichtlich eine Konkretisierung der Sorgfaltspflicht dar. Zwar enthalten einige dieser Regeln wiederum sehr unscharfe Generalklauseln, wie z. B. das Spielen „in einer nach Ansicht des Schiedsrichters gefährlichen Weise" nach Regel 12 II 1 der vom Deutschen Fußball-Bund herausgegebenen Fußballregeln. Doch ist hierzu im Wege der überaus häufigen Anwendung wiederum eine ziemlich fest umrissene Übung entstanden.

Es ist anerkannt, daß derartige Regeln eine wichtige Bedeutung für die Konkretisierung der Sorgfaltspflicht haben. Dies gilt auch für nicht hoheitlich gesetzte Akte wie private Vereinbarungen und Gewohnheiten, wie sie die Sportregeln darstellen[19]. Allerdings sind diese Regeln als generalisierte, „geronnene" Erfahrung nur ein Beweisanzeichen für die Voraussehbarkeit[20]. Einerseits kann eine nähere Prüfung der Vorschrift erweisen, daß sie nicht gerade Erfolge von der Art des eingetretenen verhindern soll[21]; andererseits kann eine vom Regelfall, auf den die generelle Vorschrift zugeschnitten ist, abweichende Situation gerade eine Abweichung von der Verhaltensregel erfordern. Der BGH hat dies

[16] BGHSt. 17, 210.

[17] Lehrbuch des Strafrechts. Allg. Teil, 1969, S. 148.

[18] Vgl. *F.-C. Schroeder* JZ 1969, 775 ff.

[19] *E. Deutsch,* Fahrlässigkeit und erforderliche Sorgfalt, 1963, S. 160, 162.

[20] BGHSt. 4, 185; 12, 78; *H. Welzel,* Das Deutsche Strafrecht, 11. Aufl. 1969, S. 133 f.; *H.-H. Jescheck* aaO. S. 285 f.; *Baumann,* Strafrecht. Allg. Teil, 5. Aufl. 1968, S. 249 f.; *Deutsch* aaO. S. 157 ff.

[21] BGHSt. 4, 185. *Jescheck* aaO. S. 387 ordnet diese Frage ein in die Frage der Schutzwirkung der verletzten Norm, die jedoch nach überwiegender Ansicht nur die Fälle betrifft, bei denen der Erfolg möglicherweise auch bei Einhaltung der Sorgfaltspflicht eingetreten wäre.

bei der berühmten Anerkennung des „verkehrsrichtigen Verhaltens“[22] offensichtlich nicht genügend berücksichtigt; die Entscheidung läßt sich nur halten, wenn die Verkehrsrichtigkeit im Sinne einer derartigen materiellen, die mögliche Widerlegung des Indizes berücksichtigenden, Betrachtung aufgefaßt wird[23].

Die von den einzelnen Sportverbänden aufgestellten Regeln werden zugleich dem allgemein anerkannten Erfordernis nach einer starken Individualisierung der erforderlichen Sorgfalt gerecht. Allerdings gibt es solche Regeln vorwiegend für Wettkämpfe und weniger für den sehr gefahrenträchtigen Sektor der gemeinsamen Benutzung von Anlagen. In einem besonders gefahrenträchtigen Bereich, dem Skilauf, sind allerdings auch hier entsprechende Regeln entstanden. Aus einer Reihe von ersten Entscheidungen entwickelte *Nirk* schon 1964 seine bekannten „Eigenregeln des Skilaufens“[24], die in der Rechtsprechung weitgehende Zustimmung fanden[25]. Inzwischen hat die FIS „Regeln über das Verhalten auf Skipisten“ erarbeitet, die von ihrem juristischen Komitee am 20. 5. 1967 genehmigt wurden*. Diese Regeln werden vom deutschen, österreichischen und schweizerischen Skiverband öffentlich empfohlen[26]. Sowohl die „Eigenregeln“ von *Nirk* als auch die FIS-Regeln gleichen strukturell der StVO, indem sie neben spezialisierten Verhaltensvorschriften in Form abstrakter Gefährdungsdelikte ein generelles Verbot konkreter Gefährdung nach Art des § 1 StVO enthalten.

Der Verstoß gegen eine Verhaltensvorschrift indiziert also eine Verletzung der Sorgfaltspflicht, während umgekehrt die Einhaltung der Verhaltensvorschrift nur in Ausnahmefällen eine Verletzung der Sorgfaltspflicht darstellt. Zwischen diesen beiden Fällen liegt die Verursachung eines Schadens durch ein Verhalten, das in den generalisierten Verhaltensvorschriften nicht angesprochen ist. Hier ist zunächst zwischen kasuistischen Verhaltensvorschriften und „geschlossenen Systemen“ von Verhaltensvorschriften zu unterscheiden[27]. Bei Einzelvorschriften leuchtet es ein, daß sie sich jeder abschließenden Regelung über anderweitige Verhaltensweisen enthalten. Aber auch bei Systemen von Verhaltensvorschriften ist davon auszugehen, daß diese angesichts der vielfältigen Gefährdungsmöglichkeiten niemals „geschlossen“ sein können in dem Sinne, daß sie die Sorgfaltspflicht abschließend umreißen. Allenfalls ist hier eine gewisse Indizwirkung anzunehmen dahingehend, daß das

22 BGHZ 24, 21, 26.
23 *Bockelmann*, NJW 1960, 1282; vgl. auch *Deutsch* aaO. S. 167.
24 NJW 1964, 1829 ff., 1835.
25 Vgl. OLG Düsseldorf MDR 1966, 504 f.; LG f. ZRS Wien NJW 1966, 305 ff.; OLG München NJW 1966, 2404; OLG München NJW 1966, 2406.
* Abgedruckt u. S. 264.
26 *T.-R. Strunk*, Strafrechtliche Aspekte des Skiunfalls unter Berücksichtigung der Rechtsprechung Deutschlands, Österreichs und der Schweiz, Diss. Freiburg 1969, S. 13 f.
27 Vgl. *Deutsch* aaO. S. 167, 171.

außerhalb dieser Vorschriften bleibende Verhalten ein „erlaubtes Risiko" darstellt, doch ist diese Indizwirkung erheblich geringer zu veranschlagen als diejenige bei der Einhaltung von Verhaltensvorschriften.

In diesen Fällen ist konkret zu prüfen, ob die jeweilige Gefährdung, mit anderen Worten das jeweilige Risiko „erlaubt" ist. Die für dieses „erlaubte Risiko" maßgeblichen Grundsätze können hier nicht näher dargestellt werden. Es sei nur darauf hingewiesen, daß der Gesichtspunkt des „erlaubten Risikos" auf eine Güterabwägung verweist. Gegeneinander abzuwägen sind vor allem der Wert der ausgeübten Tätigkeit und die drohende Gefahr, ferner die Wahrscheinlichkeit dieser Gefahr[28]. Dabei ist grundsätzlich zu berücksichtigen, daß der Sport heute einerseits nicht mehr das bloße Interesse einiger Individualisten darstellt, andererseits aber auch nicht das Interesse des Staates an einer allgemeinen Volksertüchtigung, sondern das legitime und sozial anzuerkennende Interesse des Ausgleichs weiter Bevölkerungskreise bildet und damit einen erheblichen Rang einnimmt. Ferner dürfen die Sorgfaltsanforderungen nicht derartig sein, daß der Sport seines eigentlichen Wesens entkleidet wird, beispielsweise das Skilaufen auf ein Abrutschen im Schrittempo reduziert wird oder ein Fußballspiel nicht mehr nach seinen normalen Regeln ausgeführt werden kann[29].

### 2.1.3. Einwilligung oder sonstiger Fortfall von Rechtswidrigkeit oder Tatbestandsmäßigkeit

Auch wenn man wie hier die Einhaltung der objektiven Sorgfaltspflicht einschließlich des erlaubten Risikos bereits zur Voraussetzung des Tatbestandes der Fahrlässigkeitsdelikte macht, bleiben eine ganze Reihe von tatbestandsmäßigen Handlungen übrig. Hierbei stellt sich das Problem der Rechtfertigung oder auch eines Ausschlusses der Tatbestandsmäßigkeit. Für die klassische Lehre, die die Einhaltung der objektiven Sorgfaltspflicht erst im Rahmen der Schuld prüft, stellt sich dieses Problem natürlich noch viel dringlicher.

Die überkommene Lehre stützt sich bei der Rechtfertigung von Sportverletzungen auf das Institut der Einwilligung[30].

Hierbei bieten sich allerdings gewisse Schwierigkeiten. Denn der Normalfall der Einwilligung liegt nur in den seltenen Fällen vor, in denen etwa ein Boxer einen Schlag bewußt hinnimmt, um die Auflockerung

[28] Vgl. *K. Engisch*, Untersuchungen über Vorsatz und Fahrlässigkeit im Strafrecht, 1930, S. 288 f.; *R. Maurach*, Deutsches Strafrecht. Allg. Teil, 4. Aufl., 1971, S. 556 ff.; *Deutsch* aaO. S. 169; *A. Wimmer* ZStW 70 (1958), 215.

[29] BayObLGSt. 1960, 270 = JR 1961, 74.

[30] *G. Mahling*, Die strafrechtliche Behandlung von Sportverletzungen, Diss. Berlin 1940, S. 44 ff.; *R. Maurach*, Deutsches Strafrecht. AT, 5. Aufl. 1971, S. 553 f.; Besonderer Teil, 5. Aufl. 1969, S. 83, *H. J. Hirsch* LK § 226a Rdn. 8 (vgl. aber ZStW Bd. 74, 99 Anm. 86: unverbotenes Risiko, soweit nicht im Wesen der Sportart liegende Verletzungen); *Kohlrausch-Lange*, StGB, 43. Aufl. 1962, § 226a IV (vgl. aber Syst. Vorb. III 2a: Sozialadäquanz und erlaubtes Risiko); BayObLGSt. 1961, 180 = BayObLG NJW 1961, 2072.

der gegnerischen Deckung zu einem anderen Angriff auszunutzen oder zum Zweck einer Manipulierung des Ergebnisses, wie es seinerzeit bei dem Boxkampf zwischen *Cassius Clay* und *Sonny Liston* vermutet wurde. Im übrigen versuchen Sportler gerade, Verletzungen zu entgehen. Es ist jedoch heute anerkannt, daß auch eine Eventualeinwilligung möglich ist[31]. Diese Frage hängt eng zusammen mit der weiteren Frage, ob eine Einwilligung in ein Risiko und damit in fahrlässige Handlungen möglich ist. Auch diese Frage wird heute einhellig bejaht[32].

Eine ausdrückliche Einwilligung wird allerdings nur in den allerseltensten Fällen erteilt. Eine Einwilligung ist insbesondere auch nicht in der Unterwerfung unter die Satzungen der regionalen Fußballverbände zu sehen, wonach eine Anrufung der ordentlichen Gerichte nur mit Genehmigung dieser Fußballverbände zulässig ist[33]. Es ist schon streitig, ob der Verzicht auf den Strafantrag vor der Tat eine Einwilligung in die Tat darstellt[34]. Hier liegt jedoch noch gar kein endgültiger Verzicht auf den Strafantrag vor, sondern nur die Bereitschaft, sich der Genehmigung durch den Fußballverband zu unterwerfen. Es besteht jedoch Einigkeit darüber, daß eine Einwilligung auch konkludent erteilt werden kann. Hierbei erhebt sich allerdings die schwierige Frage nach der Ermittlung des Vorliegens und des Umfangs einer derartigen Einwilligung. Keinesfalls kann davon ausgegangen werden, daß jeder Sporttreibende mit jeglichen im Sport auftretenden Verletzungen einverstanden ist. Eine konkludente Einwilligung kann zunächst nur dann angenommen werden, wenn der Sportler einem begrenzten, überschaubaren Kreis von Mitsportlern gegenübertritt wie bei Zwei- und Mannschaftskämpfen und beim Training. Dagegen kann eine Einwilligung nicht angenommen werden, wenn das Band zwischen dem Täter und dem Verletzten lediglich in der gemeinsamen Benutzung gefährlicher Anlagen, insbesondere von Skipisten, besteht[35].

Die zweite Frage betrifft den Umfang der Einwilligung. Auf vorsätzliche Handlungen erstreckt sich die Einwilligung zweifellos nur bei solchen Verletzungen, die nicht nur unter Einhaltung der Regeln entstanden sind, sondern geradezu dem Zweck einer Sportart entsprechen, wie z. B. Boxschläge und das Rempeln beim Fußball. Damit ist zugleich gesagt, daß die Grenze nicht die Regeleinhaltung bilden kann, denn vorsätzliche Körperverletzungen sind auch bei einer Einhaltung der Regeln möglich. Hinsichtlich der fahrlässigen Körperverletzungen hat sich seit

[31] A. A. allerdings *Eb. Schmidt* JZ 1954, 372.

[32] *Hirsch* LK § 226a Rdn. 4; *H. Zipf*, Einwilligung und Risikoübernahme im Strafrecht, 1970, S. 64 ff.; *K. Geppert* ZStW 83, *969 ff.* Zum Umfang einer derartigen Einwilligung s. u. bei Fußnote 36 ff.

[33] Vgl. die Nachweise bei *T.-G. Wolf*, Die Kriminalität bei Fußballspielen. Eine kriminologische Untersuchung, Diss. Freiburg 1961 S. 8. Zur rechtspolitischen und rechtlichen Wertung dieser Bestimmungen s. u. 5.

[34] Dafür *Dreher*, StGB, 32. Aufl. 1970, § 61 Anm. 3; *Mösl*, LK, § 61 Rdn. 49.

[35] So mit Recht OLG München NJW 1966, 2404 und 2406.

der Entscheidung des BayObLG von 1961 die Auffassung durchgesetzt, daß durch leicht fahrlässige Regelverstöße verursachte Körperverletzungen von der Einwilligung gedeckt werden, nicht dagegen durch grob fahrlässig begangene Regelverstöße verursachte[36]. Dieser Auffassung ist zuzustimmen, wobei man freilich die bloß indizierende Bedeutung des Regelverstoßes für die Fahrlässigkeit im Auge behalten muß und die Unterscheidung daher auf leichte und grobe Fahrlässigkeit schlechthin erstrecken muß. Zwar hat sich neuerdings *Zipf* dafür ausgesprochen, die Rechtfertigung beim Sport noch weiter einzuschränken und bei bestimmten Sportarten auch die leichte Fahrlässigkeit auszuscheiden[37], doch bezieht sich dies auf die gemeinsame Benutzung von Anlagen, für die hier bereits das Vorliegen einer Einwilligung abgelehnt wurde.

Für den Verletzten liegt es nahe, die Einwilligung auf nicht erhebliche Schädigungen zu begrenzen. Auf diese Unterscheidung hat denn auch das OLG Neustadt abgestellt[38]. Dem hat das BayObLG entgegengehalten, daß die Einwilligung sich auf die Handlung des Täters beziehe, der Einwilligende daher sämtliche Folgen der gefahrbegründenden Handlung auf sich nehmen müsse[39]. Hiermit ist das alte Problem der Handlungs- oder Erfolgsbezogenheit der Einwilligung angesprochen. Die Auffassung des BayObLG kann schon deshalb nicht zutreffen, weil eine wirksame Einwilligung nach anerkannter Lehre eine Einsicht in ihre Tragweite voraussetzt[40]. Da die Einwilligung ein Verhalten ohnehin nur in Bezug auf die betroffenen disponiblen Rechtsgüter straffrei machen kann, nicht aber in Bezug auf eventuell mitbetroffene indisponible Rechtsgüter, ist nicht einzusehen, warum der Verletzte nicht auch seine Einwilligung auf einzelne seiner betroffenen Rechtsgüter beschränken können soll[41]. Die Einwilligung kann sogar den Umfang der Rechtsgutsbeeinträchtigung beschneiden und braucht das Rechtsgut nicht schlechthin preiszugeben: wer die Einwilligung zu einer Ohrfeige besitzt, darf den Einwilligenden nicht verprügeln[42]. Nur wenn dem Einwilligenden das Risiko einer bestimmten Handlung bewußt ist, umfaßt seine Einwilligung in die Hand-

[36] BayObLGSt. 1961, 180 = NJW 1961, 2072. So schon *Becker* DJ 1938, 1721. Zust. u. a. *Schönke-Schröder* aaO. § 226a Rdn. 9; *Hirsch* LK § 226a Rdn. 8; *Jescheck*, Lehrbuch des Strafrechts. Allg. Teil, 1969, S. 392. Für Einbeziehung der gesamten Fahrlässigkeit dagegen *Mahling* aaO. S. 68 f.; OLG Braunschweig NdsRpfl. 1960, 234 (zweifelnd sogar hinsichtlich vorsätzlicher Regelverstöße, die dauernd vorkommen).

[37] aaO. S. 95 f.

[38] MDR 1956, 549.

[39] BayObLGSt. 1960, 266 = JR 1961, 72, 74. So auch die h. L., vgl. die Nachweise bei *K. Geppert* ZStW 83, 970 und ferner *Hirsch* LK § 226a Rdn. 4.

[40] *K. Geppert* ZStW 83, 977.

[41] So die m. E. erforderliche Korrektur des Gedankens von *Zipf* aaO. S. 21 ff.

[42] Diesen Aspekt vermag die — allenfalls örtlich, zeitlich oder personell begrenzte — Rechtsgutsbezogenheit der Einwilligung bei *Zipf* aaO. S. 22 ff. nicht zu erfassen.

lung in der Regel auch die möglichen Folgen. Auch in diesem Fall kann er aber noch die Einwilligung auf bestimmte Folgen begrenzen; der Täter handelt dann auf „eigenes Risiko“[43]. Gegenüber der herrschenden Lehre ergibt sich somit eine sehr viel stärkere Zugänglichkeit der Einwilligung für den individuellen Willen der Einwilligenden.

Dieser Wille kann allerdings häufig nur aus den Umständen des Einzelfalles ermittelt werden. So erstreckt sich die Einwilligung von Kindern beim Spielen mit Erwachsenen und von Körperbehinderten oder besonders anfälligen Personen in der Regel auch nicht auf leichte Fahrlässigkeit der Mitsportler. Umgekehrt kann die freiwillige Teilnahme an einer bekanntermaßen ruppigen Spiel eine Einwilligung auch in grobe Fahrlässigkeit enthalten. Außerdem ist zu berücksichtigen, daß die hier für die konkludente Einwilligung ermittelten Grenzen jederzeit durch eine ausdrückliche Einwilligung abgeändert werden können. In den eben genannten Fällen wird dies häufig der Fall sein.

Eine gewisse Unsicherheit liegt darin, daß nach h. L. eine wirksame Einwilligung unabhängig von dem Alter von jedem erteilt werden kann, der ein hinreichendes Verständnis für die Tragweite seiner Einwilligung hat, ohne daß hierfür eine nähere Konkretisierung gegeben wird[44]. Während z. T. die Vollendung des 7. Lebensjahres als Grenze angenommen worden ist[45], hat das BayObLG noch bei einem Zehnjährigen eine Einwilligungsfähigkeit in Verletzungen bei einem Fußballspiel abgelehnt[46]. In der Tat wird mindestens bis zum 12. Lebensjahr schon das Bewußtsein entsprechender Gefahren fehlen, so daß eine konkludente Einwilligung gar nicht vorliegt.

Erstreckt sich die Einwilligung, sei es ausdrücklich, sei es konkludent, auch auf grobe Regelverstöße, so soll nach dem BGH ein Verstoß gegen

[43] Die Einwilligung in den Tellschuß (vgl. *R. Sieverts,* Beiträge zur Lehre von den subjektiven Unrechtselementen, 1934, S. 239 m. Nachw.) ist daher wie folgt zu beurteilen: Hat der Schütze dem Einwilligenden absolute Schußsicherheit angegeben, fehlt eine Einwilligung in eine Verletzung. Hat der Schütze nur normale Fähigkeiten erkennen lassen, liegt eine Einwilligung vor, sofern der Verletzte nicht die Einwilligung in eine Verletzung ausdrücklich ausgeschlossen hat.
Noch weiter einschränkend *K. Geppert* ZStW 83, 978, der analog der Abgrenzung zwischen dolus eventualis und bewußter Fahrlässigkeit beim Einwilligenden eine billige Inkaufnahme verlangt. Vgl. auch *Zipf* aaO. S. 76, der umgekehrt wie hier annimmt, daß eine Einwilligung in die Folgen einer Risikohandlung nur ausnahmsweise vorliege. Allerdings denkt er dabei vor allem an die Benutzung gefährlicher Anlagen, für die hier bereits mangels Überschaubarkeit der potentiellen Verletzter das Vorliegen einer Einwilligung ausgeschlossen wurde.

[44] *Maurach* AT S. 342; *Schönke-Schröder* aaO. Rdn. 39 f. vor § 51; BGHSt. 12, 382.

[45] *Mahling* aaO. S. 63 f.

[46] BayObLGSt. 1960, 266 = JR 1961, 73.

die guten Sitten vorliegen[47]. Das dürfte in dieser Allgemeinheit zu weit gehen[48]. In der neuesten Auflage des Leipziger Kommentars hat *Hirsch* sogar die Auffassung vertreten, daß bei der Sittenwidrigkeit grundsätzlich auf das Gewicht der Tatbestandsverwirklichung abzustellen ist[49].

In der letzten Zeit mehren sich die Stimmen, die bei Sportverletzungen die Anwendung des Instituts der Einwilligung überhaupt ablehnen und hierfür andere Rechtsinstitute heranziehen wollen. Bei *Haefliger*[50] und *Eb. Schmidt*[51] beruht diese Ablehnung der Einwilligung allerdings auf dem schon zurückgewiesenen Mißverständnis, daß eine Einwilligung in eine Risikohandlung nicht möglich sei. Bei *Becker* kommt die nationalsozialistische Animosität gegen die „liberalistische" Natur der Einwilligung hinzu[52]. Im übrigen ist die Heranziehung der allgemeinen Zwecktheorie durch *Eb. Schmidt*[53] und *Becker* auch kaum geeignet, größere Klarheit zu bringen.

Ernster zu nehmen sind die Hinweise auf die Sozialadäquanz[54]. Hierbei braucht allerdings nur auf diejenigen Autoren eingegangen zu werden, die die Sozialadäquanz als eigenes Rechtsinstitut anerkennen, nicht auf die verbreitete Auffassung, die sie lediglich als integrierenden Bestandteil der Ermittlung der Sorgfaltspflicht bei den Fahrlässigkeitsdelikten ansieht, der insbesondere das „erlaubte Risiko" in sich aufnimmt[55]. Von *Baumann* wird die Sozialadäquanz ganz abgelehnt und statt dessen auf das Rechtsinstitut der Einwilligung verwiesen[56]. Andere Autoren stellen bei dem Umfang der Einwilligung und der Frage ihrer Sittenwidrigkeit auf die Sozialadäquanz ab[57]. Die engen Beziehungen zwischen der Sozialadäquanz und der Einwilligung sind kein Zufall. Denn mit der Ermittlung des Umfangs der konkludent erteilten Ein-

47 BGHSt. 4, 88, 92. Zust. *Kohlrausch-Lange* aaO. § 226a IV 1 („gewissenlos leichtfertige Verletzung der Kampfregeln").

48 Dagegen auch *Zipf* aaO. S. 98 f.; *Hirsch* LK § 226a Rdn. 8.

49 § 226a Rdn. 7; vgl. auch *Schönke-Schröder* aaO. § 226a Rdn. 5.

50 SchwZStr. 67 (1952), 100.

51 JZ 1954, 372.

52 DJ 1938, 1722.

53 AaO. S. 373. Vgl. schon *v. Liszt-Schmidt,* Lehrbuch des Deutschen Strafrechts, 26. Aufl. 1932, S. 217. Dagegen schon *Mahling* aaO. S. 39.

54 *Mezger* LK 8. Aufl. 1957, 10 h cc vor § 51; *F. Schaffstein* ZStW 72, 379; *Kohlrausch-Lange,* Syst. Vorbem. III 2a; *U. Klug,* Festschrift für Eberhard Schmidt zum 70. Geburtstag, 1961, S. 264; *Jescheck,* Lehrbuch des Strafrechts. Allg. Teil, 1969, S. 173 (vgl. aber S. 392: Einwilligung); *Zipf* aaO. S. 92 ff.

55 *Welzel,* Das Deutsche Strafrecht, 11. Aufl. 1969, S. 132; *Engisch* aaO. S. 285 ff. und: Hundert Jahre deutsches Rechtsleben, Festschrift zum hundertjährigen Bestehen des Deutschen Juristentages 1860—1960, Bd. I, S. 417 f; *Wimmer* ZStW 70, 214 f.; *Nipperdey* NJW 1957, 1778 f.; *K. Geppert* ZStW 83, 995 f.

56 *Baumann* aaO. S. 257 f.

57 *H. Roeder,* Die Einhaltung des sozialadäquaten Risikos und ihr systematischer Standort im Verbrechensaufbau, 1969, S. 41 f.; *Hirsch* LK § 226a Rdn. 8.

willigung haben wir im Ergebnis bereits Gesichtspunkte der Sozialadäquanz einbezogen. Eine gewisse Vereinfachung der Problematik ergibt sich daraus, daß auch wir die Einwilligung bei der bloßen gemeinsamen Benutzung von Anlagen ausgeschlossen haben, während *Zipf* diese Fälle zwar in die Sozialadäquanz einbeziehen will, dabei jedoch jeden Regelverstoß als inadäquat ansieht[58]. Der Vorzug der Anwendung der Einwilligung besteht darin, daß einer individuellen Begrenzung oder -erweiterung — Beispiele wurden oben genannt — mehr Raum gegeben werden kann. Auf der anderen Seite liegt jedoch in dieser individualisierenden Ausgestaltung der Einwilligung auch ein Mangel. Denn danach könnte beispielsweise ein Spieler aus Verärgerung über ein Foul plötzlich die Einwilligung ausdrücklich widerrufen oder gar von vornherein einen ihm verhaßten Gegenspieler von der Einwilligung ausnehmen[59]. Es ist allerdings die Frage, ob wegen solcher Fälle die strafrechtliche Dogmatik modifiziert werden muß oder aber ob mit einer Einhaltung der klassischen Dogmatik die Beteiligten zu entsprechenden Vorkehrungen gezwungen werden sollten, etwa durch die Möglichkeit, einen solchen Spieler vom Platz zu stellen. Die Rechtsprechung des Bundesgerichtshofes in Zivilsachen hat bekanntlich seit BGHZ 34, 354 in den Fällen des „Handelns auf eigene Gefahr" die Heranziehung der Einwilligung aufgegeben und stützt sich nunmehr auf die §§ 242, 254 BGB. Der Grund dafür waren allerdings gewisse Schwerfälligkeiten der Einwilligung als Rechtsgeschäft, die das Strafrecht bereits seit langem abgestreift hat. Interessanterweise wurde als ein Argument für die Aufgabe der Einwilligung gerade die Wiederherstellung der Einheit der Rechtsordnung im Vergleich zum Strafrecht angeführt.

Ein Unterschied würde sich auch noch daraus ergeben, daß die Einwilligung nach überkommener Auffassung die Rechtswidrigkeit ausschließt, die Sozialadäquanz nach überwiegender Auffassung schon die Tatbestandsmäßigkeit. Indessen mehren sich in der letzten Zeit die Stimmen, auch der Einwilligung tatbestandsausschließende Kraft zuzusprechen[60]. Im übrigen sind die praktischen Auswirkungen dieser Kontroversen gering, da nach der Rechtsprechung auch die irrtümliche Annahme einer Einwilligung zum Tatbestandsirrtum führt[61].

### 2.1.4. Fragen der Schuld

Im Rahmen der Schuld ist bei den — zahlenmäßig weit überwiegenden — Fahrlässigkeitsdelikten die individuelle Erkennbarkeit und Er-

[58] aaO. S. 95 f.

[59] Vgl. *Zipf* aaO. S. 92.

[60] *H. J. Hirsch* ZStW 74, 104 Anm. 1; *Eb. Schmidhäuser*, Festschrift für Karl Engisch zum 70. Geburtstag, 1969, S. 451 f. und: Strafrecht. Allg. Teil. Lehrbuch, 1970, S. 209 ff.; *D. Kientzy*, Der Mangel am Straftatsbestand infolge Einwilligung des Rechtsgutsträgers, 1970, passim; *C. Roxin* ZStW 83, 386; *H. Zipf* aaO. S. 28 ff. A. A. neuestens *K. Geppert* ZStW 83, 959 ff.

[61] So mit Recht *Kientzy* aaO, S. 132 ff.

füllbarkeit der objektiven Sorgfaltspflicht zu prüfen[62]. Dabei sind vor allem körperliche Mängel, Verstandesfehler, Wissens- und Erfahrungslücken sowie besondere Situationsschwierigkeiten zu berücksichtigen[63]. Dieses Merkmal scheint auf den ersten Blick zahlreiche Schadensverursachungen durch Verletzung der objektiven Sorgfaltspflicht aus dem Bereich der Strafbarkeit herauszunehmen; insbesondere werden beim Skilauf fast alle Unfälle durch mangelhafte Technik des einzelnen Läufers verursacht. Indessen ist hierbei der Gesichtspunkt des Übernahmeverschuldens zu berücksichtigen: die für die Strafbarkeit erforderliche Schuld liegt in der Regel schon darin, daß der Täter eine Tätigkeit ausgeübt hat, obwohl ihm die dafür erforderlichen Kenntnisse und Fähigkeiten fehlen. Damit bleiben für einen Ausschluß der Schuld im wesentlichen nur überraschende körperliche Mängel wie Schwächeanfälle, erstmals auftretende Alterserscheinungen und dgl. sowie unvorhersehbare Situationsschwierigkeiten übrig.

Bei Sportarten, die die Beteiligten in Lebensgefahr durch Naturgewalten bringen, wie z. B. Bergsteigen und Segeln, wird gelegentlich der entschuldigende Notstand nach § 54 StGB in Betracht kommen. Bekanntlich stammen die Kathederfälle zum entschuldigenden Notstand überwiegend aus der Sphäre der Schiffahrt und des Bergsteigens. Allerdings ist auch hierbei einschränkend zu berücksichtigen, daß die Berufung auf einen Notstand ausgeschlossen ist, wenn der Täter die Notstandslage verschuldet, ab 1973 (§ 35 2. StrRG) sogar, wenn er sie verursacht hat. Außerdem soll die Berufung auf den Notstand reduziert sein bei einer sog. Gefahrengemeinschaft[64]. Wenn *Stratenwerth* beklagt, daß diese Frage „von größerer praktischer Bedeutung, aber noch wenig geklärt" ist, so gilt ersteres besonders für den Sport. Man wird hierbei darauf zu achten haben, daß die Gefahrengemeinschaft freiwillig und in voller Erkenntnis der Gefahr eingegangen wurde, da § 54 StGB, so sehr man auch über seine Berechtigung streiten mag, nicht entgegen dem Willen des Gesetzgebers zur Bedeutungslosigkeit verdammt werden darf.

### 2.2. Strafbarkeit von Veranlassern und Aufsichtspflichtigen bei Verletzungen von Sportlern

Angesichts der planmäßigen Einspannung von Verletzungen wichtiger Spieler der gegnerischen Mannschaft wird sich bei vorsätzlichen Sportverletzungen häufig eine Haftung von Trainern und Mannschaftskapitänen wegen Anstiftung ergeben. Im übrigen kommt eine Haftung wegen fahrlässiger Täterschaft durch Handeln oder Unterlassen in Frage, soweit Trainer und Mannschaftskapitän entweder die Mannschaft zur Aggres-

[62] *G. Stratenwerth*, Strafrecht, Allg. Teil I, 1971 Rdn. 1164 ff. hat allerdings neuerdings die Ausgliederung der Fahrlässigkeitsproblematik aus der Schuld soweit getrieben, schon die Verletzung der dem individuellen Täter obliegenden Sorgfaltspflicht in den Tatbestand zu verlagern.

[63] *Jescheck* aaO. S. 394 f.

[64] *Schönke-Schröder* aaO. § 54 Rdn. 3a; *Stratenwerth* aaO. Rdn. 642.

sivität aufstacheln oder aber ein Ausarten der Spielweise nicht verhindern. Die für ein strafbares Unterlassen erforderliche Rechtspflicht zum Handeln ist als Nebenpflicht des Trainervertrages, aus Gewohnheitsrecht und aus freiwilliger Übernahme zu entnehmen. Auch bei der Verletzung von Mitsportlern bei gemeinsamer Benutzung von Anlagen wird sich häufig eine strafrechtliche Verantwortlichkeit infolge Vernachlässigung der Aufsichtspflicht ergeben. In aller Regel wird für ein gemeinsames Training eine verantwortliche Aufsichtsperson bestellt.

Diese Personen sind auch für eine eventuelle Selbstverletzung von Sportlern durch sorgfaltswidriges Verhalten verantwortlich. Die Tatsache, daß eine Selbstverletzung straflos ist, hindert nicht die Haftung eines Aufsichtspflichtigen wegen fahrlässiger Körperverletzung[65]. Eine solche Haftung kommt auch dann in Frage, wenn Sportler sich unter dem Einfluß eines anderen in gesundheitsschädlicher Weise überanstrengen, wie es im Fachjargon heißt, „verheizt" werden. Dies gilt vor allem dann, wenn zwischen dem Sportler und dem Trainer eine starke psychische Abhängigkeit besteht. Eindeutig wäre eine fahrlässige Täterschaft bei Hypnose, wie sie kürzlich von dem Trainer der australischen Schwimmerin *Shane Gould* berichtet wurde. Vielleicht wird dieses Problem in den Vorträgen über das Doping noch behandelt. Findet sich der Trainer mit einer körperlichen Schädigung des Sportlers ab, so kommt sogar eine Haftung wegen mittelbarer Täterschaft in Frage. Hierfür ist eine psychische Abhängigkeit des Sportlers von dem Trainer erforderlich, die jedoch nicht den Grad zu erreichen braucht wie bei der Fremdverletzung in mittelbarer Täterschaft[66]. Liegt allerdings vorsätzliche Verleitung zu einer Selbstschädigung vor, ohne daß der Grad der mittelbaren Täterschaft erreicht ist, so kann die Straflosigkeit der Veranlassung zur Selbstverletzung nicht durch eine Haftung wegen Fahrlässigkeit umgangen werden[67]. Bei Jugendlichen unter 16 Jahren wird nach dem Erlaß des 4. StrRG der neue §170 d eingreifen, der bereits die Gefahr einer erheblichen Schädigung in der körperlichen Entwicklung erfassen soll.

### 2.3. Verletzung und Tötung von Zuschauern

Bei Zuschauern kommt eine Einwilligung in Verletzungen in der Regel nicht zum Zuge. Etwas anderes kann ausnahmsweise gelten, wenn sich Zuschauer auf eigenes Risiko in eine gefährliche Nähe zur Sportausübung begeben, etwa beim Eishockey oder beim Motorsport. Fehlen entsprechende Sicherungsmaßnahmen, so kann unter Umständen ein Vorwurf gegenüber dem Sportler entfallen, wenn er hiervon nichts wußte. Das Institut der Sozialadäquanz erscheint dagegen kaum geeignet, den stark individualisierten Faktor der Erkennbarkeit adäquat zu erfassen[68]. In

[65] Anders b. vorsätzlich-freiem Handeln d. Sportlers, vgl. BGH NJW 1972, 1207.

[66] S. *F.-C. Schroeder*, Der Täter hinter dem Täter. Ein Beitrag zur Lehre von der mittelbaren Täterschaft, 1965, S. 90 ff., 129.

[67] BGHSt. 13, 168 f.

[68] Vgl. dazu *Zipf* aaO. S. 96 f.

jedem Falle haftet hier der Veranstalter wegen der Vernachlässigung seiner Verkehrssicherungspflicht.

### 2.4. Verletzung von Sportlern durch fehlerhafte Anlagen

In Frage kommt ferner eine Haftung von Veranstaltern und sonstigen für den Zustand von Sportanlagen Verantwortlichen für Verletzungen der Sportler selbst. Allgemeine Regeln lassen sich hierzu nicht aufstellen. Zu der Verkehrssicherungspflicht bei Skipisten ist vor kurzem das grundlegende Urteil beim BGH im Fall der Jennerbahn ergangen[69]. Hier klingt wieder ein bereits von der Betrachtung der Haftbarkeit der Sportler für Verletzung untereinander her bekannter Gedanke auf, daß nämlich für die Verkehrssicherungspflicht alle Gefahren auszuscheiden haben, die zwangsläufig mit der Abfahrt auf einer solchen Piste verbunden sind und die von den Skifahrern auch bewußt in Kauf genommen werden. Es bleiben übrig Gefahren atypischer Natur, die über die normalen Gefahren des Skilaufs hinaus eine besondere Gefährdung enthalten. Auch derartige Gefahren müssen aber nur dann verhindert werden, wenn sie nicht ohne weiteres erkennbar und vermeidbar sind. Schließlich stellt der BGH den Grundsatz auf, daß die Entscheidungsfreiheit des Skiläufers den Vorrang genieße, so daß der Verantwortliche nicht verpflichtet gewesen sei, die Piste zu sperren oder gar die Bergbahn stillzulegen, sondern sich mit einer Warnung durch Schilder oder Lautsprecher hätte begnügen können. Ob sich dieser Grundsatz angesichts des vorausberechenbaren Leichtsinns von insbesondere jugendlichen Skiläufern und des beim Skilauf üblichen Prestigedenkens aufrechterhalten läßt, erscheint zweifelhaft.

Als ein weiteres Sondergebiet scheint sich die Verantwortlichkeit bei dem Betrieb von Skiliften herauszubilden[70].

## 3. Unlautere Beeinflussung von Sportergebnissen

Ich möchte nunmehr zu der unlauteren Beeinflussung von Sportergebnissen übergehen und mich dabei auf die aktuellen, durch den bekannten Bundesligaskandal aufgeworfenen, Probleme konzentrieren.

### 3.1. Bestechung von Schieds- und Kampfrichtern und Rechtsbeugung

Es ist bemerkenswert, daß das nächstliegende Verhalten zur Verfälschung sportlicher Ergebnisse, nämlich die Schieds- und Kampfrichterbestechung und die daraus folgende „Rechtsbeugung", zwar oft behauptet, aber kaum jemals ernsthaft weiterverfolgt werden. Offensichtlich bietet die starke Kontrolle des Sports durch die Zuschauer für eine Bestechung wenig Möglichkeiten. Bestechungen sind allerdings eher denkbar bei Richtertätigkeiten, bei denen ein größerer Ermessensspielraum besteht, wie bei der Bewertung im Eiskunstlauf. Eine strafrechtliche Erfassung ist nicht möglich, da es sich nicht um „Rechtssachen" handelt, wie sie die §§ 334—336 StGB voraussetzen.

[69] NJW 1971, 1093. S. auch u. S. 74 ff.
[70] S. u. S. 79 f.

### 3.2. Bestechung von Sportlern

Als sehr wirkungsvoll hat sich dagegen bekanntlich die Bestechung von Sportlern selbst erwiesen mit dem Ziel, schlechtere Leistungen zu erbringen als möglich. Während die Verordnung gegen Bestechung und Geheimnisverrat nichtbeamteter Personen die Tätigkeit bei Behörden oder Körperschaften des öffentlichen Rechts oder Institutionen zur staatlichen Wirtschaftslenkung voraussetzt, ist an § 12 des Gesetzes gegen den unlauteren Wettbewerb zu denken. Ermittlungen wegen dieses Tatbestandes sind in dem laufenden Bundesligaskandal in der Tat erfolgt. Mindestens die Bundesligavereine sind „als geschäftliche Betriebe" anzusehen, die Spieler als ihre Angestellten. Der Bestechende will auch mit dem Bestechungsgeld durch unlauteres Verhalten des Angestellten eine Bevorzugung für seinen Verein erlangen. Es ist jedoch schon zweifelhaft, ob das Verhalten „im geschäftlichen Verkehr" erfolgt. Jedenfalls liegt in dem schlechten Spiel kein „Bezug gewerblicher", d. h. geldwerter[71], „Leistungen". Dementsprechend fehlt es auch an einem Handeln „zu Zwecken des Wettbewerbs"[72].

### 3.3 Betrug

Der Komplex des sog. Bundesligaskandals läßt sich daher allenfalls mittelbar über die Vermögensdelikte erfassen.

### 3.3.1. Betrug am eigenen Verein

Hierbei kommt zunächst ein Betrug an dem eigenen Verein in Frage, dem der Fußballspieler angehört. Die Zahlung des laufenden Grundgehalts beruht jedoch nur dann auf einer Täuschung, wenn der Spieler von vornherein entschlossen war, dem Verein nicht seine wahren Leistungen zu erbringen. Bei der üblichen Gelegenheitsbestechung ist dagegen eine Kausalität abzulehnen. Im übrigen kommen als Vermögensvorteil nur Sieg- und Leistungsprämien in Betracht, die aber bei einer erkauften Niederlage gerade nicht anfallen. Denkbar wäre allenfalls die Erkaufung eines Sieges, ohne daß der damit beglückte Verein davon weiß, doch ist ein solcher Fall kaum denkbar.

### 3.3.2. Betrug gegenüber den Zuschauern

Die Zuschauer werden bei einem manipulierten Spielausgang zweifellos getäuscht und bekommen für ihr gutes Geld eine wertlose Gegenleistung. Gleichwohl fehlt es für einen Betrug, von Komplikationen bei der die Bezahlung des Eintrittsgeldes veranlassenden Täuschungshandlung bzw. der Unterlassung der Aufklärung einmal abgesehen, an der erforderlichen Stoffgleichheit: Der Vorteil des Bestechungsgeldes steht

[71] *Baumbach-Hefermehl,* Wettbewerb- und Warenzeichenrecht. Bd. I. Wettbewerbsrecht, 10. Aufl. 1971, § 2 UWG Rdn. 2.

[72] Ein Handeln zu Zwecken des Wettbewerbs verlangt ein Verhalten, das auf den Abschluß von Geschäften mit Kunden (Lieferanten) gerichtet und äußerlich geeignet ist, den Absatz (Bezug) eines Wettbewerbers zuungunsten derjenigen eines Mitbewerbers zu fördern, aaO. Einl. UWG Rdn. 166.

in keinerlei Zusammenhang mit dem Vermögensschaden der Zuschauer. Hinsichtlich des Vermögensvorteils, den der Verein durch das für eine unreelle Leistung gezahlte Eintrittsgeld erhält, fehlt es den Spielern und auch den eventuell beteiligten Vereinsfunktionären aber wiederum an der Absicht, da es ihnen nicht auf diesen Vorteil des Vereins „ankommt“[73]. Das Gleiche gilt für den bestechenden Verein selbst, sofern es ihm nur auf den Klassenerhalt ankommt.

### 3.3.3. Betrug am fremden Verein

In Frage kommt allenfalls ein Betrug an dem fremden Verein, wenn die versprochene Gegenleistung, und zwar von Anfang an geplant, nicht erbracht wird, mit anderen Worten die bestochenen Spieler trotzdem gut spielen. Das Bestechungsgeld wird aber regelmäßig erst gezahlt, wenn die Niederlage wirklich eingetreten ist bzw. muß andernfalls zurückgezahlt werden. Hier bleibt Betrug allenfalls übrig, wenn die Spieler nach besten Kräften spielen und trotzdem verlieren, doch wird hier ein Betrug kaum nachzuweisen sein.

### 3.4. Untreue

Auf Seiten der beteiligten Vereinsfunktionäre kommt Untreue nach § 266 StGB in Betracht, soweit sie Gelder des Vereins zur Bestechung verwenden. Allerdings wird hierbei in aller Regel kein Vermögensschaden für den Treuegeber entstehen, mindestens wird der Vorsatz fehlen.

### 3.5. Erpressung

Eine weitere Variante des Bundesligaskandals bestand bekanntlich darin, daß Spieler sich von abstiegsbedrohten Vereinen Prämien für Siege über deren Konkurrenten zahlen ließen. Soweit hierbei die Initiative von den Geldempfängern ausging, dürfte in der Regel die Drohung vorgelegen haben, sonst absichtlich zu verlieren, und damit die Drohung mit einem empfindlichen Übel. Daß sich das empfindliche Übel gegen den Verein als solchen richtete, während der Bedrohte zu diesem in einer mehr oder weniger engen Beziehung stand, spielt keine Rolle, da es genügt, daß der Empfänger der Drohung das Übel auch für sich als Übel empfindet[74]. Allerdings sind hierbei genaue Feststellungen erforderlich. Es kann nämlich auch geschehen, daß die abstiegsbedrohten Vereine sich von sich aus an die betroffenen Spieler gewandt haben, um diesen, soweit sie aufgrund ihres Tabellenstandes kein besonderes Interesse an Sieg oder Niederlage mehr hatten, einen Sieg verlockender zu machen. Ebenso wenig stellt es eine Drohung mit einem empfindlichen Übel dar, wenn einzelne Spieler den Geldgeber darauf aufmerksam machen, daß ein derartiges Desinteresse an Sieg oder Niederlage besteht und nur durch eine entsprechende Siegprämie beseitigt

[73] Die insoweit zweifelhafte Entscheidung BGHSt. 16, 1 ff. wird allgemein abgelehnt, vgl. nur *Welzel* NJW 1962, 22.

[74] BGHSt. 16, 318 m. Nachw.

werden könnte. Denn die Ankündigung, Hilfe gegen ein ohnehin drohendes Übel zu unterlassen, ist nur erheblich, wenn eine Pflicht zum Handeln besteht[75]. Freilich sind hierbei Tarnungen naheliegend. Bei dem Bundesligaskandal war es allerdings in einem Fall so, daß dem Angesprochenen bereits das entsprechende Angebot eines Konkurrenten unter die Nase gerieben wurde.

### 4. Beleidigung

Hinsichtlich der Beleidigung sei nur auf das interessante Problem hingewiesen, daß § 193 StGB nur tadelnde Urteile über wissenschaftliche, künstlerische und gewerbliche Leistungen nennt und damit die heutzutage sehr umfangreiche Kritik von sportlichen Leistungen durch Trainer und in der Presse außer acht läßt. Die Leistungen von Berufssportlern und damit von Lizenz- und Vertragsspielern können allerdings als gewerbliche Leistung angesehen werden[76]. Indessen nennt § 193 StGB auch „ähnliche Fälle". Hierunter hatte schon *Frank* sportliche Leistungen gefaßt[77]. Im übrigen ist darauf hinzuweisen, daß der Presse heute nach herrschender Lehre auch die Wahrnehmung berechtigter Interessen der Allgemeinheit zugebilligt wird[78].

### 5. Sport und staatliche Strafgerichtsbarkeit

Die bisherigen Darlegungen haben aufgewiesen, in welch großem Umfang das sportliche Geschehen den Tatbeständen des Strafrechts unterliegt. Gegenüber diesem Nachweis wirkt die verhältnismäßig seltene Befassung der ordentlichen Gerichte mit Sportstraftaten zunächst überraschend. Diese weitgehende Ausschaltung der ordentlichen Gerichte beruht zum Teil auf einer gewissen Zurückhaltung von Seiten der staatlichen Rechtspflegeorgane selbst. Diese wiederum ist rechtssoziologisch zum Teil daraus zu erklären, daß die Sportverbände eine überaus wirkungsvolle eigene Sportgerichtsbarkeit aufgebaut haben.

Diese Sportgerichtsbarkeit wirft eine Reihe von Problemen auf, die zum Abschluß des Vortrags gestreift werden sollen. Soziologisch gesehen wird diese Sportgerichtsbarkeit durchaus als Strafgerichtsbarkeit, werden die verhängten Maßnahmen als Strafen empfunden. Obgleich das Bundesverfassungsgericht für das Rechtsprechungsmonopol der Gerichte nach Art. 92 GG den von der Wissenschaft schon seit langem vertretenen materiellen Rechtssprechungsbegriff anerkannt hat[79], reicht die Tatsache, daß bestimmte Maßnahmen privater Verbände als Strafen empfunden werden, für einen Verstoß gegen Art. 92 GG nicht aus[80].

[75] BGH 5 StR 456 59 v. 17. 11. 1959; zust. *Lackner-Maassen* StGB, 6. Aufl. 1970 § 240 Anm. 5.
[76] *Schönke-Schröder* 193 Rdn. 6.
[77] Das Strafgesetzbuch für das Deutsche Reich, 18. Aufl. 1931, § 193 III 5.
[78] S. *Maurach,* Besonderer Teil, S. 159; *Schönke-Schröder aa*O. § 193 Rdn. 15 f.
[79] BVerfGE 22, 73.
[80] A. A. *A. Arndt* NJW 1965, 27; *Baur* JZ 1965, 164; *Isele* JZ 1968, 340.

Es kommt hinzu, daß diese Maßnahmen gerichtlich nachprüfbar sind[81]. Hier stellt sich die allgemeine Problematik von Vereins- und Vertragsstrafe, die an dieser Stelle nicht näher aufgerollt werden kann[82]. Der Strafrechtler kann nur mit Überraschung konstatieren, wie Sanktionen, die im Strafrecht längst als das gegen das Übermaßverbot verstoßend und damit verfassungswidrig angesehen worden wären wie z. B. ein lebenslängliches Berufsverbot[83], hier von weiten Kreisen der Bevölkerung hingenommen werden, wie ja überhaupt im Sport noch einige durchaus konservative Elemente wie z. B. das Leistungsprinzip erhalten geblieben sind.

Problematischer ist der Fall, in dem vor den Sportgerichten Sachverhalte abgeurteilt werden, die zugleich unter Straftatbestände fallen. Aber auch bei einer derartigen Parallelität lassen sich keine Einwände herleiten etwa aus dem Rechtsprechungsmonopol der Gerichte oder dem Grundsatz ne bis in idem[84].

Eine Stufe größter Problematik wird jedoch erreicht, wenn gleichzeitig die Anrufung der ordentlichen Gerichte für diese Straftaten ausgeschlossen wird. Derartige Bestimmungen finden sich — wie bereits erwähnt — in den Satzungen vieler Sportverbände. Hier läßt sich der Einbruch in das Rechtsprechungsmonopol der staatlichen Gerichte wohl nicht mehr bestreiten und könnte allenfalls mit dem Argument eingeschränkt werden, daß eine gerichtliche Nachprüfbarkeit der Verbandsstrafen möglich ist. Darüberhinaus enthalten derartige Bestimmungen aber nicht nur einen Eingriff in das Rechtsprechungsmonopol der staatlichen Gerichte, sondern auch eine bedenkliche Beschneidung einer für den Rechtstaat wesentlichen Institution. Der Ausschluß der Anrufung der staatlichen Gerichte ist denn auch bei der Diskussion um die Betriebsjustiz allgemein als das bedenklichste Merkmal bezeichnet worden. *Adolf Arndt* sagte seinerzeit dazu: „Ein Staat, der es zuließe, daß die Anrufung seiner Gerichte zum Schutz der persönlichen Ehre oder sonst zur Rechtsverteidigung zur Maßregelung durch Kündigung führen dürfte, wäre weniger als ein Nachtwächterstaat, wäre ein Staat, der sich selber aufgibt und mit eigener Hand das Staatsbewußtsein zerstört. In einem solchen Staat könnte kein Bürger mehr dem ‚König' Wirtschaftsmacht nach dem legendären Vorbild des Müllers von Sanssouci entgegnen, daß es noch Richter gibt. Hier tut Wachsamkeit not!"[85]. Frei-

81 *Kienapfel* JZ 1965, 603; *B. Preis*, Der Betrieb 1971, 1576.

82 S. dazu u. a. *U. Meyer-Cording*, Die Vereinsstrafe, 1957; *W. Flume*, Die Vereinsstrafe, in: Festschrift für Eduard Bötticher zum 70. Geburtstag am 29. Dezember 1969, hrsg. von *K.-A. Bettermann* und *A. Zeuner*, 1969, S. 101 ff.; *W. J. Habscheid*, u. S. 158 ff.
Speziell zu den Vertragsstrafen im DFB *Preis* aaO. S. 1573 ff.

83 § 42 l StGB beschränkt demgegenüber die Dauer eines Berufsverbots auf 5 Jahre.

84 *Kienapfel* JZ 1965, 603 f.; a. A. *Baur* aaO.

85 NJW 1965, 27.

lich vertritt die Rechtsprechung zum Arbeitsrecht konstant die Auffassung, Kündigungen wegen einer eigenmächtigen Anrufung der staatlichen Gerichte durch Betriebsangehörige seien nicht sittenwidrig[86]. Gleichwohl bleibt m. E. die Erzwingung der Nichtanrufung der ordentlichen Gerichte durch Vereinsstrafen unter dem Gesichtspunkt der rechtswidrigen Nötigung zu prüfen. Gewiß ist den Sportverbänden zuzubilligen, daß die Sportausübung, wie ausführlich dargelegt, zu vielen Straftaten vor allem kleinerer Art führt, deren rasche Bereinigung im Sinne einer Versöhnung der Beteiligten im Interesse eines gedeihlichen Ablaufs des Sportlebens liegt. Dieses legitime Interesse kann jedoch nur durch Überzeugung, namentlich durch Vorschaltung eines innerverbandlichen Schieds- oder Sühneverfahrens, erreicht werden, nicht aber durch Androhung empfindlicher Übel wie Vereinsstrafen. Schon gar nicht genügt zur Legitimierung dieser Nötigung das häufig gehörte Argument, es solle vor den ordentlichen Gerichten keine „schmutzige Wäsche gewaschen" werden.

Auch unabhängig von dieser strafrechtlichen Bewertung der Sportgerichtsbarkeit sollte die Strafrechtspflege nicht der angesichts ihrer Überlastung naheliegenden Versuchung erliegen, Straftaten im Sport als interne Angelegenheiten zu betrachten. Vielleicht beruht die allgemein beklagte Zunahme der Gewalttätigkeit in unserer Gesellschaft zu einem gewissen Teil auch darauf, daß Millionen von Zuschauern an jedem Wochenende erleben, daß ihre Leitbilder sich mehr oder weniger brutal über die Strafgesetze hinwegsetzen können.

[86] BAG NJW 1964, 1542.

# Das Doping aus medizinischer Sicht

von

Prof. Dr. WOLFGANG SPANN, München

Unter Doping versteht man heute eine künstliche Steigerung der Leistungsfähigkeit im Sport bei Mensch und Tier. Obwohl sowohl auf nationaler als auch auf internationaler Ebene mehr oder weniger übereinstimmendes Interesse besteht, die Anwendung gewisser Mittel im Sport zu verbieten, ist dies bisher nicht gelungen. Streng an das Thema gehalten, obliegen der Medizin bei Fragen zum Dopingproblem Antworten auf Art und Wirkungsweise der Mittel, deren negative Auswirkungen und Probleme des Nachweises.

Die Tatsache, daß nach vielen Versuchen einer einheitlichen Definition auch heute noch der Zwang besteht, die Stoffe, die als Dopingmittel anzusehen sind, in Listen aufzuführen, hat zwei Ursachen. Einmal ist es nicht gelungen, Übereinstimmung über eine allgemeinverbindliche, alles erfassende Definition zu erzielen. So gibt es private Definitionen wie von *L. Prokopp:* „Unter Doping versteht man jeden Versuch einer Leistungssteigerung mit Mitteln, die normalerweise überhaupt nicht oder zumindest nicht in solchen Dosen dem Körper zugeführt werden." Diese Definition ist eine der schärfsten. Der Deutsche Sportärzte-Bund definiert so: „Die Einnahme eines jeden Medikamentes, ob es wirksam ist oder nicht, mit der Absicht der Leistungssteigerung während des Wettkampfes ist als Doping zu betrachten." Ähnlich lautet auch die Definition des Europa-Rates, der sich bereits 1967 in Form einer Entschließung geäußert hat: „Doping ist die Verabreichung an oder Verwendung durch eine gesunde Person von körperfremden Mitteln oder von physiologischen Substanzen in übermäßigen Mengen oder auf anomalem Wege zu dem alleinigen Zweck, die Leistung dieser Person während der Teilnahme an einem Wettkampf künstlich und durch unfaire Mittel zu beeinflussen." Bei diesen Definitionen wird auf die Absicht der Leistungssteigerung abgestellt. Eine solche Definition ist aber zum anderen wenig praktikabel. Der Versuch einer Leistungssteigerung durch ein unwirksames Mittel wird kaum nachweisbar sein. So hat die Medizinische Kommission des Internationalen Olympischen Komitees versucht, die Dopingmittel zu definieren: „Alle, auch zu therapeutischen Zwecken verwendeten Substanzen, die die Leistungsfähigkeit aufgrund ihrer Zusammensetzung oder Dosis beeinflussen, sind Dopingmittel."

## Wirkungsweise

Der Sportler, der sich eines Dopingmittels bedient, erhofft sich von der Anwendung eine Steigerung seiner Leistungsfähigkeit. Bei allen heute bekannten Mitteln ist der Mechanismus der Wirkung sehr komplex. In aller Regel handelt es sich in erster Linie um eine Wirkung auf das zentrale Nervensystem im Sinne einer zentralen Enthemmung und nicht wie vielfach angenommen, um eine effektive Leistungssteigerung, z. B. durch Erhöhung der absoluten Muskelkraft. Als Folgen einer durch Dopingmittel hervorgerufenen psychogenen Stimulierung kommt es dazu, daß die Hemmungsmechanismen des Organismus durchbrochen werden und die Kräfte bedingungslos zum Einsatz kommen, ohne Rücksicht auf die Erhaltung gewisser Reserven. Diese sich daraus ergebende Leistungssteigerung ist deswegen problematisch, weil dadurch sinnvolle Schutzfunktionen des Körpers beseitigt werden. Daneben kommt es nach neueren Untersuchungen aber auch zu einer Förderung der Kontraktion und Durchblutung des Herzen. Der Effekt ist umso größer, je einfacher die zu verrichtende Aufgabe ist. Beim Menschen liegen die Leistungen zu Beginn höher als im weiteren Verlauf. In der Literatur ist die Meinung darüber einhellig, daß die Wirkung abhängig ist von der vegetativen Ausgangslage und damit unsicher. Ein Problem ist die richtige Dosierung, vor allem auch deswegen, weil mit zunehmender Gewöhnung eine Steigerung der Dosis notwendig wird. Die ständige Erhöhung der Dosis kann zur Abhängigkeit führen und den Sportler in eine Lage bringen, in der er ohne das Mittel überhaupt nicht mehr in der Lage ist, die Leistung zu erbringen. Halten sich die eingenommenen Mittel mengenmäßig in Grenzen, so ist der betreffende Sportler in aller Regel in seiner Umgebung nicht auffällig, d. h. er zeigt keine Symptomatik. Bei höheren Dosen kommt es zu Erscheinungsbildern, die einem Rauschzustand ähnlich sein können.

## Dopingmittel

Von der Medizinischen Kommission des IOC wurden folgende Gruppen als Dopingmittel aufgeführt:

1. Psychomotorische Stimulantien. Zu diesen gehören besonders Amphetamin und seine Derivate.
2, Symphathicomimetische Amine. Hierzu gehören Ephedrin und verwandte Substanzen.
3. Zentral nervös stimulierende Substanzen. Hierunter fallen u. a. Analeptika, wie Cardiazol und Coramin, jedoch auch Strychnin.
4. Betäubungs- und Schmerzmittel. Hier sind vor allem Morphin und andere Betäubungsmittel, wie Polamidon, Heroin, Dolantin zu nennen.

Je nach der Schärfe der Definition können auch weitere Gruppen von Medikamenten unter die Dopingmittel gerechnet werden. Bei einer sehr scharfen Definition würden die folgenden weiteren Gruppen ebenfalls als Dopingmittel anzusehen sein:

5. Hormone und ähnliche Substanzen. Hier sind vor allem Hormone der Keimdrüsen und der Nebennieren zu nennen, mit denen eine

Verschiebung der Menstruation erreicht werden kann. Auch anabolika wären hier aufzuführen.

6. Gruppe der Vitamine, Es kommen hier vor allem die Vitamine aus der B-Gruppe, Vitamin C und E in Frage.

Nur begrenzte Bedeutung haben weitere Stoffe:

7. Sedierende Stoffe. Hier sind Äthylalkohol, Barbiturate und Psycho-Pharmaka aufzuführen.

Während für die Gruppen 1 bis 4 kein Zweifel besteht, daß ihre Anwendung für einen Leistungssportler aus medizinischen Gründen nicht indiziert sein kann, ist dies für die weiteren, die Gruppe der Hormone und die Gruppe der Vitamine, ebenso auch für den Alkohol nicht ohne weiteres zu sagen. Hier ist, wenn überhaupt, die Grenze unter Umständen nicht sehr leicht zu ziehen.

Für die Gruppe der Betäubungs- und Schmerzmittel gilt, daß diese Stoffe vorwiegend enthemmend auf das zentrale Nervensystem wirken und dadurch eine Leistungssteigerung durch Wegfall der hemmenden Schutzfunktionen erreicht werden kann. Sie können aber auch durch ihre analgetische Wirkung, z. B. bei Muskelkater, ihre Wirkung entfalten.

Die größte Bedeutung kommt derzeit wohl der Gruppe der Amphetamine zu. Das Amphetamin (Benzedrin) wurde bereits 1887 synthetisiert. 1910 entdeckten englische Physiologen, daß Amphetamin dem in der Nebenniere gebildeten Hormon Adrenalin chemisch ähnlich ist. Adrenalin hat im Organismus wichtige Funktionen. Es regelt zusammen mit dem Insulin den Zuckerstoffwechsel, erhöht den Blutzucker, läßt das Herz schneller schlagen und erweitert die Bronchien. Die ersten Versuche — das Amphetamin als Adrenalinersatz zu verwenden, schlugen fehl, da seine periphere Wirkung zu gering gewesen ist. Die zentrale Wirkung auf das Gehirn wurde erst wesentlich später zufällig entdeckt. Man hat Amphetamin narkotisierten Tieren verabreicht und dabei beobachtet, daß die Narkosen wesentlich kürzer dauerten. Daraus wurde geschlossen, daß das Amphetamin eine zentralerregende Wirkung hat, die dem Adrnalin fehlt. Amphetamin wurde dann bei bestimmten Krankheiten mit erhöhtem Schlafbedürfnis mit Erfolg angewandt. In den dreißiger Jahren wurden psychologische Studien unter Amphetaminwirkung durchgeführt. Es zeigte sich, daß Spitzenleistungen nicht deutlich erhöht wurden, Amphetamin aber Ermüdung und Schläfrigkeit sehr wirksam bekämpfte und darum höhere Dauerleistungen gestattet.

Der erste Mißbrauch ist in der Literatur Ende der dreißiger Jahre in den USA beschrieben. Damals tauchten auch die ersten Warnungen dahingehend auf, daß Amphetamin und seine verwandten Stoffe wie die Peitsche auf das müde Pferd wirken würde.

Amphetamin und seine Abkömmlinge sind heute wohl die bekanntesten Dopingmittel, die wegen ihrer Eigenschaft vorwiegend von Radfahrern und Langstreckenläufern, allgemeiner bei längerer dauernder Belastung, verwendet werden.

Amphetamin und seine verwandten Stoffe haben im 2. Weltkrieg auf beiden Seiten eine bedeutende Rolle gespielt, vor allem beim Einsatz von Langstreckenfliegern. Die bekanntesten Präparate sind Pervitin und Isophen. In diese Reihe gehört auch das neuerdings in Schulen weitverbreitete Captagon. Auch in diese Gruppe gehört das Mittel Preludin, das vor etwa 10 bis 15 Jahren als Appetitzügler auf den Markt kam. Auch $AN_1$ ist als Amphetamin-Derivat anzusehen.

Die Wirkung des Amphetamins und seiner Abkömmlinge auf den menschlichen Organismus wurde mehrfach untersucht. Bei den leistungsphysiologischen Untersuchungen zeigte sich keine verbesserte Ökonomie der Herzkreislaufarbeit. Die teilweise verlängerte Arbeitszeit bei erschöpfenden Belastungen und die dadurch erhöhte Leistung wurde durch eine verlängerte Erholungszeit und nachträgliche Allgemeinbeschwerden erkauft. Die Einzeldosis beträgt für den Menschen etwa 3 Milligramm. Bei Radfahrern sind Gaben von 100 Milligramm Amphetamin pro Tag, also mehr als das 30fache der Dosis nicht ungewöhnlich.

Der bekannte Sportarzt *Clasing* sagt zutreffend: „Die meisten Ausdauersportler übersehen völlig, daß nur Leistungen zu erzielen sind, die vom Organismus energetisch realisierbar sind, d. h. die mit den vorhandenen Funktionskapazitäten aufzubringen sind.“ So kann ein Untertrainierter sein fehlendes Training nicht durch Doping ersetzen. Das Gefährliche an der Einnahme von Dopingmitteln ist, daß sie den Sportler über den Zustand seines Körpers täuschen. So wird z. B. das natürliche Ermüdungsgefühl, das zum Abbruch der Belastung zwingen würde, unterdrückt. Jetzt werden Energiereserven freigesetzt — die sogenannten autonom geschützten Reserven —, die der Organismus unbedingt zur Aufrechterhaltung seiner lebenswichtigen Funktionen braucht und die normalerweise nur in Ausnahmesituationen angegriffen werden dürfen. Der Leistungsabfall tritt unter Umständen nach völliger Verausgabung der körperlichen Kräfte plötzlich ein. Es kommt zu einer völligen Erschöpfung, in seltenen Fällen auch zum Tod. Die Erholungszeiten sind enorm verlängert.

Praktisch alle Substanzen der Gruppen 1 bis 4 haben eine Wirkung auf das zentrale Nervensystem. Bei Überdosierung kommt es zu Vergiftungserscheinungen, die sich auch in einer Störung der Koordination äußern. Damit kann es, wie bei Radsportlern, zu Unfällen kommen.

Es wird auch immer wieder versucht, durch entsprechende Mittel eine Zunahme der Muskelmassen zu erreichen. Da diese Stoffe lange vor dem sportlichen Ereignis eingenommen werden und zum Zeitpunkt des Wettkampfes meist bereits abgesetzt sind, sind sie dann nicht mehr nachweisbar. Ihr Verbot ist demnach wohl mehr theoretischer Natur.

Die Zulässigkeit der durch entsprechende Hormone ausgelösten Verschiebung der Monatsregel bei der Frau wird unterschiedlich beurteilt. Wie fraglich der Erfolg eines solchen Versuches allerdings ist, geht aus einer Mitteilung von *Bausenwein* hervor, nach der bei der Olympiade in Tokio ein Drittel der deutschen Sportlerinnen diesen Versuch unternommen hat, der Erfolg aber nur bei etwa der Hälfte eingetreten ist.

Über den Einsatz von Ovulationshemmern scheinen bisher keine Unterlagen vorzuliegen.

Bei der neuzeitigen Betrachtungsweise des Dopingproblems ist zu bedenken, daß sicher nicht jede dem Organismus zugeführte Substanz als Dopingmittel zu bezeichnen ist, man denke nur an die Aufnahme von Traubenzucker. Aus diesem Grunde kommt *Fischbach* zu der Auffassung, daß eine Dreiteilung der Mittel vorzunehmen sei, und zwar faßt er in der ersten Gruppe die Mittel zusammen, die in erster Linie über eine Bekämpfung des natürlichen Ermüdungsgefühles eine Leistungssteigerung erzwingen, die der Körper auf natürliche Weise nicht erzielen würde. Bei einer Betrachtung der Dopingmittel fällt auf, daß eine ganze Reihe von Substanzen zu den stärkst wirkenden Arzneistoffen gehören. Diese unterliegen wie Morphin, Cocain oder Heroin dem Opiumgesetz.

*Fischbach* stellt dabei seinen Überlegungen gegen die zweite Gruppe, die er als Sport-Pharmaka bezeichnet, auf die Schädlichkeit der Mitte in der ersten Gruppe ab. In der zweiten Gruppe finden sich bestimmte Stoffe, die in normaler Dosis physiologisch wirken, wie Coffein, Beruhigungsmittel, z. B. auch Librium, Schlafmittel, gewisse Schmerzmittel und vor allem Hormone und Vitaminpräprarate. Allerdings sollen nach *Fischbach* alle diese in die zweite Gruppe gehörenden Präparate nur unter sportärztlicher Kontrolle erlaubt sein.

Ephedrin und seine Verwandten werden bei der Anwendung als Nasentropfen teilweise nicht als Dopingmittel angesehen. Über ihre zentrale Wirkung können sie jedoch die Atmung günstig beeinflussen und sind dann auch als Dopingmittel zu betrachten.

Die in der dritten Gruppe befindlichen Präprarate werden als allgemeine Sportmittel bezeichnet und sollen ohne Einschränkung erlaubt sein. In dieser Gruppe finden sich Zuckerpräparate, Nährpräparate, Phosphor- und Kalkpräparate.

Für die zweite Grupe, die zahlreiche Präparate enthält, die nach anderer Auffassung Dopingmittel sind, will *Fischbach* die Erlaubnis zur Verwendung davon abhängig machen, daß sie unter sportärztlicher Kontrolle verabreicht werden. Hier muß man sich fragen, ob bei großen internationalen Wettkämpfen oder bei den Olympischen Spielen die betreuenden Sportärzte nicht in eine sehr schwierige Lage gebracht werden, wenn sie ihre Mannschaft in Höchstform halten sollen, ihnen die Verabreichung bestimmter Mittel andererseits erlaubt ist, die nach anderer Auffassung eindeutig zu Dopingmitteln zählen.

Der Vollständigkeit halber sei erwähnt, daß auch die Anwendung von Sauerstoff zu den Dopingmitteln zählt. Sauerstoff findet zum Teil bei Fußballspielern Anwendung. Auf die Anwendung alkoholhaltiger Getränke wird der Leistungssportler von sich aus verzichten, da der euphorisierende Effekt nur mit einer Leistungsminderung erreicht werden kann. Der Alkohol spielt bei den Schützen eine gewisse Rolle, seine Verwendung im Wettkampf ist nach derzeit gültiger Auffassung verboten.

Der *Nachweis* von Alkohol im Blut und im Urin ist aufgrund der großen Erfahrungen auf dem Gebiet im Zusammenhang mit Verkehrsunfällen problemlos geworden. Seit einiger Zeit ist man in vielen Ländern, aber auch auf internationaler Ebene, dazu übergegangen, durch Serienkontrollen, durch Stichproben oder durch Kontrollen der Sieger zu prüfen, ob bei den einzelnen Wettkämpfern Dopingmittel Anwendung finden.

Der Erfolg der Dopingkontrolle scheint sich in einem Rückgang des exzessiven Mißbrauchs zu zeigen. Die Anwendung geringer Mengen von Dopingmitteln scheint bisher jedoch auch nach italienischen Berichten nicht unterbunden zu sein. Dazu ist es erforderlich, unter Kontrolle Urin zur Untersuchung zu gewinnen. Bei den geringen Mengen, die zur Anwendung kommen, ist die Forderung nach einem erfahrenen Fachmann als Leiter der Untersuchung wohl berechtigt.

Im Hinblick auf kommende internationale Wettkämpfe ist zumindest daran zu denken, daß neue, bisher nicht bekannte Stoffe Anwendung finden, die hinsichtlich ihres Nachweises Schwierigkeiten bereiten und in Verbotslisten nicht erfaßt sind.

**Literatur:**


Bausenwein, zit. nach Clasing.

Clasing, D., Doping im Sport. Deutsche Apotheker-Zeitung, 10. Jahrg., Nr. 12.

Fischbach, E., Das Dopingproblem in neuer Sicht, Münchener Medizinische Wochenschrift, Nr. 37/65, S. 1783.

Groh, H., Sportmedizin, Ferd. Enke-Verlag (1962.

Hauck, G., Nachweismethoden von Genußmitteln und Drogen in Körperflüssigkeiten, Ausscheidungen oder sonstigen Spuren, Wehrmed. i. Druck.

Hesse, E., Rausch-, Schlaf- u. Genußgifte, 4. Aufl., Ferd. Enke-Verlag (1971).

Kielholz, P. u. Ladewig, D., Die Drogenabhängigkeit des modernen Menschen, J. F. Lehmann's Verlag (1972).

Prokopp, L. in Groh, H., Sportmedizin, Ferd. Enke-Verlag (1962).

Schmidbauer, W. u. v. Scheidt, J., Handbuch der Rauschdrogen, Nymphenburger Verlagsbuchhandlung (1971).

Wirth, W., Hecht, G., Gloxhuber, C., Toxikologie Fibel, 2. Aufl., Georg Thieme Verlag (1971).

# Das Doping aus rechtlicher Sicht

von

Bundesanwalt Dr. MAX KOHLHAAS, Karlsruhe

*Vorbemerkung:* Der nachfolgende Beitrag gibt den am 1. 2. 1972 vor der Richterakademie in Ruhpolding gehaltenen Vortrag nur sinngemäß unter Einarbeitung von Diskussionsbeiträgen wieder. Der Verfasser hatte frei gesprochen, um sich von dem Aufsatz in NJW 1970, 1958 zu lösen, anstatt zu wiederholen. Die Diskussion führte dann aber gerade in dem Punkt, bei dem der Verfasser ein Eingreifen der ordentlichen Gerichtsbarkeit verneinte, zu heftigen Meinungsverschiedenheiten, über denen die Punkte, bei denen der Verfasser die Strafbarkeit bejaht hatte, ganz in Vergessenheit gerieten, was auch in Presseberichten zu Mißdeutungen führte.

1. Das medizinische Problem ist von Prof. Dr. *Spann* im vorangegangenen Referat eindringlich dargelegt worden, und es könnte naheliegen, angesichts der Gefahren, die er aufgezeigt hat, nun mit Emphase nach dem Strafrichter zu rufen. Dieser Weg ist aber nicht gangbar, sondern es muß sehr sorgfältig differenziert werden. Wir haben nicht nur den § 226a StGB, bei dem der Begriff der Sittenwidrigkeit schon seit langem und vor allem seit dem Sterilisationsfall Dr. *Dohrn* als veraltet und obsolet angesehen wird; wir haben die allgemeine Tendenz, wonach sich jedermann einer notwendigen Behandlung entziehen kann bis ins Soldatengesetz hinein; wir haben die freie Selbstverstümmlung, außerhalb des Betrugs gegenüber einer Unfallversicherung oder der der Entziehung von der Wehrpflicht; wir respektieren den Willen des Individuums vor staatlicher Gängelung bis in die ungenügende Regelung des von Prof. Dr. *Spann* herangezogenen Betäubungsmittelgesetzes, die den Genuß von Rauschgift nicht unter Strafe stellt, sondern nur bestimmte Formen des Schmuggels, des Vertreibens, des Verabreichens oder des Hortens; um von dem Slogan „mein Bauch gehört mir" und der Straflosigkeit der Beihilfe zum Selbstmord ganz zu schweigen[1].

Man kann das Dopingproblem auch nicht nur am Betäubungsmittelgesetz allein behandeln, denn die Kataloge der verbandsinternen Vereinbarungen, deren Verletzung zur Sperre oder Disqualifikation führen kann, brauchen durchaus nicht bloß gesetzlich registrierte Mittel zu umfassen, sie können auch rezeptfreie Arzneimittel, ja sogar reine Genußmittel, mit betreffen. Daher haben sportliche Maßregelungen mit strafrechtlicher Verfolgung oft nichts zu tun, wie umgekehrt eine strafrechtliche Verurteilung wegen eines außerhalb des Sportes liegenden Delikts

[1] Daß hier bestimmte Garanten- und Hilfspflichten strafbar verletzt werden können, muß unerwähnt bleiben.

nicht notwendig eine sportliche Sperre nach sich ziehen muß. Es wird daher im folgenden die schärfste Handhabung der Sportgerichtsbarkeit vertreten, aber zugleich davor gewarnt werden, die ordentlichen Gerichte dort zu befassen, wo nicht eindeutig kriminelle Taten gegeben sind, die unter das Legalitätsprinzip fallen.

2. Zu trennen sind folgende drei Hauptgruppen:

a) Jemand bekommt ohne sein Wissen oder gegen seinen erklärten Willen Stoffe zugeführt, wobei es auf die Einstufung unter irgendwelche Gesetze (Betäubungsmittelgesetz, Arzneimittelgesetz, Lebensmittelgesetz) nicht entscheidend ankommt. b) Es wird eindeutig gegen eines jener eben genannten Gesetze verstoßen und schließlich c) die Fälle, in denen sich der Sportler selbst Stoffe zuführt oder sie sich von fremder Hand zuführen läßt. Gerade diese letzteren Fälle sind strafrechtlich außerhalb der Betäubungs- und rezeptpflichtigen Arzneimittel nicht zu erfassen, was bei den meisten Hörern, denen es nicht minder ernst um die Sauberkeit des Sportes ist als mir, Befremden hervorrufen wird (und in der Diskussion auch dann wie erwartet hervorgerufen hat), weil man meint, über den § 226a StGB eine Sittenwidrigkeit konstruieren zu können, wenn man schon die tatbestandsmäßige Körperverletzung bejahen zu können glaubt. Gerade der Schritt zur ordentlichen Gerichtsbarkeit ist nur in Ausnahmefällen gangbar, und wenn in einem der vorangegangenen Vorträge die Nachprüfbarkeit aller Sportgerichtsurteile durch die ordentliche Gerichtsbarkeit gefordert worden sein soll, so halte ich das geradezu für verhängnisvoll, ganz abgesehen davon, daß der Instanzenzug damit noch verlängert wird. Wieso soll, stets vorausgesetzt, daß die Satzungen und der Gerichtsaufbau den verfassungsrechtlichen Grundsätzen entsprechen, es möglich sein, die Autonomie einer Verbindung, eines Clubs, einer Freimaurerloge und damit auch eines Sportverbandes, welcher sich die Mitglieder durch ihren Beitritt unterworfen haben, durch staatliche Gerichte überprüfen zu lassen? Was dabei herauskommt, haben wir ja erlebt, als ein Gericht in Form einer einstweiligen Verfügung die vorläufige Sperre eines Spielers aufhob, dieser spielte und das Spiel für die Mannschaft dann ex post als verloren gewertet wurde. Wir werden es noch erleben, wenn Spieler vor das Arbeitsgericht gehen werden mit der Begründung, sie seien durch eine Sperre in ihrer frei gewählten Berufsausübung behindert. Man soll dem Kaiser Sportgerichtsbarkeit das lassen, was des Kaisers ist, und die ordentliche Gerichtsbarkeit auf die Freiheitsberaubungen, Nötigungen, Vergiftungen und unfreiwillig erlittenen Körperverletzungen und Verstöße gegen die Gesundheitsgesetze beschränken, nicht aber über den § 226a StGB versuchen, Dinge zu bestrafen, die man dem normalen Staatsbürger durchgehen läßt, die man aber nun ausgerechnet beim Sportler geahndet wissen will.

3. Wie wenig Sportgerichtsbarkeit und ordentliche Gerichtsbarkeit konform gehen, mag sich aus folgenden Beispielen ergeben. Den Tatbestand der passiven Bestechung gibt es außer bei Beamten und den

ihnen durch besondere Verpflichtung gleichgestellten Personen[2] nicht. Müßte man dann ein Sportgerichtsurteil wegen Geldannahme zwecks Spielverlust etwa beim Strafrichter aufheben, weil kein strafbarer Tatbestand vorliegt?

Was soll mit Sportlern geschehen, die frei käufliche Drogen zu sich nehmen; die sich vor einem Sportkampf mit Sekt aufputschen oder 20 Tassen Kaffee trinken, was zweifellos nicht strafbar ist? Wie soll der Strafrichter einen nicht strafbaren Tatbestand in Kontrolle der Sportgerichte feststellen? Die Beispiele ließen sich beliebig vermehren, um aufzuzeigen, daß diese beiden Rechtskreise sich nur an ganz vereinzelten Stellen schneiden, im übrigen aber nicht kongruent sein können.

Es ist eigenartig, daß unsere Gesellschaft, welche sonst geneigt ist, die Liberalität bis in die Libertinage zu dulden, welche freiwillige Sterilisationen zu Gesetz ohne jede Indikation erheben will, gerade beim Sport bedeutend enger denkt. Dabei hinkt ein in der Diskussion immer wieder gebrachtes Beispiel sehr. Man kann den Haschgenießer, der sich schrankenlos dem Genuß hingibt und darauf spekuliert, eben möglicherweise Frührentner zu werden, gerade nicht mit dem sich dopenden Sportler vergleichen. Ersterer will reinen Genuß ohne Leistung, letzterer strebt mit allerdings sportwidrigen Mitteln eine Steigerung seiner Leistung an. Er unterscheidet sich praktisch nicht von dem ehrgeizigen Beamten, der sich, um steile Karriere zu machen, überstrapaziert und dann mit 50 Jahren arbeitsunfähig pensioniert wird, von dem Dichter Balzac, der 40 bis 50 Tassen Kaffee trank oder einem Schauspieler, der sein chronisches Lampenfieber vor den Proben und der Vorstellung mit Schnaps überspielt und dann später frühzeitig erkrankt. Der Sportler, der das Risiko auf sich nimmt, mit 30 Jahren an das große Geld zu kommen, oder welcher die Goldmedaille einem ruhmlosen Alter vorzieht, handelt sportlich verwerfbar, aber außerhalb der Spezialgesetze rechtlich nicht strafbar. Vermutlich liegt der Erregung in der Öffentlichkeit gerade auf diesem Gebiet zugrunde, daß der Sport mehr und mehr von dem völkerverbindenden Mittel zu einer Art Kriegs- und Siegesersatz geworden ist, von Stadt zu Stadt, von Land zu Land, und daß eine Disqualifikation, die den Sieg nachträglich zur Annullierung bringt, die Gemüter weit mehr erhitzt, als dies bei einer Sterilisation oder Abtreibung der Fall ist.

4. Bei den hier genannten Gruppen ist zu beginnen mit dem heimlichen oder gar gewaltsamen Beibringen von Stoffen, die selbst nicht unter das Betäubungsmittelgesetz oder ein anderes Gesetz zu fallen brauchen, um unmittelbar einen Straftatbestand zu erfüllen. Es liegt hier zweifellos eine Körperverletzung vor, die durch keine Einwilligung gedeckt ist. Dies sogar dort, wo an sich ein Heilzweck erfüllt wird, denn auch in eine indizierte Heilbehandlung muß nach vorangegangener Auf-

[2] VO gegen Bestechung und Geheimnisverrat nicht beamteter Personen i. S. F vom 22. 5. 1943 (BGBl I 351) Zul. geänd. am 25. 6. 1969 (BGBl I 665).

klärung über etwaige, nicht atypische, Folgen eingewilligt werden. Die Ausnahmefälle, die den Arzt zu einem eigenmächtigen Handeln berechtigen, also bei dringender Lebenserhaltung bei Bewußtlosen, Kindern oder Geisteskranken oder bei rapider unfallartiger Verschlechterung eines Befundes (§ 330c StGB) stellt sich im Sport gerade nicht, soweit eine Leistungssteigerung angestrebt wird. Oft ist zu lesen, der Spieler X sei nur durch schmerzstillende Spritzen etc. wieder fitgemacht worden. In solchen Fällen handelt es sich um kein Doping, also eine unnatürliche Steigerung, sondern um die Beseitigung eines Schadens zwecks Wiederherstellung des Normalzustandes. Es handelt sich also an sich um einen indizierten Heileingriff. Aber auch hier ist de lege lata eigenmächtige Heilbehandlung gegeben, wenn der Sportler ohne sein Wissen oder gegen seinen Willen behandelt wird. Und das, was für solche Heilbegriffe gilt, muß erst recht für unangemessene Leistungssteigerungen gelten, wenn hierdurch die Körperintegrität beeinträchtigt wird. Nach der Rechtsprechung zu § 223 StGB genügt hierzu schon eine Pulssteigerung, ein Augenflimmern oder euphorisches Gehabe zur Erfüllung des Tatbestandes. Man kann sogar in krassen Fällen von Vergiftung reden. Vor allem aber kann eine bewußte Ehrenkränkung durch Mißachtung der Persönlichkeitsrechte vorliegen; denn es kann durchaus rufmordend sein, wenn ein Sportler nach Alkohol riecht oder bei einer Urinkontrolle auffällt und disqualifiziert wird, obwohl er selbst gar nichts zu diesem mißlichen Ergebnis beigetragen hatte. Daß hier sogar Sportärzte ungeschickt vorgehen, indem sie zwar rezeptfreie Mittel applizieren, aber ohne zu bedenken, ob nicht nach sportlichen Regeln auch diese verboten sind, ist kürzlich in Sapporo manifest geworden. Auch dies stützt die hier vertretene These, daß sportliche und strafrechtliche Begriffe nur sehr selten unter eine Einheit zu bringen sind. Denn daß man den Sportler nicht kriminell bestrafen kann, wenn er rezeptfreie Mittel selbst nimmt oder gar ohne Wissen verabreicht bekommt, ist ebenso klar, wie er den objektiven Befund der Leistungsveränderung auch ohne Verschulden sportlich gegen sich gelten lassen muß. Denn für den sportlichen Gegner kommt es nur auf Befund und Wirkung an, nicht aber auf rechtliche Schuld. Es ist also festzustellen, daß überall dort, wo ein Sportler gegen sportliche Vereinbarungen verstößt, aber sich im rezeptfreien oder betäubungsmittelfreien Raum bewegt, nur die Sportgerichte, nicht aber ordentliche Gerichte eine Eingriffsmöglichkeit haben. Ferner ist festzuhalten, daß dort, wo ihm Mittel ohne sein Wissen gegeben werden, jede Leistungssteigerung strafrechtlich zu Lasten des Verabreichers geht, sei es als Körperverletzung, sei es als Ehrenkränkung mit möglicher Folge eines Schadensersatzprozesses, wenn etwa der schuldlos Disqualifizierte geltend machen kann, daß ihm materielle Vorteile entgangen seien oder daß sein Ruf in der Sportwelt nach dem Motto „es bleibt immer etwas hängen“ entscheidend geschädigt sei. Die neue Rechtsprechung zum immateriellen Schaden würde hier auch ohne nachweisbare Körperschädigung Schmerzensgeldansprüche ermöglichen, die jeden Sportarzt, Trainer oder Vereinsvorstand dringend vor allen Heimlichkeiten zurückscheuen lassen müßte.

5. Die zweite Gruppe, die strafrechtlich relevant ist und zivilrechtlich zu Ersatzansprüchen führen kann, ist die der von Prof. Dr. *Spann* erwähnten schweren Betäubungsmittel, wobei ich mich eines näheren Eingehens auf die Gruppierungen nach Schweregrad enthalten will. Daß dort, wo Ärzte, Trainer oder Vereinsvorstände ohne Einwilligung handeln, ein schwerer Verstoß gegen die Körperverletzungsbestimmungen vorliegt, bedarf nach dem bereits Erörterten keiner näheren Begründung. Wir kommen aber nicht daran vorbei, daß das Betäubungsmittelgesetz allen emphatischen Lobpreisungen zum Trotz durchaus ungenügend ist. Es erfaßt nur den, der verabreicht und weitergibt, allenfalls auch den, der hortet, aber eben nicht denjenigen, der nur eine Gelegenheit nützt, sich selbst den Stoff zuzuführen. Strafbar wird das erst bei mehrfacher Wiederholung. Grundsätzlich aber ist der Genuß von Betäubungsmitteln beim Genießer selbst straflos, wenn ich von Diebstählen, Schmuggeln, Horten und Rezeptfälschungen einmal absehe, die nach anderen Gesetzen strafbedroht sind. Und wenn man den normalen „Hascher" straflos läßt, auch wenn er seine Gesundheit ruiniert, um den Genuß mit Inkaufnehmen eines früheren Rentnerdaseins zu haben (wie es in der Diskussion eindringlich mehrfach vorgebracht worden ist), dann kann man den Sportler eben auch nicht bestrafen. Ich vertrete damit nicht (wie mir zu Unrecht vorgeworfen wurde) ein Sonderrecht *für* Sportler, sondern ich wehre mich gegen ein Sonderrecht *gegen* Sportler, die außerhalb ihrer Vereins- und Verbandsdisziplin mit ihrem Körper nicht mehr, aber auch nicht weniger tun dürfen, als der Privatmann auch. Man kann nicht auf der einen Seite gegen Haschgenuß liberal sein und Sterilisationen ohne jede Indikation gesetzlich zulassen, auf der anderen Seite aber des chauvinistischen Sport- und Erfolgsdenkens der Zuschauer und Fernseher wegen Straftatbestände für eine bestimmte und zudem prozentual kleine Menschengruppe extensiv auslegen. Im übrigen ist, abgesehen von der sportlichen Moral, derjenige, der seine Leistung für ein Berufsziel (man denke nur an Sportler als Vertreter von Firmen oder Vertragsspieler) gelegentlich steigert, ganz gewiß nicht strafwürdiger als ein Genußstreber, um zu „gammeln". Das ist für viele Leser und Zuhörer, die sich der Sauberkeit des Sportes verschrieben haben, sicher schwer eingängig, aber m. E. unabweisbar.

6. Zwischen diesen beiden Extremen — heimliche oder erzwungene Beibringung, die stets strafbar ist, auch wenn keine ernste Gefährdung erfolgt, und dem Selbsteinnehmen von Drogen, das grundsätzlich nur der Sportdisziplin, nicht aber der rechtlichen Sanktion unterliegt — besteht ein Niemandsland, das besondere Schwierigkeiten bereitet. Hier nimmt der Sportler Drogen nicht selbst ein, er hortet auch keine Betäubungsmittel, sondern er läßt sich bewußt von einem Fachmann Mittel geben oder spritzen, was er oftmals nicht selbst tun kann. Geht man von dem generellen Grundsatz aus, daß alle Eingriffe in die Körperintegrität

Körperverletzung sind (eigenmächtige Heilbehandlung scheidet hier ja aus), so bleibt § 226 a StGB im Raum, wonach eine Körperverletzung durch Einwilligung gerechtfertigt ist, wenn diese nicht gegen die guten Sitten verstößt. Daß bei Jugendlichen unter 14 Jahren derartige Eingriffe schon mangels einer wirksamen Einwilligung schlechthin als Körperverletzung strafbar sind, ist nach § 226 a StGB zweifelsfrei, wobei es also auf die angebliche Sittenwidrigkeit gar nicht mehr ankommt. Zwischen 14 und 18 Jahren besteht ein Vakuum, wogegen der 18jährige, der ja auch ein eigenes Strafantragsrecht hat, Einwilligungen zu Körpereingriffen geben kann, die kein Rechtsgeschäft darstellen, sondern Willenserklärungen sind, für deren Wirksamkeit es nur darauf ankommt, was der „Patient" erkennen kann. Hier ist also einerseits die Aufklärung über Gefahren und mögliche Folgen zu beachten, zum anderen aber der Gesichtspunkt der Sittenwidrigkeit. Dies wird unter Ziff. 7 noch auszuführen sein, und je nach Ausfall dieser Prüfung ist dann die Besonderheit der 14 bis 18jährigen zu prüfen.

Bei den über 18 Jahre alten Sportlern kann allenfalls deshalb eine Körperverletzung trotz Einwilligung vorliegen, weil der bekannte Wille der Eltern übergangen wird, die sich etwa beim Eintritt in den Verein ausdrücklich ausbedungen haben, daß keinerlei Stimulantien oder Alkohol etc. gegeben werden dürfen. In diesen Fällen ist die Einwilligung des Minderjährigen allein rechtlich unwirksam, da die zusätzliche Komponente fehlt. Nur wird hier sehr oft der subjektive Dolus beim Verabreichenden nicht feststellbar sein und nur je nach dem Schweregrad der verabreichten Mittel der Dolus eventualis hinsichtlich des Nichteinverständnisses der Eltern im Sinne einer richterlichen Überzeugung nach Sachlage vorliegen. Ab 21 Jahren aber ist der Sportler ganz auf sich gestellt. Hier ist die Einnahme der Drogen durch ihn selbst in der Regel straflos (vgl. oben Ziff. 5). Beim aktiven Partner dagegen kann eine Straftat vorliegen. Aber hier bestehen bereits Bedenken für die Fälle, in denen der Sportarzt oder Trainer das Mittel nur verschreibt oder einfach übergibt und es nicht appliziert wird. Da nämlich nach der sich mehr und mehr festigenden Rechtsprechung die Beihilfe zur Selbsttötung durch Reichen einer Waffe oder Verschaffen von Schlaftabletten straflos sein soll (so jetzt der 5. Strafsenat des Bundesgerichtshofes erneut in einer noch nicht veröffentlichten Entscheidung), erscheint es undenkbar, daß die Verschreibung oder Verabreichung zu einer ebenfalls straflosen Eigenverletzung (außerhalb des Betrugs gegenüber einem Versicherer oder der Selbstverstümmelung des Wehrpflichtigen) irgendwie strafrechtlich relevant sein könnte. Das ist a majore ad minus unabweisbar, denn § 216 StGB befreit ja gerade bei aktiver Tötung auf Verlangen nie vor Strafe trotz inständiger Bitten, wogegen die Einwilligung nach § 226 a StGB rechtfertigen kann. Ob man mit Verletzung von Garantenpflichten beim Arzt oder Trainer durchkommt, um hier eine Körperverletzung durch sie als Täter konstruieren zu können, wie es der BGH anderweit bei Nichtverhinderung eines Selbstmordes angenommen hat, scheint sehr fragwürdig. Wir stehen also bereits an der Klippe, daß der bloß Übergebende nur im Bereich des Betäubungsmittelgesetzes oder bei falscher Rezeptur aus dem Arzneimittelgesetz erfaßt werden kann, aber gerade nicht wegen eines Tatbestandes aus dem Strafgesetzbuch, da die Selbstverletzung oder Selbstvergiftung beim Handelnden selbst in der Regel nicht strafbar, also auch keine Beihilfe oder Anstiftung dazu möglich ist. Daß das ein recht unerfreulicher Zustand ist, sei nicht bestritten, aber auch hier kann man nicht den freien Willen des Selbstmordwilligen oder ungesund Lebenden (trotz Herzbeschwerden oder drohender Leberzirrhose) allgemein respektieren, beim Sportler aber Straftatbestände konstruieren.

Anders ist es dort, wo der Trainer oder Arzt selbst tätig wird, also der Sportler nicht sua sponte handelt. Dann liegt zunächst einmal tatbestandsmäßige Körperverletzung vor. Zu fragen ist also, ob die Einwilligung sittenwidrig und damit nicht mehr rechtfertigend ist. Zweifellos fehlt die wirksame Einwilligung dort, wo der Sportler im Unklaren darüber gelassen wird, was an nicht atypischen Gefahren auf ihn zukommt. Heilbehandlung liegt beim Doping ohnehin nie vor, weil ein außergewöhnlicher Zustand geschaffen und nicht etwa der sonst normale Zustand durch indizierte Medikamente wieder hergestellt werden soll. Wie schon oben ausgeführt, sind hier die Grenzen aber sehr flüssig. Zwar kann niemand in lebensgefährliche Eingriffe wirksam einwilligen, wenn sie nicht medizinisch indiziert sind. Das Risiko eines letalen Erfolges in absehbarer Zeit wäre unvertretbar. Nun geht aber die Rechtslehre, wie bereits zum Selbstmord dargelegt und wie bei der geplanten Freigabe der Sterilisation ab 25 Jahren ohne jede geprüfte Indikation ganz deutlich ist, mehr und mehr auf die freie Körperverfügung über. Sie bestraft ja auch nicht denjenigen, der Betäubungsmittel, die er gelegentlich bekommt, zu sich nimmt. Wie also kann man dort, wo man „Mein Bauch gehört mir“ ruft, dem Sportler verbieten, zu sagen „Mein Herz und meine Muskelstränge gehören mir“? Ja, man kann nicht einmal die Grenzen beim Arzt oder Masseur ziehen, wo doch weitgehend Abtreibungen und Sterilisation frei in die Hand des Arztes gegeben werden. Und da beispielsweise der § 81 a StPO bestimmte Zwangseingriffe in die Hand des Arztes legt, aber nicht verhindert, daß man sich auch der Blutentnahme durch einen geübten Sanitäter unterwirft, kann nicht einmal die vom geübten Masseur gegebene Spritze (außerhalb der Betäubungsmittel) als unabdingbar strafbar angesehen werden.

Und mit der „Sittenwidrigkeit“ ist ebenfalls nicht viel gewonnen, genau so wenig wie mit dem „sozialethischen Verhalten“. Einem Großteil der Bevölkerung ist es völlig egal, ob ein Sportler schneller oder weniger schnell springt, dem anderen ist es sehr wichtig, die Reinheit des Sportes mindestens dort zu wahren, wo der Gegner sich dopt, wogegen man beim eigenen Mann gerne ein Auge zudrückt, sofern er nur nicht erwischt wird und daher siegt. Aber strafrechtliches Mißverhalten kann (stets betont außerhalb der Betäubungs- und Arzneimittelgesetze!)

darin, daß sich jemand eine Spritze oder einen Krug Sekt oder rezeptfrei Mittel geben läßt, eben nicht gesehen werden. Dazu fehlt jede Möglichkeit. Man wende nun hier nicht ein, die Sittenwidrigkeit liege vor, weil betrogen werde. Daß jemand Geld nimmt, um schlecht zu spielen, ist sportlich verwerflich, aber mangels der getäuschten Personen und eines Zusammenhangs einer Vermögensverfügung nicht als Betrug einzustufen. Dann aber erst recht nicht die Leistungssteigerung, denn wer ist getäuscht und womit? Ich entsinne mich an ein Gnadengesuch für einen Sportler, der ein damals schweres Wirtschaftsdelikt begangen hatte und für den sich Funktionäre bis zum Ministerpräsidenten bemühten, weil der Staat doch am Sporttoto verdiene und Tausende sonntags ihre Erholung auf dem Sportplatz als Zuschauer fänden. Ich konnte damals nur erwidern, daß diejenigen, welche den Tipzettel ausfüllen oder am Sonntag auf den Platz wandern, gerade vorher nicht wissen, ob der Spieler X sich im Training verletzt hat oder aus sonstigen Gründen nicht aufgestellt wird.

Sicher ist es für einen Verein bitter, wenn ein Sünder gegen den Sportgeist, die Disziplin und die Kameradschaft deshalb gesperrt wird und Punkte oder Medaillen verloren gehen. Das aber kann nur die Sportgerichtsbarkeit auffangen. Kriminalstrafe würde (sieht man von den Spezialgesetzen ab) hier nur wenig helfen; im Gegenteil, eine immer schwächlicher werdende Strafrechtsgesetzgebung mit dem Umsichgreifen der Geldstrafen anstatt der Freiheitsstrafen würde weder abschrecken noch erzieherisch wirken, ebenso wenn alsbald Strafaussetzung zur Bewährung gegeben wird, die neben einer Sperre von 2 bis 5 Jahren völlig untergehen würde. Die ordentliche Gerichtsbarkeit wäre zudem restlos überfordert. Gewiß könnte man daran denken, eine besondere Strafbestimmung für das Doping ins Strafgesetzbuch aufzunehmen. Aber das wäre m. E. ein klarer Verstoß gegen die Gleichheit vor dem Gesetz, der ein Sondergesetz gegen den Sportler schafft, dem das bei Kriminalstrafe untersagt wird, was jeder Andere tun kann, nämlich Tabletten zu schlucken, Rauschgift zu sich zu nehmen, Kaffee und Wein in ungesunden Mengen zu trinken und anderes mehr. Das ist eine bittere Konsequenz für alle, die es mit dem Sport ernst meinen, aber unabweisbar. Ein Grund mehr dafür, die Sportgerichte nicht an Strenge zu hindern, im eigenen Hause für Ordnung zu sorgen, und jede Einmischung durch ordentliche Gerichte oder Arbeitsgerichte zu unterlassen.

Noch ein Wort zu den über 14, aber unter 18 Jahren alten Sportlern. Bekanntlich spielt das Schutzalter von 16 neuerdings bei der Pillenverschreibung eine große Rolle, analog der Entführung. M. E. kann, da der noch nicht 18 Jahre Alte kein eigenes Strafantragsrecht hat, er auch nicht wirksam in solche „Behandlungen" einwilligen. Ich würde also hier, aber auch nur hier, die Einwilligung schon wegen Erkenntnisunfähigkeit verneinen. Wenn aber die gesetzlichen Vertreter aufgeklärt werden und zustimmen, dann ist auch hier nichts mehr zu machen, denn deren Zustimmung ersetzt zwar nicht den Willen des Erkenntnisunfähigen, aber sie ergänzt ihn. Immerhin könnte dort die Sittenwidrigkeit wegen groben Verstoßes gegen die Fürsorgepflicht der Eltern aus plumpem Ehrgeiz oder Streben nach materiellen Gütern bejaht werden.

*Schlußwort:* Als der Verfasser den Aufsatz NJW 1970, 1958 geschrieben hatte, wurden ihm durchweg positive Kritiken gegeben, und er führte auch zu der Einladung zu der Tagung der Akademie. Daß die dort gehaltenen Vorträge und die sportliche Atmosphäre dann zu einer weit strengeren Anschauung und zur Forderung nach rigoroser Anwendung des § 226 a StGB geführt haben, bei der die alleinige Möglichkeit, über das Betäubungsmittelgesetz — wenn auch unvollkommen — zu helfen, ganz im Diskussionseifer zugrunde ging, zeigt, wie sehr das Problem auf den Nägeln brennt. Nur wird man über das allgemeine Strafrecht nicht helfen können, auch nicht mit einer Spezialbestimmung gegen Doping. Erstrebenswerter wäre eine Verschärfung des Betäubungsmittelgesetzes auch denjenigen gegenüber, die Mittel nicht verabreichen und spritzen, sondern selbst zur Leistungssteigerung oder der Betäubung zuliebe einnehmen. Da eine Reform dieses Gesetzes aber erst vor wenigen Monaten ergangen ist, ist auf eine Änderung in dieser Richtung nicht zu hoffen. Wie aber könnte man dann den Genuß rezeptfreier Mittel und von Lebens- und Genußmitteln aus der sportlichen Disziplinarzuwiderhandlung in das Kriminalrecht nur deshalb überführen, weil hier gegen ein Sportprinzip gesündigt wird?

# Rechtsfragen bei Zusammenstößen von Skiläufern

von

Generalstaatsanwalt WILHELM LOSSOS, München

Der Skisport hat in den letzten Jahren eine erhebliche Bedeutung für unser Gesellschaftsleben und für die Wirtschaft erlangt. Die Zahl der Skiläufer in der Bundesrepublik wird auf bis zu 8 Mill. geschätzt. Im Jahre 1970 wurden in der Bundesrepublik Skier im Produktionswert von 108 Mill. DM hergestellt. Bekanntlich macht die Anschaffung der Skier nur einen kleinen Teil der Aufwendungen für den Skisport aus. Leider scheint von allen Sportarten das Skilaufen am häufigsten zu Konfliktslagen zu führen, die rechtliche Erörterungen oder gar gerichtliche Entscheidungen zur Folge haben müssen. Die Zahl der verletzten Skiläufer in der Bundesrepublik wird auf mehrere zehntausende bis zu zweihunderttausend jährlich geschätzt, von denen wiederum ein Anteil von etwa 5 bis 10% durch Zusammenstoßunfälle geschädigt worden sein soll. Allerdings scheint nur ein kleiner Teil dieser Zusammenstoßunfälle vor die Strafgerichte zu kommen. Die Staatsanwaltschaften des Oberlandesgerichtsbezirks München, in dem ein großer Teil der bayerischen Skigebiete liegt, beschäftigen jährlich etwa bis zu 20 Fälle. Die bayer. Grenzpolizei, die in ihrem Zuständigkeitsbereich ebenfalls einen großen Teil der bayer. Skigebiete ausweist, hatte im letzten Winter 18 Skiunfälle zu bearbeiten. Vielleicht werden die Zivilgerichte in etwas höherem Maße mit Skiunfällen beschäftigt. Wenn auch die aus den Schätzungen sich ergebenden Zahlen mit einiger Skepsis zu werten sind, so scheint es mir doch der Mühe wert, auf die durch Zusammenstöße zwischen Skiläufern aufgeworfenen Rechtsfragen einzugehen.

Die Entwicklung des Skilaufs zum Massensport hat in der deutschen Rechtsprechung und in der juristischen Literatur recht zögernd einen Niederschlag gefunden. Das Problem der Verantwortlichkeit für die bei einem Zusammenstoß einem anderen Skiläufer zugefügten Verletzungen ist nämlich schon recht alt. Schon vor 40 Jahren, als es nur wenige Bergbahnen als Aufstiegshilfen gab, drängten sich an den Wochenenden auf einigen besonders stark benutzten Abfahrten viele Skiläufer. Ich denke etwa an die Strecke vom Spitzingsattel bei Schliersee nach Josefstal, auf der am Sonntagnachmittag alle Skiläufer zusammenströmten, die den Tag über an den umliegenden Bergen ihre Stemmschwünge gezogen hatten. Schon anfangs der dreißiger Jahre gab es auf solchen Strecken Kollisionsunfälle, zumal die Fahrtechnik der einzelnen Läufer noch wenig entwickelt war, während andererseits eine allgemeine Neigung zum schnellen Fahren beobachtet werden konnte. Erst in der Nachkriegszeit haben diese neu aufgetauchten Konfliktsituationen zu einer öffentlichen Diskussion geführt. Das erste in Deutschland im Jahre 1942 veröffentlichte Urteil[1] hat recht wenig Echo gefunden, was angesichts der Kriegsverhältnisse nicht wundert. Erst ein Urteil des Oberlandesgerichts Karlsruhe aus dem Jahre 1959[2] hat eine lebhaftere Auseinandersetzung in Gang gebracht. Die Ergebnisse der Rechtsprechung sind auch in der Tagespresse und in Skifachzeitschriften erörtert worden. Ich möchte deshalb hoffen, daß diese Urteile, auch wenn es sich nicht um sehr viele handelt, gleichwohl das Verhalten der Skiläufer untereinander doch beeinflussen. Daß auch einzelne Urteile eine erhebliche praktische Bedeutung erlangen können, kann ich mit einer Abschweifung folgendermaßen belegen: Die an den Skiliften vielfach angebrachten Zäune zum Schutz der wartenden Fahrgäste vor unvorsichtigen Skiläufern verdanken wir einem einzigen Prozeß, in dem der 3. Zivilsenat des Oberlandesgerichts München in dem mit den Parteien geführten Rechtsgespräch zum Ausdruck gebracht hat, daß der Liftunternehmer etwas zum Schutz seiner Kunden tun müsse. Es kam schließlich zu einem Vergleich, der publiziert wurde und wohl die Liftunternehmer auf Anraten der Versicherungsgesellschaften veranlaßt hat, solche Zäune zu errichten.

## I

1. Wenn wir nach den Rechtsgrundlagen fragen, von denen wir bei der Behandlung von Skiunfällen auszugehen haben, so bietet sich in Bayern zunächst der sog. Pistenparagraph des Landesstraf- und Verordnungsgesetzes an. Dieses Gesetz enthält in seinem Artikel 29 fünf Tatbestände, die als Ordnungswidrigkeiten verfolgt werden können. Diese fünf Tatbestände gelten aber nicht auf allen Skipisten, sondern nur für solche, die vom Landrat oder von einer kreisfreien Gemeinde zu einer öffentlichen Skiabfahrt erklärt worden sind. Danach ist mit Bußgeld bedroht:

1. Wer rücksichtslos durch sein Verhalten Leib und Leben anderer gefährdet,
2. wer sich ohne Ski bzw. ohne anderes Sportgerät auf diesen Abfahrten aufhält,
3. wer Tiere frei laufen läßt,
4. wer Hindernisse bereitet,
5. wer sich als Beteiligter an einem Unfall der Feststellung seiner Person oder Art seiner Beteiligung entzieht.

Für die Beurteilung von Kollisionen zwischen Skiläufern kommt in erster Linie die Nr. 1 in Betracht. Sie läßt aber leider offen, wie sich der Skiläufer im einzelnen zu verhalten hat.

Die Vorschrift des Artikels 29 Abs. 2 Nr. 1 LStVG wird wohl recht selten anzuwenden sein. Mir ist z. B. noch kein Fall bekannt geworden, in dem tatsächlich ein Verstoß mit einer Geldbuße geahndet worden

[1] OLG München HRR 1942 Nr. 572.
[2] NJW 1959, 1589.

wäre. Für die seltene Anwendung gibt es wohl zwei Gründe. Einmal tritt bekanntlich die Ordnungswidrigkeit zurück, wenn ein Vergehen, also etwa eine fahrlässige Körperverletzung verfolgt wird, das rechtlich mit der Ordnungswidrigkeit zusammentrifft. Insbesondere läßt sich aber die Fahrweise eines Skiläufers schwer so festhalten, wie es für eine differenzierte richterliche Beurteilung des Verschuldensgrades erforderlich wäre. Der Bremsweg und damit die zulässige Geschwindigkeit können je nach der Fahrfertigkeit des Läufers außerordentlich unterschiedlich sein. Trotzdem ist der Pistenparagraph nicht ohne Bedeutung geblieben. Es war immerhin zu begrüßen, daß der Gesetzgeber vor allzu sorglosem Fahren schon im Jahre 1956 gewarnt hat, als es noch keine gesicherte Rechtsprechung und keine FIS-Regeln gab.

2. Durch die erst im Sommer 1970 eingeführte Nr. 5 des Art. 29 LStVG hat der bayerische Gesetzgeber offenbar zu erkennen gegeben, daß er die Vorschrift des § 142 StGB über die Unfallflucht nicht ohne weiteres auf den Skiunfall für anwendbar hält. Die Frage, ob diese Vorschrift auch auf die Skipiste Anwendung findet, ist von der Rechtsprechung, soweit ich sehe, noch nicht entschieden. Der Bundesgerichtshof hat allerdings eine erweiternde Anwendung der Vorschrift, nämlich für Wasserstraßen, abgelehnt (BGHSt 14, 116). In der Begründung dieses Urteils wird u. a. ausgeführt, es bestünde kein kriminalpolitisches Bedürfnis für eine erweiternde Auslegung der Vorschrift auf Wasserstraßen, die mit der Entstehungsgeschichte des Gesetzes in Widerspruch stünde. Daraus folgert *Kleppe*[3], daß bei der Unfallflucht auf der Skipiste, weil hier ein kriminalpolitisches Bedürfnis für eine Bestrafung bestehe, die Bestimmung anzuwenden sei. Ich möchte dazu raten, die ersichtlich auf den Straßenverkehr gemünzte Vorschrift die nicht immer unumstritten geblieben ist, mit besonderer Vorsicht erweiternd auszulegen.

## II.

Die Straßenverkehrsordnung enthält keine Bestimmung mehr, die sich ausdrücklich mit dem Wintersport beschäftigt. Der § 31 verbietet vielmehr allgemein den Sport und damit auch das sportliche Skilaufen auf der Fahrbahn und den Seitenstreifen.

Letzten Endes ist es nicht entscheidend, ob die allgemeinen Vorschriften der StVO etwa unmittelbar oder analog auf den Pistenlauf anzuwenden sind; denn jedenfalls können ihre allgemeinen Grundsätze, nämlich § 1 und § 3 Abs. 1 StVO, zur Konkretisierung der einen abfahrenden Skiläufer treffenden Sorgfaltspflichten vergleichend herangezogen werden[4]. *Bengl,* einer der Kommentatoren des Bayer. LStVG,

[3] NJW 1967, 2196.

[4] OLG Karlsruhe NJW 1964, 55, das damit seine verschiedentlich mißverstandene frühere Entscheidung NJW 1959, 1589 erläutert hat; ebenso wollte ich meine Äußerung in NJW 1961, 490 im vorstehend wiedergegebenen Sinn verstanden wissen.

hält nicht die eigentlichen Straßenverkehrsregeln für anwendbar, jedoch die allgemeinen Verhaltensgrundsätze, insbesondere den § 1 StVO[5].

Im Interesse einer kontinuierlichen und geschlossenen Rechtsanwendung ist es durchaus legitim, wenn zur Lösung eines neu auftauchenden Problems im Wege der Fallvergleichung früher gefundene Lösungen für ein ähnliches Problem stützend herangezogen werden. Auch kann es den Skiläufern eher verständlich gemacht werden, wenn ihnen neu auferlegte Sorgfaltspflichten mit der vertrauten Verpflichtung aus dem Straßenverkehrsrecht verglichen werden. Daß solche Straßenverkehrsregeln wie das Rechtsfahren, links Überholen, das Vorfahrtsrecht des von rechts Kommenden usw. nicht auf den Skiabfahrtslauf übertragen werden können, dürfte auf der Hand liegen.

## III.

In der Hauptsache wurden die bei Zusammenstößen zwischen Skiläufern auftretenden Rechtsfragen durch die Anwendung und Auslegung des § 823 BGB und der Vorschriften des Strafgesetzbuches über die fahrlässige Körperverletzung und über die fahrlässige Tötung gelöst. Ob eine den Vorwurf der Fahrlässigkeit begründende Pflichtwidrigkeit gegeben ist, entnehmen wir auf verschiedenen anderen Lebensgebieten alle Beteiligten verpflichtenden Bestimmungen, wie etwa Unfallverhütungs- oder Dienstvorschriften. Bei Kampfsportarten wird die Pflichtwidrigkeit weitgehend durch einen Verstoß gegen vereinbarte Spielregeln bestimmt. Für den Skilauf, den viele Sportler als Individualsport nebeneinander und nicht als Kampfsport miteinander betreiben, gibt es keine solche Spielregeln. Die Rechtsprechung hat jedoch in den letzten Jahren aus allgemeinen Rechtsgrundsätzen Sorgfaltsregeln für die Skiläufer abgeleitet. Diese zumeist von Zivilsenaten der Oberlandesgerichte entwickelten Regeln sind von der Strafrechtspraxis in ähnlicher Weise übernommen worden, wie einzelne von der Zivilrechtspflege erarbeitete Verhaltensgrundsätze für den Straßenverkehr auch ins Strafrecht Eingang gefunden haben.

Aufbauend auf der Rechtsprechung sind diese Sorgfaltspflichten der Skiläufer in der Literatur zuerst von *Nirk* zu einem Katalog zusammengestellt worden[6]. Ähnliche Zusammenstellungen stammen von *Pichler*[7] und von *Kleppe* in seiner Monographie „Die Haftung bei Skiunfällen in den Alpenländern“[8]. Schließlich hat der internationale Skiverband (FIS) auf seinem Kongreß in Beirut im Jahre 1967 Skiregeln beschlossen, die auf diese Kataloge zurückgehen[9]. Die FIS-Regeln können die vielen Skiläufer außerhalb der Verbände nicht verpflichten. Sie können nur

[5] *Bengl–Berner–Emmerig*, Bayer. Landesstraf- und Verordnungsgesetz, 3. Auflage, Randziffer 4a cc am Ende zu Art. 29 LStVG.

[6] NJW 1964, 1829.

[7] Österreichische Juristenzeitung 1966, 113.

[8] München 1967, C. H. Beck-Verlag.

[9] Abgedruckt im Anhang S. 264.

eine Empfehlung oder eine Warnung erfahrener Kenner der Materie darstellen. Als ein Ergebnis vielfältiger Erfahrungen können sie aber den Gerichten wichtige Anhaltspunkte bei der Beurteilung von Skiunfällen bieten. Ihrem Inhalt nach möchte ich die FIS-Regeln keineswegs als die bestmögliche Lösung ansehen. Mir schiene es jedoch verfehlt, diese in den wichtigsten Skisport betreibenden Staaten akzeptierte Kompromißlösung durch eigene Fassungen der Landesverbände zu ersetzen. Angesichts der vielfachen internationalen Verpflechtungen des Skisports würde ein derartiges Vorgehen nur Verwirrung stiften.

Für die Strafrechtspraxis können die FIS-Regeln deshalb von nicht unerheblicher Bedeutung werden, weil der strafrechtliche Fahrlässigkeitsbegriff es darauf abstellt, ob der Beschuldigte gerade nach seinen persönlichen Eigenschaften und Erfahrungen im Stande war zu erkennen, daß ihm eine Sorgfaltspflicht oblag und daß ihre Verletzung einen Schaden zur Folge haben könnte. Skiregeln geben durch die in ihnen verwerteten Erfahrungen im Einzelfall einen wichtigen Anhalt für die Beurteilung der Vorhersehbarkeit. Deswegen ist es sehr zu begrüßen, wenn die Skiregeln durch die Presse, durch Anschläge an den Bergbahnen und Geschäftsstellen von Skischulen und im Unterricht der Skilehrer bekannt werden. Wer einen Zusammenstoß mit einem anderen Skiläufer verursacht, wird sich schwerlich darauf berufen können, er habe nach seinen persönlichen Erfahrungen und Fähigkeiten die an ihn zu stellenden Anforderungen nicht gekannt.

Im folgenden möchte ich skizzieren, wie die FIS-Regeln aus der Rechtsprechung abgeleitet werden können und diese ihrerseits wieder auf das geltende Recht zurückgeht.

1. FIS-Regel Nr. 1, nämlich das Gebot, keinen anderen zu schädigen oder zu gefährden, ist eine knappe Fassung des in den vorerwähnten gesetzlichen Bestimmungen (§ 823 BGB„ §§ 222, 223, 230 StGB) normierten Gebots, niemanden zu verletzen. Wer nicht verletzen darf, muß auch eine unnötige Gefährdung vermeiden, weil sonst durch das Hinzutreten eines von ihm nicht mehr beeinflußbaren, vorhersehbaren ungünstigen Umstands ein Schadensereignis herbeigeführt werden kann. Die FIS-Regel bringt sonach den Grundsatz des „neminem laede“ zum Ausdruck, wie er für den Straßenverkehr in § 1 StVO festgehalten ist. In der Rechtsprechung findet sich dieser Gedanke erstmals in dem ältesten hier einschlägigen Urteil des Oberlandesgerichts München aus dem Jahre 1942[10]. Dieses Urteil weist zwar die Heranziehung von Gedanken des Straßenverkehrsrechts von sich, führt aber aus, daß sich für jeden Skiläufer die Verpflichtung ergebe, sich so zu verhalten, daß Lebens- oder Rechtsgüter anderer nicht gefährdet werden. Von der allgemeinen Rücksichtspflicht, wie sie in § 1 StVO konkretisiert ist,

[10] HRR 1942 Nr. 572.

dürfte auch ein jüngst verkündetes, erst aus der Tagespresse bekanntes Urteil des BGH ausgehen[11].

Der Fall lag folgendermaßen: Der Beklagte fuhr in engen Kurzschwüngen etwa in der Fallinie einen Übungshang herunter und stieß mit dem Kläger zusammen, der in Schrägfahrt etwa mit derselben Geschwindigkeit den Hang passierte. Der Freiburger Senat des Oberlandesgerichts Karlsruhe hat hier ausgesprochen, daß in dieser Lage es bei den aus allgemeinen Rechtsgrundsätzen herzuleitenden Regeln sein Bewenden haben müsse, daß ein Skifahrer, der die naheliegende Möglichkeit eines Zusammenstoßes mit einem anderen Skifahrer erkennt oder erkennen muß, alles in seinen Kräften Stehende tun muß, um diesen vorhersehbaren Zusammenstoß zu vermeiden. Das Gericht hat von beiden Parteien Aufmerksamkeit verlangt, und dem Beklagten nicht zugebilligt, daß er darauf vertrauen dürfe, es werde kein anderer in seine Strecke hineinfahren. Diese Auffassung hat der Bundesgerichtshof nunmehr offenbar bestätigt.

2. FIS-Regel Nr. 2 fordert von dem Skiläufer seine Geschwindigkeit zu beherrschen und seine Fahrweise seinem Können und den Gelände- und Witterungsverhältnissen anzupassen. Dieses Gebot übersetzt das allgemeine Rücksichtsgebot in die Praxis, weil nur der eine Gefährdung und Verletzung anderer vermeiden kann, der beherrscht fährt. Zu demselben Ergebnis sind die Verfasser unserer Straßenverkehrsordnung im § 3 Abs. 1 dieser Vorschrift gelangt. Dieser Grundsatz ist für den Skilauf zunächst vom Oberlandesgericht Karlsruhe ausgesprochen worden[12], das verlangt hat, jeder Skiläufer müsse seine Geschwindigkeit so einrichten, daß er notfalls rechtzeitig anhalten, in jedem Falle aber Zusammenstöße vermeiden könne. Diese Auffassung hat jedenfalls im Ergebnis das Oberlandesgericht Köln übernommen[13] und das Oberlandesgericht Karlsruhe im Jahre 1963 bestätigt[14]. Das Oberlandesgericht München hat diesen Grundsatz folgendermaßen formuliert: Der Skiläufer darf nur kontrolliert fahren, das heißt, er hat als Abfahrtsläufer seine Geschwindigkeit seinem Können, den Schwierigkeiten des Geländes einschließlich der Schneebeschaffenheit und Vorhandenseins anderer Personen anzupassen[15].

Nur eine Erläuterung dieser Regel ist es, wenn ich fordere, daß sie auch an unübersichtlichen Engstellen zu gelten habe. Die Gegenauffassung meint, in einem engen Skiweg, etwa in einem sog. Ziehweg, müsse man sonst das Skifahren aufhören und die Skier abschnallen, wenn man dem Gebot des Fahrens auf Sichtweite gerecht werden wolle. Es genüge,

[11] VI ZR 187/70, nach Abfassung des Beitrags veröffentlicht: NJW 1972, 627.
[12] NJW 1959, 1589.
[13] NJW 1962. 1110.
[14] NJW 1964, 55.
[15] NJW 1966, 2406.

wenn man einen ausreichenden Abstand vom Vordermann gelassen habe, dann dürfe man sich darauf verlassen, daß die Engstelle frei sein werde[16]. Dem muß entgegengehalten werden, daß nicht einzusehen ist, warum diese Regel gerade dort, wo ihre Beachtung am wichtigsten wäre und dort, wo mit ihrer Mißachtung die größten Gefahren verbunden sind, nicht gelten sollte. Wenn der Vorausfahrende stürzt, kann der ihm folgende Läufer den Zusammenprall nicht verhindern. Allerdings ist es unbequem, an solchen Engstellen so langsam zu fahren, daß man notfalls innerhalb seiner Sichtweite zum Halten kommen kann. Wenn man sich zu ganz engen Kurzschwüngen nicht mehr in der Lage sieht, muß man zu dem sonst so verachteten Schneepflug greifen, oder man muß versuchen am Rand eines schräg zum Hang verlaufenden Weges — mit den Enden der Skier über der talseitigen Böschung — quer zu rutschen. Man muß auch allenfalls an der Bergseite des Weges sich gelegentlich anbietende Buchten ausnutzen und durch einen Schwung in diesem Raum die Geschwindigkeit vermindern. Wenn aber keines dieser Mittel hilft, muß man wirklich die Skier abschnallen. Daß die Regel des Fahrens auf Sichtweite auch an Engstellen beachtet werden muß, kann mit Urteilen von Obergerichten belegt werden[17].

In erster Linie sollten alle mit der Pflege von Pisten Beauftragten dafür sorgen, daß bald keine derartigen Engstellen auf unseren Abfahrten zu finden sind. Tatsächlich ist auf diesem Gebiet auch bei uns in Deutschand in den letzten Jahren viel geschehen. Manche Abfahrt ist schon dadurch entschärft worden, daß Ziehwege zu breiten Schneisen erweitert worden sind.

Gegen den Grundsatz des beherrschten Fahrens auf Sichtweite sind ganz allgemein im Schrifttum Bedenken vorgetragen worden[18]. Von Skilehrern wird geltend gemacht, der Ungeübte sei viel zu sehr mit sich beschäftigt, als daß er auf andere achten könne. Wenn der Geübte nicht die Gefahr von Zusammenstößen in Kauf nehme, könne er auch nicht durch zunehmend schnelleres Fahren seine Leistung steigern. Die von den Gerichten vertretene Gegenauffassung dürfte wohl nunmehr als die herrschende angesehen werden können. Zu ihrer Begründung können wir auf die Gedanken zurückgreifen, die Rechtsprechung und Rechtslehre zum sog. erlaubten Risiko entwickelt haben. Danach muß ein tragbares Verhältnis zwischen dem angestrebten Zweck und der gelaufenen Gefahr bestehen. Es bedarf einer Gesamtwürdigung aller Umstände, insbesondere der Berücksichtigung des Rechtswertes der widerstreitenden Belange, des Umfangs der drohenden Schädigung sowie des Grades von Wahrscheinlichkeit für die Zweckerreichung wie für die dabei gelaufene Gefahr. Die Skiläufer verbinden sicher unterschiedliche

[16] *Kleppe* S. 41 mit Nachweisen.

[17] OLG München HRR 1942, Nr. 572; BayObLGSt 1957, 90.

[18] *Schnell,* NJW 1961, 99; *Kellerhals,* Mitteilungen des Deutschen Alpenvereins 1960, 161.

Zwecke, je nach ihrer persönlichen Auffassung, mit ihrem Sport. Die Mehrzahl will wohl nicht Leistungssport im eigentlichen Sinn betreiben. Man sucht andererseits nicht nur Erholung in der frischen Winterluft, man will sich vielmehr dabei auch ertüchtigen, den Körper trainieren. Sicher ist auch ein bißchen Befriedigung des Geltungsbewußtseins, des Stolzes auf die eigene Leistung, mit dabei. Diese Zwecke rechtfertigen es aber nicht, eine Gefahr in Kauf zu nehmen, die den Sinn des Skilaufs in das Gegenteil verkehren kann. Es gibt ohnedies schon leider viele Verletzte durch eigenes Verschulden. Diese Zahl sollte nicht auch noch durch die bei vermeidbaren Kollisionsunfällen Geschädigten vermehrt werden. Es ist immer noch besser, wenn der zum beherrschten Fahren gezwungene Skiläufer sich frustriert fühlt, als wenn er blessiert wird.

Notfalls hat sich der Skiläufer fallen zu lassen, um auf diese Weise einen Zusammenstoß mit einem anderen zu vermeiden. Über die Zweckmäßigkeit der sog. Textilbremse besteht allerdings keine Einigkeit unter den Fachleuten, obwohl sie mehrfach von Obergerichten gutgeheißen worden ist[19]. Natürlich wäre es unsinnig, wenn an einem steilen glatten Hang ein geübter Läufer sich hinfallen ließe, statt sich auf die Bremswirkung seiner Kanten zu verlassen. Am schnellsten wird er immer zum Halten kommen, wenn er auf den Kanten steht[20]. Anders ist es jedoch, wenn unsichere Läufer auf flachen Hängen bei weichem Schnee und langsamer Fahrt ihre Skier nicht mehr beherrschen können. Für sie kann der Notsturz das einzige Mittel sein, mit dem sie die Verletzung eines anderen verhindern können. Man muß verlangen, daß sie es gebrauchen. Der Notsturz ist für die meisten Anfänger der naheliegendste Ausweg aus jeglicher Schwierigkeit, den sie ganz unwillkürlich wählen. Das letzterwähnte Urteil des OLG Karlsruhe behandelt einen Fall, bei dem einem Teilnehmer eines Anfängerkurses auf flachem Hang ein Stemmbogen mißlang und er ungebremst in die Reihe der daneben stehenden Mitschüler fuhr. Es leuchtet ein, daß hier ein Notsturz den folgenschweren Zusammenstoß verhindert hätte. Meist kommt es nicht entscheidend darauf an, ob man die Sturzbremse verlangt oder nicht. Das Verschulden liegt nämlich oft schon im vorherigen Verhalten des Läufers, der nicht abschwang, bevor ihm der Ski zu schnell wurde oder der sich auf eine Abfahrt wagte, die für ihn noch zu schwierig war. Für die ersten Übungen sollte man Hänge suchen, die einen Auslauf oder eine sanfte Gegensteigung anbieten.

In die FIS-Regeln ist mit einer knappen Abstimmungsentscheidung dieses Gebot nicht ausdrücklich aufgenommen worden, weil es nur eine von vielen Methoden der Vermeidung eines Zusammenstoßes sei.

19 BayObLGSt 1957, 90; OLG München Versicherungsrecht 1960, 164; OLG Köln, NJW 1962, 1110 und Versicherungsrecht 1969, 550; OLG Karlsruhe 4 U 76/69 vom 2. 7. 70.

20 Vgl. *Hummel*, NJW 1965, 525.

3. FIS-Regel Nr. 3 verlangt, der von hinten kommende Fahrer müsse seine Fahrspur so wählen, daß er vor ihm fahrende Läufer nicht gefährdet. Beim Überholen eines langsameren Läufers durch einen schnelleren gilt also das Vorrecht des langsameren gegenüber dem von oben herankommenden schnelleren Läufer. Diese Regel ergibt sich aus der Natur des Skilaufs. Schlußfolgerungen aus der Natur der Sache sind möglich, wenn sie begriffsnotwendig sind und eine bestimmte Lösung unter Ausschluß anderer sachgerechter Möglichkeiten zwingend fordern[21]. Argumente aus der Natur der Sache versagen — ich möchte hinzusetzen nur — wenn sich auch eine andere Lösung mit beachtlichen Gründen rechtfertigen ließe[22]. Eine andere Lösung als das Vorrecht des langsameren Läufers ist nicht möglich. Jeder Skiläufer muß auf die Beschaffenheit des Schnees und des vor ihm liegenden Geländes achten. Er kann nicht auch noch nach rückwärts schauen. Der Überholende muß sich darauf einstellen, daß die langsameren Läufer vor ihm jede mögliche Richtungsänderung vornehmen. Die Technik des Skilaufens besteht ja gerade darin, daß jeder Läufer je nach der ihm möglichen oder von ihm gewünschten Geschwindigkeit in beliebigen engeren oder weiteren Bögen abfährt. Das Vorrecht des unteren langsameren Skiläufers haben die Oberlandesgerichte Karlsruhe[23], Köln[24] und München[25] ausgesprochen. In dem letztgenannten Urteil ist der Gedanke folgendermaßen formuliert: „Der Skifahrer muß das vor ihm liegende Gelände und die darin befindlichen und auftauchenden anderen Skiläufer auf ihre Bewegung ständig genau beobachten, alle sich daraus ergebenden möglichen Hindernisse einkalkulieren und seine Geschwindigkeit danach einrichten, um rechtzeitig und richtig auf deren Annäherung an seine Abfahrtsstrecke reagieren und gegebenenfalls anhalten oder ausweichen zu können. In aller Regel darf der benötigte Ausweichraum nicht größer als die Sichtweite sein."

Keine Vorrechtsregel kann ich jedoch für den Fall anbieten, in dem zwei Läufer mit etwa gleicher Geschwindigkeit eine Abfahrt nebeneinander herunterfahren und sich einander im stumpfen oder spitzen Winkel nähern. Hier trifft beide Läufer dieselbe Sorgfaltspflicht. Wenn sie einander gefährlich nahe kommen, ist jeder verpflichtet, abzuschwingen.

4. Die FIS-Regel Nr. 4, wonach links wie rechts, von oben wie von unten überholt werden darf, stellt zunächst einmal klar, daß anders als im Straßenverkehrsrecht vom Skiläufer nicht verlangt wird, auf einer bestimmten Seite zu überholen. Eine derartige Regelung ließe sich aus

[21] Vgl. Bundesverfassungsgericht in BVerfGE 22, 217.

[22] Vgl. *Leibholz-Rinck*, Grundgesetz, 4. Aufl., Anmerkung 8 vor Art. 70 GG.

[23] NJW 1959, 1589.

[24] NJW 1962, 1110.

[25] NJW 1966, 2406.

der Natur des Skilaufs nicht ableiten. Es wäre auch unzweckmäßig, sie etwa durch Gesetz einführen zu wollen. Das Skigelände besteht nicht immer in gleichmäßig breiten, mit Straßen zu vergleichenden Pisten. Vielmehr wechseln weitere Flächen mit engeren Stellen oder die Abfahrten verzweigen sich wie Flüsse, die durch Inseln in mehrere Rinnsale zerteilt werden. Das Gefälle und die Schneebeschaffenheit sind nicht überall gleichmäßig. Sie können einmal links und einmal rechts für den langsameren bzw. schnelleren Läufer günstiger sein. Je nach Sachlage kann das Überholen links oder rechts gefahrloser sein. Soweit die FIS-Regel Nr. 4 von dem Überholenden verlangt, dem Überholten für alle seine Bewegungen genügenden Raum zu lassen, wird damit wiederum deutlich gemacht, wie man sich verhalten muß, wenn man die Regel 3 beachten will. Wird beim Überholen zu wenig Raum gelassen, kann es zu einem Zusammenstoß kommen, wenn der überholte Läufer zu einer von dem schnelleren nicht erwarteten Richtungsänderung ansetzt.

5. Mit den Regeln 5, 6 und 7
wird es mißbilligt, sich unnötig an unübersichtlichen Stellen aufzuhalten,
wird verlangt, sich vor der Querung einer Abfahrt zu vergewissern, ob man dies ohne Gefahr tun kann und
wird schließlich verlangt, am Rande einer Abfahrtsstrecke aufzusteigen.

Auch diese Regeln sind mit Rechtsprechungsergebnissen zu belegen[26]. Diese Regeln sind aus dem Verbot, zu verletzen, und aus Erwägungen zum erlaubten Risiko abzuleiten. Die von ihnen mißbilligten Verhaltensweisen sind erfahrungsgemäß besonders gefährlich, weil sie die Benützer der Abfahrt mit plötzlich auftauchenden Hindernissen konfrontieren, denen sie nicht ausweichen können. Demgegenüber kann von den Adressaten dieser Regeln verlangt werden, die Engstellen zu räumen, am Rand einer Abfahrt zu bleiben oder mit Überquerung der Piste zu warten, bis sie es ohne Gefahr tun können. Für sie ist es gleichgültig, ob sie ein paar Schritte weiter links oder rechts stehen oder aufsteigen und ob sie ein paar Augenblicke warten, bis ein abfahrender Läufer vorbei ist und ihnen den Weg zum Überqueren der Piste freigemacht hat. Allerdings ist in der Praxis oft nicht leicht festzustellen, wo der Rand einer nicht scharf abgegrenzten Piste liegt oder ob jemand in weiten Bögen abfährt oder quert.

Die von der Regel Nr. 8 geforderte Beachtung von Zeichen kann auch rechtlich geboten sein, wenn diese Zeichen als eine Warnung eines Erfahrenen verstanden werden müssen, deren Mißachtung auch sonst den Vorwurf der Fahrlässigkeit begründen könnte.

[26] OLG München NJW 1966, 2409, HRR 1942 Nr. 572; OLG Köln, VersR 1969, 550, wobei hervorgehoben wird, daß eine Verpflichtung zum Beobachten nicht bestehe, wenn man beim Bogenfahren in eine gewisse Querrichtung zur Fallinie gerät; OLG München NJW 1966, 2404.

Die Regel Nr. 9 ist ein Hinweis auf das durch § 330c StGB strafbewehrte Gebot zur Hilfeleistung bei Unfällen. Lediglich die in der Regel Nr. 10 enthaltene Aufforderung zur Angabe der Personalien (auch an Privatpersonen) ist eine der Rechtsgrundlage entbehrende Mahnung zur Fairneß.

## IV

Nur beim skisportlichen Wettkampf auf einer für die Sportler ausschließlich freigehaltenen Piste können Fälle eintreten, bei denen die Einwilligung des gefährdeten Läufers ein Abgehen von den Sorgfaltspflichten rechtfertigen kann.

Ähnlich wie es beim Boxen oder beim Fußball bei einem erlaubten Kampf um den Ball zu einer Körperverletzung trotz Einhaltung der Sportregeln kommen kann, könnte es sich auch bei einem Skiabfahrtslauf ereignen, daß etwa ein langsamer Läufer nach einem Sturz noch nicht aus der Bahn gebracht ist und von dem in voller Fahrt nachfolgenden Läufer verletzt wird.

Bei dem üblichen Pistenbetrieb im Skilaufen handelt es sich jedoch nicht um Wettkämpfer, die gegeneinander antreten, sondern nur um Sportler, die zufällig nebeneinander auf derselben Strecke abfahren. Bei keinem von ihnen kann vorausgesetzt werden, daß er in eine Verletzung bei einem allenfallsigen Zusammenstoß einwilligt. Das gilt übrigens auch für das Training im Leistungssport, wenn dieses Training nicht auf einer abgesperrten Strecke stattfinden kann[27].

In diesem Zusammenhang muß auf die besonderen Gefahren sog. Privatskirennen hingewiesen werden, die nach meinen Beobachtungen nicht selten zu folgenschweren Unfällen führen. Mit behelfmäßigen Mitteln werden gelegentlich von Betrieben, geselligen Vereinigungen oder ähnlichen Personengruppen kleine Wettkämpfe auf nicht abgesperrten Strecken veranstaltet. Im Wettkampfeifer denken die Teilnehmer nicht daran, daß auch andere Läufer dieselbe Strecke benutzen können. Wenn die Strecke nicht durch Absperrung freigehalten wird, darf nur auf Sichtweite gefahren werden.

Ein Mitverschulden hat das Oberlandesgericht Karlsruhe in der ersterwähnten Entscheidung aus dem Jahr 1959 darin gesehen, daß der andere Unfallbeteiligte an dem sonntäglichen Skibetrieb auf einer vielbenützten Übungswiese teilgenommen hat. Diese Teilnahme an dem Skibetrieb ist als ein Verschulden des Klägers gegen sich selbst gewertet worden, das billigerweise zur Beschränkung der Schadenersatzpflicht des Beklagten führen müsse. Der Senat hat deswegen dem Kläger nur dreiviertel seiner Schadenersatzansprüche zuerkannt. Eine ähnliche Auffassung scheint aus einem Urteil des Oberlandesgerichts Köln[28] hervor-

[27] OLG München NJW 1966, 2406, 2408.
[28] NJW 1962, 1110.

zugehen. Allerdings trägt in diesem Urteil diese Erwägung nicht die Entscheidung. Wohl liegt nach der Rechtsprechung des Bundesgerichtshofs[29] ein als Mitverschulden zu wertendes Handeln auf eigene Gefahr dann vor, wenn sich jemand ohne triftigen Grund in eine Situation drohender Eigengefährdung begibt, obwohl er die besonderen Umstände kennt, die für ihn eine konkrete Gefahrenlage begründen. Ein Skiläufer, der einen solchen Abfahrtshang benutzt, begibt sich aber damit noch nicht ohne triftigen Grund in eine Situation drohender Eigengefährdung. Bei der Teilnahme an einer solch weitverbreiteten Sportart, wie sie das Skilaufen heute darstellt, handelt es sich um einen alltäglichen Vorgang, ähnlich der Teilnahme am Straßenverkehr mit seinen vielfältigen Gefahrensituationen. Es bedarf deshalb keines triftigen Grundes, um an einer solchen Veranstaltung teilzunehmen. Diese vom Oberlandesgericht Stuttgart in einer Entscheidung aus dem Jahre 1964[30] ausgesprochene Auffassung verdient Zustimmung. Auch das Oberlandesgericht München hat in einem wohl nicht veröffentlichten Urteil vom 23. April 1964[31] die bloße Teilnahme an einem nicht ganz ungefährlichen Sport für den Regelfall nicht als einen Haftungsausschließungsgrund angesehen. Der Senat sprach im konkreten Fall nur deswegen dem Kläger lediglich die Hälfte des ihm entstandenen Schadens als Ersatz zu, weil die beiden unfallbeteiligten Skiläufer gleichzeitig in den Hang eingefahren waren und das Fahrverhalten des Klägers ebenso fehlerhaft war, wie das des Beklagten.

## V.

Nicht selten kann bei Zusammenstoßunfällen zwischen Skiläufern die Frage auftauchen, ob nicht ausländisches Recht für die Beurteilung wesentlich ist. Die Skiläufer aus der Bundesrepublik verbringen ihren Skiurlaub oder auch ihr Wochenende in immer größerer Zahl im benachbarten Ausland, schon weil die heimischen Pisten bei weitem nicht ausreichen, den Andrang zu fassen.

Strafrechtlich werfen die Auslandsunfälle, wenn sie im Bundesgebiet verfolgt werden sollen, keine besonderen Probleme auf. Nach § 3 Abs. 2 StGB gilt für Auslandstaten deutscher Staatsangehöriger das deutsche Strafrecht nur dann nicht, wenn die Tat im Ausland nicht mit Strafe bedroht ist und außerdem wegen der besonderen Verhältnisse am Tatort kein strafwürdiges Unrecht ist. Dieser Ausnahmefall wird angesichts der Rechtsentwicklung, die in allen Alpenländern jedenfalls hinsichtlich der Verhaltensregeln zu weitgehend übereinstimmenden Ergebnissen geführt hat, kaum eintreten.

[29] NJW 1961, 655.
[30] NJW 1964, 1859.
[31] 1 U 2157/62.

Dagegen kann die Anwendung auländischen Privatrechts Schwierigkeiten bereiten, wenn ein Deutscher und ein Ausländer in einen Unfall verwickelt sind. In derartigen Fällen können für einen deutschen Richter befremdlich anmutende Normen Bedeutung gewinnen, wie z. B. die nach französischem Recht geltende Sachhaftung für einen ohne Verschulden des Besitzers in Bewegung geratenen Ski, durch den ein anderer verletzt worden ist. Zusammenstöße zwischen deutschen Staatsangehörigen im Ausland sind jedoch nach der fortgeltenden Verordnung über die Rechtsanwendung bei Schädigungen deutscher Staatsangehöriger außerhalb des Reichsgebiets vom 7. Dezember 1942[32] nach deutschem Recht zu beurteilen. In diesem Sinn haben mehrere Oberlandesgerichte, teils in veröffentlichten, teils in unveröffentlichten Urteilen entschieden[33].

## VI.

Zu der Frage, ob die FIS-Regeln oder die ihnen zugrunde liegende Rechtsprechung schon zum Gewohnheitsrecht geworden sind, könnte man wohl erst nach einer umfassenden Untersuchung über die in den letzten Jahren ergangenen Urteile und vielleicht auch einer Meinungsumfrage unter den von dieser Rechtsprechung betroffenen Skiläufern selbst abschließend Stellung nehmen. Allerdings deuten manche Wendungen in Urteilsbegründungen darauf hin, daß die Gerichte der Meinung sein könnten, sie wendeten Gewohnheitsrecht an. So kann man lesen: „ Der Angeklagte war nach den Eigenregeln des Skilaufs verpflichtet" (so in einem nicht veröffentlichten landgerichtlichen Urteil) oder „immerhin sind von der Rechtsprechung einige Skiregeln aufgestellt worden, die allgemeine Geltung beanspruchen dürfen"[34].

Jedenfalls aber kann man in der deutschen Rechtsprechung der letzten 15 Jahre auf dem Gebiete des Skirechts ein erfreuliches und erfolgreiches Wirken an einer Rechtsfortbildung sehen, die das geltende Recht auf neue, früher noch nicht den Gerichten unterbreitete Sachverhalte übertragen hat. Ich wollte in meinen Ausführungen zeigen, daß die Auslegungsergebnisse der Skirechtsprechung folgerichtig aus dem geltenden Recht entwickelt worden sind und die Richter damit nicht etwa eigene Wertentscheidungen getroffen haben, wie sie heute gelegentlich einem neuen Richtertyp des politischen Richters empfohlen werden.

Die bisherige Arbeit der Rechtsprechung am Skirecht war ein wesentlicher Beitrag zu dem Bemühen, die Gefahren dieses schönen Sports zu mindern und seinen Wert für die Volksgesundheit zu erhöhen. Als anfangs der 50er Jahre die Entwicklung zum Massensport in Gang kam,

[32] Reichsgesetzblatt I, Seite 706.

[33] Karlsruhe NJW 1964, 55; München 23. 4. 1964 1 U 2157/62; Köln VersR 1969, 550.

[34] OLG Köln Versicherungsrecht 1969, 550.

hätte man fürchten können, die Raser würden sich durchsetzen. Daß es nicht so gekommen ist, möchte ich nicht als ein alleiniges Verdienst der Rechtspflege in Anspruch nehmen. Vielmehr macht den Skiläufern das gekonnte Wedeln einfach mehr Spaß als das „Bolzen“. Auch fahren die Skiläufer immer sicherer. Sie werden mit schwierigen Lagen leichter fertig. Andererseits werden die Abfahrtsstecken immer besser ausgebaut und Gefahrenstellen beseitigt. Trotzdem muß auf allen Gebieten weiter gearbeitet werden, um den Skisport gefahrloser zu machen. Auch die Richter möchte ich aufrufen, ihren Teil dazu weiterhin beizutragen.

# Haftung bei Skiunfällen

## Verkehrssicherungspflicht, Haftung des Skilehrers, Liftunfälle und Produzentenhaftung

von

Erstem Staatsanwalt Dr. DIETER HUMMEL, München

Die Vielfalt der Unfallmöglichkeiten, die sich bei Ausübung des Skisports ergeben, ergibt ebenso vielfältige Haftungsbereiche. Vier Teilprobleme möchte ich herausgreifen, die in den letzten Jahren an praktischer Bedeutung zugenommen haben, ohne daß bereits eine endgültige Klärung der Fragen erreicht werden konnte: Die Verkehrssicherungspflicht auf Skipisten, die Haftung des Skilehrers, die Haftung für Liftunfälle sowie die Produzentenhaftung.

### I. Die Verkehrssicherungspflicht

Der Schwerpunkt haftungsrechtlicher Überlegungen hat sich in der letzten Zeit von der Behandlung des Kollisionsunfalles auf die Frage der Verkehrssicherungspflicht verlagert. Das hängt damit zusammen, daß es hier nicht nur um die Suche nach einem Schuldigen nach einem Unfall geht, sondern vielmehr präventive Gedanken im Vordergrund stehen, was getan werden muß, um künftige Unfälle zu verhüten und von wem diese Maßnahmen getroffen werden müssen.

Zunächst zur Grundlage der Verkehrssicherungspflicht: Nach § 823 BGB haftet derjenige, der eine Gefahrenlage schafft, für die von einer Sache für Dritte ausgehende Gefahr. Der Umfang der Verkehrssicherungspflicht bestimmt sich nach Grundsätzen der Zumutbarkeit, der Verkehrsauffassung und der Leistungsfähigkeit des Sicherungspflichtigen. Die Verpflichtung trifft grundsätzlich denjenigen, der den Verkehr duldet, geschaffen oder eröffnet hat, aber auch denjenigen, der ihn lediglich verstärkt[1].

Als ich 1965[2] erstmals darauf hinwies, daß eine Verkehrssicherungspflicht auch für Skipisten bestehe, fand diese Meinung kein Echo. Noch Jahre später wurde die Selbstverantwortung des Sportlers in der freien Natur der Berge angesprochen und eine Haftung abgelehnt. Nur so ist auch das Urteil des Oberlandesgerichts München vom 30. 7. 1969[3] im sogenannten „Arberfall“ zu verstehen. Am Arber verband der sogenannte Schmugglerweg zwei Teile der Abfahrt in einer Breite von 1,50 Meter und einer Länge von 100 bis 150 Metern. Die Abfahrt mußte durch diesen Flaschenhals vorgenommen werden. Nach starkem Schneefall führte eine einzige wellige und vereiste Spur durch diesen Weg, der von

[1] Vgl. *Palandt*, BGB, Kommentar, 31. Aufl., § 823 Anm. 8.
[2] NJW 65/526.
[3] 8 U 1085/69 = LG Deggendorf O 7/68.

Felsen und Steinen gesäumt war. Als ein Skifahrer in diese Spur einfuhr, sah er plötzlich einen gestürzten Läufer in der Spur liegen. Um diesen nicht zu verletzen, warf er sich zur Seite, stürzte auf einen Felsen und verletzte sich selbst.

Die Klage gegen den Lifteigentümer und den Betriebsleiter wurde abgewiesen. Die kaum vertretbare Meinung lautete: Zur Pistensperrung sei der Liftunternehmer nicht verpflichtet, aufgestellte Warnschilder hätten ausgereicht und eine Verpflichtung zur Pistenpflege bestehe nicht. Dieses Urteil entsprach einer damals noch weit verbreiteten Rechtsmeinung. Dagegen ist jedoch einzuwenden, daß solche Abfahrten für den Pistenskilauf unzumutbar sind und daß dann zumindest bereits an der Talstation ein entsprechender Hinweis angebracht werden müßte, daß die Piste nur teilweise befahrbar ist.

Es stellt sich weiter die Frage nach dem Träger der Verkehrssicherungspflicht. Verpflichtet sein können die Gemeinde, der Fremdenverkehrsverband oder der Liftunternehmer. Um eindeutige Abgrenzungen der Befugnisse und Verpflichtungen zu erreichen, ist den wirtschaftlich am Pistenbetrieb Interessierten zu empfehlen, durch Verträge eindeutige Rechtsverhältnisse zu schaffen. Frankreich ist hier den übrigen Alpenländern bereits einen Schritt voraus, weil durch die Schaffung sogenannter Skistationen auf Grund der Artikel 96 und 97 der französischen Gemeindeordnung der Bürgermeister mit einer Gesamthaftung für das Anlegen, die Kennzeichnung und die Instandhaltung der Pisten beauftragt wurde[4]. Die Durchführung der Aufgaben wird von der öffentlichen Hand finanziert und in Form von Steuern und Abgaben eingehoben. Artikel 29 LStVG[5] erreicht in Bayern nicht die gleiche Wirkung, weil er zwar dem Landratsamt einige Befugnisse überträgt, dies aber nicht für alle Abfahrten, sondern nur für solche bestimmt, die ausdrücklich als Hauptabfahrtsstrecken gelten.

Das eigentliche Problem liegt jedoch nicht darin, wer Träger der Verkehrssicherungspflicht ist, sondern in welchem Umfange sie besteht. Denn spätestens seit dem Urteil des Bundesgerichtshofes vom 13. 11. 1970 im sogenannten „Jennerfall“[6] ist höchstrichterlich festgestellt, daß Gemeinden, Fremdenverkehrsverbände und Liftunternehmer dafür zu sorgen haben, daß auf den Skiläufer auf Pisten keine atypischen Gefahren lauern, mit denen er nicht zu rechnen braucht.

Diese Verpflichtung war bereits vom Landgericht Kempten in einem Urteil vom 2. 3. 1970[7] bejaht worden, wobei das Gericht auch die Grenzen zutreffend zog. Nach starkem Neuschneefall wurde die Piste vom Liftunternehmer am Vormittag gewalzt, die Pistenraupe war noch unterwegs. In einer Breite von 8 bis 12 Metern war die Piste bereits präpariert, als ein jugendlicher Skiläufer den präparierten Teil zunächst kon-

[4] *Schlägelbauer,* Fachvortrag bei der 2. Internationalen Fachausstellung für Winterdienstgeräte in München, Haftungsprobleme S. 11.

trolliert in Schwüngen befuhr. Da er dann jedoch unkontrolliert in Schußfahrt geriet, kam er von dem gewalzten Teil der Piste ab und fuhr in den Tiefschnee. Dabei fuhr er unterhalb eines Stadels in einen Bach und verletzte sich, während die Piste oberhalb des Stadels vorbeiführte. Die Klage des verletzten Jugendlichen wurde abgewiesen, weil die Pistenpflege ausreichend war und sich der Unfall eindeutig außerhalb des Pistenbereiches ereignet hatte.

Daß trotz Bejahung der Verpflichtung zur Pistensicherung die Anforderungen im Einzelfall nicht überspannt werden, mag auch folgender Bescheid des Generalstaatsanwalts bei dem Oberlandesgericht München vom 28. 1. 1971 zeigen[8]. Eine schwache Skiläuferin hatte eine als schwierig gekennzeichnete Abfahrt benützt, obwohl sie auf die besondere Gefährlichkeit durch Eisbildung hingewiesen worden war. Sie kam zu Sturz und verletzte sich. Sie hätte die Möglichkeit gehabt, auch eine leichtere und ungefährlichere Abfahrt zu befahren. Sie ließ nun vortragen, der Liftunternehmer sei zum Ersatz ihres Schadens verpflichtet, weil er den Liftbetrieb habe einstellen müssen. Die Staatsanwaltschaft bei dem Landgericht Traunstein stellte mit Verfügung vom 31. 7. 1970 das Verfahren ein, die eingelegte Beschwerde blieb erfolglos. Der zutreffende Hinweis auf den Pistenzustand wurde als ausreichend angesehen, eine Sperrung der fraglichen Piste hätte den Unfall nicht mit Sicherheit ver-

[5] Art. 29 des Gesetzes über das Landesstrafrecht und das Verordnungsrecht auf dem Gebiet der öffentlichen Sicherheit und Ordnung (Landesstraf- und Verordnungsgesetz – LStVG), i. d. F. der Bek. v. 19. 11. 1970, GVBl. S. 601, hat – soweit hier interessierend – folgenden Wortlaut:
„(1) Die kreisfreien Gemeinden und die Landkreise können durch Verordnung ein Gelände, das zum Skifahren der Allgemeinheit zur Verfügung gestellt wird, zur öffentlichen Skiabfahrt erklären. In gleicher Weise kann ein Gelände, das zum Skibobfahren oder zum Rodeln der Allgemeinheit zur Verfügung gestellt wird, zur öffentlichen Skibobabfahrt und Rodelbahn erklärt werden.
(2) . . .
(3) Das Staatsministerium des Innern bestimmt durch Rechtsverordnung, wie die öffentlichen Skiabfahrten, Skibobabfahrten und Rodelbahnen zu kennzeichnen sind. Die Kennzeichnung obliegt der Gemeinde. Die Gemeinde kann die Kosten der Kennzeichnung von demjenigen erstattet verlangen, der die Skiabfahrt, Skibobabfahrt oder Rodelbahn unterhält.
(4) Die Gemeinde kann den Sportbetrieb auf einer öffentlichen Skiabfahrt, Skibobabfahrt oder Rodelbahn vorübergehend untersagen oder beschränken, wenn es zur Verhütung von Gefahren oder sonst aus wichtigen Gründen erforderlich ist. Die Untersagung oder Beschränkung des Sportbetriebs ist ausreichend kenntlich zu machen. Absatz 3 gilt entschprechend.“
Zu Abs. 3 Satz 1 ist die Verordnung über die Kennzeichnung der öffentlichen Skiabfahrten, Skibobabfahrten und Rodelbahnen v. 7. 2. 1967 (GVBl. S. 269) ergangen.

[6] 1 StR 412/70. Auszug abgedruckt in MDR 71/411, NJW 71/1093.

[7] 2 0 92/69.

[8] VII Zs 15 32/70.

hindert, weil die Verletzte sich auch durch die Warnung nicht vom Befahren der Piste hatte abhalten lassen.

Doch nun zum Jennerfall, der die Probleme der Pistensicherung und Pistenpflege im deutschen Recht am besten aufzeigt. Der Sachverhalt sei kurz in Erinnerung gerufen: Am 6. 2. 1966 zwischen 12.00 und 13.00 Uhr stürzten auf den Jennerwiesen bei Berchtesgaden unabhängig voneinander zwei Skiläufer auf der völlig vereisten Skipiste zu Tode, wobei der Pistenzustand an der Bergbahn zunächst als „sehr gut", im Laufe des Vormittags als „gut" bezeichnet worden war. Regen und nachfolgender Kälteeinbruch hatten den Mittelteil der Abfahrt in ein Eisparkett verwandelt, das mit Skiern nahezu unbefahrbar war. Dieser Zustand war am Beginn der Abfahrt für die Skiläufer nicht zu erkennen, weil dort Sonneneinstrahlung die Piste griffig gemacht hatte.

Dieser Fall bekam nun eine äußerst wechselhafte Prozeßgeschichte[9].

Das Landgericht Traunstein verurteilte den Betriebsleiter der Jennerbahn durch Urteil vom 11. 2. 1970 wegen fahrlässiger Tötung in zwei Fällen zu einer Geldstrafe von DM 3 000,—. Dieses Urteil hob der Bundesgerichtshof durch das genannte Urteil vom 13. 11. 1970[10] auf und verwies die Sache zur erneuten Verhandlung und Entscheidung an eine Strafkammer des Landgerichts München II. Aus dem Urteil des Bundesgerichtshofes seien folgende Grundsätze besonders hervorgehoben:

1. Es besteht eine allgemeine Verkehrssicherungspflicht. Grundsätzlich hat derjenige, der eine Gefahrenlage schafft oder andauern läßt, in seinem Verantwortungsbereich die erforderlichen Vorkehrungen zu treffen, um eine Schädigung anderer abzuwenden. Wer für andere in Gebäuden oder auf Grundstücken einen Verkehr eröffnet, zuläßt oder andauern läßt und den sich daraus ergebenden Gefahren zu begegnen imstande ist, hat im Rahmen des Zumutbaren für die Sicherheit des Verkehrs einzustehen, insbesondere die Verkehrsteilnehmer vor nicht ohne weiteres erkennbaren Gefahren, die sich aus der Beschaffenheit der dem Verkehr eröffneten Sache ergeben zu schützen oder zumindest zu warnen[11].

[9] Die Staatsanwaltschaft bei dem Landgericht Traunstein stellte das Ermittlungsverfahren gegen den Betriebsleiter der Jennerbahn, der zugleich vertraglich für die Pistensicherung verantwortlich war, ein. Auf eine Beschwerde der Angehörigen der Getöteten wies der Generalstaatsanwalt zur Anklageerhebung an, doch wurde sodann von einer Strafkammer des Landgerichts Traunstein die Zulassung der Anklage abgelehnt. Etwa zur selben Zeit hat die 1. Zivilkammer des Landgerichts Traunstein durch Grundurteil vom 10. 4. 1968 die Klage dem Grunde nach für begründet erklärt. Über die Berufung des Beklagten hat das Oberlandesgericht München noch nicht entschieden, dessen Strafsenat auf Beschwerde der Staatsanwaltschaft im Strafverfahren am 5. 12. 1968 die Eröffnung des Hauptverfahrens anordnete.

[10] Vgl. oben Anm. 6.

[11] 1 StR 412/70, Urteil S. 16 mit Nachweisen.

2. Die Verkehrssicherungspflicht besteht auch für Skipisten. Der BGH führt dazu aus: „Solche Pisten werden ausdrücklich für den Verkehr angelegt, der in der heutigen Zeit des Massentourismus auch in den Wintersportgebieten einen beträchtlichen Umfang angenommen hat. Pisten werden als solche im Gelände markiert, auf Karten verzeichnet und in Werbeprospekten hervorgehoben. Das führt dazu, daß Pisten von Skiläufern unterschiedlichen Könnens zu Abfahrten benutzt werden, die schon ihrer Natur nach mit gewissen Gefahren verbunden sind, so daß um so mehr Veranlassung besteht, vermeidbare zusätzliche Gefahrensituationen zu beseitigen. Das gilt in besonderem Maße dann, wenn es sich um Abfahrtsstrecken handelt, zu denen die Skifahrer mit einer Bergbahn befördert werden."[12]

3. Der Umfang der Verkehrssicherungspflicht.
Die Verkehrssicherungspflicht erstreckt sich nicht auf Gefahren, die zwangsläufig mit der Abfahrt auf einer solchen Piste verbunden sind. Nur vor Gefahren, die über die üblichen Gefahren des Skilaufs hinaus einer besonderen Gefährdung gleichkommen, ist zu sichern. Jedenfalls ist der Verantwortliche aber verpflichtet, dafür zu sorgen, daß er über den jeweiligen Zustand der Piste unterrichtet ist, um die Benutzer rechtzeitig durch Aufstellen von Warntafeln sowie durch Lautsprecherdurchsagen vor erhöhten Gefahren zu warnen. Dagegen ist der Bundesgerichtshof der Meinung, daß weder eine Sperrung der Piste noch eine Stilllegung der Bergbahn im Falle einer extremen Vereisung der Piste erforderlich ist[13].

In diesem Punkte fordert die Rechtsmeinung des Bundesgerichtshofs Kritik heraus. Daß im Extremfall eine Sperrung einer Piste durchgeführt werden muß, wird sofort deutlich, wenn man anstelle der Vereisung eine Lawinengefahr annehmen würde. Deshalb fordert *Padrutt*[14]: „Ist die Gefahr allgemein, ist ein Skiliftbetrieb einzustellen und den Benützern von Bergbahnen die Mitnahme von Skiern zu verwehren."

Dennoch hat die 2. Strafkammer des Landgerichts München II, die an die Rechtsausführungen des Bundesgerichtshofes gebunden war, den Betriebsleiter durch Urteil vom 19. 6. 1971 erneut verurteilt[15]. Wegen *eines* Vergehens der fahrlässigen Tötung wurde eine Geldstrafe von DM 500,— verhängt. Eine Verurteilung im zweiten Falle unterblieb, weil nicht sicher festgestellt werden konnte, ob die vom Angeklagten pflichtwidrig unterlassenen Maßnahmen den Eintritt des Unglücks verhindert hätten. In einem auf 137 Seiten äußerst sorgfältig begründeten Urteil stellte das Landgericht fest:

[12] aaO. S. 17

[13] aaO. S. 20/21.

[14] Verkehrssicherungspflicht für Skipisten, Schweizerische Zeitschrift für Strafrecht Bd. 87, Heft 1, S. 75.

[15] LG München II, 36 KLs 1/71.

Eine bei Eröffnung des Pistenbetriebes erforderliche Testfahrt sei unterblieben. Die Leute des Pistendienstes hätten freigehabt, Ersatzleute seien nicht erschienen, dies sei wegen fehlender Kontrolle nicht bemerkt worden. Wäre die Gefährlichkeit der Abfahrt rechtzeitig erkannt worden, so hätten kleinere Stellen durch Streuen mit Salz, andere durch Aufhacken der Eisfläche in zumutbarer Breite entschärft werden können. Eine Kennzeichnung des befahrbaren Teils, eine Teilsperrung sowie Warnung am Lift und Aufstellung von Warnposten seien zumutbar gewesen. Der Angeklagte habe aber auch im weiteren Verlauf nichts unternommen, obwohl die Schleppspur eines in der Nähe gelegenen Schleppliftes mit einer Egge aufgerauht werden mußte, sich mehrere Skiläufer Hautabschürfungen zuzogen und ein Ehepaar schwer stürzte, wobei der Ehemann sich fangen konnte, während seine Frau bewußtlos wurde. Erst die Mitteilung eines Zeugen, eine Verletzte sehe aus wie nach einem Flugzeugunfall, bewog den Angeklagten, den Hinweis über den Pistenzustand von „sehr gut" in „gut" abzuändern. Die beiden unabhängig voneinander Getöteten stürzten später etwa 375 bzw. 400 Meter einen Hang hinunter, wobei ein Opfer eine Blutspur von 250 Meter Länge hinterließ und bis zur Unkenntlichkeit entstellt war, während das andere eine Blutspur von 312 Meter hervorbrachte und durch Unebenheiten bis zu einer Höhe von vier Metern hochgeschleudert wurde.

Hierbei, so stellte das Gericht fest, habe es sich um atypische Gefahren gehandelt. Diese seien auch für einen sorgfältigen Skifahrer nicht ohne weiteres erkennbar gewesen. Dagegen seien die Gefahren für den Angeklagten erkennbar gewesen, er sei zum Handeln aus dem Gesichtspunkt der Verkehrssicherungspflicht verpflichtet gewesen. Er habe das Bewußtsein gehabt, zum Handeln verpflichtet zu sein, er habe ein Handeln pflichtwidrig unterlassen und dadurch — jedenfalls in einem Fall — den Tod verursacht. Dies sei vorhersehbar gewesen. Lediglich im zweiten Falle sei nicht sicher feststellbar, ob entsprechende Maßnahmen den Unfall verhindert hätten, weil der Kausalverlauf möglicherweise trotz getroffener Maßnahmen ebenso gewesen wäre.

Bei diesem Sachstand wird sich der Bundesgerichtshof nunmehr wegen der erneuten Revision nochmals mit dem Jennerfall zu befassen haben. Bereits das bisherige Verfahren hat jedoch seine Wirkung nicht verfehlt. Pistensicherung und Pistenpflege haben in den letzten Jahren erstaunliche Fortschritte gemacht.

## II. Die Haftung des Skilehrers

Weit weniger Zeit kann ich den drei folgenden Punkten widmen, die allerdings auch nicht die große praktische Bedeutung haben wie die Verkehrssicherungspflicht.

Bei der Frage der Haftung des Skilehrers kann ich den Teil ausklammern, bei dem es sich um das Führen von Hochtouren handelt. Diese Frage wird *Domcke* im Rahmen des Referats „Rechtsfragen aus der Arbeit des Deutschen Alpenvereins" erörtern.

Der Skilehrer muß ein dem Können der Teilnehmer entsprechendes Gelände auswählen. Anfänger benötigen einen sicheren Auslauf, der weder in einem Bach noch auf einer von Autos befahrenen Straße enden darf. Das Kursprogramm muß so eingeteilt werden, daß die Schüler körperlich, d. h. kräftemäßig und konditionell, nicht überfordert werden. Dabei ist auf die schwächeren und ungewandteren Teilnehmer Rücksicht zu nehmen. Besonders auf stark befahrener Piste hat der Lehrer darauf zu achten, daß Kollisionen mit anderen Läufern vermieden werden. Weil sich seine Kursteilnehmer an seine Anweisungen halten werden, hat er diese so zugeben, daß Gefahren vermieden werden. Der Skilehrer hat seine Schüler nicht nur in der richtigen Technik zu unterweisen, er hat sie auch über richtiges Verhalten auf der Piste und am Lift sowie über besondere Gefahrensituationen zu belehren. Dies ist an Beispielen zu belegen:

Am 6. 1. 1967 ereignete sich auf dem Skigelände in Altglashütte im Schwarzwald ein Unfall. Die Teilnehmer eines Anfängerkurses übten in flachem Gelände Schrägfahrt und Stemmbogen. Dabei fuhr ein Skischüler einen engen Bogen, der mißglückte, worauf er auf die Gruppe der wartenden anderen Skischüler zufuhr und einen anderen anstieß. Dieser verlor das Gleichgewicht, taumelte und verletzte mit seinem hochgerissenen Skistock den neben ihm stehenden Kursteilnehmer am linken Auge so unglücklich, daß dieser auf einem Auge trotz sofortiger Operation erblindete.

Das Landgericht Freiburg wies durch Urteil vom 4. 3. 1969 die Klage in Richtung gegen den Skilehrer ab, weil festgestellt worden war, daß der Skilehrer seine Skischüler wiederholt dahin belehrt hatte, sie sollten sich im flachen Gelände zur Vermeidung eines Zusammenstoßes fallen lassen. Diese Belehrung wurde vom Gericht als richtig, zweckmäßig und ausreichend erachtet[16].

Daß die Verantwortung in einer Trainingsgruppe den Trainer trifft, zeigt folgender Fall:

Am 13. 12. 1969 übten Rennfahrer des hessischen Skiverbandes bei Lenzerheide Geländesprünge. Dabei konnten die Teilnehmer den unteren Teil des Geländes nicht einsehen und verließen sich daher auf Zeichen des unten stehenden Trainers. Als nun ein Mitglied der Truppe über eine Geländekante sprang, sah es plötzlich einen querenden Skiläufer, konnte einen Zusammenstoß nicht mehr vermeiden, wobei der querende Skiläufer am Kopf so schwer verletzt wurde, daß er noch an der Unfallstelle starb. Die Staatsanwaltschaft Graubünden stellte durch Verfügung vom 30. 6. 1970 das Ermittlungsverfahren gegen den Rennläufer ein und stellte fest, ihn treffe kein Verschulden, die Verantwortlichkeit treffe den Leiter der Gruppe[17].

[16] LG Freiburg, 7 O 287/68.

[17] PrN 1969/1716/SO.

Daß der Leiter einer Jugendgruppe besondere Sorgfalt auch bei Auswahl des Geländes zu treffen hat, stellte das Bayerische Oberste Landesgericht in einem Urteil vom 4. 6. 1971 fest[18]. Der Angeklagte hatte am 25. 1. 1968 mit einer Gruppe fortgeschrittener Schüler bei Schliersee eine Skiwanderung mit Orientierungsaufgaben, eine sogenannte „Fuchsjagd", veranstaltet. Das Gelände war ihm unbekannt, er hatte sich auch vorher nicht nach geeigneten Möglichkeiten oder Gefahren erkundigt. Neun Schüler ließ er zurück, die die Verfolgung nach 15 Minuten aufnehmen sollten, er selbst suchte mit zwei Schülern einen Weg in hügeligem und teils waldigem Gelände. Als er schließlich in Schrägfahrt in einen Nordhang einzufahren versuchte, rutschte er seitlich ab und stürzte über einen Felsabbruch in einen Bach. Nach ihm stürzten noch zwei Schüler und eine Schülerin ebenfalls ab, die die Gefahrenstelle zu spät erkannten und zuletzt keinen Halt fanden, da der Schnee auf laubigem Untergrund nicht hielt. Der Angeklagte und die abgestürzten Schüler trugen zum Teil erhebliche Verletzungen davon, ein Schüler verstarb am 26. 1. 1968 an den Folgen des Sturzes.

Amtsgericht und Landgericht sprachen den Angeklagten frei, weil er nicht mit einem Steilabbruch in dem sonst nicht schwierigen Gelände habe rechnen müssen. Bei Erkennen der Gefahr sei wegen des Untergrundes der Absturz nicht mehr vermeidbar gewesen. Das Bayerische Oberste Landesgericht hob das freisprechende Urteil auf und ordnete eine erneute Hauptverhandlung an. Es stellte fest, der Lehrer müsse durch besondere Vorsicht und Umsicht die Schüler vor gesundheitlichen Schäden bewahren. Ihn treffe eine gesteigerte Sorgfaltspflicht, daher habe die Auswahl eines geeigneten, dem Können der Teilnehmer angemessenen Spielgebietes im Vordergrund zu stehen. Falls der Lehrer das Gelände nicht gekannt habe, sei er verpflichtet gewesen, es vorher auf mögliche Gefahrenquellen zu untersuchen. Ein lediglich allgemeiner Eindruck vom Gelände genüge dabei nicht.

Eine Abgrenzung der Haftung des Skilehrers von der Haftung des Liftunternehmers zeigt folgender Fall[19]:

Ein Skilehrer benutzte mit einer Gruppe Jugendlicher, die etwa zwei bis drei Tage Skikurs hinter sich hatten, einen äußerst leichten Schlepplift in Oberbayern. Er hatte es pflichtwidrig unterlassen, seine Schüler vor Benutzung des Liftes auf das Verhalten und die Gefahren beim Ein- und Aussteigen hinzuweisen. Ein Mädchen aus der Gruppe achtete weder auf das Schild „hier aussteigen" noch ahmte es die vor ihr hinauffahrenden Skifahrer beim Ausstieg nach, sondern fuhr aus unerklärlichem Grund über das Aussteigeplateau und die angrenzende Bretterwand hinweg, stürzte dahinter zu Boden und zog sich einen Oberschenkelbruch zu. Nachdem das Verfahren insgesamt sechs Instanzen durchlaufen und das Bayerische Oberste Landesgericht zweimal beschäftigt

[18] 3 St 9/71.

[19] Bayerisches Oberstes Landesgericht, 3 b St 56/69.

hatte, wurde es gemäß § 153 Abs. III StPO eingestellt. Erst dann konnte man sich nämlich zu der Ansicht durchringen, daß das Verschulden des Skilehrers in Form der unterlassenen Belehrung vorhanden war, jedoch weit hinter dem Verschulden zurücktrat, das den Liftunternehmer oder seine Helfer getroffen hätte. Gegen diese war das Verfahren jedoch bereits nach Abschluß der Ermittlungen eingestellt worden.

## III. Die Haftung des Liftunternehmers

Nur kurz möchte ich die Haftung des Liftunternehmers berühren. Dabei kann für die skisportliche Seite die Haftung des Seilbahnunternehmers und die Haftung für Sessellifte ausgeklammert werden, weil hier die Problematik nicht mit dem Skilauf zusammenhängt. Gefahren und Risiken sind insoweit für Liftbenützer ohne Ski fast dieselben.

Der oben erwähnte Fall ist ein geradezu klassisches Beispiel für Verschulden des Liftunternehmers. Die hauptsächlichen Gefahrenquellen liegen beim Schlepplift beim Ein- und Aussteigen. Selbst wenn im genannten Fall die verletzte Schülerin ein ganz erhebliches Eigenverschulden trifft, so hätte der Unfall dennoch vermieden werden können, wenn der Lift rechtzeitig abgestellt worden wäre. Weil im Gegensatz zum Sessellift beim Schlepplift das Abstellen des Liftes sehr schnell zum Stillstand führt, wäre die Schülerin nicht über die schräge Bretterwand gestürzt, wenn der Lift rechtzeitig zum Stillstand gebracht worden wäre. Der Liftunternehmer haftet für ordnungsgemäße Errichtung der Anlage, wobei besonders der Ein- und Aussteigstelle wesentliche Bedeutung zukommen. Allerdings wird wegen der Überprüfung durch den Technischen Überwachungsverein ein Verschulden des Unternehmers schwer festzustellen sein, wenn vom Sachverständigen die Anlage freigegeben wird. Beim Betrieb der Anlage ist auf die Präparierung der Schleppspur zu achten, die auch für den schwächeren Skiläufer kein unüberwindliches Hindernis sein darf. Felsige oder zumeist apere Stellen können neuerdings durch Verwendung künstlicher Plastikpistenstücke in ordnungsgemäßem Zustand erhalten werden. Kreuzt eine Piste die Liftspur, sind Warntafeln für die abfahrenden Skiläufer aufzustellen. Hinweisschilder auf die Ausstiegsstelle sind erforderlich sowie die Aufforderung, diese Stelle für nachfolgende Skiläufer freizumachen. Die Schleppgehänge sind entsprechend zu überwachen, um ein gefährliches Schwingen im Falle nicht ausreichender Federn oder ein Hochziehen der Skiläufer in die Luft im Falle des Blockierens von Federn zu verhindern.

Da im Gegensatz zu Seilbahnanlagen für Schlepplifte eine Haftung des Unternehmers nur besteht, wenn diesem ein Verschulden nachgewiesen werden kann,[20] bleiben Verletzte bei Unfällen im Zusammenhang mit Schleppliften häufig ohne ausreichenden Ersatz. Ein Nachweis eines Verschuldens ist oft unmöglich. So zum Beispiel, wenn durch verdeckte Materialfehler eine Halterung bricht und das Schleppseil herabstürzt, wenn wegen eines Bruches der Pendelbegrenzung der Schleppbügel die

Skiläufer in die Luft hebt oder unsachgemäßes Verhalten nicht festzustellender anderer Liftbenutzer zu dem Unfall führen. Daß aber nicht jeder Unfall beim Betrieb eines Schleppliftes auf ein Verschulden des Liftbesitzers zurückzuführen ist, soll folgender Fall zeigen: Am 8. Februar 1970 hatte ein elfjähriger Schüler zusammen mit seinem Vater den Zielhangschlepplift am Brauneck benutzt. Nach dem Aussteigen wurde er von einem Liftbügel am Kopf getroffen, den ein nachfolgender Liftbenutzer beim Aussteigen ordnungsgemäß gelöst hatte. Das Kind erlitt eine Gehirnerschütterung, ein Schneidezahn wurde ausgeschlagen und die Lippe gespalten. Das Amtsgericht Bad Tölz lehnte durch Beschluß vom 14. 1. 1971 den Erlaß eines Strafbefehls ab[21]. Das Gericht stellte fest, der Schüler habe den Unfall selbst verschuldet. Er habe die an der Ausstiegsstelle angebrachten Hinweise nicht beachtet und den Aussteigeplatz nicht sofort freigemacht. Daß er zunächst zur falschen Seite gegangen war und dann die Lifttrasse in einem ungünstigen Zeitpunkt gekreuzt hatte, sei auf sein Verschulden zurückzuführen bzw. auf dasjenige seines Vaters, der mit ihm den Lift benutzt habe. Die Aussteigestelle habe den Anforderungen entsprochen, ein Organisationsfehler des Liftunternehmers liege nicht vor, auch ein konkretes Verschulden sei nicht nachzuweisen.

## IV. Produzentenhaftung

Der letzte Teil meiner Ausführungen ist einem im Skisport noch ungeklärten Rechtsgebiet gewidmet, der Produzentenhaftung. Zu Einzelheiten dieses Rechtsproblemes darf ich auf die Kommentierung von *Thomas* in *Palandt* (Anm. 16 zu § 823) verweisen. Die in der Rechtslehre bereits seit 1915 diskutierten Schwierigkeiten bestehen darin, daß der bei Benutzung eines Produktes Verletzte nicht unmittelbar Vertragspartner desjenigen ist, der für die ordnungsgemäße Herstellung des Produktes verantwortlich ist. Doch soll uns hier nicht das allgemeine Problem des sogenannten Durchgriffs beschäftigen, sondern vielmehr die Frage, inwieweit im Rahmen des Skisportes Haftungsfälle der Produzentenhaftung auftreten können. Das Bundesgesetz über technische Arbeitsmittel vom 24. 6. 1968 (BGBl. I, S. 717) verlangt lediglich, daß ein Produzent bei Herstellung eines Werkes anerkannte Regeln der Technik anzuwenden hat. Davon, daß diese Regeln bei Herstellung der im Skisport gebräuchlichen Geräte eingehalten werden, kann man schon wegen des scharfen Konkurrenzkampfes ausgehen. So ist darauf zu verweisen,

[20] Der 9. Zivilsenat des Oberlandesgerichts Celle hat allerdings kürzlich in mündlicher Verhandlung eine entsprechende Anwendung der Gefährdungshaftung für Schleppliftunfälle ausdrücklich erörtert, durch Urteil v. 26. 4. 1972 im Ergebnis jedoch abgelehnt (9 U 125/71). Die Verteilung der Beweislast bei der Geltendmachung von Ansprüchen aus Werkvertrag lasse ich hierbei unberücksichtigt.

[21] Cs 224/70.

welch große Anstrengungen von Bindungsherstellern unternommen werden, um für ihre Erzeugnisse die Prüfplaketten des Technischen Überwachungsvereins zu erhalten. Die größte Gefahr, in Haftungsprozesse verwickelt zu werden, trifft naturgemäß den Bindungshersteller. Aus diesem Grunde hat eine der fünf marktbeherrschenden Bindungsfirmen bereits vor zwei Jahren mit großem technischem Aufwand und mit Hilfe drahtloser Übertragung durch Testfahrer auf harter Piste wie im Tiefschnee, vom Anfänger wie vom Rennläufer testen lassen, welche Kräfte auf bestimmte Bindungsteile beim Skilauf auftreten. Entsprechende Messungen wurden kürzlich beim Slalom in Wengen sogar bei der Fahrt eines Vorläufers durchgeführt. Die große Gefahr liegt daher nicht so sehr in der Bindungskonstruktion, sondern vielmehr in der Ermittlung der richtigen Einstellwerte sowie in der Einstellung und Pflege der Bindung.

Zunächst besteht für den Bereich der Herstellerhaftung eine modifizierte Beweislastverteilung nach Gefahrenbereichen. Der Geschädigte trägt die Beweislast dafür, daß das Produkt im Zeitpunkt der Verletzung objektiv fehlerhaft war und der Schaden durch das Produkt bei dessen bestimmungsgemäßer Verwendung verursacht wurde, dagegen muß der Hersteller beweisen, daß ihn hinsichtlich des Mangels kein Verschulden trifft[22]. Die richtige Bindungseinstellung soll nun so erfolgen, daß die Bindung aufgeht, ehe eine Verletzung eintritt, daß sie aber trotz Einwirkung erheblicher Kräfte im Laufe des Skilaufs geschlossen bleibt. Die Einstellwerte müssen also innerhalb der Festhaltegrenze und der Knochenbruchlast liegen. Gibt der Hersteller an den Bindungsmonteur keine ausreichenden Bedienungsanweisungen, so liegt hierin ein Organisationsmangel, der zur Haftung führt. Aber auch der Sportartikelhändler, der die Bindung mit der Montage einzustellen hat, haftet im Falle unsachgemäßer Einstellung. Dabei ist der Kunde auf den Rat und die richtige Beratung durch den Verkäufer angewiesen[23]. So konnte in den letzten Jahren beobachtet werden, daß von Skiläufern häufig ein Vorderbacken und eine Fersenautomatik zweier verschiedener Bindungshersteller kombiniert wurden, wobei die gegenteilige Wirkungsweise der Sicherheitssysteme zu einer völligen Wirkungslosigkeit der Sicherheitsbindung geführt hat. Hier ist eine Haftung des Verkäufers offensichtlich. Daß der Monteur bei der Neumontage einer bereits gebrauchten Sicherheitsbindung deren Funktionsfähigkeit zu überprüfen hat, sollte selbstverständlich sein.

Ein Musterprozeß über die Herstellerhaftung bei Skibindungen fand noch nicht statt. Dies liegt einmal in den Beweisschwierigkeiten für den Geschädigten, zum anderen in dem hohen Kostenrisiko begründet, das eine entsprechende Beweiserhebung mit Sachverständigen verursachen würde. Ein praktischer Fall soll zeigen, daß das Problem von einer Lö-

22 *Palandt,* § 823 Anm. 16 De ff.

23 Zur Verpflichtung des Skiläufers, Fangriemen zu tragen, vgl. Urteil des LG Köln v. 25. 2. 1972 5 O 331/70, teilweise abgedruckt in NJW 1972, 639.

sung noch weit entfernt ist. Ein Diplomkaufmann und Skilehrer ist Mitglied des sogenannten „Meinungsbildungsteams“ für Skibindungen. Er hatte seine Bindung auf niedrigere Auslösewerte eingestellt, als sie für ihn nach Angabe der Produzentenfirma gelten würden. Im mäßigen Tempo öffnete sich deshalb die Bindung eines Skis, er kam zu Sturz und zog sich einen Abriß der Achillessehne des anderen Beines zu, weil diese Bindung sich nicht öffnete. Auch die anschließend überprüften Auslösewerte lagen unterhalb der zulässigen Grenze[24].

Im Gegensatz zur Sicherheitsbindung sind aus der Konstruktion von Skiern haftungsbegründete Unfälle kaum denkbar. Bei Skiern und Stöcken könnte lediglich stark splitterndes Material zu weiteren Verletzungen führen. Auch die Schuhindustrie hat kaum etwas zu befürchten. Lediglich leicht verformbare Sohlen könnten zu Unfällen führen, wenn die dadurch entstehende Reibung eine Freigabe des Schuhs beim Sturz aus der Sicherheitsbindung verhindert. Die Veränderung der Schuhkonstruktion hat nicht nur die Fahreigenschaften verbessert, sondern auch die Verletzungsgefahren verlagert. Man bricht sich kaum noch den Knöchel, sondern verletzt sich die Achillessehne oder erleidet einen Schien- und Wadenbeinbruch am oberen Rand des Schuhschaftes, einen sogenannten Schuhrandbruch. Aber nicht einmal *Patrick Russel*, der sich in Berchtesgaden im Zielauslauf eines Slaloms, bei dem er Bestzeit fuhr, einen solchen Bruch zuzog, wird die Schuhfirma auf Ersatz für den Verlust seiner olympischen Chancen verklagen können. Denn bei dieser Art der Verletzungsgefahr handelt es sich nicht um Konstruktionsfehler der Schuhindustrie, sondern um Konstruktionsfehler des menschlichen Skeletts, das technisch gesehen zum Skilauf relativ ungeeignet ist.

Abschließend sei darauf hingewiesen, daß auch die modebewußte Skibekleidungsindustrie Haftungsprozesse befürchtet. Seit sich herausgestellt hat, daß glattes synthetisches Material in glatter Verarbeitung bei Skianzügen dazu führen kann, daß ein Läufer im Falle eines Sturzes im Abrutschen Geschwindigkeitsrekorde aufstellt und erst im Auslauf zum Halten kommt, wird durch Anbringen von Steppnähten oder gar Einarbeitung von rutschfesten Teilen auf die Sicherheit der Skiläufer Rücksicht genommen. Denn Fragen der Haftung bei Skiunfällen lassen sich viel leichter lösen, wenn man die nötige Aufmerksamkeit der Verhinderung von Skiunfällen schenkt.

[24] Ski-Welt, 1971 Heft 18 S. 26.

# Skiunfälle und Haftung aus österreichischer Sicht

von

Oberlandesgerichtsrat und Senatsvorsitzenden Dr. JOSEF PICHLER, Graz

## I. Zahl der Skiunfälle in Österreich

Nachdem beim Kapruner Gespräch 1967 *Czepl* aus Detailstatistiken, Schätzungen und Hochrechnungen zum Ergebnis gekommen war, daß die Zahl der jährlichen Skiverletzten (leichte Verletzungen eingeschlossen) in Österreich rund 80 000 betrage, liegt nun das Ergebnis einer statistischen Untersuchung vor. Nach einer Sondererhebung des Mikrozensus Dezember 1970[1] wurden im Zeitraum vom 1. 12. 1969 bis 30. 11. 1970, also in einem Jahr, 26 000 Österreicher bei Skiunfällen so schwer verletzt, daß sie einen Arzt aufsuchen mußten. Von den verletzten Personen waren 17 800 männlichen und 8 200 weiblichen Geschlechts. Eine überraschend hohe Verletztenquote entfällt auf die heranwachsende Jugend: 11 600 der Verletzten waren 10 bis 20 Jahre alt; das sind 45% aller Verletzten. Die Skiverletzung ist die weitaus häufigste, bedeutendste und folgenschwerste Sportverletzung in Österreich. Diese statistische Sondererhebung ergab weiter, daß annähernd 5% der Verletzten bei Kollisionsunfällen verletzt wurden.

Nach einer vom Landesgendarmeriekommando für Salzburg durchgeführten statistischen Untersuchung der Pistenunfälle im Lande Salzburg ist die Zahl dieser Unfälle vom Winter 1966/67 bis zum Winter 1969/70 um 30% angestiegen. Die Kollisionsunfälle betragen nach dieser Statistik durchschnittlich 6 % aller Skiunfälle. Sie sind vom Winter 1966/67 bis zum Winter 1969/70 um 50% angestiegen, jedoch im Winter 1970/71 gegenüber dem Vorjahr um 18% zurückgegangen. Die Ursache für diesen erfreulichen Rückgang der Kollisionsunfälle im letzten Winter ist zwar nicht bekannt, könnte aber auf die gezielte Aufklärung der Skiläufer über das richtige Verhalten auf Pisten zurückzuführen sein.

Ganz allgemein können wir annehmen, daß die absolute Zahl der Skiunfälle zwar noch immer ansteigt, daß jedoch die relative Zahl der Skiunfälle (Verhältnis: Zahl der Unfälle zur Zahl der Skiläufer) zurückgeht. Letzteres Phänomen dürfte seine Erklärung darin finden, daß die Pisten immer besser gepflegt werden, daß die Skitechnik und das durchschnittliche Fahrkönnen besser werden und daß die Skiläufer über das richtige Verhalten auf Pisten immer mehr aufgeklärt und doch gefahrenbewußter werden.

[1] Statistische Nachrichten 1971, 535 ff., herausgegeben vom Österreichischen Statistischen Zentralamt.

## II. Kollisionsskiunfälle — Versuch einer Analyse

*Lossos* hat im Oktober 1970 bei der Richtertagung in Oberstdorf angeregt, Skiunfälle zu registrieren und nach besonderen typischen Unfallursachen zu untersuchen, um auf diese Weise vielleicht einen Beitrag zur Verbesserung des Sicherheitszustandes auf den Pisten zu leisten[2]. Ich habe nun 54 Kollisionsunfälle mit 110 beteiligten Personen nach verschiedenen Aspekten analysiert. Diese Unfälle waren zum größten Teil Gegenstand von Gerichtsverfahren. Wegen der verhältnismäßig geringen Anzahl der untersuchten Fälle ist die Verallgemeinerung der gefundenen Ergebnisse und Hundertsätze zwar nur bedingt möglich. Die Analyse einer entsprechend größeren Anzahl von Unfällen kann vielleicht etwas andere Ergebnisse zeitigen. Die Untersuchung zeigt aber doch Schwerpunkte und Größenordnungen auf, die meines Erachtens allgemeinen Aussagewert über Ursachen, Zusammenhänge und Folgen bei Kollisionsskiunfällen haben. Die Ergebnisse der Untersuchung habe ich beim Kapruner-Gespräch 1971 dargelegt und davon will ich hier einige Punkte herausgreifen.

### 1. Unfallzeit

Nur 18% der untersuchten Kollisionsunfälle ereigneten sich am Vormittag, 82% der Unfälle am Nachmittag. Besonders kollisionsträchtig sind die Stunden nach dem Mittagessen. In den zwei Stunden zwischen 14 und 16 Uhr sind 56% der Unfälle geschehen. Es ist im übrigen eine Erfahrungstatsache, daß ganz allgemein weit mehr Skiunfälle am Nachmittag als am Vormittag geschehen.

Die Ursachen für diese Erscheinung könnten darin liegen, daß am Nachmittag die Pisten stärker frequentiert sind, daß die Skifahrer vom vormittägigen Skifahren übermüdet sind und daß Skifahrer nach dem Mittagessen — oder auch ohne richtiges Mittagessen — weniger aufmerksam und konzentriert sind.

### 2. Beteiligte Personen — Männer und Frauen

An den untersuchten Unfällen waren 70% männliche und 30% weibliche Personen beteiligt. Ein Viertel der untersuchten Kollisionen wurden von Rennläufern, Skilehrern oder Skilehrwarten, also von qualifizierten Skiläufern verursacht oder mitverursacht. Die Untersuchung hat also ergeben, daß bedeutend mehr Männer als Frauen und überraschend viele qualifizierte Skiläufer an Kollisionsunfällen beteiligt waren.

Während nur 39% aller männlichen Unfallsbeteiligten bedeutendere Verletzungen erlitten haben, sind rund 79% aller weiblichen Unfallsbeteiligten erheblich verletzt worden. Frauen sind also bei Kollisionsunfällen mehr gefährdet als Männer.

Von den männlichen Unfallsbeteiligten haben 71% unfallsursächliche Fahrfehler oder Verhaltensfehler gemacht. Hingegen haben von den

[2] Vgl. Haftung bei Skiunfällen, Oberstdorfer Referate, herausgegeben vom Bayerischen Staatsministerium der Justiz, 1970, S. 24.

weiblichen Beteiligten nur 42% solche Fehler gemacht. Der Grund für dieses Phänomen dürfte darin liegen, daß Frauen im allgemeinen vorsichtiger und defensiv skifahren, während Männer draufgängerischer und aggressiv fahren.

### 3. Art der Verletzungen

Etwa 47 % aller Unfallsbeteiligten blieben unverletzt oder erlitten nur unbedeutende Verletzungen. Rund 35% der Beteiligten erlitten Knochenbrüche, und zwar überwiegend im Bereich der Unterschenkel. Etwa 13% aller Unfallsbeteiligten erlitten Kopf- und Gesichtsverletzungen.

### 4. Unfallursachen

Die drei Hauptursachen der Kollisionsunfälle sind: Unkontrolliertes Fahren, Beobachtungsfehler und Nichtbeachtung des Grundsatzes vom „Fahren auf Sicht".

a) Unter kontrolliertem Fahren verstehe ich die Anpassung der Laufgeschwindigkeit an das Fahrkönnen, die Geländeverhältnisse, die Schneeverhältnisse und die Pistenfrequenz. Beim unkontrollierten Fahren besteht ein Mißverhältnis zwischen der eingehaltenen Geschwindigkeit und diesen Umständen, welche die Wahl der Geschwindigkeit beeinflussen sollen.

Rund 25% aller Unfallsbeteiligten haben eine Kollisionsursache oder Mitursache durch unkontrolliertes Fahren gesetzt. Hierbei handelte es sich ausschließlich um Männer. Häufig verlieren die Skifahrer bei Schußfahrten die Kontrolle über die Ski. Längere Schußfahrten auf frequentierten Pisten sind an sich problematisch und gefährlich. Schußfahrer erreichen regelmäßig Geschwindigkeiten zwischen 50 und 100 kmh.

b) Etwa 20% aller Unfallsbeteiligten haben die Kollision infolge unzulänglicher Beobachtung des Unfallspartners verursacht oder mitverursacht. Es ist ein elementarer Grundsatz beim Pistenskilauf, daß der Skifahrer während der Fahrt das Gelände und die anderen Personen vor sich ständig genau beobachten und alle möglichen Hindernisse berücksichtigen muß. Immer wieder kommt in Prozessen die Verantwortung des Beschuldigten oder des Beklagten, er habe den anderen vor dem Zusammenprall überhaupt nicht oder erst wenige Meter vorher gesehen, obwohl nach den Geländeverhältnissen und der Lage der Annäherungslinien der andere bereits auf weite Entfernung sichtbar war.

Diese Erscheinung häufiger Beobachtungsfehler ist einerseits auf mangelnde Aufmerksamkeit, andererseits auf die besonderen Anforderungen zurückzuführen, die an die Aufmerksamkeit des Skifahrers gestellt werden. Der Skifahrer muß die Gelände- und Schneeverhältnisse unmittelbar vor sich genau beobachten, um nicht zu stürzen. Dadurch ist seine Aufmerksamkeit auf einen sehr engen Bereich vor sich fixiert, und zwar auf eine Strecke von etwa 5 bis 10 Meter. Dabei übersieht er nicht selten die Vorgänge außerhalb dieser begrenzten Bodenfläche. Die notwendige Streuung des Beobachtungsfeldes bei gleichzeitiger Konzentration auf einen Nahbereich und Mitbeobachtung eines Fernbereiches kann zu Beobachtungsfehlern führen, die manchmal geradezu unverständlich erscheinen mögen.

Für die Größe des Beobachtungsfeldes habe ich als Faustregel gefunden, daß ein Skifahrer etwa einen solchen Streckenbereich vor sich beobachten soll, der in Metern ausgedrückt seiner Laufgeschwindigkeit in Stundenkilometern entspricht. Ein mit 15 kmh fahrender Skiläufer soll also etwa 15 m, ein mit 40 kmh fahrender Skiläufer etwa 40 m vor sich beobachten, um auf andere Skiläufer und deren Fahrbewegungen unfallverhütend reagieren zu können. Zum Durchfahren einer solchen jeweils der Laufgeschwindigkeit entsprechenden Strecke benötigt der Skifahrer rund 3,7 Sekunden. Unter Berücksichtigung einer Reaktionszeit von 0,7 Sekunden, stehen ihm bei Auftauchen eines Skifahrers 3 Sekunden für die effektive Ausweichreaktion zur Verfügung. In einem solchen Zeitraum kann der Skifahrer aus kontrollierter Fahrt regelmäßig einem Hindernis ausweichen oder vor diesem anhalten.

Weil der Skifahrer besonders im stark gegliederten Gelände und auf Buckelpisten die ersten 5 bis 10 m des Geländes vor sich genau beobachten muß, kann er naturgemäß den weiteren Bereich oft nur flüchtig beobachten, aber doch so, daß er die in seinem Fahrbereich auftauchenden Skifahrer wahrzunehmen vermag.

c) In den untersuchten Fällen sind rund 6,5 % der Beteiligten nicht „auf Sicht" gefahren. Der Grundsatz vom Fahren auf Sicht bedeutet, daß der Skifahrer seine Geschwindigkeit so zu wählen hat, daß er unter Berücksichtigung der Reaktionszeit und seines Fahrkönnens notfalls noch innerhalb des eingesehenen Pistenbereiches einem Hindernis ausweichen oder vor diesem anhalten kann. Der Grundsatz vom Fahren auf Sicht kommt also nur dort zum Tragen, wo die Sichtverhältnisse — vor allem geländebedingt — eingeschränkt sind. In weitem, übersichtlichem Gelände sind die Sichtverhältnisse kein relevantes Kriterium für Kollisionsunfälle. In solchen Bereichen, wo die Sicht weder geländebedingt noch witterungsbedingt eingeschränkt ist, hat der Grundsatz vom Fahren auf Sicht keine Bedeutung. Unübersichtliche Pistenengstellen, Hohl- oder Ziehwege, Geländekanten, Schneewächten, Baumgruppen auf der Piste sind Teile der Piste, wo dieser Grundsatz praktische Bedeutung erlangt.

Der Grundsatz vom Fahren auf Sicht ist ein allgemeiner und natürlicher Verhaltensgrundsatz bei Bewegungsgeschehen an Orten, wo mit anderen Menschen oder Hindernissen gerechnet werden muß. Er gilt daher auch für den Skilauf. So hat auch der OGH in seiner Entscheidung vom 8. 7. 1970[3] einem Skiläufer als Verschulden angerechnet, daß er nicht „auf Sicht" gefahren ist. Bedauerlicherweise kommt dieser Grundsatz in den von der FIS herausgegebenen Verhaltensregeln für Skifahrer nicht klar zum Ausdruck.

[3] JBl. 1971, 252.

### 5. Ausgang der Gerichtsverfahren

Bei den untersuchten Fällen wurden in den Strafverfahren nur 22% der wegen fahrlässiger Körperverletzung angeklagten Skifahrer verurteilt und 78% der Angeklagten freigesprochen. Das ist ein Ergebnis, das besonders überrascht, wenn man bedenkt, daß in den meisten Fällen von Kollisionsskiunfällen gar keine Anklage erhoben wird.

Anders war die Situation bei Schadenersatzprozessen. Hier haben 90% der abgeschlossenen Verfahren damit geendet, daß der Beklagte durch Urteil oder Vergleich zu gänzlichem oder teilweisem Schadenersatz an den Verletzten verpflichtet wurde, während nur in 10 % der Fälle das Klagebegehren abgewiesen wurde.

## III. Gesetzliche Haftungsgrundlagen

### 1. Spezifische skirechtliche Normen

In Österreich sind zunächst zwei Verordnungen über das Verhalten auf Wintersportgeländen von Bedeutung gewesen, nämlich eine Verordnung für das Bundesland Steiermark und eine Verordnung für das Bundesland Tirol. Es handelte sich um die Verordnungen der Sicherheitsdirektion für Steiermark vom 2. 1. 1959 und der Sicherheitsdirektion für Tirol vom 3. 1. 1959. Diese Verordnungen wurden jedoch zwei Jahre später wegen verfassungsrechtlicher Zuständigkeitsbedenken von den Normgebern selbst wieder aufgehoben. Nachdem die Sicherheitsdirektionen ihr Unternehmen, Pistenordnungen zu schaffen, aufgegeben hatten, haben verschiedene Gemeinden begonnen, Pistenordnungen zu erlassen, so etwa St. Anton/Arlberg, Vordernberg/Präbichl, Oberweg, Admont und einige mehr. Der Inhalt all dieser Pistenordnungen stimmt im wesentlichen überein. Er besagt, daß sich jeder Skifahrer auf der Piste so zu verhalten hat, daß er andere nicht gefährdet oder verletzt; daß sich Personen, die nicht skifahren, ohne Notwendigkeit auf Skipisten nicht aufhalten dürfen und daß Tiere (Hunde) auf Pisten nicht mitgenommen werden dürfen. Die Übertretung dieser Anordnungen wird unter verwaltungsbehördliche Strafsanktion gestellt. Konkrete Verhaltensvorschriften, in denen dem Skifahrer gesagt würde, wie er sich zu verhalten hat, damit Kollisionen unterbleiben, enthalten diese Pistenordnungen nicht. Anders lediglich die Verordnung der Stadt Bruck/Mur vom 9. 4. 1970 über das Verhalten auf Wintersportgeländen, die an sich den gleichen Inhalt hat wie die genannten Pistenordnungen, jedoch zusätzlich verfügt, daß dem von rechts kommenden Skifahrer der Vorrang einzuräumen ist. Eine solche Rechtsregel enthält zwar auch der im Jahre 1963 in Italien vom Internationalen Sportclub Penathlon aufgestellte und von der Federazione Italiana Sport Invernali genehmigte decalogo dello sciatore, jedoch nur für den Fall des Zusammentreffens von zwei Skipisten. Ich meine aber, daß eine allgemeine Rechtsvorrangregel für den Skisport sachfremd ist und der Natur des

Skilaufes nicht entspricht[4]. Mit Recht hat daher die FIS (Fédération Internationale de Ski) eine solche Regel in ihren Verhaltenskatalog nicht aufgenommen.

Die Frage, wer zur Erlassung und Vollziehung von Skipistenverordnungen (-gesetzen) zuständig sei (Bund, Länder oder Gemeinden) ist nach der bestehenden Verfassungsrechtslage ziemlich kompliziert. Nach Äußerungen von Verfassungsrechtlern[5] und des Verfassungsdienstes des Bundeskanzleramtes[6] kann angenommen werden, daß gemäß Artikel 15 Absatz 1 Bundesverfassungsgesetz nicht der Bund und die Gemeinden, sondern die Länder zur Erlassung von Skipistenordnungen zuständig sind.

Die erwähnten Pistenordnungen der Gemeinden sind daher verfassungsrechtlich bedenklich. Bisher hat lediglich das Land Vorarlberg allgemeine Bestimmungen über das Verhalten bei der Sportausübung erlassen. Nach § 2 Absatz 1 des Vorarlberger Sportgesetzes vom 21. 2. 1968[7] hat sich jedermann bei der Sportausübung so zu verhalten, daß andere Menschen nicht mehr gefährdet, behindert oder belästigt werden, als nach den allgemein anerkannten Regeln des Sports zulässig oder mangels solcher nach den Umständen unvermeidbar ist. Gemäß § 2 Absatz 2 dieses Gesetzes hat zur Durchführung des Absatzes 1 die Landesregierung bei Bedarf durch Verordnung nähere Bestimmungen zu erlassen.

Demnach gibt es in Österreich derzeit noch keine spezifischen Rechtsnormen, die das Verhalten von Skiläufern auf Pisten regeln und echte Verhaltensvorschriften von allgemeiner Bedeutung darstellen würden.

## 2. Allgemeine strafrechtliche Normen

Gemäß § 335 StG i. d. F. des Strafrechtsänderungsgesetzes 1971[8] soll jede Handlung oder Unterlassung, von welcher der Handelnde schon nach ihren natürlichen, für jedermann leicht erkennbaren Folgen oder vermöge besonders bekanntgemachter Vorschriften oder nach seinem Stande, Amte, Berufe, Gewerbe, seiner Beschäftigung oder überhaupt nach seinen besonderen Verhältnissen einzusehen vermag, daß sie eine Gefahr für das Leben, die Gesundheit oder körperliche Sicherheit von Menschen herbeizuführen oder zu vergrößern geeignet sei, wenn hieraus eine schwere körperliche Beschädigung (§ 152 StG) eines Menschen erfolgte, an jedem Schuldtragenden als Übertretung mit Arrest bis zu 6 Monaten oder mit Geldstrafe bis zu 100 000 S, wenn aber hieraus

[4] So auch *Nirk,* Skirecht 1966, 21/22, und *Lossos,* Haftung bei Skiunfällen, Oberstdorfer Referate, 1970, S. 25.

[5] *Weiler,* ZVR 1966, 85.

[6] Erlaß vom 4. Febr. 1969, Zl. 93.887–2a ex 68.

[7] LGBl. Nr. 9/1968.

[8] BGBl. Nr. 273.

der Tod eines Menschen erfolgte, als Vergehen mit Arrest bis zu einem Jahr geahndet werden.

In dieser Bestimmung, welche die fahrlässige schwere Körperverletzung und die fahrlässige Tötung pönalisiert, ist der allgemeine strafrechtliche Fahrlässigkeitsbegriff umschrieben. Der gleiche Fahrlässigkeitsbegriff gilt auch für die leichte Körperverletzung. Knochenbrüche gelten als schwere Verletzung, so daß bei den im Skilauf häufig vorkommenden Beinbrüchen gegebenenfalls § 335 StG zur Anwendung kommt.

Nach § 431 StG i. d. F. des Strafrechtsänderungsgesetzes 1971 soll jede der im § 335 StG bezeichneten Handlungen und Unterlassungen dann, wenn sie keinen der dort genannten Erfolge, jedoch wenigstens sichtbare Merkmale und Folgen (§ 411 StG) nach sich gezogen hat, als Übertretung mit Geldstrafe bis zu 25 000 S oder mit Arrest bis zu 3 Monaten geahndet werden. Diese Bestimmung gilt insoweit nicht, als den Täter kein schweres Verschulden trifft und a) die verletzte Person mit dem Täter in auf- oder absteigender Linie verwandt oder verschwägert oder sein Ehegatte, Bruder oder seine Schwester ist oder b) aus der Tat keine Gesundheitsstörung oder Berufsunfähigkeit einer anderen Person von mehr als dreitägiger Dauer erfolgt ist.

Bei diesen für den Skilauf bedeutsamen Fahrlässigkeitsdelikten handelt es sich um Offizialdelikte, die vom öffentlichen Ankläger von Amts wegen zu verfolgen sind. Seit dem Strafrechtsänderungsgesetz 1971 sind im Gegensatz zur früheren Rechtslage bloße Gefährdungen von Menschen nicht mehr strafbar.

Gemäß § 337 StG soll eine nach § 335 StG als Verschulden zuzurechnende Handlung oder Unterlassung, wenn hierauf eine schwere körperliche Beschädigung erfolgt ist, als Vergehen mit strengem Arrest von 6 Monaten bis zu 2 Jahren, im Falle einer dadurch veranlaßten Tötung aber bis zu 3 Jahren bestraft werden: a) . . .; b) wenn sich der Täter vor der Tat vorsätzlich oder fahrlässig durch den Genuß eines berauschenden Mittels in einen die Zurechnungsfähigkeit nicht ausschließenden Rauschzustand versetzt hat, obgleich er vorhergesehen hat oder vorhersehen konnte, daß ihm eine Tätigkeit bevorstehe, deren Vornahme in diesem Zustande eine Gefahr für das Leben, die Gesundheit oder die körperliche Sicherheit von Menschen herbeizuführen oder zu vergrößern geeignet sei; c) wenn der Täter, nachdem er einen Unfall verschuldet oder mitverschuldet hat, es unterläßt, sich sogleich davon zu überzeugen, ob der Verunglückte oder Gefährdete einer Hilfe bedarf, oder, mag er sich davon auch überzeugt haben, diese Hilfe, falls sie erforderlich und zumutbar ist, nicht gewährt.

Für Trunkenheit und Unfallflucht bei Unfällen mit leichteren Folgen bestimmt § 432 StG i. d. F. des Strafrechtsänderungsgesetzes 1971: Liegt eine der im § 337 lit. a bis c StG bezeichneten Voraussetzungen vor, so soll a) jede in diesem Strafgesetz als Übertretung mit Strafe bedrohte Gefährdung des Lebens, der Gesundheit oder der körperlichen Sicherheit von Menschen, insoweit dadurch keine mildere Ahndung der

Tat bewirkt wird, und b) jede der im § 335 StG bezeichneten Handlungen und Unterlassungen, wenn sie keinen der dort genannten Erfolge, jedoch wenigstens eine Gefahr für das Leben, die Gesundheit oder die körperliche Sicherheit eines Menschen nach sich gezogen hat, mit Arrest bis zu 6 Monaten oder mit Geldstrafe bis zu 50 000 S bestraft werden.

Die Einführung dieser qualifizierten Straftatbestände (Trunkenheit und Unfallflucht) ist auf die Erfahrungen im Straßenverkehr zurückzuführen. Die Strafnorm über Trunkenheit ist aber nicht auf die Herbeiführung von Gefahren im Straßenverkehr beschränkt, sie erfaßt auch jene Fälle, in denen dem Täter eine Tätigkeit bevorsteht, zu der besondere Aufmerksamkeit erforderlich ist, um die Gefährdung anderer Personen zu vermeiden. Nach der zutreffenden Auffassung in Rechtslehre und Rechtsprechung[9] geht diese Qualifikationsnorm über die Fälle des Straßenverkehrs hinaus und greift ganz allgemein bei gefährlichem Verhalten jeder Art ein. Ebenso ist die Qualifikationsnorm über Unfallflucht nicht auf den Straßenverkehr beschränkt, sondern auf Unfälle allgemein anwendbar.

Bei der Prüfung der Frage, ob der Trunkenheitsqualifikationstatbestand auch beim Skilauf verwirklicht werden kann, ist zu klären, ob der Skilauf eine Tätigkeit darstellt, deren Vornahme im berauschten Zustande eine Gefahr für das Leben, die Gesundheit oder die körperliche Sicherheit von Menschen herbeizuführen oder zu vergrößern geeignet sei. Es ist eine Erfahrungstatsache, daß die Alkoholisierung einen Abbau der Hemmungen, eine Herabminderung der Konzentrationsfähigkeit und der Körperbeherrschung bei gleichzeitiger unbegründeter Steigerung des Selbstbewußtseins sowie eine Verlangsamung der Reaktionsgeschwindigkeit bewirkt. Der Alkohol oder ähnlich wirkende Drogen bewirken also eine Änderung der Eigenschaften eines Skifahrers, die ihn zu einem gefährlichen Pistenbenützer werden lassen. Hält man sich die Folgeerscheinungen der Alkoholisierung und das Geschehen auf Skipisten vor Augen, so ist leicht einzusehen, daß Skifahren im berauschten Zustand auf einer Massenpiste eine Gefahr für die körperliche Sicherheit von Menschen herbeizuführen oder zu vergrößern geeignet ist. Es kann nicht zweifelhaft sein, daß nach der bestehenden Gesetzeslage ein alkoholisierter Skifahrer, der auf einer frequentierten Piste einen anderen schuldhaft verletzt, je nach dem Grade der Verletzung, einen der qualifizierten Straftatbestände der §§ 335, 337 lit. b StG oder der §§ 431, 432 StG verwirklicht.

Die im § 5 StVO 1960 vorgesehene zwangsweise Blutabnahme, die zwangsweise Vorführung zum Arzt zwecks Bestimmung des Blutalkoholgehaltes, der Röhrchentest u. dgl. sind jedoch beim Skilauf nicht zulässig. Diese Vorschriften wie auch die weiteren Bestimmungen über die Alkoholisierung im Straßenverkehr gelten speziell für den Straßen-

[9] Vgl. *Rittler,* Lehrbuch des österreichischen Strafrechts, 2. Aufl. Bd. II, 52/53; JBl. 1964, 43, mit Note von *Liebscher.*

verkehr und sind auf den Skilauf nicht anwendbar. Daher gilt für den Skilauf auch nicht die im § 5 Absatz 1 StVO 1960 normierte Blutalkoholgrenze von 0,8 Promille. Für den Skilauf gilt im Zusammenhang mit alkoholisiertem Fahren nur die allgemeine Strafnorm des § 337 lit. b StG. Berücksichtigt man die an sich bestehende Gefährlichkeit des ungeregelten Massenskilaufes auf Pisten und die besondere Eigenart des Skilaufes als Massenbewegungsgeschehen, so wird man als Faustregel (keine unwiderlegliche Gesetzesregel!) annehmen können, daß bei einem Blutalkoholgehalt ab 1 Promille Trunkenheit im Sinne des § 337 lit. b StG bei Teilnahme am allgemeinen Pistenskilauf vorliegt, wobei naturgemäß mit Rücksicht auf die besonderen Umstände des Einzelfalles Abweichungen möglich sind. *Reissig*[10] meint, daß die 0,8-Promille-Grenze auch für den Skilauf beachtlich sei.

Die Qualifikationsstrafnorm des § 337 lit. c StG (Unfallflucht) gilt sowohl ihrem klaren Wortlaut wie auch ihrem Zweck nach ganz allgemein ohne Beschränkung auf Unfälle beim Straßenverkehr. Sie ist daher auch für Sportunfälle wirksam[11]. Demnach ist auch jeder, der einen Skiunfall verschuldet oder mitverschuldet hat, verpflichtet, sich sogleich davon zu überzeugen, ob der andere einer Hilfe bedarf, und wenn dieser Hilfe braucht, die zumutbare Hilfe zu leisten. Nicht nur eine menschlich-sittliche Pflicht, sondern eine streng sanktionierte Rechtspflicht gebietet dieses eigentlich selbstverständliche Verhalten des Skifahrers nach einem Unfall.

Im Gegensatz zu dieser Überzeugungs- und Hilfeleistungspflicht besteht aber in Österreich keine Ausweispflicht, wie sie etwa in Punkt 10 der FIS-Regeln oder im Artikel 29 Absatz 2 Nr. 5 des Bayerischen Landesstraf- und Verordnungsgesetzes i. d. F. des Gesetzes vom 31. 7. 1970[12] vorgesehen ist.

### 3. Allgemeine zivilrechtliche Normen

Für einen Ersatzanspruch des bei einem Skiunfall Verletzten sind die allgemeinen Bestimmungen des bürgerlichen Rechts über den Schadenersatz (§§ 1293 ff ABGB) maßgebend.

Bei Kollisionsskiunfällen besteht nur die Verschuldenshaftung und keine Gefährdungshaftung. Gemäß § 1296 ABGB gilt im Zweifel die Vermutung, daß ein Schade ohne Verschulden eines anderen entstanden sei. Daher muß im Prozeß regelmäßig der geschädigte Kläger beweisen, daß den Beklagten ein Verschulden an dem Unfall trifft.

§ 1297 ABGB normiert den Maßstab für die Beurteilung des Verschuldens (Fahrlässigkeit). Danach wird vermutet, daß jeder, welcher den Verstandesgebrauch besitzt, eines solchen Grades des Fleißes und der Aufmerksamkeit fähig sei, welcher bei gewöhnlichen Fähigkeiten an-

[10] Haftung bei Skiunfällen, Oberstdorfer Referate 1970, 34.
[11] OGH vom 16. 9. 1971, ÖRZ 1972, 11.
[12] GVBl. S. 346.

gewendet werden kann. Wer bei Handlungen, woraus eine Verkürzung der Rechte eines anderen entsteht, diesen Grad des Fleißes und der Aufmerksamkeit unterläßt, macht sich eines Vergehens schuldig. Dieser allgemeine gesetzliche Verschuldensmaßstab gilt auch für die Beurteilung des zivilrechtlichen Verschuldens beim Skiunfall.

Trifft den Verletzten ein Mitverschulden, so muß er gemäß § 304 ABGB den seinem Verschuldensanteil entsprechenden Teil des Schadens selbst tragen. Das Eigenverschulden bedingt grundsätzlich eine Minderung des Ersatzanspruches gegenüber dem Schädiger.

Ist der Schädiger wegen des Skiunfalles vom Strafgericht rechtskräftig verurteilt worden, so ist gemäß § 268 ZPO der Zivilrichter in einem Schadenersatzprozeß an das verurteilende Erkenntnis des Strafgerichtes gebunden. Er kann nicht entgegen der Straferkenntnis annehmen, daß der Beklagte den Unfall nicht verschuldet oder nicht mitverschuldet habe. Hingegen hat die Tatsache, daß ein Skifahrer wegen eines von ihm verursachten Kollisionsunfalles vom Strafgericht nicht verfolgt oder nach Anklageerhebung freigesprochen worden ist, keinen Einfluß auf einen Schadenersatzprozeß.

## IV. Erlaubtes Risiko im Skilauf?

Typische Sportverletzungen, die im Zuge der regelrechten Sportausübung geschehen, werden von der sportfreundlichen Gegenwartsgesellschaft und auch von den zur Geltendmachung des Strafanspruches des Staates berufenen Organen wegen des hocheingeschätzten sozialen Wertes des Sports im Interesse der Wohlfahrt der Gesellschaft in Kauf genommen. Die Sportausübung zählt zu den Handlungen, die zwar an und für sich gefährlich, aber dennoch im Interesse der allgemeinen Wohlfahrt erlaubt und daher nicht rechtswidrig sind. Daher sind nach der Praxis der Gerichte in aller Welt typische Sportverletzungen, das sind Verletzungen, die zum Wesen der regelrechten Sportausübung gehören oder doch bei regelrechter Sportausübung oft nicht vermieden werden können, straffrei. Das gilt besonders für Sportarten mit typischem Kampfcharakter wie Boxen, Freistilringen, Eishockey, Fußball, Rugby u. dgl.

Die Kollisionsverletzung beim Skilauf ist aber grundverschieden von den Sportverletzungen, die bei den genannten Kampfsportarten geschehen. Im Gegensatz zu diesen Sportarten ist der Skilauf Individualsport. Der Skifahrer muß nicht gegen andere kämpfen, er muß sich nicht gegen andere wehren, um zu siegen. Auch der Rennläufer kämpft nicht gegen andere, er kämpft gegen die Zeit. Zum Wesen des Skilaufes gehört es nicht, „an den Mann zu gehen"; im Gegenteil: Das „An-den-Mann-Gehen", die Berührung eines anderen Skiläufers während der Abfahrt ist immer ein Fehler, bedingt durch eine Fehlleistung, die bei der zu fordernden Aufmerksamkeit und Vorsicht in aller Regel — wenn auch nicht immer — vermieden werden kann. Kollisionsverletzungen beim Skilauf sind keine typischen Sportverletzungen, die unter das erlaubte Sportrisiko fielen.

Der Skiläufer, der am Pistenbetrieb teilnimmt, willigt auch nicht schlechthin in eine mögliche Verletzung durch andere ein. Er nimmt nur die Gefährlichkeit des Skilaufes an sich, die Gefährlichkeit des winterlichen Gebirges, die Tücken des Wetters, des Schnees, das Sturzrisiko und auch die Gefahr der Selbstverletzung oder Gesundheitsschädigung in Kauf, nicht aber eine Verletzung infolge unvorsichtigen oder gar rücksichtslosen Verhaltens eines anderen Skifahrers. Er setzt sich auch nicht bewußt einer Kollisionsgefahr aus. Vielmehr darf er darauf vertrauen, daß die übrigen Pistenbenützer die natürlichen Verhaltensgrundsätze beim Skilauf beachten und so vorsichtig fahren, daß Kollisionen nicht geschehen. Er kann von den anderen die gleiche Vorsicht und Aufmerksamkeit erwarten, die er selbst zu üben hat[13].

Von *Hörburger*[14] ist die dargelegte Meinung abgelehnt und die Auffassung vertreten worden, der Skifahrer nehme das Risiko eines Zusammenstoßes in Kauf, sofern der andere nicht rücksichtslos oder grob unaufmerksam gewesen sei. Würde man die Ansicht vertreten, daß ein Kollisionsrisiko unter keinen Umständen in Kauf genommen wird, dann müsse es bei jedem Skiunfall immer einen Schuldigen geben. Das wäre aber wirklichkeitsfremd und stimme mit der im heutigen Skilauf tatsächlich ausgeübten und zur Vermeidung von Unfällen objektiv erforderlichen Sorgfalt nicht überein.

Ich bin der Meinung, daß durch diese gerafft wiedergegebenen Einwände von *Hörburger* meine Auffassung nicht widerlegt erscheint. Vorausschicken darf ich, daß ich unter „In-Kauf-Nehmen" einer Verletzung dem allgemeinen Sprachgebrauch entsprechend eine freiwillige Einstellung des Geschädigten und nicht ein „In-Kauf-nehmen-Müssen" verstehe.

Zunächst geht *Hörburger* von einer unrichtigen Annahme aus, wenn er meint, es müsse bei jedem Kollisionsskiunfall einen Schuldigen geben, falls man dem verletzten Skifahrer nicht unterstelle, daß er ein gewisses Kollisionsrisiko in Kauf nehme. Nach den Denkgesetzen ist es sehr wohl möglich, daß ein Skifahrer die Verletzung durch einen anderen nicht — freiwillig — in Kauf nimmt und daß trotzdem den Schädiger kein rechtlicher Schuldvorwurf trifft. Denn die Frage der Schuld des Täters bzw. des Verschuldens des Schädigers ist unabhängig davon zu beurteilen, ob der Verletzte die Schädigung in Kauf genommen hat oder nicht. Die Schuld oder Nichtschuld des Täters bzw. des Schädigers steht in keinem notwendigen Zusammenhang mit der allfälligen Einwilligung des Verletzten, mit dem In-Kauf-Nehmen des Geschädigten. Die Schuld (Fahrlässigkeit) des Skiläufers ist ausschließlich nach seinem Verhalten

[13] In diesem Sinne *Pichler*, Pisten, Paragraphen, Skiunfälle, 1970, 25 ff.; neuestens ebenso OGH vom 25. 11. 1971, ÖRZ 1972, 109 sowie OLG Graz vom 2. 12. 1971, 5 R 126/71, unveröffentlicht; weiters *Lossos*, Haftung bei Skiunfällen, Oberstdorfer Referate, 1970, S. 22; *Reissig*, Haftung bei Skiunfällen, S. 33 u. a.

[14] Alpinismus 1971, Heft 2, 24, Alpinismus 1972, Heft 1, 16 und ÖJZ 1972, 4.

am Maßstab der für den Skilauf anerkannten Sorgfaltsgrundsätze zu prüfen. Nicht das In-Kauf-Nehmen des Kollisionsrisikos durch den Verletzten, sondern nur das fehlende Verschulden des schädigenden Skifahrers kann der Grund für die Haftungsfreiheit sein. Fehlt es am Verschulden des Schädigers, so *muß* der Geschädigte den Schaden in Kauf nehmen. Dann ist aber das In-Kauf-Nehmen Folge und nicht Ursache der Haftungsfreiheit des Schädigers. Einem solchen In-Kauf-Nehmen, dem auch das Merkmal der Freiwilligkeit mangelt, kommt keine rechtliche Relevanz zu.

Ich bin der Meinung, daß die Einhaltung des sozialadäquaten Risikos, das sich mit der Einhaltung der objektiven Sorgfalt deckt, bei Eintritt eines von der Rechtsordnung nicht gewünschten Erfolges einen Schuldausschließungsgrund bildet[15]. Zu dem bestehenden Meinungsstreit darüber, ob die Einhaltung der allgemein anerkannten Sorgfaltsgrundsätze die Rechtswidrigkeit oder die Schuld ausschließe, soll hier nicht weiter Stellung genommen werden, zumal es für die Praxis nicht sehr wesentlich ist, auf welchem theoretischen Weg man zum praktisch gleichen Ergebnis kommt.

Schuld als rechtliche Vorwerfbarkeit findet ihre Grenze dort, wo ein Vorwurf nach dem objektiven Maßstab des von einem „maßgerechten Menschen" zu erwartenden Verhaltens nicht berechtigt erscheint. Unzumutbares kann von keinem Menschen gefordert werden. Sowohl für die „innere Sorgfalt" als Aufmerksamkeit, die Gefahr zu erkennen, als auch für die „äußere Sorgfalt" als sachgemäßen Verhaltens zur Vermeidung von Kollisionen beim Skilauf gilt als Maßstab der vernünftige und aufmerksame Skifahrer[16]. Ein solcher Sorgfaltsmaßstab kann sowohl für das Strafrecht wie für das Zivilrecht Geltung beanspruchen.

Es gibt gewiß Fälle im Skisport, wo auch ein vernünftiger und aufmerksamer Skiläufer eine Kollision nicht vermeiden kann. Nicht jede Kollision auf der Piste muß schuldhaft verursacht sein[17]. Es handelt sich hierbei aber fraglos um Ausnahmefälle, für die sich eine allgemeine Regel nicht aufstellen läßt. Im allgemeinen kann ein vernünftiger und aufmerksamer Skifahrer Kollisionen mit anderen vermeiden; das ist eine Erfahrungstatsache. Die sachlich einwandfreie Beurteilung kann nur im Einzelfall erfolgen. Dazu muß der Beurteilende nicht nur den

[15] So auch *Roeder*, Die Einhaltung des sozialadäquaten Risikos, 1969, 94; ähnlich *Strunk*, Strafrechtliche Aspekte des Skiunfalls unter Berücksichtigung der Rechtsprechung Deutschlands, Österreichs und der Schweiz, 1969, 94 bis 96. Siehe auch *Jescheck*, Lehrbuch des Strafrechts, Allgemeiner Teil, 384, 392 und *Nowakowski*, JBl. 1972, 30. Anderer Ansicht *Burgstaller*, ÖJZ 1970, 384, der meint, daß durch das „erlaubte Risiko" die Rechtswidrigkeit ausgeschlossen werde.

[16] Vgl. ganz allgemein ohne Bezugnahme auf das skisportliche Verhalten: *Jescheck*, aaO., 382/383; *Nowakowski*, JBl. 1972, 30; *Mertens–Reeb*, Juristische Schulung 1972, 37.

[17] So auch *Klee*, Skirecht 1966, 132.

konkreten Unfallshergang, sondern auch die tatsächlichen Gegebenheiten beim Skilauf und die von einem vernünftigen und aufmerksamen Skifahrer regelmäßig beachteten Sorgfaltsgrundsätze, also auch den Beurteilungsmaßstab kennen.

Obwohl die allgemein anerkannten Verhaltensregeln für Skifahrer (insbesondere auch die FIS-Regeln) die wesentlichen Sorgfaltsgrundsätze beim Skilauf zur Vermeidung von Kollisionen zusammenfassen, so muß doch die Verletzung einer solchen Regel nicht immer schuldhaft sein. Die Tatsache der Verletzung einer allgemein anerkannten Skiregel (mit Ausnahme der FIS-Regel 1, die rein programmatischen Charakter hat) wird zwar grundsätzlich auf eine vorwerfbare Sorgfaltspflichtverletzung hinweisen, diese aber nicht beweisen[18]. Die Verletzung einer unbestrittenen Skiregel wird zwar im allgemeinen die subjektive Vorhersehbarkeit einer daraus entspringenden Gefahr für andere Skiläufer indizieren, sie präsumiert diese Vorhersehbarkeit aber nicht unwiderlegbar[19]. So wäre es denkbar, daß ein Skifahrer während einer zunächst kontrollierten Abfahrt durch eine ungeschickte Fehlbewegung der Beine „verkantet", dadurch die Kollision mit einem vor ihm fahrenden, langsameren Skiläufer nicht vermeiden kann und so dessen „Vorrang" und damit die FIS-Regel 3 verletzt[20].

Die allgemeine Forderung, daß sich jeder so verhalten muß, daß er keinen anderen gefährdet, darf für den Skisport nicht überspitzt werden, soll das Skifahren auf Pisten nicht praktisch unmöglich gemacht werden[21]. Für ein bloßes Mißgeschick oder eine entschuldbare Fehlleistung ist mangels vorwerfbarer Verletzung der für diese Sportart geltenden Sorgfaltsgrundsätze der Skifahrer rechtlich nicht verantwortlich. Allerdings wäre eine Einengung der Haftung beim Skilauf auf ein „rücksichtsloses oder grob unaufmerksames" Verhalten[22] angesichts der bestehenden Gesetzeslage, wonach auch für leichtes Verschulden einzustehen ist, nicht zulässig[23].

## V. Skiregeln und Rechtsprechung

Die von einzelnen Autoren formulierten und zusammengestellten Verhaltensgrundsätze für Skifahrer[24] sowie die im Jahre 1967 auf dem

[18] Ähnlich *Nirk*, Skirecht 1966; anders *Kleppe*, VersR 1968, 131, der aber die Fahrlässigkeit bei der Regelverletzung bereits voraussetzt.

[19] Vgl. in bezug auf Straßenverkehrsvorschriften OGH vom 8. 11. 1971, JBl. 1972, 107.

[20] BG Schladming vom 28. 12. 1971, U 60/71: Freispruch.

[21] OGH vom 1. 9. 1971, ZVR 1972 Nr. 100.

[22] So anscheinend *Hörburger*, ÖJZ 1972, 6.

[23] Ebenso OLG Graz vom 2. 12. 1971, 5 R 126/71.

[24] Vgl. *Kettnacker* – Deutschland – VersR 1964, 216; *Kleppe* – Deutschland – Die Haftung bei Skiunfällen in den Alpenländern, 1967, 61 und VersR 1968, 127; *Nirk* – Deutschland – NJW 1964, 1835; *Pichler* – Österreich – ÖJZ 1966, 147 und Pisten, Paragraphen, Skiunfälle, 1970, 43; *Rabinovitch* – Frankreich – Les sports de montagne et le droit, 1959, 76; *Stiffler* – Schweiz – SJZ 1967, 200.

FIS-Kongreß in Beirut genehmigten Verhaltensregeln für Skifahrer[25] stimmen in den wesentlichsten Punkten überein, wenngleich teilweise Abweichungen in den Formulierungen bestehen und nicht alle Regelkataloge gleich viele Sorgfaltsgrundsätze enthalten. Diese Verhaltensregeln werden von den österreichischen Gerichten, insbesondere soweit sie übereinstimmen, als fachlich richtig anerkannt und grundsätzlich den Entscheidungen über Kollisionsskiunfälle zugrunde gelegt. Doch wird zur Rechtsnatur dieser Regeln meist nur dürftig Stellung genommen.

Auch der Oberste Gerichtshof hat sich dazu nur sehr zurückhaltend geäußert. In den Entscheidungen vom 28. 9. 1967[26] und vom 1. 9. 1971[27] hat er zwar die auf den Fall bezughabenden Regeln angewendet, jedoch in keiner Weise darauf hingewiesen, daß diese von verschiedenen Autoren publiziert und fachlich erörtert bzw. vom Weltskiverband allen Skifahrern zur Einhaltung empfohlen worden sind.

In der Entscheidung vom 8. 7. 1970[28] nahm er zu den Skiregeln so Stellung: „Die von verschiedenen Institutionen ausgearbeiteten Verhaltensvorschriften für Skifahrer (z. B. die ‚Eigenregeln des Skilaufs', veröffentlicht vom Österreichischen BM. für Unterricht vom 15. 12. 1965, die ‚FIS'-Regeln aus dem Jahr 1967, die ‚Skipistenordnung' des österreichischen Kuratoriums für Sicherung von Berggefahren, sämtliche siehe Pichler; Pisten, Paragraphen, Skiunfälle, 1970, Seite 36 ff. und Anhang F) sind weder gültige Rechtsnormen noch können sie als Gewohnheitsrecht angesprochen werden. Dennoch kommt ihnen insbesondere dort, wo eine wesentliche Übereinstimmung dieser Regeln festzustellen ist, erhebliche Bedeutung zu, weil eben diese Regeln die Sorgfaltsgrundsätze zusammenfassen, die bei Ausübung des Skisportes im Interesse aller Beteiligten einzuhalten sind. Der in sämtlichen Verhaltensvorschriften für Skiläufer mehr oder weniger deutlich geprägte oberste Grundsatz ist, daß sich jeder Skifahrer so zu verhalten hat, daß er keinen anderen gefährdet, beschädigt oder mehr als nach den Umständen unvermeidbar behindert oder belästigt."

In ähnlicher Weise äußerte sich der Oberste Gerichtshof in der Entscheidung vom 25. 11. 1971[29] zu den Skiregeln. Er fügte noch bei, daß den aufgestellten Regeln insoweit erhebliche Bedeutung zukomme, als sie nur die Sorgfaltsgrundsätze zusammenfassen, die bei Ausübung des Skiports im Interesse aller Beteiligten einzuhalten sind. Eine solche Regel sei die FIS-Regel 5 über das Einfahren in die Piste und das Queren der Piste.

[25] Abgedruckt im Anhang S. 264.

[26] ZVR 1968 Nr. 158.

[27] 7 Ob 153/71.

[28] JBl. 1971, 252.

[29] ÖRZ 1972, 109.

Das OLG Graz ist bei seiner Entscheidung vom 20. 6. 1967[30] von den „Eigenregeln des Skilaufs" ausgegangen und hat ausgeführt, daß es sich hierbei um den Erfordernissen der fairen Ausübung des Skisports entsprechende Grundsätze handle. In Anlehnung an diese Rechtsgrundsätze (?) habe der Erstrichter zutreffend im Verhalten des Beklagten ein Verschulden erblickt. Weitere Ausführungen zur rechtlichen Bedeutung der Skiregeln wurden nicht gemacht.

In der Entscheidung vom 8. 6. 1971[31] hat das OLG Graz unter Hinweis auf die Entscheidung des OHG vom 8. 7. 1970[32] die dort dargelegte Auffassung betreffend die Skiregeln übernommen. Weiters führte das OLG aus, der oberste Grundsatz, wonach jeder sich so zu verhalten hat, daß er keinen anderen gefährdet, beschädigt oder mehr als nach den Umständen unvermeidbar behindert oder belästigt, ergebe sich aus den §§ 1295, 1297, 13,25, 16 ABGB und § 335 StG und gelte für das Skifahren ebenso wie für jeden anderen Lebenssachverhalt. Bei der Beurteilung des konkreten Verhaltens der Beteiligten nahm es auf die FIS-Regel 5 bezug.

Das OLG Innsbruck wendete in seiner Entscheidung vom 2. 6. 1971[33] die „Eigenregeln" des Skilaufs an und gab diese vom Bundesministerium für Unterricht unter der Zahl 135,300 — IV/2/65 zur Kenntnis gebrachten, von *Nirk* formulierten Eigenregeln wörtlich wieder, soweit sie für den entschiedenen Fall Bedeutung haben. Zur Frage der Rechtsnatur der Skiregeln übernahm es die von mir in „Pisten, Paragraphen, Skiunfälle"[34] vertretene Auffassung mit dem Ergebnis: Die Verhaltensregeln für Skifahrer, einschließlich der FIS-Regeln, seien zwar keine Rechtsnormen, es komme ihnen aber doch insoweit rechtliche Bedeutung zu, als es sich um eine Zusammenstellung natürlicher, die Sorgfaltspflicht umfassender Grundsätze handelt.

In einer weiteren Entscheidung des OLG Graz vom 2. 12. 1971[35] legte es die in der FIS-Regel 3 bzw. im § 8 des Entwurfes einer Pistenordnung des Österreichischen Kuratoriums für Sicherung vor Berggefahren ausgeprägten Sorgfaltsgrundsätze[36] zugrunde, wies ausdrücklich auf diese hin und beschränkte sich im übrigen zur Frage der Rechtsnatur der Skiregeln auf die Entscheidung des OGH vom 8. 7. 1970[37] hinzuweisen.

Zusammenfassend ist also festzustellen, daß in der österreichischen Rechtsprechung die FIS-Regeln und die publizierten Verhaltensregeln

[30] 3 R 78/67 (unveröffentlicht).
[31] 4 R 14/71 (unveröffentlicht).
[32] JBl. 1971, 252.
[33] 1 R 73/71 (unveröffentlicht).
[34] S. 36 ff.
[35] 5 R 126/71 (unveröffentlicht).
[36] Siehe *Pichler;* Pisten, Paragraphen, Skiunfälle, 1970, S. 43.
[37] JBl. 1971, 252.

für Skifahrer regelmäßig angewendet werden, soweit es sich um Sorgfaltsgrundsätze zur Vermeidung von Kollisionen beim Skilauf handelt. Eine ablehnende Stellungnahme der Judikator zu den Skiregeln ist mir nicht bekannt geworden. Allerdings hat bisher eine eingehende Erörterung der Rechtsnatur der Skiregeln in der Judikatur nicht stattgefunden.

## VI. Sorgfaltsgrundsätze für Skifahrer nach vier Entscheidungen des Obersten Gerichtshofes

OGH vom 28. 9. 1967, ZVR 1968 Nr. 154:

a) Der von oben kommende schnellere Skifahrer muß seine Fahrweise auf die unter ihm fahrenden, langsameren Skifahrer einstellen.

b) Bei Sichtbehinderung muß der Skifahrer seine Fahrweise auch darauf einstellen.

c) Der Skifahrer muß auf erkennbar schwächere Skisportteilnehmer entsprechend Rücksicht nehmen.

d) Der Skifahrer muß bei Kollisionsgefahr geeignete Maßnahmen zur Vermeidung des Unfalles treffen. (Notsturz?)

OGH vom 26. 5. 1970, JBl. 1971, 252 = ÖRZ 1970, 220:

a) Der Skifahrer, der in eine Abfahrtsstrecke einfahren oder diese überqueren will, muß sich nach oben und unten vergewissern, daß er dies ohne Gefahr für sich und andere tun könne; der auf der Piste abfahrende Skiläufer hat gegenüber dem in die Piste einfahrenden Skiläufer „Vorrang".

b) Der Skiläufer ist grundsätzlich verpflichtet, „auf Sicht" zu fahren.

OGH vom 1. 9. 1971, ZVR 1972 Nr. 100:

a) Der Skifahrer muß kontrolliert fahren; er muß das vor ihm liegende Gelände genau beobachten und seine Geschwindigkeit danach richten.

b) Der von hinten kommende Skifahrer muß seine Fahrweise dem Verhalten der vor ihm fahrenden Läufer anpassen; es besteht keine Pflicht, sich bei der Abfahrt nach hinten zu orientieren.

c) Wer vom Rand in eine Abfahrtsstrecke einfährt, muß sich nach allen Richtungen davon überzeugen, ob er das gefahrlos tun kann.

d) Auf der Skipiste gilt wie im Straßenverkehr der Vertrauensgrundsatz, wonach sich jeder darauf verlassen kann, daß der andere sich ordnungsgemäß verhalten wird; mit einem rücksichtslosen Verhalten eines anderen muß er nicht rechnen, solange er nicht einen konkreten Anlaß für die Annahme eines solchen Verhaltens hat.

OGH vom 25. 11. 1971, ÖRZ 1972, 109:

a) Der in eine Abfahrtsstrecke einfahrende oder ein Skigelände querende Skifahrer muß sich nach oben und unten vergewissern, daß er dies ohne Gefahr für sich und andere tun kann.

b) Auch beim Skifahren muß, wie im Straßenverkehr, der Vertrauensgrundsatz gelten. Die natürlichen Verhaltensgrundsätze, auf deren Einhaltung sich jeder Skifahrer verlassen kann, besagen beim Skilauf insbesondere, daß jeder Skifahrer kontrolliert fahren, das vor ihm liegende Gelände genau beobachten und seine Geschwindigkeit auf die Geländeverhältnisse einrichten muß.

# Probleme des Skirechts aus schweizerischer Sicht

von

Dr. Willy Padrutt, Staatsanwalt des Kantons Graubünden

## A. Einleitung

1. Die Entwicklung des Skitourismus zum Massensport hat dem Skirecht in den letzten Jahren zu einer unerwarteten Aktualität verholfen. Zwar ist es noch nicht sehr lange her, daß man bei Skiunfällen (selbst in Juristenkreisen) geneigt war, a priori von höherer Gewalt, von blind waltendem Schicksal, von Zufall, von der Freiheit der Berge oder bestenfalls von Grenztatbeständen zu sprechen. Diese Auffassung ist glücklicherweise überwunden. Immerhin ist die Erkenntnis noch nicht durchweg Allgemeingut, daß der Skifahrer keine Narrenfreiheit besitzt, sondern auf andere Rücksicht nehmen und sein Verhalten den eigenen und fremden Verhältnissen anzupassen hat. Auch der Umstand, daß dem für eine Sportanlage Verantwortlichen Rechtspflichten obliegen, stößt da und dort noch auf Erstaunen. So wird mitunter noch das Eingreifen der Strafverfolgungsbehörden bei Ski- und Lawinenunfällen bekrittelt. Das Sportgeschehen steht indessen nicht außerhalb der Rechtsordnung. Vermeidbares Unrecht muß nach den allgemein gültigen Schutzprinzipien auch im Bereiche neuer Daseinsverhältnisse bekämpft werden. Die Strafverfolgungsbehörden erfüllen demnach nur ihre Pflicht, wenn sie bei Unfällen im Gebirge ein allfälliges Zweit- oder Drittverschulden abklären, bei Todesfällen und schweren Körperverletzungen von Amtes wegen und bei leichten Körperverletzungen auf Antrag des Verletzten. Nicht anders verhält es sich mit dem geschädigten Skifahrer als Zivilkläger, der in dieser Eigenschaft ein ebensolches schützenswertes Interesse genießt, seinen Rechtsanspruch durchzusetzen wie in anderen Lebensbelangen.

2. Auf den ersten Blick könnte auffällig sein, wie wenig sich die *Rechtsprechung* angesichts der großen Unfallzahl mit Skiunfällen zu befassen hat. Immerhin hat sich die Zahl der Gerichtsfälle als Folge des immer weiter um sich greifenden Skigeschehens in den letzten Jahren merklich erhöht. Es ist auch nicht mehr jeder Fall publizistisch ausgewertet worden. Gegen eine gerichtliche Auseinandersetzung wirken mitunter in der Natur der Streitsache begründete Umstände. Einmal handelt es sich beim Großteil um eigenverschuldete Selbstunfälle, bei welchen sich die Frage anderweitiger Verantwortlichkeit nicht stellt. Im Zivil- und Versicherungsrecht wird sodann bei Beteiligung mehrerer die Angelegenheit — wenn immer möglich — durch Vergleich erledigt, und im Strafrecht schließlich verzichtet der Ansprecher bei leichten

Körperverletzungen in der Regel auf Strafantrag oder er zieht den Strafantrag wieder zurück, sobald die Forderungsansprüche erfüllt sind. Anders verhält es sich mit dem *Schrifttum*, das sich des Stoffes in den letzten Jahren ausgiebig bemächtigt hat. Gleichwohl ist das Thema keineswegs erschöpfend behandelt[1]. Vieles ist zwar geklärt, anderes aber immer noch in Fluß. Als Erscheinungsform des Rechts ohne historisches Vorbild bringt das Skirecht gerade in der Auseinandersetzung vor Gericht immer wieder neue Gesichtspunkte ins Spiel. Einmal mehr leistet der Richter in Neuland seinen Dienst an der Rechtsfortbildung.

3. Das schweizerische Recht hat das Skirecht nicht kodifiziert. Zwar hätten die Kantone die Freiheit, Skigesetze zu erlassen. Solange sie es nicht tun, stünde das gleiche Recht den Gemeinden zu. Bis anhin haben aber weder Kantone noch Gemeinden von diesem Recht Gebrauch gemacht. Ansätze sind lediglich in den Kantonen Bern und Graubünden vorhanden, wo im Fremdenverkehrsgesetz von 1964 (Art. 27) bzw. im Gesetz über das Bergführer- und Skilehrerwesen und die Skiabfahrten von 1969 (Art. 15) Kompetenzartikel geschaffen worden sind. Die entsprechenden Verordnungen sind jedoch nicht erlassen worden. Die schweizerische Bundesverfassung hat am 27. 9. 1970 einen Zusatzartikel 27 quinquies betreffend Turnen und Sport erhalten, der den Gesundheitszustand der Jugend heben will und aus dem sich in beschränktem Rahmen auch die Kompetenz des Bundes ableiten ließe, Vorschriften über den Skiverkehr zu erlassen. Wie die in Gang befindliche Ausführungsgesetzgebung zeigt, beansprucht der Bund diese Kompetenz nicht.

4. Handhabe zur Rechtsanwendung im Bereiche des Skirechts liefern demnach auch in der Schweiz nach wie vor die klassischen Bestimmungen des Strafgesetzbuches, insbesondere jene über die Tötung und Körperverletzung (Art. 111—117, 122 ff.), wobei die fahrlässig begangenen strafbaren Handlungen die Hauptrolle spielen. Daneben stehen die Tatbestände des Imstichelassens eines Verletzten (Art. 128), Gefährdung des Lebens (Art. 129), ein in Skisachen praktisch fast nicht anwendbares Vorsatzdelikt, und Störung des öffentlichen Verkehrs (Art. 237), ein dem schweizerischen Recht eigentümlicher, vom Straßenverkehrsgesetz nicht durchwegs verdrängter Spezialtatbestand, dessen Anwendbarkeit auf den Skisport umstritten ist[2]. Einen allgemeinen fahrlässigen Gefährdungstatbestand kennt das schweizerische Recht nicht.

Im Zivilrecht kommen die außervertragliche Verschuldenshaftung aus unerlaubter Handlung gemäß Art. 41 ff. OR und die Kausal-

[1] Vgl. dazu die „Literatur zum Skirecht" am Schluß dieses Beitrags.

[2] Vgl. *Hasler* Peter, strafrechtliche Haftung für mangelhafte Sportanlagen, insbesondere Skipisten, Diss. Zürich 1971, S. 55 ff.; *Padrutt*, Willy, Schweiz. Juristenzeitung 1967, S. 338, Skirecht 1968, S. 84 und Haftung bei Skiunfällen, Bayerisches Staatsministerium der Justiz 1970, S. 91.

haftungen der Art. 55 ff. OR, insbesondere die Werkeigentümerhaftung gemäß Art. 58 OR, zum Zuge. Im Folgenden halten wir uns zur Hauptsache an strafrechtliche Gedankengänge, die indessen im Skirecht mutatis mutandis auch für den zivilrechtlichen Bereich gelten.

## B. Zum Kollisionsunfall von Skifahrern

### 1. Zur pflichtwidrigen Unvorsichtigkeit

Beim Zusammenstoß von Skifahrern hat in der Praxis vor allem die Verschuldensfrage, also jene nach der pflichtwidrigen Unvorsichtigkeit des verantwortlichen Skifahrers Anlaß zu Diskussionen gegeben. Im Gegensatz zum Straßenverkehr können wir bei Fahrlässigkeiten im individuellen Sport nicht auf einen Katalog gesetzlicher Verkehrs- und Verhaltensregeln abstellen, deren Verletzung eo ipso für eine pflichtwidrige Unvorsichtigkeit spricht und an sich schon Strafe nach sich zieht. Es bleibt vielmehr der richterlichen Tätigkeit im Einzelfall überlassen, im Rahmen der in Art. 18 Abs. 3 StGB umschriebenen Fahrlässigkeit die gebotenen Sorgfaltspflichten des Skifahrers herauszuarbeiten. Die Gerichte aller Instanzen haben in der Schweiz in jahrelanger Rechtsprechung eine umfangreiche Kasuistik hierzu geschaffen. Mehr als alle graue Theorie vermittelt ein Blick in diese Judikatur, welche Grundsätze die richterliche Rechtsfindung zu entwickeln vermochte. Dazu zunächst zwei Hinweise aus der grundlegenden *bundesgerichtlichen* Rechtsprechung:

### BGE 80 IV 50 (Straffall 1954)

- In einem allgemein zugänglichen Skigelände, insbesondere in der Nähe einer Skiliftstation, darf nicht einfach drauf los gefahren werden. Die Geschwindigkeit ist den Verhältnissen anzupassen.
- Wer auf der Piste fährt, besitzt keinen Freibrief.
- Wer unaufmerksam fährt und deshalb eine Personengruppe nicht wahrnimmt, handelt pflichtwidrig.
- Wer zwar mit der gebotenen Aufmerksamkeit fährt, seine Geschwindigkeit aber nicht seinem Können und den Gegebenheiten der Fahrbahn anpaßt, handelt ebenfalls pflichtwidrig.
- Auf einer Piste, die viel befahren wird und wo mit herumstehenden und aus andern Richtungen herannahenden Fahrern zu rechnen ist, ist mehr Vorsicht geboten als im andern Skigelände.
- Notfalls hat sich ein Skifahrer fallen zu lassen, um einen Zusammenstoß zu vermeiden.
- Der Skifahrer ist zu aufmerksamem Beobachten des Geländes verpflichtet, durch das seine Fahrbahn führt.
- Der Fahrer, dessen Fahrtechnik zu wünschen übrigläßt, ist in besonderem Maße darauf angewiesen, Hindernisse in der Piste möglichst früh wahrzunehmen.
- Vor Hindernissen ist anzuhalten oder sie sind zu umfahren. Rillen, Löcher oder vereiste Spuren in der Fahrbahn entschuldigen nicht. Sie müssen bei der Fahrweise berücksichtigt werden.

## BGE 82 II 28 (Zivilurteil 1956)

- Der Skifahrer hat so zu fahren, daß er andere nicht gefährdet.
- Auch der gute Skifahrer hat abzuwägen, mit welcher Geschwindigkeit er angesichts seiner persönlichen Fähigkeiten, der Steilheit der Piste und der Schneeverhältnisse fahren darf.
- Der Umstand, daß er die Fahrt mit einem Skilehrer oder im Verbande unternimmt, entbindet ihn nicht von dieser Pflicht.
- Der Einwand, auch der Fähigste könne stürzen, entlastet nicht.
- An einem Ort, an dem die Gefahr eines Zusammenstoßes erkennbar ist, darf nicht stehengeblieben werden.

Die *kantonalen Gerichte 1. und 2. Instanz* haben diese Grundsätze übernommen und sie auch erweitert. Leider wurde davon beinahe nichts veröffentlicht. Ich möchte Ihnen daher noch einige Grundsätze, die die kantonale Gerichtsbarkeit entwickelt hat, vortragen:

## Kantonsgericht St. Gallen 22. 1. 1947

- Der Fahrer muß seine Skier jederzeit beherrschen.
- Skifahrer besitzen kein Vortrittsrecht gegenüber Fußgängern auf einem Weg, der die Piste kreuzt.
- An unübersichtlichen Stellen, bei Häusern und an Wegkreuzungen ist die Fahrt zu verlangsamen, damit bei Auftauchen eines Hindernisses richtig reagiert wird.

## Kantonsgericht St. Gallen 23. 4. 1948, bestätigt vom Bundesgericht 19. 2. 1949

- Wer mit der größeren Geschwindigkeit fährt, ist zu erhöhter Aufmerksamkeit verpflichtet.
- Ein enges, steiles, dem Publikumsverkehr offenes Sträßchen zwischen Schneewällen und auf hartgefrorenem Schnee zu befahren, statt die zur Verfügung stehende Piste zu benützen, ist rücksichtslos, wenn der Fahrer erkennen muß, daß er nicht mit Sicherheit einem Fußgänger ausweichen kann.

## Kantonsgericht Nidwalden 20. 11. 1957 (SJZ 1959, 26)

- Der von hinten oder oben Kommende hat auf den Vorausfahrenden Rücksicht zu nehmen.
- Wer von hinten kommt und einen vor ihm langsam fahrenden Skifahrer sieht, hat damit zu rechnen, daß dieser z. B. durch eine Schwenkung in seine Fahrbahn geraten kann. Er hat daher Tempo und Fahrrichtung so zu wählen, daß er durch Ausweichen oder Anhalten einer Kollisionsgefahr rechtzeitig begegnen kann.
- Es darf nicht zu nahe überholt werden.

## Jugendgericht Plessur 4. 2. 1960

- Auch der sehr gute Skifahrer darf sich nicht darauf verlassen, daß er einem Hindernis jederzeit ausweichen könne.
- Bei Luftsprüngen ist besondere Vorsicht am Platz.
- Es ist damit zu rechnen, daß jemand einen Skihang mit den Skiern auf den Schultern ersteigt. Eine solche Handlungsweise ist keinesfalls derart abwegig, daß der Skifahrer damit vernünftigerweise nicht rechnen müßte.

### Amtsgericht Luzern-Stadt 6. 3. 1961, Obergericht Luzern 18. 5. 1961, Kantonsgericht Wallis 3. 6. 1965

- Den von hinten kommenden Fahrer trifft grundsätzlich die ganze Verantwortung. Er hat seine Skier so zu führen, daß keine Gefahr für Kollisionen mit Fahrern im unteren Abschnitte des Skihanges besteht.
- Der Vorausfahrende hat den Blick auf die vor ihm liegende Hangstrecke zu richten. Es ist ihm nicht zuzumuten, auch nach oben und hinten zu beobachten.
- Es ist Sache des weiter oben Befindlichen, den Rechts- und Linksschwüngen des unter ihm Fahrenden Rechnung zu tragen.

### Kreisgerichtsausschuß Davos 3. 7. 1962

- Wer weiß, daß die Sicht durch die Sturmbrille und durch schlechtes Wetter behindert ist, hat doppelt aufmerksam zu fahren.
- Ob auch der Kollisionsbeteiligte es an der nötigen Vorsicht mangeln ließ, kann dahinstehen, da das Strafrecht keine Schuldkompensation kennt.

### Kreisgerichtsausschuß Churwalden 5. 2. 1964

- Im Bereiche von Skischulklassen ist besonders vorsichtig zu fahren und das Tempo zu verringern.

### Kreisgerichtsausschuß Davos 4. 5. 1966

- Die Fahrweise ist den Sichtverhältnissen anzupassen, damit Hindernissen rechtzetig ausgewichen werden kann.

### Kreisgerichtsausschuß Ramosch 1. 11. 1966

- Zu einer Schußfahrt ansetzen darf nur, wer sich vergewissert hat, daß die Bahn frei ist.
- Stürzt ein Fahrer beim Versuch, die Piste für die Schußfahrt eines andern freizugeben, vermag sich der rasch Fahrende nicht zu exkulpieren.

### Kreisgerichtsausschuß Schanfigg 6. 2. 1967

- Der von oben Kommende muß für ein gefahrloses Überholen besorgt sein und beim Überholen oder Vorbeifahren den nötigen Abstand wahren.
- Es muß mit beliebigen Richtungsänderungen des voranfahrenden Skifahrers gerechnet werden.

### Jugendanwaltschaft Graubünden 10. 6. 1967

- Auch der langsam fahrende Pistenfahrer hat durch entsprechende Vorsicht auf die übrigen Pistenbenützer Rücksicht zu nehmen und alles vorzukehren, um eine Gefährdung auszuschließen.
- Beim Zusammenfluß zweier Pisten ist erhöhte Vorsicht am Platz.
- Das gleiche gilt an Orten, wo sich Kinder und ungeübte Skifahrer aufhalten.

### Kantonsgericht Wallis 20. 2. 1968

- Es gibt keinen Rechtsvortritt des Skifahrers.
- Auch ein schwächerer Fahrer darf schwierigere Pisten benützen, solange er niemanden gefährdet.

## Kantonsgerichtsausschuß Graubünden 20. 6. 1969

- Der Skifahrer hat sich (wie auf der Straße) so zu verhalten, daß er andere in der ordnungsgemäßen Benutzung der Piste weder behindert noch gefährdet und ist besonders dann zur Vorsicht verpflichtet, wenn Anzeichen dafür bestehen, daß andere Skifahrer sich nicht richtig verhalten.
- Wer sieht, daß ein anderer Skifahrer unsicher fährt, ist verpflichtet, seine Geschwindigkeit zu mäßigen und den Skifahrer vorsichtig zu überholen.
- Daß der ungeübtere Skifahrer aus Angst oder Unsicherheit stehen bleibt und dadurch die Kollision mitverursacht, vermag nicht zu entschuldigen. Solche Verzögerungen sind bei unsicheren Fahrern nicht selten und müssen von den übrigen Fahrern in Rechnung gestellt werden.

## 2. Die FIS-Regeln

Im Jahre 1967 hat die FIS (Fédération Internationale de Ski) ihre 10 Verhaltensregeln für den Skifahrer bereinigt und publiziert. Die eben erwähnten Beispiele aus der schweizerischen Judikatur zeigen, daß die Regeln 1—7 Ausfluß dieser Praxis sind. Die Regeln sind zwar keine Rechtsnormen per se; denn es fehlt ihnen die staatliche Geltungsanordnung und die direkte Durchsetzbarkeit. Sie sind indessen meines Erachtens in dem Sinne für Sportler und Richter rechtlich relevant, als sie den skisportlich begrenzten Verhaltensraum des Menschen beschlagen, auf die bisherigen Erfahrungsgrundsätze der Rechtssprechung in dieser Sparte abstellen und in dem Sinne die hauptsächlichsten Sorgfaltspflichten umschreiben. Sie sind in gewissem Sinne die das Maß der gebotenen Vorsicht bestimmenden Hilfsregeln, die durch einen einheitlichen Gerichtsgebrauch ohne weiteres zu Gewohnheitsrecht werden könnten, es aber z. Zt. sicher noch nicht sind. Denn die FIS-Regeln, wie auch die anderswo entwickelten Eigenregeln, sind in der Öffentlichkeit noch nicht sehr bekannt. Ihre Stellung ist ähnlich den Verbands- und Versicherungsvorschriften über die Errichtung von Bauwerken, die bei der Beurteilung des Tatbestandes der Verletzung der Regeln der Baukunde einen Verschuldensmaßstab abgeben. Um Ordnung in den Skibetrieb zu bekommen, tendieren wir nun im Kanton Graubünden darauf, daß sich die Gerichte mit den FIS-Verhaltensregeln befassen und wenn möglich in ihren Urteilen festhalten, welche der Sorgfaltsregeln des Skidekaloges ein Skifahrer mißachtet hat. Deren Anwendung erfolgte aber noch recht zögernd (ein Urteil des Kreisgerichtsausschusses Oberengadin vom 15. 12. 1968, vier Einstellungsverfügungen der Staatsanwaltschaft Graubünden vom 19. 9. 1969, 18. 11. 1969, 15. 5. 1970 und 8. 10. 1970). Wir sind uns dabei bewußt, daß auch die FIS-Regeln Lücken aufweisen (z. B. Notsturz, Fahren auf Sicht etc.) und z .T. einen nicht durchwegs befriedigenden Kompromiß darstellen. Gegenüber den von den Autoren *Kleppe, Nirk, Pichler* u.a. entwickelten Eigenregeln haben sie aber doch faktisch den Vorzug der Internationalität, der übernationalen Anerkennung.

Die FIS-Regeln 8—10 sind als problematisch bezeichnet worden. Die Regel 8 verlangt das Beachten der Zeichen. Die internationale Kommission für alpines Rettungswesen hat Signalisationen bei der Markierung und Sicherung der Skipisten und Skirouten (Warn- und Verbotstafeln) als Richtlinien und Empfehlungen aufgestellt. Falsch wäre nun die Ansicht, solche Signale seien rechtlich völlig irrelevant, da für sie die gesetzliche Grundlage fehle. Unerheblich sind sie nur insoweit, als jener, der die Markierung mißachtet, für diese Übertretung mangels behördlicher Sanktion nicht bestraft werden kann. Erheblich sind sie jedoch insofern, als derjenige, der die Tafel mißachtet, es also an der schuldigen Aufmerksamkeit fehlen läßt, im Falle der Körperverletzung oder Tötung die entsprechende straf- oder zivilrechtliche Rechtsfolge zu gewärtigen hat. Von sachkundigen privaten Stellen aufgestellte Signale, Weisungen oder erteilte Warnungen sind somit, wie auch das Bundesgericht im Falle *Bogner* (91 IV 123) festgehalten hat, im gezeichneten Rahmen rechtlich durchaus wirksam. Die Regel 9 nun verpflichtet bei Unfällen jeden zur Hilfeleistung. Sie dekretiert in dieser allgemeinen Form wohl einen moralischen Imperativ, findet indessen bei schweren Unfällen die Stütze des Rechts in Übertretungstatbeständen des kantonalen Strafrechts, so z. B. in Art. 8 der StPO Graubündens, der unter dem Marginale „Unterlassung der Nothilfe“ bestimmt: „Wer es (vorsätzlich oder fahrlässig) unterläßt, einem Menschen in Lebensgefahr zu helfen, obwohl es ihm den Umständen nach zugemutet werden könnte, wer andere davon abhält, diese Nothilfe zu leisten oder sie dabei stört, wer der Aufforderung eines Polizeibeamten, ihm zur Nothilfe Beistand zu leisten ohne genügenden Grund nicht nachkommt, wird mit Haft oder Buße bestraft.“ Regel 10 sieht vor, daß Zeugen oder Unfallbeteiligte im Falle eines Unfalles ihre Personalien angeben müssen. Es ist zwar nicht so (wie behauptet wurde), daß diese Regel dem Skifahrer das Mittragen eines Personalausweises vorschreiben würde. Die rechtliche Durchsetzbarkeit der Regel ist indessen mangels staatlicher Vorschrift an einem kleinen Ort, so begrüßenswert die Vorschrift im Interesse der zivilen und strafrechtlichen Verfolgung eines Falles wäre. Die Regel spielt praktisch nur im Verhältnis zur Polizei auf Grund strafprozessualer Vorschriften eine Rolle (z. B. Art. 26 Abs. 1 StPO Graubünden). Denkbar wäre sie auch im Verhältnis zu Pistendienstangestellten, vorausgesetzt, daß diesen eine entsprechende obrigkeitliche (d. h. hier kommunale) Ermächtigung als Hilfspolizisten eingeräumt würde. Solche Pistendienstfunktionäre müsten aber über einen Ausweis verfügen.

## C. Zur Rechtspflicht der Sicherung von Skipisten

Viel zu schreiben gegeben hat in letzter Zeit die Frage, ob eine rechtlich relevante Verkehrssicherungspflicht für Skiabfahrten bestehe und wie weit sie allenfalls reiche[3]. Gegenstand der weiteren Untersuchung sind

[3] Vgl. dazu die „Literatur zur Verkehrssicherungspflicht für Skipisten“ am Schluß dieses Beitrags.

somit jene Unfälle, die auf einen Mangel der Abfahrt als Sportanlage zurückzuführen sind. Mit jenen, die aus dem Betrieb einer Seilbahn entstehen, befassen wir uns nicht.

## 1. Zum unechten Unterlassungsdelikt

Die eingangs unter A 4 erwähnten, in unserem Zusammenhang anwendbaren Gesetzesbestimmungen des Strafrechts belegen ein Handeln mit Rechtsfolgen. Schon aus der Fragestellung erhellt indessen, daß bei unserem Problem regelmäßig nicht ein Tun, sondern eine Unterlassung des Verantwortlichen zur Diskussion steht. Man hat es überwiegend mit dem Nichtanbringen von Warnungen, Sicherungen und Absperrungen zu tun.

Nach der feststehenden bundesgerichtlichen Praxis kann — stehen nicht Wortlaut oder Sinn einer Bestimmung entgegen — ein Begehungsdelikt durch (unechte) Unterlassung verübt werden, wenn jemand durch Garantenstellung aus Gesetz, Vertrag oder den Umständen (d. h. aus vorausgegangenem gefährdendem Verhalten, Ingerenz) verpflichtet ist, die verpönte, tatbestandsmässige Beeinträchtigung des geschützten Rechtsgutes zu verhüten[4]. Ein solches Unterlassen kann straf- wie zivilrechtliche Verantwortlichkeit für den vermeidbaren rechtswidrigen Erfolg mit sich bringen. Die Strafbarkeit des unechten Unterlassungsdeliktes findet ihre gewohnheitsrechtliche Rechtfertigung darin, daß derjenige, der verpflichtet ist, durch Handeln einen bestimmten Erfolg abzuwenden, und dazu auch in der Lage ist, aber untätig bleibt, grundsätzlich ebenso strafwürdig ist, wie derjenige, der den Erfolg durch ein Handeln herbeiführt[5]. Während der Bereich der eben umschriebenen Garantenstellung vor allem in Deutschland durch die Rechtsprechung erheblich ausgeweitet worden ist, nach neuesten Urteilen des Bundesgerichtshofes aber eher wieder eingeschränkt werden soll[6], haben sich Lehre und Rechtsprechung in der Schweiz nicht zuletzt im Hinblick auf Art. 1 StGB (nullum crimen sine lege) einer im ganzen zurückhaltenderen Praxis verpflichtet gefühlt. Prof. Hans Schultz, Strafrechtslehrer an der Universität Bern, warnt in Anlehnung an deutsche Mahnstimmen vor einer Ausdehnung ins Ungeahnte, insbesondere davor, daß auf Grund der bundesgerichtlichen Umschreibung aus einer gesetzlichen oder vertraglichen Verpflichtung unversehens die Grundlage strafrechtlicher Verantwortlichkeit in irgendeiner Richtung abgeleitet werde[7]. Nach ihm muß die vom Bundesgericht umschriebene Garantenstellung im einengenden Rahmen von zwei Grund-

[4] BGE 96 (1970) IV 174, Zeitschrift des Bernischen Juristenvereins 1971 S. 450.

[5] BGE 79 IV 147, 81 IV 202, 86 IV 220, *Germann*, Grundlagen der Rechtswissenschaft, 1968, S. 214.

[6] Vgl. Schweiz. Zeitschrift für Strafrecht 1971 S. 420.

[7] Zeitschrift des Bernischen Juristenvereins 1971 S. 451, vgl. dazu neuestens: René Meyer, Die Garantenstellung beim unechten Unterlassungsdelikt, Diss. Zürich 1972, S. 111 ff.

formen verstanden werden: Entweder ist der Garant verpflichtet, ein bestimmtes Rechtsgut vor allen oder einzelnen Gefahren zu schützen, oder er hat als Urheber einer Gefahr dafür zu sorgen, daß die Gefahr sich nicht in der Verletzung fremder Rechtsgüter auswirkt. Die Erfolgsabwendungspflicht trifft demnach nicht jedermann, sondern nur denjenigen, der in spezifischer Beziehung zum gefährdeten Rechtsgut steht, konkreter ausgedrückt: nur denjenigen, der eine Schutzfunktion für ein bestimmtes Rechtsgut ausübt oder eine Gefahrenquelle zu überwachen hat[8].

## 2. Garantenstellung und Träger der Sicherungspflicht

2.1. Das *Gesetz* als Anspruchsgrundlage für eine Garantenstellung fehlt bei der Sicherung von Skiabfahrten, im Gegensatz z. B. zu Bayern mit seinem § 29 des Landesstraf- und Verordnungsgesetzes oder zu Frankreich mit den gesetzlichen Verpflichtungen der stations classées, es sei denn, man wolle dazu die Auflagen für einen Pisten- und Rettungsdienst zählen, die das Eidg. Verkehrs- und Energiewirtschaftsdepartement den eidgenössisch konzessionierten Stand- und Luftseilbahnen in den Konzessionsbestimmungen seit 1955 aufbürdet.

So heißt es beispielsweise in der Konzession der Titlisbahn von 1963: „Die Skipisten sind zu markieren, wo nötig zu verbessern und abzuschranken. Die Markierungen müssen einander dicht folgen und auch bei starkem Nebel gut sichtbar sein. Bei Gefahr sind die markierten Wege und Skipisten zu sperren." Abschrankungen oder Fangnetze seien ferner bei den gefährlichen Stellen, insbesondere längs des Felsbandes, anzubringen.

2.2. Der *Vertrag* als Rechtsgrund für die Übernahme einer Garantenpflicht hat mit Bezug auf die Pistensicherung zu einer Kontroverse geführt. Der Kantongerichtsausschuß Graubünden hat in seinem bekannten Flimserurteil von 1967 — dem ersten der Schweiz — den Transportvertrag zwischen Bahnunternehmung und Skifahrer mit zur Begründung herangezogen[9]. M. E. zu Unrecht. Den Grund der Haftung im Transportvertrag zu erblicken, ist nur angängig, wenn die Zurverfügungstellung einer gefahrfreien Abfahrtspiste nach den konkreten Verhältnissen des Einzelfalles Vertragsinhalt bildet, was regelmäßig sehr unwahrscheinlich ist und hier auch keineswegs der Fall war[10]. Etwas anderes ist die förmliche vertragliche Übertragung der Verkehrssicherungspflicht vom einen auf das andere Rechtssubjekt, z. B. von der Bergbahn auf eine Gemeinde oder umgekehrt. Der Übernehmer tritt damit in alle Rechte und Pflichten des Übernehmers ein. Denkbar ist auch eine vertragliche Einigung verschiedener Nutznießer, wie Gemeinden, Bahnen, Kurvereine, Gastwirtschaftsbetriebe etc., über die Verkehrssiche-

[8] Vgl. *Hasler*, S. 76.

[9] Schweiz. Juristenzeitung 1968, 120.

[10] So auch Urteil Bezirksgericht Plessur 11. 6. 1971 S. 12.

rungspflicht mit entsprechender Kompetenzausscheidung hinsichtlich der Überwachungs- und Sicherungspflichten (so z. B. die Interessengemeinschaft „Pro Parsenn", die den Parsenndienst unterhält). Schließlich kann der Sicherungspflichtige seinen Angestellten dienstvertraglich einen Teil der Pflichten übertragen, allerdings nur im Rahmen ihrer Fähigkeiten und Möglichkeiten. Der grundsätzlichen eigenen Verpflichtung kann er sich auf diesem Wege aber nicht ganz entschlagen.

2.3. Der Entstehungsgrund der Garantenpflicht aus *Ingerenz, d. h. aus vorangegangenem gefährdendem Tun*, spielt bei Unterhalt und Sicherung des Skigeländes die Hauptrolle. Das Bundesgericht hat in konstanter Rechtsprechung denjenigen zur Ergreifung von Schutzmaßnahmen verpflichtet, der einen gefährlichen Zustand schafft.

Die Überwachung von Gefahrenquellen trifft insbesondere denjenigen, der einen Verkehr eröffnet und dadurch schon rein faktisch die Pflicht der Gefahrenabwendung übernimmt oder sie sich dadurch tatsächlich auferlegt. Eröffnen und Andauernlassen eines Verkehrs schaffen nach allgemeiner Lebenserfahrung Gefahrenlagen und rufen der Sicherung vor Gefahren. Wer Skiabfahrten zur Verfügung stellt und unterhält, hat somit auch die Gefahrenabsicherung zu gewährleisten, denn es liegt in der Natur der Anlage, daß Skipisten mindestens stellenweise gefahrenträchtig sind. Die besondere Beziehung des Eröffners zu den geschützten Rechtsgütern, die für die Garantenstellung Voraussetzung ist, darf damit im Verhältnis zwischen dem Pisteneröffner (besser: Pistenhalter) und eröffneter Anlage fraglos als gegeben erachtet werden. „Wer eine Sportanlage errichtet und für das Publikum bereitstellt, schafft den gefährlichen Zustand in dem Moment, wo er zuläßt, daß sich die Sportler auf die Anlage begeben"[11]. Ob er die Skipiste freiwillig oder aus kommerziellen Gründen eröffnet hat, ist für die Haftung gleichgültig. Ist der Verkehr einmal eröffnet und zugelassen, kommt der Schutz auf der Piste grundsätzlich jedem Benützer zugute, auch dem Skiläufer, der den Aufstieg noch zu Fuß wagt, denn die Gefahr geht von der eröffneten Abfahrtsstrecke als solcher aus.

Abfahrtsstrecken werden in der Praxis vor allem von *Bergbahnen* angelegt. Es stellt sich die Frage, ob die Bahnen, die Skisportler transportieren, dazu verpflichtet sind. Bahnen stellen zum Zwecke der Frequenz- und Rentabilitätssteigerung Pisten zur Verfügung, die gewöhnlich so verlaufen, daß sie den Skifahrer von der Höhe wieder an eine Bahnstation zurückführen. Sie sind auf den Massenbetrieb angewiesen, errichten die Abfahrtsstrecken als Verbindung zwischen Berg- und Talstation (Skizirkus, Kreisverkehr, Punkteabonnemente) und beschicken sie aus kommerziellen Gründen mit Fahrern jeden Ausbildungsstandes. Sie reizen an zur mehrmaligen Wiederholung der Fahrt und verstärken so aus Geschäftsgründen den Skiverkehr. Wer als Direktinteressierter dermaßen unterschiedslos Skifahrer ins Gebirge befördert und sie massen-

[11] *Hasler*, S. 95.

weise auf Skiern ins Tal fahren läßt, muß für einen geordneten Ablauf und die Sicherheit der Benützer besorgt sein[12], denn Verantwortung entsteht vor allem auch dann, wenn jemand untätig bleibt, wo er handeln sollte[13].

Verantwortlich ist indessen nicht in jedem Fall eine Bahnunternehmung, sondern überhaupt, wer für den Zustand der Anlage einzustehen hat, m. a. W. wer den Verkehr eröffnet, fortführt und duldet. Dies kann eine Einzelperson oder eine juristische Person sein (Gemeinde-Kur- und Verkehrsverein, Skischule, Hoteleigentümer, Rennveranstalter etc.). Es gilt im Einzelfall genau zu klären, wen die Verantwortung konkret trifft, was im Hinblick auf die strafrechtliche Erfassung von besonderer Bedeutung ist, weil hier nur natürliche Personen deliktsfähig sind. Ohne Frage besitzen die Verantwortlichen ihren Untergebenen gegenüber eine Auswahl-, Überwachungs- und Instruktionspflicht. Die strafrechtliche Garantenstellung ist indessen nicht von der zivilrechtlichen Gültigkeit eines Dienstvertrages abhängig. Garant ist vielmehr, wer tatsächlich Entscheidungs- und Handlungskompetenz besitzt, wer eine leitende oder verantwortliche Tätigkeit auf der Anlage ausübt oder als Chef einer Gruppe oder Organ einer juristischen Person Überwachungspflichten über Anlage und Unterstellte ausübt[14]. Es kommt daher ohne weiteres vor, daß hinsichtlich eines Vorfalles mehrere Täter ins Recht gefaßt werden.

### 3. Der räumliche Geltungsbereich

Für die Verkehrssicherungspflicht gelten die allgemeinen Haftungsvoraussetzen der adäquaten Kausalität, der Widerrechtlichkeit und des Verschuldens, die hier nicht anders denn im übrigen Haftpflicht- und Strafrecht ausgelegt werden. Eine besondere Begrenzung findet — wie schon mehrmals angedeutet — die Verkehrssicherungspflicht in ihrer grundsätzlichen Beschränkung auf die von den Massen befahrene *Skipiste* im Gegensatz zur Abfahrtsroute, die des Schutzes nur in sehr bescheidenem Umfang bedarf, und im Gegensatz zum freien offenen Skigelände, für das keine Sicherungspflicht besteht. Die Definition der Piste hat einiges Kopfzerbrechen verursacht. Fast alle Autoren haben sich damit befaßt. In Anlehnung an *Danegger* habe ich die Piste im Sinne einer Idealvorstellung als eine dem Publikum geöffnete, markierte, in der Regel gespurte, unterhaltene Skiabfahrtsstrecke, deren seitliche Ausdehnung den Geländeverhältnissen entsprechend variiert, zu umschreiben versucht. In dieser Umschreibung sind die von *Danegger* vom Verantwortlichen geforderten Tätigkeiten des Markierens, Bearbeitens, Unterhaltens oder Spurens enthalten, ergänzt durch den Hinweis, daß die Seitenausdehnung nicht begrifflich, sondern nur tatsächlich nach der kon-

12 *Hasler*, S. 96.
13 BGE 90 II 89.
14 *Hasler*, S. 89.

kreten Geländebeschaffenheit des Einzelfalles erfaßt werden kann[15]. Mehr als eine allgemeine Umschreibung dieser Art kann indessen nicht gegeben werden, weil sich die Verantwortlichkeit nicht nach dem Begriff, sondern nach den tatsächlichen Verhältnissen richten muß. Sie kann nicht vom voluntativen Moment, ob der Pflichtige markiert oder gespurt hat, abhängen. Bildet sich beispielsweise von der Bahnstation aus eine „wilde“ Piste, muß sie gesichert oder gesperrt werden, wenn sich Gefahren abzeichnen. Vor solchen faktischen Erscheinungsformen kann der Verkehrssicherungspflichtige die Augen nicht verschließen. Die bisherige Praxis hat denn auch gezeigt, daß der Auseinandersetzung um den Begriff der Piste zu viel Bedeutung beigemessen worden ist, da in diesem Punkte in den bis anhin behandelten Fällen keine wesentlichen Schwierigkeiten entstanden sind. Als *Abfahrtsrouten* andererseits haben die vom Verkehrssicherungspflichtigen angelegten, für den Touren- und Tiefschneefahrer bestimmten markierten Abfahrtsstrecken zu gelten. Mit Bezug auf sie erschöpft sich die Verkehrssicherungspflicht in Maßnahmen vor Lawinengefahr und Steinschlag (Warnung bei einer prekären Situation, Einstellung eines Skiliftbetriebes, ev. Verweigerung der Mitnahme von Skiern bei der Bergfahrt der Bergbahnen).

In der Praxis ist die Verantwortlichkeit der Verkehrssicherungspflichtigen *verneint* worden:

— bei Sturz abseits der markierten Piste
(Kantonsgericht Wallis 21. 6. 1963, Zivilurteil)
— bei Sturz über einen nichtabgeschrankten Felsen außerhalb der Piste
(Einstellungsverfügung Staatsanwaltschaft Graubünden 31. 8. 1965)
— bei Sturz über eine kleine Böschung außerhalb der Piste
(Einstellungsverfügung Staatsanwaltschaft Graubünden 31. 8. 1965)
— bei tödlichen Verletzungen eines Skifahrers, der auf einer Pulverschneeabfahrt außerhalb markierter Routen von einem Schneebrett erfaßt wurde
(Einstellungsverfügung Staatsanwaltschaft Graubünden 12. 2. 1970)
— bei Körperverletzung von 4 Skifahrern, die einen wegen akuter Lawinengefahr eindeutig gesperrten Westhang gleichwohl betraten und zu Tale gerissen wurden
(Einstellungsverfügung Staatsanwaltschaft Graubünden 27. 2. 1970)
— bei Sturz über eine außerhalb der Piste liegende Bodenwelle auf einen schneebedeckten Schachtabschluß
(Einstellungsverfügung Staatsanwaltschaft Graubünden 24. 9. 1971)

## 4. Der Umfang der Sicherung

4.1. Was als verkehrssicher zu gelten hat, ist allgemein nicht zu beantworten. Es richtet sich nach der Verkehrssitte und dem Stand der Technik. Daß eine Skipiste nicht völlig gefahrenfrei konzipiert werden

[15] Schweiz. Zeitschrift für Strafrecht, 1971, 69 ff.

kann, ist eine Tatsache, die um so beherzigenswerter ist, als ein Skifahren auf einer hundertprozentig präparierten Bahn jeden Reiz und damit den Zweck verlieren würde. Es dürfen daher keine wirklichkeitsfremden Anforderungen gestellt werden. Üblicherweise zu erwartende, der Piste eigene, anlagebedingte Hindernisse, wie Löcher, Buckel, Mulden, Zaunpfosten, kreuzende Wege, vereiste, apere oder unübersichtliche Stellen, Schneisen, Brücken, Steilhänge etc. sind typisch, adäquat und verkehrskonform. Sie sind zwangsläufig mit der Abfahrt auf der Piste verbunden und werden vom Skifahrer von vornherein in Kauf genommen. Für sie besteht an sich keine Verkehrssicherungspflicht.

So wurde die Verantwortlichkeit *verneint:*

— bei Körperverletzung zufolge Zusammenpralls mit dem Pfosten am Rande einer gut erkennbaren Zaunlücke, durch welche die Piste führte
(Einstellungsverfügung Staatsanwaltschaft Graubünden 13. 6. 1969)
— bei Körperverletzung zufolge Sturzes auf harter Piste im Hochgebirge und anschließendem Rutschen über einen steilen Schneehang, der nicht zur Piste gehörte
(Einstellungsverfügung Staatsanwaltschaft Graubünden 5. 12. 1966)
— bei tödlichem Aufprall eines einheimischen Skifahrers auf den mit Warntafeln angekündigten, markierten, orangegefärbten Pfosten einer ihm bestens bekannten, die Piste überführenden Skiliftbrücke
(Einstellungsverfügung Staatanwaltschaft Graubünden 2. 6. 1970)
— bei Todessturz eines Pistenchefs und Rennfahrers, der außerhalb einer Konkurrenz eine ihm bestens bekannte, von ihm präparierte Rennpiste ohne Helm befuhr, auf einer vereisten Schneekante nach einer Mulde stürzte und an einen außerhalb der Piste stehenden Baum geschleudert wurde.
(Ablehnungsverfügung Staatsanwaltschaft Graubünden 4. 3. 1968)

4.2. Mangelhaft ist die Anlage indessen, wenn atypische Hindernisse oder Gefahrenquellen vorliegen, solche nämlich, die nach allgemeiner Lebenserfahrung und dem gewöhnlichen Lauf der Dinge nicht voraussehbar, außergewöhnlich, versteckt, tückisch, überraschend, inadäquat, m. a. W. nicht pistenverkehrskonform sind und sich für den ahnungslosen Fahrer als eigentliche „Fallen“ entpuppen (Abstürze in der Piste oder an ihrem Rand, ungesicherte Brücken, verdeckte Drähte, Sockel, Baumstrünke etc.). Es muß sich um Gefahren handeln, mit welchen der Skifahrer bei zweckgerechter Benutzung der Abfahrtsstrecke nicht rechnen muß, die für ihn nicht erkennbar sind. Derartige Störungen sind aus dem Wege zu schaffen, durch Schutzmaßnahmen (Abschrankungen, Sperrungen etc.) zu entschärfen oder davor ist zumindest deutlich erkennbar zu warnen, wenn eine klare Warnung ausreichenden Schutz bietet. Insbesondere ist der Verkehrssicherungspflichtige zu einer sorgfältigen Beurteilung der Lawinenlage verpflichtet. Die Piste muß möglichst lawinensicher angelegt und ständig auf Lawinengefahr hin überwacht werden. Eine erkannte Lawinengefahr ist durch entsprechende Maßnahmen zu bannen (Absprengen oder Abschießen der Schneemassen, Schließen der gefährdeten Strecken etc.). Tritt das Naturereignis trotz genauer Prüfung der Lage dennoch ein, ist die Pflicht erfüllt.

So wurde die Verantwortlichkeit *bejaht:*

— vom Kantonsgerichtsausschuß Graubünden im Jahre 1967 beim Todessturz einer Skifahrerin über eine Pistenbrücke, die ein völlig verschneites 10 m tiefes, nicht erkennbares Tobel überführte, deren Brückengeländer durch Schnee eingedeckt war, keinen Schutz bot und vor der nur mit der Signaltafel „Engpaß“, einigen Slalomstangen und Wimpeln gewarnt worden war (Praxis Kantonsgericht Graubünden 1967 Nr. 42, Schweiz. Juristenzeitung 1968, 118, Flimser Fall)

— vom Kantonsgerichtsausschuß Graubünden im Jahre 1968 bei ungenügender Sperrung einer Piste und gleichzeitiger künstlicher Lawinenauslösung, die zum Tod einer Skifahrerin führte (Praxis Kantonsgericht Graubünden 1968, Nr. 33, Lagalb Fall).

— vom Obergericht Nidwalden im Jahre 1969 beim Todessturz zweier Skifahrer über einen Abgrund am Rande einer vereisten Piste mit ungenügender Abschrankung und keinen Auffangnetzen (Urteil vom 26. 6. 1969 i. S. O. und J.; Titlis Fall).

So wurde die Verantwortlichkeit eines Pistenchefs *verneint:*

— als am 8. 1. 1963 eine präparierte Piste auf ihrer ganzen Breite als Schneebrett abbrach und 2 Personen tötete, obschon die Lawinensituation täglich umfassend geprüft, die Piste alle Tage — auch am Morgen des Unglückstages — gestampft und noch zwei Tage zuvor durch Sprengladungen die Haltbarkeit des Hanges wirkungslos geprüft worden war. Der Lawinenexperte fand die Begründung der einmaligen Erscheinung in den besonderen Eigenheiten des betreffenden Winters und in Zusammenhängen, die hellseherische Fähigkeiten erfordert hätten
(Einstellungsverfügung Staatsanwaltschaft Graubünden 8. 6. 1963).

4.3. Von eingrenzender Bedeutung ist auch die Verhältnismäßigkeit der Gefahrensicherung. Nicht jede Unterlassung einer theoretisch vielleicht denkbaren Vorkehr zur Verhütung eines Schadens begründet ein rechtlich relevantes Verschulden. Die Vorkehr muß auch praktisch ausführbar sein, und sie darf nicht Kosten verursachen, die zur Größe und zur Häufigkeit der Gefahr in einem offenbaren Mißverhältnis stehen[16]. Sie setzt nur die Beachtung möglicher und zumutbarer Sorgfalt bei der Schadensverhinderung voraus. Zumutbarkeit und Leistungsfähigkeit richten sich nach der Verkehrsauffassung und den neuen Erkenntnissen der Technik. Einen Maßstab für die Sicherung der Anlagen vermitteln die 1970 erlassenen, nicht amtlichen Richtlinien für Anlage und Unterhalt von Skiabfahrten der SKUS, der Schweiz. Kommission für Unfallver-

[16] BGE 79 II 69, 82 II 28, 90 II 231, 93 II 236.

hütung auf Skipisten, einer Unterorganisation des Schweiz. Skilift- und Luftseilbahnverbandes[17].

## 5. Zur Eigenverantwortlichkeit des Skiläufers

Die Ausführungen wären unvollständig, würde zum Schluß nicht noch die grundsätzliche Eigenverantwortlichkeit des Skifahrers für sein Tun und Lassen herausgestellt. Der Läufer hat sich nach den Verhaltensregeln im Skisport, insbesondere nach den FIS-Regeln zu bewegen, sowie die Fahrweise- und Geschwindigkeit dem Können, den Gelände-, Sicht- und Schneeverhältnissen anzupassen sowie die Gebots- und Verbotstafeln zu beachten. Verletzungen eigener Sorgfaltspflichten, mangelnde eigene Geschicklichkeit oder zu großes persönliches Wagnis werden ihm von keinem Verkehrssicherungspflichtigen abgenommen. Niemand ist verpflichtet, für den Skifahrer erkennbare typische Geländeschwierigkeiten, die er bei pflichtgemäßer Vorsicht meistern kann, zu entfernen. So wurde z. B. die Haftung des Pistendienstes verneint, als ein Skiläufer zufolge übersetzter Geschwindigkeit über eine übersichtliche Pistenkurve hinausgetragen wurde, an einen Baum prallte und den Tod fand[18] oder als ein anderer Fahrer ebenfalls in schneller Fahrt kopfvoran gegen eine Bodenwelle stieß und sich schwere Verletzungen zuzog[19]. Diese Unfälle sind aus pflichtwidrigem Verhalten der Pistenbenützer und nicht der Ersteller der Anlage entstanden.

Andererseits darf aber auch nicht übersehen werden, daß sich der Skiläufer allein und unabhängig in der freien Natur betätigt, daß er also im Gegensatz zum Kampfsport einen Individualsport ausübt und keinesfalls mit der Teilnahme am Sportgeschehen von vorneherein in einen allfälligen Unfall einwilligt. Er ist sich zwar des mit der Sportausübung verbundenen Risikos bewußt, nimmt aber die Gefahr eines Zusammenstoßes so wenig gewollt auf sich wie Unfälle infolge mangelhaften Zustandes der Skipiste, wenn diese zumindest stellenweise den hier umschriebenen Anforderungen des Verkehrs nicht genügt. Von einer konkludenten Einwilligung des Sportlers zur Rechtfertigung von Verletzungen wegen atypischer Pistenfehler kann daher keine Rede sein.

Anders verhält es sich freilich, wenn der Skiläufer Warnungen und Sperrungen mißachtet oder den atypischen Mangel erkennt, sich aber darüber bewußt hinwegsetzt, die Piste also nicht zweckgerecht benutzt. Dann nimmt er fraglos die Gefahr und das damit verbundene Risiko auf sich und willigt in eine unter Umständen eintretende Verletzung ein. Wer absichtlich eine Stelle befährt, die erkennbar einen schweren Mangel aufweist, kann sich nicht auf die Verkehrssicherungspflicht des Unterhaltspflichtigen berufen.

[17] Publiziert in der Schweiz. Juristenzeitung 1971, S. 124 ff.

[18] Einstellungsverfügung Staatsanwaltschaft Graubünden, 26. 7. 1971.

[19] Einstellungsverfügung Staatsanwaltschaft Graubünden, 25. 2. 1971.

## Literatur zum Skirecht (nicht abschließend):


**a) Zum Kollisions- und Lawinenunfall:**

Brunner, Albert: Die Sportverletzung im schweiz. Strafrecht, Zürcher Diss. 1949.

Danegger, Karl: Die Rechtsfragen der Bergsteiger und der Skifahrer, Zürich 1938.

Kleppe, Peter: Die Rechtspflichten der Skilehrer, Skiführer und Skischulen, in Schweiz. Juristenzeitung 1968, S. 329 ff.

Pache, Jean-Jacques: La responsabilité civile en matière de sports, Lausanne 1951.

Padrutt, Willy: Strafrechtliche Aspekte des Skilaufs und des Lawinenunfalls in schweiz. Sicht, Schweiz. Juristenzeitung 1967, S. 333 ff. und in Skirecht 1968, S. 73 ff.

Pichler, Josef: Richtiges Verhalten auf Skipisten-Kollisionsunfälle, in Sicherheit auf Skipisten und Bergpfaden, herausgegeben von der Arbeiterkammer für Vorarlberg 1968, S. 5 ff.

Sicherung vor Berggefahren, herausgegeben von der Kammer für Arbeiter und Angestellte, Salzburg 1967.

Skirecht, 1966, herausgegeben vom Deutschen Anwaltverband, Essen 1966.

Skirecht, 1968, herausgegeben vom Deutschen Anwaltverband, Essen 1969.

Stiffler, Hans Kaspar: Die Haftung des Skifahrers, Schweiz. Juristenzeitung 1967, S. 197 ff., 213 ff.

derselbe: Die Rechtsentwicklung in der Schweiz in Skirecht 1968, S. 151 ff.

Werner, Fritz: Sport und Recht, Tübingen 1968.

**b) Zur Verkehrssicherungspflicht für Skipisten:**

Dallèves, Louis: La responsabilité civile du skieur et des personnes chargées de l'entretien des pistes de ski, Journal des Tribunaux 1967, S. 322 ff.

Danegger, Karl: Internationales Privatrecht im Skirecht, Zeitschrift des Bernischen Juristenvereins 1971, S. 104 ff., besonders S. 114 ff.

derselbe: Die Haftung der Seilbahn- und Liftunternehmungen, Gutachten z. H. Schweiz. Skilift- und Luftseilbahnenverband, 1966.

derselbe: Haftungsfragen im Recht des Skifahrens, in Festgabe für Wilhelm Schönenberger (1968) S. 223 ff.

Desbiolles: Die rechtliche Stellung der Seilbahnen in der Schweiz. Internationale Berg- und Seilbahn-Rundschau 1960, Sonderheft 1, S. 17.

Hasler, Peter: Strafrechtliche Haftung für mangelhafte Sportanlagen, insbesondere Skipisten. Diss. Zürich 1971.

Hummel, Dieter: Die Haftung bei Skiunfällen aus zivilrechtlicher Sicht, herausgegeben vom Bayerischen Staatsministerium der Justiz 1970 S. 37 ff., besonders S. 48.

derselbe: Die Haftung bei Skiunfällen NJW 1965, 525 ff.

Jost, Christian: Die Sicherheit der Skiabfahrt. Mitteilungen des Deutschen Alpenvereins 1961 S. 10.

Kleppe, Peter: Die Haftung bei Skiunfällen in den Alpenländern, München/Berlin 1967, S. 213 ff.

derselbe: Verkehrssicherungspflicht auch für Skipisten? NJW 1966, 237.

Kubli, Felix: Haftungsverhältnisse bei Sportveranstaltungen, Zürcher Diss. 1952.

Mattli & Hew: Exposé zu zivil-, straf- und polizeirechtlichen Fragen von Pisten- und Rettungsdiensten im Kt. Graubünden, Davos 1963.

Monaco, Marina: La responsabilità penale in caso di incidenti sciistici, Diss. Genua 1967 S. 79 ff.

Nirk, Rudolf: Der Skiunfall durch Verletzung von Verkehrssicherungspflichten. Skirecht 1966 S. 43 ff.

derselbe: Skirecht 1966 S. 27, 36 ff. Skirecht 1968, S. 17, 33, 43 ff.

Padrutt, Willy: Die Rechtslage in der Schweiz hinsichtlich der Haftung bei Skiunfällen, herausgegeben vom Bayerischen Staatsministerium der Justiz 1970 S. 73 ff., insbesondere S. 92 ff.

derselbe: Verkehrssicherungspflicht für Skipisten, Schweiz. Zeitschrift für Strafrecht 1971 S. 63 ff.

Peiser, Gustav: Ist eine europäische Allgemeinregelung der Ausübung des Skisportes angebracht? Gemeinden und Skistationen in Frankreich. Die Haftung der Gemeinden und Skistationen in Frankreich. Skirecht 1968, S. 91–126.

Pfyffer, Franz: Die Haftung bei Skiunfällen, Schweiz. Zeitschrift für Sozialversicherung 1970 S. 106 ff.

Pichler, Josef: Pisten, Paragraphen, Skiunfälle, Wien 1970, S. 72 ff.

derselbe: Die Rechtspflicht zur Sicherung der Skipisten, DRdA 1968, 18.

derselbe: Besteht eine Rechtspflicht zur Sicherung der Skipisten? Schweiz. Juristenzeitung 1968, 281, S. 72 ff.

Rabinovitch, W.: Les sports de montagne et le droit, Paris 1959. Supplément dazu, Paris 1966.

Rabofsky, Eduard: Alpine Unfälle in rechtlicher Sicht, in Sicherung vor Berggefahren, Salzburg 1965, S. 35 ff.

Rüth, Herbert: Rechtsprobleme des Skilaufs als eines Volks- und Massensports, Diss. Regensburg 1969, S. 65 ff.

Schlägelbauer, Viktor: Rechtliche Angelegenheiten im österreichischen Seilbahnwesen einschließlich der Schlepplifte. Skirecht 1966, S. 135 ff.

derselbe: Gedanken zur Verkehrssicherungspflicht auf Skipisten. Österr. Zeitschrift für Verkehrsrecht 1969, 309 ff.

Schulz, Helmut: Zur Frage der Haftung für Unfälle auf Skipisten, Verkehr und Technik 1971 S. 80.

Stiffler, Hans-Kaspar: Verkehrssicherungspflicht für Skipisten. Schweiz. Juristenzeitung 1971 S. 101 ff., 121 ff.

derselbe: Die Haftung der Seilbahn- und Skiliftunternehmungen für Unfälle auf Skipisten, Gutachten z. H. Schweiz. Skilift- und Luftseilbahnenverband 1968.

Strunk, Paul-Rainer: Strafrechtliche Aspekte des Skiunfalles unter Berücksichtigung der Rechtsprechung Deutschlands, Österreichs und der Schweiz. Diss. Freiburg i. Br. 1969, insbesondere S. 50, 54, 57, 114, 131.

Walter, Hans Rudolf: Rechtsfragen des Lawinenunfalls auf Straßen, Eisenbahnen, Seilbahnen, Skipisten und Berghotels. Skirecht 1966 S. 111 ff.

# Organisation und Aufgaben des Sports in der Bundesrepublik Deutschland

von

Oberlandesgerichtspräsident Dr. Wilhelm Kregel, Präsident des Deutschen Sportbundes, Celle

Im Jahre 1945 kam mit dem Zusammenbruch der staatlichen Ordnung in Deutschland auch die gesamte Sportorganisation zum Erliegen. Formal-rechtlich fand sie ihr Ende durch die Gesetzgebung der Alliierten Besatzungsmächte, die (gem. Artikel 1 Nr. 2 in Verbindung mit Anhang Nr. 43 des Kontrollratgesetzes Nr. 2) den Nationalsozialistischen Reichsbund für Leibesübungen (NSRL) als Naziorganisation auflösten, eine Neugründung verboten und seine Archive und Akten beschlagnahmten. Gleichzeitig verfügte der Kontrollrat die Auflösung der Mitgliedsverbände und Vereine des NSRL zum 1. 1. 1946.

Mit Erlaubnis oder Duldung der Besatzungsmächte begann sich der Sport nach dem Zusammenbruch jedoch erneut zu formieren. Schon von Mitte 1945 ab wurden wieder Vereine und um dieselbe Zeit auch die Landessportbünde gegründet. Von 1949 ab schlossen sich die einzelnen Fachsparten in Fachverbänden zusammen, als letzte im Jahre 1950 der Deutsche Turnerbund und 1951 der Deutsche Schützenbund. In diesem Prozeß des Wiederaufbaus gruppierten sich die Vereine in den neuen Verwaltungsgebieten zur Vertretung gegenüber den Behörden in Landessportbünden und zur Organisierung eines geordneten Wettkampfbetriebes in Fachverbänden; in manchen Ländern wurden auch die Fachverbände Träger der Landessportbünde. Diese zweifache föderalistische Gliederung des Sports — nach regionalen und Fachbereichen — wurde von den Besatzungsmächten — mit Ausnahme der UdSSR — im Jahre 1949 zu einem Modell für den Deutschen Sport erhoben.

Ihren ersten Höhepunkt erreichte diese Entwicklung mit dem 10. 12. 1950, als in Hannover der Deutsche Sportbund gegründet wurde. Besonders bedeutsam auch im Hinblick auf die Zukunft war es, daß sich die öffentliche Hand, d. h. Bund, Länder und Gemeinden, von vornherein dirigistischer Einflußnahmen auf die Sportorganisation enthielten, so daß sich der Deutsche Sportbund zu Recht in § 1 seiner Satzung als eine *freie Gemeinschaft* der deutschen Turn- und Sportverbände und Sportinstitutionen bezeichnen konnte und kann. Damit ist schon das demokratische System der neuen Sportorganisation unseres Landes angesprochen, nämlich das Nebeneinander von öffentlicher Sportverwaltung und Selbstverwaltung des Sports.

Träger der *öffentlichen Sportverwaltung* sind z. B. der Bundespräsident hinsichtlich der Verleihung des „Silbernen Lorbeerblattes“ für außergewöhnliche sportliche Leistungen, der Sonderausschuß für Sport und

Olympische Spiele des Deutschen Bundestages, der Bundesminister des Innern mit seiner Abteilung „Sport und Angelegenheiten der Kulturpflege", das neu geschaffene Bundesinstitut für Sportwissenschaft, die Sportreferate der Länderregierungen, die zumeist beim Kultusminister, z. T. aber auch beim Sozial-, Innen- oder Jugend-Minister angegliedert sind; schließlich sind noch die Sportausschüsse der Kommunalen Spitzenverbände und Sportämter aller Ebenen zu nennen.

Die *Selbstverwaltung des Sports* dagegen wird vom Deutschen Sportbund (DSB) mit seinen Mitgliedsorganisationen, vom Nationalen Olympischen Komitee für Deutschland (NOK) und von der Stiftung Deutsche Sporthilfe getragen.

Eine Klammer zwischen der öffentlichen Hand und dem freien Sport bildet die seit 1970 bestehende *Deutsche Sportkonferenz;* sie soll — entsprechend ihrem Arbeitsprogramm — ohne Eingriff in bestehende Zuständigkeiten durch Empfehlungen Maßnahmen zur Förderung des Sports auf Bundes-, Landes- und kommunaler Ebene koordinieren. Ihr gehören 32 Vertreter von Bund, Ländern, Kommunalen Spitzenverbänden und Bundestagsparteien sowie 32 Vertreter des Sports an.

Zum *räumlichen Geltungsbereich* meiner Ausführungen ist vorweg folgendes klarzustellen: Wenn in der Überschrift von der Bundesrepublik Deutschland und nachstehend vom deutschen Sport, der offiziellen Sportvertretung Deutschlands o. ä. gesprochen wird, dann ist damit nicht der staatsrechtliche Bereich der Bundesrepublik Deutschland als solcher, sondern der weitere Zuständigkeitsbereich der Sportorganisationen der westlichen Teile Deutschlands gemeint, der seit ihrer Gründung Berlin stets mit erfaßt hat. Für den Deutschen Sportbund (DSB) folgt das aus § 5 Abs. 2 seiner Satzung, wonach für jedes Bundesland und das Land Berlin nur *ein* Landessportbund in den DSB aufgenommen werden kann. Übrigens ist der DSB auch seit 1958 mit dem *Sitz in Berlin* in das Vereinsregister eingetragen. Die Zugehörigkeit Westberlins zum Zuständigkeitsbereich des DSB und des Nationalen Olympischen Komitees (NOK) für Deutschland ist vom Internationalen Olympischen Komitee (IOC) ebenso wie von den Internationalen Sportföderationen anerkannt. Diese Auffassung ist zuletzt bei den Verhandlungen der Delegationen des DSB mit Vertretern des Deutschen Turn- und Sportbundes (DTSB) der DDR im Jahre 1970 in Halle und München und mit dem Staatlichen Komitee für Körperkultur und Sport beim Ministerrat der UdSSR im Mai 1971 in Moskau mit allem Nachdruck vertreten worden.

Der Staat versteht sich im Verhältnis zu den freien Sportorganisationen in der Bundesrepublik Deutschland lediglich als Sportförderer. Das zeigt sich z. B. in der Mitveranstaltung der Bundesjugendspiele, der Gewährung von Sonderurlaub für sportliche Zwecke, der Anerkennung und Stiftung von Sportauszeichnungen sowie vor allem der Gewährung von öffentlichen Subventionen. Bundeskanzler *Brandt* hat in seiner Regierungserklärung zur Sportförderung gesagt, sie habe dort einzusetzen, wo die eigenen Kräfte nicht ausreichten, dem Sport zufallende gesellschaftliche Aufgaben zu erfüllen; Staatssport oder staatlich gelenkter Sport werde jedoch abgelehnt.

Der Bund beschränkt sich bei seinen Hilfen auf bundeszentrale Maßnahmen, da die eigentliche Zuständigkeit für Leibeserziehung und Sport entsprechend den im Grundgesetz aufgezeigten Zuständigkeiten den Ländern zufällt. Große Unterstützung erfährt der Sport — insbesondere gilt das für seine Vereine — durch die Gemeinden, Kreis- und Bezirksbehörden, wenn es um die Planung, den Bau und die Nutzung von Übungsstätten geht. Schon hier muß betont werden, daß der Sport heute ohne die Hilfen der öffentlichen Hände nicht auskommen kann. So haben im Jahre 1970 der Bund (ohne Mittel für die Olympischen Spiele) 49,5 Millionen, die Länder 623 Millionen und die Gemeinden ca. 575 Millionen (wobei die letzte Zahl geschätzt ist) für den Sportstättenbau und die allgemeine Sportförderung (4/5 : 1/5) ausgegeben.

Bei der zunehmenden Freizeit erwachsen dem Sport immer neue Aufgaben, die er zum Wohle der Allgemeinheit nicht mehr ohne ideelle und materielle Unterstützung erfüllen kann, denen er sich aus seinem Selbstverständnis heraus aber auch nicht verschließen darf und will. Gerade wegen der Gemeinnützigkeit, die seine Tätigkeit auszeichnet, ist es geboten, daß der Staat helfend eingreift. Dabei liegt die Frage nahe, ob es etwa sinnvoller wäre, wenn der Staat mit seinem gewaltigen Verwaltungsapparat die Organisation des Sports in der Bundesrepublik in eigene Regie übernehmen würde. Der Sport könnte sicherlich mit Hilfe einer gut arbeitenden hauptamtlichen Verwaltung in einer Weise durchorganisiert werden, wie sie auf ehrenamtlicher Basis niemals erreicht wird. Dennoch sind unsere fast 40 000 Turn- und Sportvereine und auch die Verbände mit insgesamt über 570 000 Helfern durch keinen auch noch so gut gearteten staatlichen Verwaltungsapparat zu ersetzen.

Gerade die Möglichkeit, Kräfte in einem Raum zu entfalten, der von der Einflußnahme des Staates noch ziemlich unberührt ist, setzt bei den Helfern, aber auch bei den Aktiven des Sports Energien frei und ermöglicht bei allen Beteiligten Leistungen, die unter einem staatlichen Reglement, das zumindest den Anschein eines gewissen Zwanges hätte, so nicht möglich wären; vom wirtschaftlichen Wert gar nicht zu sprechen. In einer Zeit, in der der Staat seinen Bürgern im Rahmen der Daseinsfürsorge viele Betätigungsmöglichkeiten abnimmt, sollte er dem einzelnen Betätigungsfelder lassen, in denen dieser sich noch voll einsetzen kann. Diese Möglichkeit bietet der Sport, und von der hier entwickelten Bürgerinitiative leben er, seine Vereine und seine Verbände.

Infolge der begrenzten Mitwirkung der öffentlichen Hand im Sport unseres Landes ist ihm auch jene Verquickung mit staatspolitischen und ideologischen Zielsetzungen erspart geblieben, wie sie z. B. in der DDR nach Kriegsende eingetreten ist. Dort hat es zwar den Deutschen Sportausschuß (DSA) als eine freie Sportorganisation gegeben; 1951 wurde ihm jedoch das Staatliche Komitee für Körperkultur und Sport (als oberste Instanz zur Hebung des ideologischen, organisatorischen und fachlichen Niveaus von Körperkultur und Sport in der DDR) vorgeschaltet. An der Führungsrolle des Staates im Sport der DDR ändert auch die Tatsache nichts, daß 1957 der Deutsche Turn- und Sportbund (DTSB) gegründet wurde; 1970 wurde schließlich das frühere Komitee zu einem Staatssekretariat für Körperkultur und Sport beim Ministerrat der DDR angehoben.

Der DTSB, der schon hinsichtlich seiner Mitgliederstruktur nicht mit dem DSB vergleichbar ist, arbeitet nicht selbständig, sondern erhält seine Weisungen vom Zentralkomitee der SED und wird vom Staatssekretariat für Körperkultur und Sport angeleitet. In seiner Gründungsurkunde versteht sich der DTSB als sozialistische Massenorganisation der Turner und Sportler der DDR, deren Organisationszweck es ist, den Aufbau der sozialistischen Gesellschaftsordnung verwirklichen zu helfen. Die Kompetenzen der Staatspartei für den Sport in der DDR gehen über die reine Weisungsbefugnis weit hinaus und umfassen auch die Kontrolle der Arbeit der Sportvereinigungen und sogar die Bestätigung ihrer Satzungen.

Dennoch ist die Stellung des Deutschen Sportbundes als eines freien Zusammenschlusses der Verbände und Institutionen des Sports durchaus nicht kennzeichnend für die Organisation des Sports in Westeuropa. Eine ähnlich unabhängige Stellung der obersten Sportorganisationen findet sich, soweit dies von hier aus beurteilt werden kann, vor allen Dingen in Holland, der Schweiz, Norwegen und Finnland. In England besteht dagegen eine mehr oder weniger große Einflußnahme des Staates auf den Sport. Sie zeigt sich darin, daß der Unterstaatssekretär für Erziehung und Wissenschaft gleichzeitig Vorsitzender des sports council ist, eines der wichtigsten Gremien des englischen Sports. Und in Frankreich ist der Einfluß höchster staatlicher Stellen auf den Sport und die Sportorganisationen seit der Ära *de Gaulle* hinreichend bekannt. Auch in Spanien wurde die Beteiligung des Staates in der Sportorganisation institutionell gesichert.

Grundsätzlich läßt sich daher sagen, daß das Maß an Freiheit und Selbständigkeit der Sportorganisationen nicht unbedingt von der Staatsform abhängt, obwohl festzustellen ist, daß die strengsten Formen der Einflußnahme des Staates auf den Sport sich heute in den kommunistischen Ländern finden. Das hängt mit dem dort gegebenen politischen System zusammen, das kein Lebensgebiet aus der — von der Staatspartei vorgegebenen — staatlichen Ordnung ausläßt.

Mit fast 11 Millionen Mitgliedern in fast 40 000 Turn- und Sportvereinen ist der Deutsche Sportbund die größte freiwillige Gemeinschaft in der Bundesrepublik Deutschland. Aus dem in § 2 der Satzung[1] genannten Organisationszweck des DSB geht hervor, daß sich der Verband im wesentlichen als der Sachwalter der gemeinsamen Interessen seiner Mitglieder versteht. Darüber hinaus will er aber für den Sport

1 Abgedruckt im Anhang S. 221 ff.

insgesamt, unabhängig davon, ob er organisiert oder nicht organisiert betrieben wird, in überverbandlichen und überfachlichen Angelegenheiten im In- und Ausland wirken. Zweck des DSB ist es insbesondere, „Turnen und Sport zu fördern und dafür erforderliche gemeinsame Maßnahmen zu koordinieren."

Dem DSB gehören gem. § 5 seiner Satzung ordentliche und außerordentliche Mitgliedsorganisationen an. Ordentliche Mitgliedsorganisationen sind die Landessportbünde und die Verbände, die international ein oder mehrere Fachgebiete vertreten (sogenannte Spitzenverbände). Außerordentliche Mitglieder sind Verbände und Institutionen, die keine Spitzenverbände sind oder für die der Sport nur einen Teil ihres Aufgabenbereiches darstellt.

Die ordentlichen Mitglieder sind als privatrechtliche Gebietskörperschaften zu qualifizieren. Diese Feststellung ergibt sich aus der Tatsache, daß in einem bestimmten, abgegrenzten Gebiet für die Fachsportpflege oder aber auch als Interessenvertreter der Gesamtheit jeweils nur ein Verband zuständig ist und diese ausschließliche regionale und sachliche Zuständigkeit von allen Beteiligten respektiert wird. Der DSB anerkennt in seiner Satzung (§ 5 Abs. 2) im Interesse der Einheit und Einigkeit der Turn- und Sportbewegung unseres Landes die besondere Stellung seiner ordentlichen Mitglieder, indem er für das Gebiet eines jeden Landessportbundes keinen zweiten regionalen Gesamtverband und zur Pflege eines bereits vertretenen Fachsports keinen zweiten Spitzenverband aufnimmt. Zwar findet sich an keiner Stelle der Satzungen und Ordnungen der Mitgliedsverbände des DSB ein Wort über die Verpflichtung zur Organisation in dem jeweiligen Verband, auch nicht in den Fachverbänden, und der DSB lehnt Organisationszwang sogar ausdrücklich ab (§ 3 Abs. 3); dennoch haben neben den Verbänden lebende Außenseiter nur in den seltensten Fällen die Möglichkeit, sich in gleicher Weise sportlich zu betätigen wie die Verbandsmitglieder. Das gilt vor allem für den internationalen Sportverkehr, was wiederum mit den Bestimmungen der internationalen Föderationen zusammenhängt.

Der faktische Zwang zu einer Mitgliedschaft ist in den Fachverbänden ungleich größer als in einer Dachorganisation wie dem DSB. Der Anreiz, den der DSB bietet, liegt vor allen Dingen in der Beteiligung am Einheitswerk des deutschen Sports, das es in dieser geschlossenen Form bisher noch nicht gab, aber auch in den Mitteln, die er zur Förderung des Sports mit verteilt, sowie in der ideellen Unterstützung und Beratung, die er seinen Mitgliedern anbietet. Die Tatsache, daß inzwischen 13 Landessportbünde, 42 Spitzenverbände und 21 außerordentliche Mitgliedsorganisationen im DSB zusammengeschlossen sind, läßt erkennen, daß die gewährten Vorteile geschätzt werden. Darüber hinaus beläßt der DSB seinen Mitgliedern alle Freiheiten bei der Regelung verbandsinterner Fragen. In § 3 Abs. 2 seiner Satzung erkennt er ausdrücklich die organisatorische, finanzielle und fachliche Selbständigkeit seiner Mitgliedsorganisationen an.

Die monopolartige Stellung einzelner Sportverbände war bereits Anlaß gerichtlicher Auseinandersetzungen. Im Jahre 1967 hat der NAC (Neuer Verkehrs- und Automobilclub e. V.) gegen den AvD und den ADAC als Gesellschafter der Gesellschaft bürgerlichen Rechts mit der Bezeichnung ONS (Oberste Nationale Sportkommission für den Automobilsport in Deutschland) geklagt. Der Kläger beantragte damals u. a., den Beklagten unter Strafandrohung zu untersagen, im Bereich des Automobilsports, insbesondere gegenüber Automobilclubs, deren Mitgliedern, Fahrern, Automobilherstellern, Behörden, Verbänden gemeinsam unter der Bezeichnung Oberste Nationale Sportkommission für den Automobilsport in Deutschland aufzutreten und/oder zu behaupten, die von ihnen gebildete Gesellschaft bürgerlichen Rechts sei die oberste nationale Sportkommission für den Automobilsport in Deutschland.

Der Bundesgerichtshof[2] hat speziell zu diesem Klageantrag ausgeführt, daß der Kläger durch das Auftreten der Beklagten unter der Bezeichnung ONS in keiner Weise unmittelbar behindert werde und ihm durch die Führung der angegriffenen Bezeichnung auch nicht der Zugang zu präsumtiven Mitgliedern von vornherein versperrt oder wesentlich erschwert worden sei. Der BGH ist vielmehr der Auffassung, dem Kläger sei die Gewinnung neuer Mitglieder dadurch erschwert, daß die Mehrzahl der sportbegeisterten Kraftfahrer eher geneigt ist, den Beklagten als dem Kläger beizutreten, weil sie dort die besseren Möglichkeiten zur Ausübung des ihnen am Herzen liegenden Motorsports sähen. Das sei jedoch keine Folge der von den Beklagten geführten Bezeichnung ONS, sondern eine Auswirkung der von ihnen unter diesem Namen tatsächlich ausgeübten und von der FIA, der internationalen Organisation, übertragenen Funktion. Entsprechend dieser in den Entscheidungsgründen geäußerten Auffassung hat der BGH die Klage abgewiesen.

In einem anderen Verfahren hat 1970 der Rad- und Kraftfahrerbund „Solidarität" e. V. die, wie er meinte, monopolartige Stellung des DSB angegriffen und beantragt, den DSB zu verurteilen, ihm (dem RKB) die Stellung als ordentliche Mitgliedsorganisation nach der Satzung des DSB einzuräumen, hilfsweise den DSB zu verurteilen, gegenüber dem Radsportweltverband die bindende Erklärung abzugeben, daß er (der RKB) vom DSB neben dem Bund Deutscher Radfahrer (als dessen Belange international im Weltverband UCI vertretender Fachverband für Radsport der Bundesrepublik Deutschland) anerkannt wird. Auch dieser Klage wurde in der ersten Instanz nicht stattgegeben; das Urteil ist allerdings noch nicht rechtskräftig. In den Entscheidungsgründen hat das Landgericht Frankfurt[3] die Auffassung vertreten, daß der DSB eine etwa gegebene Monopolstellung nicht in sittenwidriger Weise mißbrauche, da er die Befugnis habe, sein Aufgabengebiet festzulegen und seine Satzung seinen Zwecken entsprechend auszurichten. Unter Berufung auf

[2] BGH 28. 11. 1969 – I ZR 139/67.
[3] LG Frankfurt 28. 5. 1971 – 2/2 0379/70.

die Satzung sei der DSB berechtigt, ein Beitrittsgesuch zurückzuweisen, wenn bei dem aufzunehmenden Verein die satzungsmäßigen Voraussetzungen nicht erfüllt seien.

So bleibt es dem DSB und seinen Mitgliedsorganisationen auch weiterhin unbenommen, den Eintritt von dem Vorliegen ganz bestimmter Voraussetzungen abhängig zu machen.

Die *Organe* des DSB sind die Mitgliederversammlung, der Hauptausschuß und das Präsidium (§ 8).

Die *Mitgliederversammlung* (Bundestag) (§ 9) besteht aus den von den Mitgliedsorganisationen bestellten Vertretern und dem Präsidium. Sie ist das oberste Organ des DSB, findet in der Regel in jedem zweiten Jahr statt und hat u. a. über grundsätzliche Fragen und Angelegenheiten der deutschen Turn- und Sportbewegung zu beschließen und in jedem vierten Jahre die Mitglieder des Präsidiums zu wählen.

Der 1965 geschaffene *Hauptausschuß* (§ 10) besteht aus den Vorsitzenden der Mitgliedsorganisationen und dem Präsidium. Er tritt mindestens zweimal im Jahre zusammen und erledigt folgende Aufgaben: Beratung und Beschlußfassung über Angelegenheiten von grundsätzlicher Bedeutung, soweit sie nicht der Mitgliederversammlung selbst vorbehalten sein sollen, Genehmigung der Jahresrechnung in den Jahren, in denen keine ordentliche Mitgliederversammlung stattfindet, Beratung und Beschlußfassung über den jährlichen Haushaltsvoranschlag, Entscheidung über die Aufnahme neuer Mitgliedsorganisationen und Nachwahl von Mitgliedern des Präsidiums.

Das *Präsidium* (§ 11) besteht aus dem Präsidenten, zwei Vizepräsidenten, dem Schatzmeister, dem Ehrenpräsidenten, acht weiteren Präsidialmitgliedern und dem Generalsekretär (letzterem mit beratender Stimme). Alle Mitglieder des Präsidiums, mit Ausnahme des Generalsekretärs, werden von der Mitgliederversammlung gewählt oder bestätigt; sie verrichten ihre Arbeit ehrenamtlich. Der Generalsekretär ist der verantwortliche Leiter der Hauptverwaltung; er ist hauptamtlich angestellt. Vorstand im Sinne des § 26 BGB ist der Präsident in Verbindung mit einem Vizepräsidenten oder dem Schatzmeister oder dem Generalsekretär.

Aufgrund der letzten Satzungsänderung (Bundestag am 24. 4. 1970 in Mainz) besteht für das Präsidium das Ressortprinzip. Mit Ausnahme des Präsidenten, des Ehrenpräsidenten und des Generalsekretärs haben alle Mitglieder des Präsidiums in der Satzung aufgeführte elf Aufgabenbereiche wahrzunehmen. Es sind dies: Verbindung zu den Mitgliedsorganisationen, Internationale Aufgaben, Finanzfragen, Jugendsport, Frauensport, Breitensport, Leistungssport, Wissenschaft und Bildung, Führungsfragen und Ausbildung, Rechts-, Sozial- und Steuerfragen sowie Öffentlichkeitsarbeit.

Für diese Aufgabenbereiche werden jeweils Bundesausschüsse (§ 12) tätig, deren Vorsitzende die beiden Vizepräsidenten, der Schatzmeister und die acht weiteren Präsidialmitglieder sind. Der Aufgabenbereich

Jugendsport wird von der Deutschen Sportjugend wahrgenommen. Das Präsidium hat das Recht, sich jederzeit über die Tätigkeit der Bundesausschüsse und der Deutschen Sportjugend zu unterrichten. Es kann Beschlüsse der Bundesausschüsse aufheben und die Sache ggf. zur erneuten Beratung und Beschlußfassung zurückverweisen; bei weiterer Meinungsverschiedenheit entscheidet das Präsidium endgültig (§ 11 Abs. 7).

Die Bedeutung der Bundesausschüsse für die *Verbindung zu den Mitgliedsorganisationen* und für *Internationale Aufgaben* wird dadurch unterstrichen, daß sie den beiden Vizepräsidenten zugewiesen worden sind. Die Gutachten des Bundesausschusses für *Finanzfragen* wirken sich im Rahmen der Verteilung der beim Bund zur Verfügung stehenden Mittel für die Sportförderung aus. Den Aufgabenbereich *Jugendsport* nimmt die Deutsche Sportjugend wahr. In ihr ist die Jugend der deutschen Turn- und Sportverbände zusammengeschlossen. Sie bezweckt die Förderung der gemeinsamen sportlichen und überfachlichen Aufgaben der Jugenderziehung und Jugendpflege, führt und verwaltet sich selbständig und entscheidet auch über die Verwendung der ihr zufließenden Mittel in eigener Zuständigkeit (§ 13 Abs. 1, 2).

Der Bundesausschuß für *Frauensport* (§ 14) nimmt sich beim ersten Hinsehen zwischen den anderen Bundesausschüssen etwas fremd aus, zumal da es kein Pendant etwa in Form eines Bundesausschusses für Männersport gibt. Er wird aber solange seine Berechtigung haben, wie es notwendig ist, die Frau stärker als bisher an die sportliche Betätigung heranzuführen. Bemerkenswert ist, daß die Frauenführung selbst eine volle Integration erstrebt, sich also als solche mit der Zeit selbst überflüssig machen möchte.

Der Bundesausschuß für *Breitensport* ist insbesondere Träger der breit gefächerten Aktion „Trimm Dich durch Sport".

Der Bundesausschuß für *Leistungssport* (§ 15) berät und koordiniert mit den Mitgliedsorganisationen des DSB die erforderlichen Maßnahmen zur Förderung des Leistungssports. Die Bedeutung des Leistungssports bringt es mit sich, daß er bei seiner Gründung am 1. März 1969 besonders umfassend gegliedert und ausgestattet worden und daher der bei weitem größte der Bundesausschüsse ist.

Der Bundesausschuß für *Wissenschaft und Bildung* bemüht sich, neben hochgesteckten Zielen im Bereich der Sportwissenschaft zur Zeit insbesondere um die Verabschiedung eines neuen Aktionsprogramms für den Sport an Schule und Hochschule; er hält enge Verbindung u. a. zum Bundesinstitut für Sportwissenschaft.

Der Bundesausschuß für *Führungsfragen und Ausbildung* soll sich insbesondere einer planmäßigen Aus- und Weiterbildung von ehren-, neben- und hauptamtlichen Führungs- und Verwaltungskräften annehmen; hierbei ist die Planung einer ersten Führungs- und Verwaltungsschule in Berlin im Gespräch.

Das breit angelegte Arbeitsgebiet des Bundesausschusses für *Rechts-, Sozial- und Steuerfragen* ergibt sich aus seinem Namen; ihm kommt im

Rahmen der staatlichen Reformen auf diesem Gebiet besondere Bedeutung zu.

Der Bundesausschuß für *Öffentlichkeitsarbeit* soll u. a. eine moderne und wirkungsvolle Öffentlichkeitsarbeit für die Sportverbände und -vereine verdeutlichen und die Informationen nach innen und außen verbessern.

Besonders zu erwähnen ist noch der *Wissenschaftliche Beirat* des DSB (§ 16). Er hat das Präsidium in allen wissenschaftlichen und kulturellen Fragen zu beraten. In diesen Beirat beruft das Präsidium Persönlichkeiten mit besonderen Kenntnissen und Erfahrungen für eine solche Aufgabe.

Eine *Verbandsgerichtsbarkeit*, die die Aufgabe hat, Verstöße gegen das Verbandsrecht zu ahnden, gibt es beim DSB nicht. Demzufolge fehlt es auch in der Organisation des DSB an einer Rechts- oder Verfahrensordnung. Streitfragen zwischen dem DSB und seinen Mitgliedsorganisationen und Streitigkeiten der Mitgliedsorganisationen des DSB untereinander, die sich aus dem Mitgliedschaftsverhältnis oder aus der Tätigkeit eines Organs des DSB ergeben, werden unter Ausschluß des ordentlichen Rechtswegs durch ein Schiedsgericht entschieden (§ 20 Abs. 1).

Ehe das Schiedsgericht angerufen werden darf, ist ein Schlichtungsversuch durch Beauftragte des Präsidiums des DSB vorzunehmen. Erst dann wird das Schiedsgericht tätig, wobei die streitenden Parteien je einen Schiedsrichter benennen und die beiden Schiedsrichter sich auf einen Vorsitzenden einigen müssen. Hier handelt es sich im juristischen Sinne eindeutig um ein Schiedsgericht im Sinne der §§ 1048, 1025 ff. ZPO.

Diese Art von Gerichtsbarkeit im DSB ist nicht mit den Verbandsgerichten seiner Mitglieder zu vergleichen, etwa denen des Deutschen Fußballbundes. Die wichtigste Aufgabe der Verbandsgerichte des DFB ist es, Verstöße gegen das Verbandsrecht zu bestrafen, ebenfalls unter Ausschluß des ordentlichen Rechtswegs. Ihr Aufbau, das Verfahren und die Befugnisse sind in einer Rechts- und Verfahrensordnung zusammengefaßt.

Typisch bei der Klärung von Streitigkeiten im Sportverein und bei der Verfolgung von Verstößen gegen Vereinssatzungen und Ordnungen ist der Ausschluß des ordentlichen Rechtswegs. Das Interesse der Vereine an einer vereinsinternen Gerichtsbarkeit, meistens einer Schiedsgerichtsbarkeit, ist sachlich gerechtfertigt: Das Schiedsverfahren bietet die Möglichkeit einer mehr von einem freundschaftlichen Geist getragenen Erledigung des Streites, die ein vertrauensvolles Zusammenleben im Verein weniger zu stören vermag als vielleicht ein Prozeß vor den ordentlichen Gerichten. Außerdem bietet es den unbestreitbaren Vorteil einer rascheren und weniger kostspieligen Entscheidung. Schließlich kann man im Schiedsverfahren die Entscheidung in die Hände von Schiedsrichtern legen, die mit dem Sachverhalt besonders vertraut sind und die daher nicht der Unterstützung durch Sachverständigengutachten bedürfen und deren konstante schiedsrichterliche Rechtsprechung das Vereinsrecht näher auszugestalten und fortzubilden vermag. Die Überprüfung durch die ordentlichen Gerichte ist damit jedoch nicht ausgeschlossen; sie ist gelegentlich durchaus sinnvoll.

Neben dem DSB als der eigentlichen Dachorganisation der deutschen Turn- und Sportbewegung gibt es noch andere Organisationen, deren Aufgabenstellung von der des DSB verschieden, jedoch gleichfalls für das Ganze bedeutsam ist. Hier ist zunächst das *Nationale Olympische Komitee für Deutschland* (NOK) zu nennen. Es ist am 24. 9. 1949 in Bonn gegründet worden, hat seinen Sitz in München und ist gleichfalls in das Vereinsregister eingetragen. Nach § 2 seiner Satzung[4] dient das NOK der Verbreitung des olympischen Ideengutes; es ist für die Aufstellung und Entsendung der Olympia-Mannschaften verantwortlich und führt schließlich noch die Aufgaben durch, die den NOKs vom IOC gestellt werden. Über die Abgrenzung zwischen DSB und NOK bestimmt § 3 Abs. 2 der Satzung des DSB: Die offizielle Sportvertretung Deutschlands bei internationalen Wettkämpfen im In- und Ausland erfolgt durch den für das jeweilige Fachgebiet zuständigen Spitzenverband, für die Olympischen Spiele durch das NOK. Mitglieder des NOK sind je ein Vertreter der Spitzenverbände, deren Sportarten im olympischen Programm enthalten sind, die deutschen Mitglieder des IOC, der Präsident des DSB, zwei Vertreter der Deutschen Olympischen Gesellschaft, persönliche Mitglieder, Ehrenpräsident und Ehrenmitglieder. Das Präsidium des NOK ist nicht nach Ressorts gegliedert. An ständigen Ausschüssen sieht die Satzung vor: Das Kuratorium Olympische Akademie zur Beratung über die deutsche Beteiligung an der Internationalen Olympischen Akademie in Olympia und den Finanzausschuß. Eine Verzahnung zwischen DSB und NOK besteht über die Satzungen hinaus aufgrund besonderer Absprachen im Bundesausschuß des DSB für Internationale Aufgaben. Das NOK ist ferner im Vorstand des Bundesausschusses für Leistungssport des DSB durch einen Beauftragten vertreten.

Zur Vorbereitung und Durchführung der Spiele der XX. Olympiade in München 1972 wurde 1966 ein besonderes *Organisationskomitee* gegründet, das in seiner Rechtsform ebenfalls ein eingetragener Verein ist. Mitglieder des OK sind die Bundesrepublik Deutschland, der Freistaat Bayern, die Landeshauptstadt München und das NOK. Personell besteht eine enge Verbindung zwischen beiden olympischen Organisationen, da der Präsident des NOK, Willi Daume, gleichzeitig Präsident des OK ist.

Die Pflege des olympischen Gedankens ist auch das Ziel einer Anschlußorganisation des DSB, der *Deutschen Olympischen Gesellschaft* (DOG). Sie ist ein eingetragener Verein, der jedem offen steht, der ein Freund der Leibesübungen ist und der die ideelle und materielle Förderung der Werte des Sports will. Die DOG ist im engen Zusammenhang mit dem sogenannten „Goldenen Plan" für die Schaffung von Erholungs-, Spiel- und Sportanlagen zu nennen.

[4] Abgedruckt im Anhang S. 233 ff.

Zum Bild der sportlichen Selbstverwaltung in der BRD gehört noch die *Stiftung Deutsche Sporthilfe*, die 1967 gemeinsam vom Deutschen Sportbund und der Deutschen Olympischen Gesellschaft gegründet wurde, und ausschließlich und unmittelbar dem gemeinnützigen Zweck dient, Sportler zum Ausgleich für die Inanspruchnahme durch die Gesellschaft und bei der nationalen Repräsentation ideell und materiell durch alle dazu geeigneten Maßnahmen zu fördern. Mit der DSH sind Möglichkeiten gefunden worden, die es dem einzelnen Athleten gestatten, seinen Sport so zu betreiben, daß er Spitzenleistungen erbringen kann, ohne dabei das *Amateurstatut* zu verletzen.

Der weitaus größte Teil aller deutschen Sportorganisationen — vom kleinsten Verein bis zum größten Verband — wird in seinen Führungsgremien ehrenamtlich geführt. Die Leistungen, die dabei in unzähligen freiwilligen Arbeitsstunden erbracht werden, sind nur zu verstehen, wenn man einen umfassenden Einblick in die Organisation des Sports in unserem Lande gewonnen hat. Sie kennzeichnen eine Bürgeriniative, die in ihrer Wirkung nicht hoch genug eingeschätzt werden kann. Wenn die Turn- und Sportbewegung dennoch bisher nicht ihren gesellschaftspolitischen Rang und weite Anerkennung gefunden hat, so liegt dies sicherlich auch darin begründet, daß die politisch führenden Kräfte im Lande die u. a. mit der wachsenden Freizeit stürmisch steigenden Aufgaben für den Sport erst langsam zu erkennen beginnen.

Um hier ein klares Bild zu entwickeln, hat der Deutsche Sportbund 1966 die Bedeutung des Sports im modernen Menschenbild und seinen Dienst an der Menschenbildung zu umreißen versucht. In der programmatischen Erklärung der „Charta des deutschen Sports" wurden alle voraufgegangenen, aktuell ausgerichteten Entscheidungen und Pläne noch einmal überdacht, die einzelnen Entwürfe in sinnvoller Wertordnung zueinandergefügt und in einer gültigen, wissenschaftlich gesicherten Aussage für alle Mitgliedsorganisationen des DSB verbindlich proklamiert. Es ist ein Appell an die kulturtragenden Mächte und zur Konzentration der eigenen Kräfte; er zielt ab auf eine einheitliche Vorstellung von der Sportpflege im Rahmen einer ganzheitlichen Bildung, auf die Klärung des Ranges von Sport und Leibeserziehung in unserer technischen Welt, die Begründung ihres Stellenwertes in der pluralistischen Gesellschaft und auf die Sicherung ihres Anteils an der Mitbestimmung im geistigen Leben. Ich zitiere:

„Die deutsche Turn- und Sportbewegung ist verpflichtet, Bedeutung und Aufgaben des Sports ständig zu überdenken und sich um ihre angemessene Einordnung in den Kulturbereich zu bemühen. Sie sieht es als ihren Auftrag an, die schulische Leibeserziehung, den Breitensport und den Leistungssport — ausgehend von einer modernen Vorstellung wom Menschen — gleichgewichtig zu fördern und diesen Bestrebungen durch die Erkenntnisse der Wissenschaften fortschreitend neue Anregungen zu geben. Der Sport

— fördert die Gesundheit des einzelnen und stärkt die vitale Kraft des Volkes,
— trägt zur Entfaltung der Persönlichkeit bei und ist ein nicht austauschbarer Faktor der Bildung,
— bietet durch vielfältige Übungs- und Gesellungsformen wirksame Hilfen für das Zusammenleben in der Gemeinschaft,
— ermöglicht schließlich eine sinn- und freudvolle Erfüllung der neu gewonnenen Freizeit."

Nur mit Hilfe der Wissenschaften wird es gelingen, die weithin noch vorhandene intellektuelle Einseitigkeit in den Bildungsvorstellungen zu überwinden und die Bedeutung von Sport und Leibeserziehung nachzuweisen. Wir stehen im Sport vor einer Fülle ungelöster Probleme und bedürfen insbesondere des kritischen Rates. Aus dieser Sicht bin ich dankbar, daß ein weiterer geistiger Bereich sich mit dieser Tagung „Sport und Recht" bemüht, den Sport „ernst zu nehmen".

# Rechtsfragen aus der Arbeit des Deutschen Alpenvereins

von

Senatspräsident Dr. HANS DOMCKE, München

## A. Allgemeines

### 1. Einleitung

Der Deutsche Alpenverein (DAV) ist kein Sportverein im engeren Sinne. Die körperliche Ertüchtigung seiner Mitglieder, insbesondere seiner ihm angehörenden Jugend, ist nicht ausdrücklich zum Satzungszweck erklärt. Vielmehr lautet der § 2 Abs. 1 der Satzung wie folgt:

> „Zweck des Vereins ist, das Bergsteigen und Wandern in den Alpen, insbesondere für die Jugend, zu fördern, die Schönheit und Ursprünglichkeit der Bergwelt zu erhalten, die Kenntnis der Hochgebirge zu erweitern und zu verbreiten und dadurch die Liebe zur Heimat zu pflegen und zu stärken, ferner die aus diesen Aufgaben sich ergebende Tätigkeit der Sektionen zusammenzufassen und gemeinsame Aufgaben zu leiten und zu fördern".

Und doch, wer wollte leugnen, daß in der Veranstaltung gemeinschaftlicher Bergfahrten und der Pflege der bergsteigerischen Ausbildung — einschließlich des alpinen Skilaufs — nicht auch eine sportliche Betätigung liegt. Besonders deutlich wird das in den Ostblockländern, die den alpinen Sport als ausgesprochenen Leistungssport anerkennen und fördern durch staatliche Unterstützung, strenge Auswahlrichtlinien, durch Einrichtung von Leistungszentren und Reglements bei der Besteigung der Berge. Wer den Versuch unternimmt, den Elbrus zu bezwingen, wird den Unterschied zwischen einer Bergbesteigung in der freien Welt und in den sozialistischen Ländern alsbald erkennen. Demgegenüber hat der Staat in Deutschland, aber auch in Österreich, der Schweiz, Italien und Frankreich, die Erschließung der Alpen, die Betreuung der Bergsteiger und die Betätigung des alpinen Sports — bislang wenigstens— freien Vereinigungen überlassen und sich nur auf wenige Eingriffe beschränkt. Ich sagte bisher, denn heute zeichnet sich bereits ab, daß der Staat auch bei uns fördernd, unterstützend und notfalls regulierend eingreifen muß, wenn er den „weißen Boom" steuern, aber auch der mit der Welle des Tourismus verbundenen Gefahr für unsere Bergwelt als eines der letzten Reservate für Freizeit und Erholung begegnen will. Um nur einige Beispiele zu nennen: Bauplanung für Hütten und Wege, Raumordnung, Seilbahngenehmigung, Skischulrichtlinien, Bergführerwesen, Regeln für Skifahrer, Pistenschutz, Verbote für Motorschlitten und nicht zuletzt Auflagen für Abfall- und Abwässerbeseitigung. Alles das sind Probleme, die auch den DAV betreffen, ausgelöst durch den Andrang der unvorbereiteten und ungelenkten Masse in den Bergen.

Die Bergwelt — noch vor wenigen Jahrzehnten das bevorzugte Reservat einiger weniger — ist heute schon zur „Spielwiese“, zur gesuchten Umwelt für Freizeit und Sport geworden. Mit der Masse kam der Lärm, der Unrat und es wuchsen die Gefahren und Gefährdungen. Dabei ergießt sich dieser Strom nicht etwa nur in den Bereich der Alpen, sondern er erfaßt heute bereits die Berge der Welt in allen Teilen der Erde. Organisierte Reisen führen in den Himalaya, in den Hindukusch, nach Nord- und Südamerika sowie nach Afrika. Für den DAV, einer der größten Organisationen der Bergsteiger, Wanderer und Skifahrer in der Bundesrepublik und in Europa erwachsen daraus Aufgaben und Probleme mannigfacher Art, im Grenzbereich auch *Rechtsprobleme;* davon soll heute die Rede sein. Doch zuvor darf ich Ihnen den DAV kurz vorstellen.

## 2. Aufbau, Gestalt und Ziele des DAV

Die Idee der Gründung einer alpinen Vereinigung kam nach der ersten Erschließung der Alpen, die am Ende des 18. Jahrhunderts einsetzte. Es waren übrigens drei Juristen, die 1862 den Alpenverein in Österreich gründeten und die einleitenden Schritte durch Vereinsstatut und Gründungskomitee unternahmen: Grohmann, Mojsisovics und Baron Sommaruga.

1869 folgte die Gründung des DAV in München, auch hier getragen von vier Männern: Hofmann, Trautwein, Johann Stüdl und Kurator Franz Senn aus Vent. 1873 schlossen sich die beiden Vereine zusammen. Die fruchtbare Verbindung dauerte bis 1945. Noch ein Markstein aus der Geschichte des Alpenvereins sei hier erwähnt: 1868 wurde die erste Schutzhütte des Alpenvereins im Kapruner Tal gebaut, die Rainerhütte in der Glockner-Gruppe. Es mutet fast symbolisch an, daß sie heute von den Wassermassen des Kapruner Stausees überflutet ist. Heute besteht der DAV aus 291 Sektionen, einer Stiftung und einem Freundeskreis der Förderer e. V. Er umfaßt 246 000 Mitglieder und seine Sektionen verwalten 245 Hütten in den Alpen (davon 62 in Deutschland und 183 in Österreich, hinzu kommen 72 Mittelgebirgshütten und 91 sektionseigene Hütten, die nicht allgemein zugänglich sind). Allein der Versicherungswert dieser Hütten beträgt über 100 Mio. DM. Zusammen mit dem ÖAV hat der DAV 20 000 km Wege gebaut und ist für deren Unterhalt verantwortlich. Auch auf dem Gebiet der Alpenkartographie ist der Alpenverein mit 40 Karten der wichtigsten Alpengebiete im Maßstab 1:25 000 führend.

Noch ein Wort zur organisatorischen Gliederung des Vereins: Er besteht — wie gesagt — aus 291 Sektionen im Bundesgebiet, sie sind fast durchwegs eingetragene Vereine mit eigener Finanzhoheit, selbständiger Vereinsleitung, eigenem Hüttenbesitz und einer umfassenden Zuständigkeit im Sinne der Satzung des DAV. Sie sind bei der Willensbildung des Hauptvereins durch die von ihnen gewählten Organe des Hauptvereins beteiligt. Sie wählen als Mitgliederversammlung die drei Vorsitzenden, die Mitglieder des Hauptausschusses und des Verwaltungsausschusses als Organe des Hauptvereins. Wir haben somit vor uns einen stark dezentralisierten Gesamtverein (DAV), bestehend aus dem Hauptverein mit dem Sitz in München (Zentrale) und der Summe der Sektionen und Stiftungen. Mitglied des Hauptvereins sind nur die Sektionen und Stiftungen, nicht hingegen die einzelnen Alpenvereinsmitglieder. Um diesen horizontal gegliederten Gesamtverein zusammenzuhalten und in der Zielsetzung auf Gemeinsames festzulegen, sieht die Satzung des DAV vor, daß die Sektionen verpflichtet sind, die satzungsgemäßen Beschlüsse der Vereinsorgane durchzuführen und Beiträge an den DAV zu entrichten, deren Höhe die Mitgliederversammlung festlegt. Wenn sie so wollen, ist der DAV Kostgänger der Sektionen. Abgesehen von dieser starken Dominanz der Sektionen in der Vereinsführung beherrscht noch ein anderes Prinzip die Arbeit des DAV und seiner Sektionen: das ehrenamtliche Element in der Vereinsleitung. Nur bei größeren Sektionen mit in der Regel mehr als 1000 Mitgliedern (das sind rund 50 Sektionen) und beim DAV selbst sind hauptamtlich angestellte Ganztagskräfte vorhanden. Der Schwund an Honoratioren, die über Zeit, Geld und den nötigen Idealismus verfügen, um sich einer solchen Aufgabe zu stellen, bereitet uns in der Alltagsarbeit erhebliche Sorgen. Noch ein Phänomen sei erwähnt, die weitgehende Verdrängung des Staates aus unserer Arbeit. Dabei übernimmt der DAV seit mehr als 100 Jahren auch öffentliche — weit über die eigentliche Betreuung der Mitglieder hinausgehende — Aufgaben. Von der Herstellung der Alpenvereinskarten war bereits die Rede. Hier seien noch als Beispiel aufgezählt: Ausbildung der Bergführer, Heranbildung von Führungskräften in den Sektionen für Sommer- und Winterbergsteigen, Betreuung der Jugend, Unterweisung von Lehrern, Unterhaltung von allgemein zugänglichen Schutzhütten, Herstellung von Wegen und deren Markierung, Betreuung von Steiganlagen und Kletterwegen in den Arbeitsgebieten der Alpen, Mitarbeit im alpinen Rettungswesen und im Naturschutz, wissenschaftliche und praktische Erforschung der Alpen, seiner Tier- und Pflanzenwelt, und schließlich noch Theorie und Technik der Gefahren der Bergwelt. Wenn sie so wollen, kann man sagen, daß der DAV in vieler Hinsicht beliehener Unternehmer ist, vom Staat geduldet, gefördert und unterstützt. Mit den wachsenden Aufgaben, die dem DAV aus dem Massentourismus entstehen, wird allerdings die gesuchte und teilweise gewollte Distanz zum Staat mehr und mehr in eine Zusammenarbeit münden müssen. Bereits heute lassen die Länder Bayern und Baden-Württemberg dem DAV und seinen Sektionen erhebliche finanzielle Unterstützungen zukommen.

Nur am Rande sei erwähnt, daß der DAV auch internationale Kontakte pflegt, besonders enge mit dem Bruderverein in Österreich und mit anderen alpinen Vereinigungen in Ost und West. Darüber hinaus ist der DAV Mitglied in der 1932 gegründeten, aus 35 Mitgliedsstaaten bestehenden Union Internationale des Assoziations Alpin (UIAA) und in weiteren internationalen Organisationen (CIPRA). Sachliche Gemeinsamkeiten verbinden ihn mit dem Deutschen Roten Kreuz, Abteilung Bergwacht, in allen Angelegenheiten des alpinen Rettungswesens und mit dem Deutschen Naturschutzring in Fragen des Schutzes der Bergwelt sowie mit dem Verein zum Schutz der Alpenpflanzen- und tiere.

### 3. Gliederung und Soziologie des Vereins

Ein paar Strukturdaten seien noch angefügt. Sie erheben weder den Anspruch auf Vollständigkeit noch soll damit eine Soziologie des Vereins gegeben werden: Nach Alters- und Haushaltsgruppen unterscheidet sich die Zusammensetzung der Mitglieder des DAV kaum von der Gliederung der Gesamtbevölkerung in der Bundesrepublik, wohl aber hinsichtlich der Berufsgruppen und der Schulbildung: Rund 60% der Mitglieder stammen aus der Berufsgruppe der Beamten und Angestellten (Freizeit) und rund 70% haben einen über die Volksschule hinausreichenden Bildungsgrad, darunter etwa 25% eine abgeschlossene Hochschulbildung. Ferner erscheint mir interessant der Hinweis, daß rund die Hälfte der AV-Mitglieder in Bayern lebt und daß 45% der Mitglieder in Großstädten über 100 000 Einwohnern seßhaft sind. Die Nähe der Alpen, deren Erreichbarkeit am Wochenende läßt offenbar eine Mitgliedschaft in einer alpinen Vereinigung mit den damit verbundenen Vergünstigungen besonders erstrebenswert erscheinen. Der Anteil an Großstädtern mag verschiedene Gründe haben: mehr Freizeit, größere Aufgeschlossenheit, Flucht aus der Stadt, Suche nach gleichgesinnten Partnern in den Bergen und vielleicht auch im Leben; beachtlich ist daher die Zahl der Familienmitgliedschaften im DAV.

## B. Rechtsprobleme aus der Arbeit des DAV

1. Das Wesen des Rechts steht zu einem gewissen Grade in Widerspruch zum Tun des Bergsteigers und zu seiner Organisation. Das Recht setzt Grenzen, schafft Schranken, gebietet und verbietet. Gerade davon will der Bergsteiger frei sein, er will gehen und stehen, wo es ihm paßt; er will tun und lassen, was ihm Freude macht. Sein Temperament stößt sich an Betretungs- und Kletterverboten, Hüttenordnungen und Satzungsbestimmungen. Wie soll ein Verein verfaßt sein, der solch ungestüme Kraft, solche Gleichgültigkeit gegenüber allem Geschriebenen doch noch in die Bahnen des Rechts leitet? Nun, ich war sechs Jahre als ehrenamtlicher Rechtsreferent des DAV tätig, zugleich auch als Vorstand einer mittleren Sektion. Ich bekenne: Gegenseitiges Vertrauen, Offenheit, Opferbereitschaft und Engagement für die Sache des Vereins haben es ermöglicht, daß der DAV mit spärlichen Mitteln und mit dürftigen Lenkungsbefugnissen bisher ausgekommen ist; der Appell an den guten Willen und die gemeinsame Sache und letztlich nicht Gebote und Verbote oder Zwang und Herrschaft waren die Mittel unserer Vereinspolitik.

2. Die folgende Auswahl an Rechtsfragen erhebt keinen Anspruch auf Vollständigkeit. Detailfragen — so etwa die Grundsteuerfreiheit unserer

Schutzhütten (§ 4 Nr. 3 Buchst. b GrStG), Fragen des Urheberrechts an unseren Kartenwerken — bleiben dabei außer Betracht; desgleichen alle mit dem Skifahren zusammenhängenden Fragen, weil hierfür im Rahmen dieses Seminars besondere Vorträge vorgesehen sind.

a) **Beginnen wir mit dem Vereinsrecht**

aa) Wie erwähnt, sind sowohl der DAV als auch die meisten seiner Sektionen eingetragene Vereine des bürgerlichen Rechts mit dem Charakter der Gemeinnützigkeit. In letzter Zeit gehen die Registergerichte in zunehmendem Maße dazu über, strengere Anforderungen an die Vereinsleitung zu stellen, insbesondere hinsichtlich der Zusammensetzung und Vertretungsberechtigung des Vorstandes. Aus der Satzung muß zweifelsfrei erkennbar sein, welche Personen, den Vorstand im Sinne des § 26 BGB bilden. Die Mitglieder des Vorstandes dürfen von der Vertretungsbefugnis nicht gänzlich ausgeschlossen sein, es genügt jedoch, wenn sie Gesamtvertretungsbefugnis haben; einzelnen — besonders benannten Vorstandsmitgliedern — kann Einzelvertretungsbefugnis eingeräumt werden. Jede Änderung in der Zusammensetzung des Vorstandes muß beim Vereinsregister angemeldet werden[1]. Die Abgrenzung zwischen einem Vorstand im Sinne des § 26 BGB und weiteren Vorstandsmitgliedern (geschäftsführender Vorstand) ist zwar zulässig, es empfiehlt sich jedoch, hierfür aus Gründen der Klarheit eine andere Bezeichnung einzuführen (z. B. Beirat). Es ist herrschende Meinung, daß die Wirksamkeit der Vertretungshandlungen des Vorstandes Dritten gegenüber einen in verfassungsmäßiger Form zustande gekommenen Vorstandsbeschluß voraussetzt. Anderenfalls handelt der Vorstand ohne Vertretungsmacht (§ 179 BGB). Ein Dritter, der mit dem Verein in Rechtsbeziehungen tritt, muß daher nicht nur prüfen, ob die für den Verein Handelnden die Vorstandsmitglieder in der zur Vertretung erforderlichen Zahl sind (Einzelvertretung, Gesamtvertretung, Beschränkungen im Innenverhältnis), sondern er muß sich zusätzlich darüber Klarheit verschaffen, ob den Erklärungen ein gültiger Vorstandsbeschluß zugrunde liegt (Bay ObLGZ a. a. O. mit weiteren Nachweisen).

bb) Für zahlreiche Vereine stellt sich heute das Problem der Unterwanderung[2]. Sieht eine Satzung etwa nur vor, das Mitglied ist, wer den Mitgliedsbeitrag zahlt, so sind einer solchen Unterwanderungstendenz keine Grenzen gesetzt. Es empfiehlt sich daher auf jeden Fall, in der Satzung ein besonderes Aufnahmeverfahren vorzusehen (Entscheidung des Vorstands über die Aufnahme, Beibringung von Bürgen usw.). Ein Rechtsanspruch des Einzelnen auf Aufnahme in einen Verein besteht nicht. Die Satzung kann jedoch gegenüber ablehnenden Entscheidungen die Anrufung der Mitgliederversammlung (Ältestenrat) vorsehen.

[1] Vgl. Bayer. ObLGZ 1971, 266.

[2] Vgl. *Sauter-Schweyer,* Der eingetragene Verein – 8. Aufl. – S. 36.

cc) Anders als etwa das Aktienrecht kennt das Vereinsrecht keine ausdrückliche Unterscheidung zwischen Anfechtbarkeit und Nichtigkeit von Vereinsbeschlüssen. Vielmehr sind Beschlüsse des Vereins, die unter Verletzung zwingender gesetzlicher Vorschriften oder unverzichtbarer Satzungsbestimmungen zustande gekommen sind, grundsätzlich unwirksam. Die Nichtigkeit kann von jedem Dritten geltend gemacht werden, sie muß vom Registergericht (Rechtspfleger) von Amts wegen berücksichtigt werden. Man wird jedoch auch hier Einschränkungen anerkennen müssen in der Weise, daß nicht jede Verletzung von Satzungsvorschriften, sondern nur solcher, die die Mitbestimmung und Mitwirkung der Mitglieder sichern sollen, zur Unwirksamkeit führt und auch in zeitlicher Hinsicht wird man einer „Anfechtbarkeit" unter dem Gesichtspunkt der Verwirkung Grenzen setzen müssen. Ferner wird im Einzelfall zu prüfen sein, ob der Beschluß überhaupt von dem Verstoß berührt werden kann.

dd) Im Rahmen dieses Seminars ist auch die Frage behandelt worden, inwieweit Akte der Vereinsgewalt einer gerichtlichen Kontrolle unterliegen. Dazu möchte ich bemerken, daß eine Ausdehnung der Rechtskontrolle auf sämtliche Vereinsakte m. E. mit der durch Art. 9, Abs. 1 GG, 114 BV geschützten Vereinsautonomie nicht vereinbar ist. Im Rahmen seiner Verfassung und der Rechtsordnung ist der Verein autonom. Akte der Vereinsgewalt können daher nach heute h. M. gerichtlich nur daraufhin nachgeprüft werden, ob sie gesetzwidrig, satzungswidrig oder sittenwidrig sind[3].

Zum Inhalt der Vereinsautonomie und deren Grenzen hat sich das Bundesverfassungsgericht erst kürzlich geäußert[4] und ausgeführt, daß Art. 9, Abs. 1 GG vor einem Eingriff — auch des Gesetzgebers — in den Kernbereich des Vereinsbestandes und der Vereinstätigkeit schützt, da sonst ein effektiver Grundrechtsschutz nicht bestünde[5]. Hinsichtlich des notwendigen Inhalts einer Vereinssatzung vermag ich der Entscheidung des Bundesgerichtshofes vom 6. 3. 1967[6] nicht beizupflichten. Die Satzung ist eine Grundordnung für ein soziales Gebilde, sie kann sich auf die Festlegung von Leitprinzipien beschränken. Das ergibt sich bereits aus §§ 57, 58 BGB. Sie soll neben den Essentialien (Name, Sitz und Zweck) eine Regelung enthalten über Voraussetzung und Folgen der Mitgliedschaft, die Teilnahmerechte der Mitglieder, über Zusammensetzung und Funktion der Organe sowie über das innere Vereinsleben. Sie braucht jedoch nicht alle Details hierzu zu regeln[7].

[3] Vgl. *Meyer-Cording*, Die Vereinsstrafe 1957; *Beuthien*, Richterliche Kontrolle von Vereinsstrafen, BB 1968 Beilage 12; *Böttcher* ZfA 1970, 44; *Lukes* NJW 1972, 121 ff; BGHZ 21, 373; 47, 172 = NJW 1967, 1268.

[4] BVerfGE 30, 227/241 und 243.

[5] Vgl. auch Bayer. VerfGH 4, 30 ff.

[6] BGHZ 47, 172.

[7] Zu diesemProblem vgl. *Lukes*, NJW 1972, 121 ff.

b) Die meisten Rechtsprobleme stellen sich naturgemäß im Zusammenhang mit der bergsteigerischen Betätigung der einzelnen Mitglieder, der Führungskräfte und des Vereins selbst (Veranstalterhaftung).

aa) Die vom DAV geführte Unfallstatistik zeigt, daß weniger als 1% unserer Mitglieder in Bergunfälle verwickelt werden. Eine vereinseigene Unfallfürsorge gewährt Ersatz der Bergungskosten, Todfallbeihilfe und Schutz bei Invalidität. Bei Bergfahrten in der Schweiz und in Italien empfiehlt sich der Abschluß einer Zusatzversicherung, weil dort die Bergungskosten meist ein Vielfaches (Hubschrauberbergung) der aus der vereinseigenen Unfallfürsorge zu gewährenden Höchstgrenze (DM 1 000,—) betragen. Die Mitglieder des DAV sind bei jeder bergsteigerischen Betätigung haftpflichtversichert (DM 200 000,— für Personenschäden, DM 10 000,— für Sachschäden). Kommt durch ihr Verschulden ein Dritter zu Schaden (Auslösen einer Lawine, Abrollen von Steinen, Zusammenstoß beim Skifahren usw.), so greift die Haftpflichtversicherung ein; nicht jedoch bei Fahrten mit Kraftfahrzeugen zum Berg. Hier hilft nur der Abschluß einer Zusatzversicherung oder ein (nur bei Volljährigkeit möglicher) Haftungsausschluß etwa nach dem vom ADAC entworfenen Muster.

bb) Die Haftpflichtversicherung für Mitglieder deckt auch etwaige Ansprüche aus dem Führen von Gruppen, wenn dies ohne Entgelt geschieht. Beauftragt etwa eine Sektion ein Mitglied mit der Durchführung einer Bergfahrt oder einer Jugendveranstaltung, so ist diese Führungstätigkeit, sofern sie ohne Entgelt erfolgt, in die Haftpflichtversicherung eingeschlossen. Die Gewährung eines Fahrkostenzuschusses wird man nicht als Entgelt im Sinne dieser Vorschriften ansehen können. Hingegen muß der Bergführer, der gegen Gebühr Einzelne oder Gruppen führt, gesondert versichert werden. Führt er im Rahmen einer Veranstaltung der Berg- und Skischule des DAV, so besteht eine solche Haftpflichtversicherung, nicht jedoch, wenn er privat oder für andere Organisationen führt. Angesichts der strengen Anforderungen an die Sorgfalts- und Hilfeleistungspflicht, die die Rechtsprechung mit Rücksicht auf die besondere Ausbildung und Erfahrung gerade an den Bergführer stellt, muß dieser für einen ausreichenden Schutz sorgen. Mir scheint es auch erforderlich, daß der DAV bei der Ausbildung der Bergführer mehr noch als bisher diese auf ihre besonderen Rechte und Pflichten hinweist. So etwa ist der Bergführer verpflichtet, seine Tour abzubrechen und einem Dritten Hilfe zu leisten, wenn er ohne Gefährdung seines Gastes und ohne erhebliche eigene Gefährdung Hilfe leiseten kann (Zumutbarkeit der Hilfeleistung). Ihm stehen zwar — ebenso wie den Männern der Bergwacht — keine hilfspolizeilichen Befugnisse zu, doch ist er Kraft seiner besonderen Erfahrung und Kenntnis der objektiven Gefahren der Berge verpflichtet, u. U. Dritte zu warnen und Gefahren von Dritten abzuwehren. Wer an einem schönen Tag etwa den Hörnligrat zum Matterhorn geht oder den Großglockner besteigt, wird erkennen, wie sorglos zum Teil gerade Führungskräfte gegen diese an sich selbstverständlichen Regeln des Verhaltens in den Bergen verstoßen. Im Ernstfall wird dem Bergführer der Einwand wenig helfen, er stehe mit dem Dritten nicht in vertraglichen Beziehungen (sozialadäquates Verhalten, allgemeine Verkehrssicherungspflicht). Übrigens trifft diese Verpflichtung zur Warnung auch den Hüttenwirt, wenn er sieht, daß offensichtlich unkundige und ungenügend ausgerüstete „Bergsteiger" Fahrten unternehmen, denen sie nicht gewachsen sein können. Auch Schlechtwetterprognosen muß der Hüttenwirt u. U. mitteilen. Er braucht deshalb nicht gleich die Hütte zu verriegeln und die Gäste am Verlassen der Hütte hindern. Es genügt vielleicht schon, wenn er sie nur nicht rechtzeitig aufweckt. Freilich wird die Abwägung von Schuld und Verantwortung nur unter Würdigung der Verhältnisse des Einzelfalles möglich sein. Dabei kann der strafrechtliche (§§ 330 c, 230, 222 StGB) oder zivilrechtliche Maßnahmen (§§ 823, 826 BGB) auslösende Schuldbereich enger gezogen werden als etwa derjenige, der zu standesrechtlichen oder berufsrechtlichen Sanktionen führt.

Wo die Gefahr ist, wächst das Rettende (Hölderlin). An dieser Stelle erscheint die Warnung angebracht, das Maß der Sorgfaltspflichten nicht zu überspannen oder den einzelnen Bergsteiger selbst von jeder Eigenverantwortlichkeit und Selbstvorsorge zu entlasten. Wer etwa eine besonders schwierige Bergfahrt unternimmt (Dru-Westwand, Eiger-Nordwand) muß nach Können und Ausrüstung darauf eingestellt sein, daß eine Rettungsaktion nicht durchgeführt werden kann und wird. Der Bürger des 20. Jahrhunderts ist nicht mehr bereit, gefährlich zu leben. Er ist nicht mehr willens, ein Unglück zu tragen, sondern sucht immer nach einem Schuldigen, einem Verantwortlichen; notfalls erwartet er Hilfe und Schadensersatz vom Staat[8]. Aber Bergsteigen ist nun einmal mit Gefahren verbunden, objektiven von der Natur und subjektiven von dem Bergsteiger oder Dritten ausgehenden Gefahren. Mit der zunehmenden Überflutung der Berge durch unkundige, unerfahrene und ungenügend ausgerüstete Bergsteiger wachsen die Gefahren für den einzelnen und für andere. Hier erwächst den alpinen Vereinigungen eine bedeutende, zukunftweisende Erziehungsaufgabe und Schutzfunktion im Sinne des sozialen Rechtsstaates.

cc) Noch ein Wort zur Haftung des Vereins selbst (Veranstalterhaftung). Auch insoweit hat der DAV für sich und seine Sektionen eine Haftpflichtversicherung abgeschlossen. Sie umfaßt die persönliche Haftpflicht der Mitglieder (Vorstandsmitglieder, Führungskräfte) bei Betätigung im Interesse und für Zwecke des versicherten Vereins bei Vereinsveranstaltungen sowie die Haftpflicht aus der Benutzung alpiner Sommer- und Winterwege; sie deckt ferner die gegenüber den Regierungsforstämtern Oberbayern und Schwaben aufgrund Haftungsfreistellung

8 *Rinck:* Gefährdungshaftung, Göttinger rechtswissenschaftliche Studien, 1959, S. 1.

übernommenen Verpflichtungen des Vereins. Auch aus diesem Bereich seien zwei Rechtsfälle herausgegriffen: Wenn eine Sektion einen markierten Klettersteig anlegt (Drahtseilsicherung), so trifft sie eine — allerdings eingeschränkte — Obhutspflicht. Ein Musterprozeß in Wels (Oberösterreich) ließ zwar diese Frage bisher ungeklärt. Dennoch neige ich dazu, der Sektion die Verpflichtung aufzuerlegen, die Seilanlage zu kontrollieren — etwa nach Abschluß des Winters. Andererseits trifft aber auch den Bergsteiger selbst die Verpflichtung, sich nicht allein und ungeprüft auf die Seilanlage zu verlassen (§ 254 BGB). Ob die Sektion durch Anbringung eines Schildes „Nur für geübte Bergsteiger — Begehen auf eigene Gefahr" diese Haftung ausschließen kann, erscheint fraglich; dann schon lieber keine Seilanlage, dafür aber auch kein Schild über Haftungsausschluß.

Der Bergsport ist ein Lebensbereich, in dem der Mensch ein gewisses Maß an Eigenverantwortung und Risiko bewußt auf sich nimmt. Der Sicherheitskreis des DAV, dem einige besonders erfahrene und geübte Bergsteiger angehören, hat in einigen bekannten Kletterführen im Kaisergebirge und in den Berchtesgadener Alpen Abseilhaken und Standhaken fest angebracht. Hier würde ich jede Haftung für Haltbarkeit und auch jede Überwachungspflicht von vornherein ausschließen, denn es handelt sich nicht um „Wege", die einem größeren Kreis erschlossen sind (anders wäre wohl die Rechtslage bei Anlegung von Klettergärten für Übungszwecke). Von einem Bergsteiger, der solche Touren unternimmt, muß ich erwarten, daß er nicht ungeprüft einem Haken vertraut, auch dann nicht, wenn er vom DAV-Sicherheitskreis angebracht ist. Hier sei nur beiläufig erwähnt, daß die Ausrüstungsgegenstände der Bergsteiger (Seile, Steinschlaghelme, Haken usw.) heute fast ausnahmslos der Güteüberwachung unterliegen.

Die Sektion kann bei der Einteilung von Führungskräften für Bergfahrten ein Auswahlverschulden treffen. Es hieße jedoch die Anforderungen überspannen, wenn in jedem Fall nur geprüfte Bergführer oder ausgebildete Hochtouren- und Skiführer eingeteilt werden müßten. Ich habe vielmehr stets die Auffassung vertreten, daß es genügt, wenn die Sektion in ausreichender Zahl erfahrene Alpinisten zur Verfügung stellt, die mit den Besonderheiten und Schwierigkeiten der Tour im allgemeinen und im besonderen vertraut sind.

Das Führen von Gruppen in den Bergen erfordert besondere Umsicht, Vorsicht und Erfahrung. Jeder Lehrer, jeder Jugendleiter hat die Pflicht, die mit dem Bergsteigen verbundenen Gefahren so niedrig wie möglich zu halten und von einer gefährlichen Maßnahme u. U. Abstand zu nehmen[9]. Diese gesteigerte Sorgfaltspflicht kann etwa dazu führen, daß ein Lehrer oder Jugendleiter vor der Veranstaltung eines Abfahrtslaufes, einer Spielveranstaltung (Fuchsjagd) oder gar einer Klettertour das Gelände vorher in Augenschein nimmt, den Rat Erfahrener einholt

[9] BayObLGSt, Urteil vom 4. 6. 1971, RReg. 3 St 9/71.

und sich ausreichend ausgebildeter Hilfskräfte in einer der Gruppe angemessenen Zahl bedient. Wem die Gesundheit und das Leben anderer anvertraut ist, der muß hinsichtlich der Einschätzung und Vermeidung von Risiken vorbieten. Hier gilt die goldene Bergsteigerregel: Mut haben zum Rückzug.

3. Im Rahmen der Berg- und Skischule des DAV werden — wie erwähnt — auch Auslandsbergfahrten unternommen. Der DAV ist auf diesem Gebiet Reiseunternehmen. Er hat insoweit nicht nur eine Vermittlerklausel, sondern auch einen Haftungsausschluß in die Prospekte aufgenommen. Die Klausel lautet:

> „Der Veranstalter tritt bei allen Reisen mit Ausnahme der Veranstaltungen im AV-Haus Obertauern nur als Vermittler auf und übernimmt keine Haftung bei Unglücksfällen, Verlusten oder sonstigen Unregelmäßigkeiten. Die Haftung der mit der Durchführung betrauten Unternehmer bleibt indessen unberührt. Die Teilnahme an den Bergtouren, Bergwanderungen und Safaris erfolgt auf eigene Gefahr. Der Gipfelerfolg kann nicht garantiert werden. Die Besteigung hängt in erster Linie von der Leistungsfähigkeit der Teilnehmer und den Verhältnissen ab."

Über die Problematik der Vermittlerklausel — angesichts der hierzu vorliegenden neueren Rechtsprechung — bin ich mir im klaren. Doch wird ihre Anwendbarkeit nicht in Zweifel zu ziehen sein, wenn sich der DAV bei der Durchführung solcher Reisen — etwa der Flug- und Schiffsreisen — eines anerkannten und soliden Reiseunternehmens bedient (ADAC, ABR, Schiffs- und Fluggesellschaften). Ob sich der DAV durch Berufung auf die Vermittlerrolle freizeichnen kann, wenn er sich einer Agentur zur Auswahl der Träger und Sherpas bedient, erscheint zumindest zweifelhaft.

Die Klausel über den Haftungsausschuß geht zurück auf einen — allerdings gerichtlich noch nicht abschließend ausgetragenen — Fall anläßlich der Besteigung des Ararat in der Türkei. Einer Gruppe von 14 Bergsteigern und 2 Bergführern war von den türkischen Behörden aus nicht erkennbaren Gründen der Aufstieg zum Grenzberg Ararat versagt worden. Nach Beratung in der Gruppe haben die Bergführer ein Ausweichziel ausgewählt; 10 Teilnehmer waren damit einverstanden, 4 jedoch haben sofort die Rückreise angetreten und später Erstattung der Kosten gefordert. Der Rechtsfall weist eine Reihe von Problemen auf. Ich will auf diese mit Rüchsicht auf das noch nicht abgeschlossene Verfahren hier nicht im einzelnen eingehen. Nur eines möchte ich klarstellen: Die Durchführung solcher Bergfahrten mit Expeditionscharakter muß wohl mit anderen Maßstäben gemessen werden, als etwa die Bereitstellung eines Hotelzimmers mit Meeresblick auf Teneriffa. Ich meine auch, daß hier zwar ein Geschäftsbesorgungsvertrag vorliegt, daß sich Rechte und Pflichten aber doch weitgehend nicht nach Werkvertragsrecht, sondern nach Dienstvertragsrecht abwickeln müssen. Freilich bleibt die Haftung für etwaiges Planungsverschulden bestehen. Hinsichtlich des Ersatzzieles könnte der in § 315 BGB enthaltene Rechtsgedanke herangezogen werden und im Falle der Abwicklung nach Bereicherungsgrundsätzen (§ 323 Abs. 3, §§ 818 ff, 820 BGB) wohl auch an § 815 BGB (zweite Alternative) gedacht werden.

4. Es gäbe noch eine Fülle von Rechtsfragen, ich kann sie nur aufwerfen, ohne sie im einzelnen zu besprechen:

a) Es ist einmal das Problem der Zulassung von Motorschlitten für private Zwecke. Resolutionen der Vereine, der Gesetzgeber möge insoweit handeln, sind vorhanden. Aber wer ist zuständig: der Bund unter dem Gesichtspunkt des Verkehrsrecht (Art. 74 Nr. 22 GG) oder die Länder unter dem Gesichtspunkt des Naturschutzes und der Landschaftspflege? Die dringend erforderlichen gesetzgeberischen Maßnahmen sollten an einem negativen Kompetenzkonflikt nicht scheitern[10].

b) Die Meinungsverschiedenheiten zwischen Bund und Ländern hinsichtlich der Vollkompetenz des Bundes in Angelegenheiten des Naturschutzes sind bekannt. Von der ihm zustehenden Rahmenkompetenz hinsichtlich des Naturschutzes und der Landschaftspflege hat der Bund jedenfalls bisher noch nicht Gebrauch gemacht (Art. 75 Nr. 3 GG). Da das Reichsnaturschutzgesetz — nach Auffassung des Bundesverfassungsgerichts — Landesrecht ist, steht es den Ländern frei, eigene Naturschutzgesetze zu erlassen. Bayern ist auf dem Wege dazu[11]. Ich bezweifle auch, ob tatsächlich ein Bedürfnis besteht, dem Bund die konkurrierende Kompetenz für den Naturschutz einzuräumen. Das Bundesverfassungsgericht hat wiederholt ausgesprochen, daß darauf abzustellen ist, ob das Gesetz als Ganzes ein Rahmengesetz ist, und daß es genügt, wenn es im Bereich der Gegenstände des Art. 75 GG auf Ausfüllung durch die Länder angelegt ist. Hingegen ist es zulässig, daß in einem solchen Rahmengesetz auch Rechtssätze stehen, die einer Ausfüllung nicht bedürftig und fähig sind[12].

Im Zuge der Schaffung von Schutzzonen werden neuerdings nicht nur Betretungs- sondern auch Kletterverbote verhängt zum Schutz von Pflanzen und Tieren. An der Zulässigkeit solcher Maßnahmen ist wohl nicht zu zweifeln, aber an die Erforderlichkeit und Verhältnismäßigkeit solcher Beschränkungen sind schon mit Rücksicht auf den Art. 141 Abs. 3 der Bayer. Verfassung strenge Anforderungen zu stellen. Diese Vorschrift lautet:

> Der Genuß der Naturschönheiten und die Erholung in der freien Natur, insbesondere das Betreten von Wald und Bergweide, das

[10] Vgl. die Antwort des Bayer. Staatsministers für Landesentwicklung und Umweltfragen *Streibl* auf die schriftliche Anfrage des Abgeordneten *Wilhelm* vom 25. 1. 1972, Landtagsdrucksache 7/1929.

[11] Entwurf eines bayerischen Gesetzes über Natur- und Umweltschutz, Landtagsdrucksache 7/1844.

[12] Vgl. BVerfGE 4, 115/129; 18, 159/167 und ferner etwa die Materie des Jagdwesens und dessen Regelung im Bundesjagdgesetz.

Befahren der Gewässer und die Aneignung wildwachsender Waldfrüchte in ortsüblichem Umfang ist jedermann gestattet. Staat und Gemeinde sind berechtigt und verpflichtet, der Allgemeinheit die Zugänge zu Bergen, Seen, Flüssen und sonstigen landschaftlichen Schönheiten freizuhalten und allenfalls durch Einschränkungen des Eigentumsrechts freizumachen sowie Wanderwege und Erholungsparks anzulegen.

Zur Auslegung dieser Verfassungsbestimmungen hat sich der Bayer. Verfassungsgerichtshof wiederholt geäußert, so z. B. im Band 4 Seite 90, Leitsatz 5: „Der Art. 141 Abs. 3 BV hat den Genuß der Naturschönheiten und das Betreten von Wald und Bergweide als verfassungsmäßiges Recht statuiert. Eine Einschränkung dieses Rechts ist nur im Rahmen der Verfassung, also insbesondere zum Zwecke der Schonung und Erhaltung der Tier- und Pflanzenarten (Art. 141 Abs. 2 BV) zulässig." In diesem Rahmen und zu diesem Zweck sind auch Betretungsverbote statthaft, so etwa in einem Wildpark[13].

Es würde den Rahmen des Vortrages sprengen. würde ich auf die mit der Pflege des Naturschutzes zusammenhängenden Rechtsfragen hier im einzelnen eingehen. Wir arbeiten auf diesem Gebiet eng zusammen mit dem in Bayern bestehenden Staatsministerium für Landesentwicklung und Umweltfragen sowie dem Deutschen Naturschutzring und den übrigen Landesverbänden in Bayern, die Naturschutzaufgaben wahrnehmen. Hinweisen möchte ich jedoch auf die sachlich eindeutig und bisher nicht geänderte Auffassung des DAV, daß der Watzmann als eines der letzten Reservate des deutschen Hochgebirges von Seilbahnprojekten feigehalten werden sollte. Bayern hat übrigens ein eigenes Bergbahngesetz erlassen (vgl. Bayer. Eisenbahn- und Bergbahngesetz vom 17. 11. 1966, GVBl. S. 429). Hinsichtlich der Gesetzgebungszuständigkeit der Länder auf diesem Gebiet sei auf Art. 74 Nr. 23 GG verwiesen. Es bestehen daher im Zuge des Genehmigungsverfahrens rechtliche Handhaben, derartige Projekte zu untersagen; übrigens auch durch die Erteilung von Auflagen für Schutzvorkehrungen und für Maßnahmen der Abfallbeseitigung zu sorgen. Nach Art. 1 Abs. 3 dieses Gesetzes sind Bergbahnen alle Seil- und Schienenbahnen, die eine Verbindung auf Berge herstellen, einschließlich der Schleppaufzüge. Für jene Bergbahnen, die nach ihrer Bau- und Betriebsart Eisenbahnen sind (z. B. die alte Zugspitzbahn) gelten die Vorschriften über Eisenbahnen — also auch die Vorschriften über Gefährdungshaftung — entsprechend. Es besteht auch eine Versicherungspflicht der Bergbahnunternehmen (Art. 14 des Gesetzes), ausgenommen sind lediglich nicht ortsfeste Schleppaufzüge, die ausschließlich privaten Zwecken dienen (Art. 1 Abs. 8 Nr. 5 des Gesetzes).

Lassen sie mich schließen mit der Bemerkung: Die nicht immer eindeutige Haltung des DAV zu Bergbahn- und Seilbahnprojekten hat

[13] Vgl. ferner VerfGH 19, 35/37; 19, 97/98.

ihre Ursache in der unterschiedlichen Interessenlage unserer Mitglieder, die teilweise dem modernen Skilauf und damit den Skiliften und Seilbahnen Konzessionen machen wollen. Abgelehnt haben wir jedoch in der Regel Seilbahnen in Naturschutzgebieten und in den nach dem Alpenplan ausgewiesenen Ruhezonen. Mit großer Sorge verfolgen wir Seilbahnprojekte der österreichischen Wintersport AG in die Hochregionen der Stubaier Alpen im Gebiet der Dresdner Hütte. Mit dessen Realisierung geht wieder ein Stück ursprüngliche Alpenlandschaft für uns Bergsteiger und für alle jene Menschen, die in den Bergen Ruhe suchen, verloren. Unser Erleben beginnt mit dem Ersteigen der Berge und nicht mit deren Befahrung.

# Grundrechte der Sportler

von

Prof. Dr. Klaus Stern, Köln

## I.

Wer heute — überkommener Begriffsbestimmung entsprechend — den Sport als „jede Art von körperlicher Ertüchtigung oder wettkampfmäßiger Leistung" charakterisieren würde, die *„ohne realen Arbeitszweck* als mehr oder weniger *zufällige Freizeitgestaltung* betrieben wird"[1], dem würde der berechtigte Einwand entgegengehalten, sich an Merkmalen zu orientieren, die der Rolle und Funktion des Sports in der Realität nicht mehr gerecht werden. Neben dem wachsenden Trend zur berufsmäßigen sportlichen Betätigung[2] ist eines der hervorstechenden Kriterien der Entwicklung des Sportwesens dessen zunehmende Verlagerung aus der Sphäre privatautonomer Beliebigkeit in eine öffentliche Dimension.

Sport läßt sich nicht mehr als eine in jeder Hinsicht von der Idee der Freiwilligkeit beherrschte, verbindlicher Regulierung schlechthin unzugängliche und wesensmäßig ungeschäftliche Freizeitgestaltung der einzelnen begreifen. Niemand kann heute ernsthaft bestreiten, daß der *organisierte Sportbetrieb* nicht mehr Reservat rein privaten Selbstverständnisses ohne Ansatzpunkte für staatlich sanktionierte Ordnungsgrundsätze darstellt. Im Gegenteil: Der Sport ist im Zuge eines ständig wachsenden öffentlichen Interesses Gegenstand staatlicher Betreuung und verpflichtende *Aufgabe* des Gemeinwesens von eminenter Bedeutung geworden[3]. Soziologen und Politiker würden mit Prätention von der gesellschaftspolitischen Relevanz des Sports sprechen, Publizisten von notwendiger Lebenshilfe nach dem Motto „mehr Spaß in der Freizeit". Die Vielfalt staatlicher Fürsorge- und Unterstützungsmaßnahmen sowohl für den Volks- als auch für den Leistungssport, die Anerkennung des Sports als Bestandteil des staatlichen Erziehungs- und Bildungsauftrags sowie vor allem die immensen finanziellen Lasten, die von Bund, Ländern und Gemeinden für den Ausbau von Sportstätten aufgewendet werden, vermitteln einen plastischen Eindruck vom Ausmaß der Pflichtenstellung und der Garantiefunktion, die das Gemeinwesen auf diesem Sektor trifft. Hier genügt es, auf das Stichwort

[1] So *W. Körbs*, Art. „Sport", Staatslexikon Bd. 7 (1962), Sp. 506.

[2] Vgl. dazu insbes. *Hellwig*, Sport- und Arbeitnehmerpflichten, Diss. Köln, 1966.

[3] Vgl. dazu insbes. *H. Plessner*, Soziologie des Sports, Deutsche Universitätszeitung, 1952, Heft 22, 23/24; *K. G. Specht*, Sport in soziologischer Sicht, Studium Generale 1960, S. 28 ff.; *W. Häusler – K. H. Lehmann*, Art. „Sport", HDSW Bd. 9 (1956), S. 719 ff.; *C. Diem*, Der Sport im heutigen Leben, Universitas Bd. 10 (1955).

„Goldener Plan" hinzuweisen. Es gehört zu den Selbstverständlichkeiten auch in unserer gesellschaftlichen Ordnung, die Schaffung der notwendigen Bedingungen für eine breite und effiziente sportliche Betätigung als *öffentliche Aufgabe* zu kennzeichnen, und zwar nicht nur dann, wenn es gilt, olympische Spiele, Welt- oder Europameisterschaften auszurichten.

Die Verquickung des Sportwesens mit dem öffentlichen Aufgabenbereich läßt freilich das Recht zur *sportlichen Selbstverwaltung* durch staatsunabhängige Verbände und Vereine unberührt[4]. Im Gegensatz zur offenkundigen und betont politischen Rolle des Sports in totalitären Staaten[5] ist es auf der Grundlage unserer freiheitlichen demokratischen Verfassungsordnung eine *Rechtspflicht* des Staates, die Selbstregulierungskompetenz der gesellschaftlichen Institutionen im Bereich des Sportwesens prinzipiell zu achten und substantiell unangetastet zu lassen. Es wäre nicht nur ein Bruch mit der den Sportgedanken schlechthin prägenden Grundvorstellung vom unpolitischen Wesen des Sports, sondern ein Verstoß gegen die grundgesetzliche Ordnung, wenn der Hoheitsverband sich anschickte, das Sportwesen ganz oder teilweise dem rechtlich-öffentlichen Funktionskreis zu inkorporieren und auf diesem Wege den Sportler in eine Art „besonderes Gewaltverhältnis" zum Staat mit spezifisch öffentlich-rechtlichen Pflichtbindungen einzuordnen. Die auf Ausgrenzung von staatsfreien individuellen Betätigungsbefugnisssen und Begrenzung der staatlichen Regulierungskompetenz angelegte Verfassungsordnung unseres Grundgesetzes verbietet die Umpolung des Sports zur Staatsfunktion ebenso wie dessen Indienstnahme für staatspolitische Zwecksetzungen. Für unser Sportwesen ist Eigenständigkeit bei der organisatorischen Gestaltung sowie Autonomie bei der Statuierung sportlicher Verhaltensnormen durch die Verbände und Vereine ein unabdingbares Element. Der Aufgabenkreis und die durch ihn abgesteckten Einwirkungsmöglichkeiten des Hoheitsverbandes beschränken sich demgegenüber auf Hilfs- und Unterstützungsfunktionen zur Gewährleistung des Sportbetriebes sowie auf das Amt des Wächters über die ordnungsgemäße Ausübung des Selbstorganisations- und Selbstregelungsrechtes der autonomen Institutionen. Das Sportwesen ist in seinem Verhältnis zum Hoheitsverband mithin durch die Eigentümlichkeit gekennzeichnet, einerseits in die Dimension des öffentlichen Aufgabenkreises hineingewachsen zu sein, woraus beträchtliche Gewährleistungs- und Unterstützungspflichten des Staates resultieren, andererseits jedoch von staatlicher Ingerenz und Reglementierung durch das

[4] Allgemein zur Organisation des Sportwesens *W. Häusler – K. H. Lehmann*, aaO., S. 721 ff.; *W. Körbs*, aaO., Sp. 508 ff.; *F. Graf*, Das Vertragsspielerstatut, Diss. Mainz 1954.

[5] Vgl. dazu *W. Kortenberg*, Der Sport in der sowjetischen Besatzungszone, 1954.

sportliche Selbstverwaltungsrecht der staatsexternen Verbände weitgehend freigestellt und abgeschirmt zu sein.

## II.

Diese singuläre Situation muß man sich vorab vergegenwärtigen, wenn man sich anschickt, die vielfältigen Bezüge des Sports zum Recht speziell unter dem Blickpunkt zu durchleuchten, die *Rechtsstellung des aktiven Sportlers* im organisierten Sportbetrieb nach Gegenstand und Umfang zu präzisieren. Trotz der sich in Praxis und Lehre deutlich abzeichnenden Tendenz, die Rechte und Pflichten des einzelnen Sportlers im autonomen Verbands- und Vereinsrecht stärker von den Grundsätzen der staatlichen Rechtsordnung her zu durchdringen[6] und insoweit die privatautonomen Regelungsbefugnisse Bindungen zu unterwerfen, scheint mir die Feststellung berechtigt und notwendig, daß wir hier mit einer gefestigten Erscheinung der sozialen Wirklichkeit konfrontiert sind, die mit gleicher Berechtigung als weißer Fleck auf der juristischen Landkarte bezeichnet zu werden verdient wie ehedem das „besondere Gewaltverhältnis des Staatsdieners". Dennoch: Sport als rechtsfreier Raum wäre eine Fehldiagnose!

Sportliche Betätigung, als Amateur wie als Profi, ist in der Realität wie kaum ein anderer Sektor der prinzipiell freien individuellen Entfaltungsmöglichkeit durch ein engmaschiges Netz verbandsautonomer Verhaltensanordnungen mit disziplinären Sanktionsandrohungen reglementiert, so daß für eigenes Wollen und Dürfen des Sportlers kein allzu großer Spielraum übrig bleibt. Das unter dem Signum „standesgemäßes oder sportliches Verhalten" rubrizierende Verbandsrecht, das in den verschiedenen Satzungen und Ordnungen zumeist nicht in einer auf bestimmte Sportarten abgestellten Kasuistik aufbereitet, sondern in der Regel in generalklauselartig weitgefaßten, höchst unbestimmten Blankettnormen eingefangen ist, schließt individuelle Eigenbestimmung und Eigengestaltung im Sport nahezu aus. Treffend hat der zu früh verstorbene Präsident des Bundesverwaltungsgerichts *Fritz Werner* in einem im Jahre 1967 zum Thema „Sport und Recht"[7] gehaltenen Vortrag hervorgehoben, der Blick in das sportliche Verbandsrecht erwecke fast den Eindruck, „als lese man in einer alten Disziplinarordnung für Beamte, die in der Formel der typischen Generalklausel die dem Beamten obliegenden Pflichten umschreibt" und an diese Blankettbestimmung tiefgreifende repressive Straf- und Disziplinarandrohungen knüpft.

[6] Dazu jüngst *B. Preis*, Die Sportgerichtsbarkeit des Deutschen Fußball-Bundes und die „Bestechungsfälle" in der Bundesliga, Der Betrieb 1971, S. 1570 ff.; ferner *U. Meyer-Cording*, Die Vereinsstrafe in der Rechtsprechung des BGH, JZ 1959, S. 649 ff.; *ders.*, Betriebsstrafe und Vereinsstrafe im Rechtsstaat, NJW 1966, S. 225 ff. jeweils mit umfassenden weiteren Nachweisen.

[7] Recht und Staat, Heft 366 (1968), S. 14.

Ohne auf die Vielzahl bestehender Verbandssatzungen und -ordnungen im einzelnen eingehen zu können, läßt sich die Situation im organisierten Sportwesen generell dahin umschreiben, daß der einzelne Sportler nicht nur spezifisch sportlichen Verhaltensregeln, d. h. Bestimmungen über sportliches Benehmen, Disziplin, Fairness, Kameradschaft, Wettkampfregeln usw. unterliegt, deren Verbindlichkeit bereits im Wesen des Sports und Wettkampfes begründet ist. Seine individuelle Entfaltungsmöglichkeit wird vielmehr auch, vielleicht sogar in erster Linie durch *echtes Verbandsrecht* eingeengt, das der institutionellen Sicherung des Verbandswesens selbst dient. In der Praxis wirkt sich dieses Ordnungsrecht für den Sportler primär in strikter Bindung an seinen Verband und in einem starken Bestimmungsrecht des Vereins über das Teilnahmerecht des Mitgliedes an sportlichen Veranstaltungen aus, wobei Verstöße gegen dieses verbandliche Ordnungsrecht mit Disziplinar- bzw. Strafmaßnahmen geahndet werden[8]. Darum entspricht auch die zuweilen behauptete Wesensverwandtschaft des autonomen Sportverbandsrechts mit dem Standesrecht von Einzelgruppen sowie der Sportsgerichtsbarkeit mit der Ehrengerichtsbarkeit von Berufsständen nicht den realen Gegebenheiten[9]. Sie träfe nur zu, wenn sich das Verbandsrecht ebenso wie das Standesrecht als bloße „Ausformung einer partikulären Rechtsmoral“[10], als Integration eines aus gemeinsamer Anschauung gewachsenen Gruppengeistes verstände und sich mit der Statuierung von Verhaltenssätzen begnügte. Unter diesen einschränkenden Voraussetzungen ist auch die Unterwerfung des Sportlers unter das selbstgeschaffene Gruppenrecht, das eigentliche Standesrecht des Aktiven, ebenso unbedenklich wie die Befugnis, unter Anwendung von Sanktionen dem gruppentypischen Verbandsrechts Geltung zu verschaffen.

Anlaß zu kritischer Betrachtung entsteht jedoch dann, *wenn der Trend zur Festigung der institutionellen Eigenständigkeit des Verbandes selbst in den Vordergrund tritt und im Verbandsrecht die Kategorien von Organisation und Kollektiv Oberhand gewinnen*, was sich gerade im sportlichen Verbands- und Vereinswesen deutlich abzeichnet. Dieser Trend wirft Probleme in zweierlei Richtung auf:

Zum einen entsteht die Gefahr, daß das Eigenleben der Gruppen und Verbände das staatliche Gemeinwesen bei der Wahrnehmung der ihm obliegenden Aufgaben stört oder hindert, zumal dann, wenn deren Aktivitätsbereich mit dem staatlichen Funktionskreis verwoben ist. Diese Tendenz mündet in die allgemeine Problematik um die staatliche Selbsterhaltung gegenüber wachsender Aktivität, Festigung

[8] Vgl. dazu *W. Häusler – K. H. Lehmann*, aaO., S. 721 ff.; *B. Preis*, aaO., S. 1572 f.

[9] *F. Werner*, aaO., S. 15 f.

[10] So *F. Werner*, aaO., S. 15.

und Machtpotenzierung von Verbänden im Innern[11], auf die hier jedoch nicht weiter eingegangen werden soll, obschon sich auch dafür genug Anschauungsmaterial aus der jüngsten Vergangenheit anführen ließe.

Zum anderen resultiert aus dieser Entwicklung das Erfordernis einer Grenzziehung zwischen legitimer Verbandsaktivität mitsamt darauf bezogenem Gruppenrecht einerseits und individueller Freiheit andererseits, die gegenüber Übergriffen der Verbände zu verteidigen ist. Diese Antinomie läuft auf die Zentralfrage hinaus, ob das rechtsstaatliche Bekenntnis nicht verlangt, daß der grundrechtliche Individualschutz auch gegenüber innergesellschaftlichen Verbänden gewährleistet sein muß, sofern diese über Zwangs- und Machtmittel verfügen, die denen staatlicher Kompetenzträger nicht nachstehen. Den Gravitationspunkt dieser *hier in den Mittelpunkt* gestellten Überlegungen bildet mithin die Frage nach den Möglichkeiten einer Aktualisierung verfassungsrechtlicher Prinzipien zur Einbindung und Begrenzung des autonomen Verbandsrechtes und der Verbandsjustiz gegenüber dem einzelnen Sportler.

Für die Dogmatik des bürgerlichen Rechts eröffnet sich damit weitgehend Neuland, obschon der Zivilrechtsprechung das besondere Verdienst zukommt, bereits Grenzen der autonomen Regelungsbefugnis im Verbands- und Vereinswesen gegenüber den Mitgliedern aufgezeigt und namentlich den Wildwuchs im Verbandsdeliktsrecht zumindest sektoral beschnitten zu haben[12]. Eine der wichtigsten Stationen dieses Prozesses war der Bruch mit dem in fataler Weise an das „peinliche Wort von der Sondergerichtsbarkeit" erinnernden Exklusivitätsanspruch der Verbandsgerichtsbarkeit, durch den eine Nachprüfung von Sprüchen der Verbandsgerichte durch die staatliche Justiz ausgeschlossen oder zumindest beschränkt werden sollte. Der zuweilen als „empörend" empfundene Umstand, daß Verbände „sich anmaßen, ihre Hausjustiz an die Stelle staatlicher Gerichte zu setzen, um Verstöße gegen Disziplin und Korpsgeist zu ahnden"[13], hat die höchstrichterliche Rechtsprechung zur Preisgabe ihrer Zurückhaltung bei der Nachprüfung dieser „Judikate" veranlaßt. Im Zuge dieser Rechtsprechung hat sich eine immer stärkere Anseilung der im Selbstverwaltungsrecht wurzelnden Befugnis zur Setzung privatautonomen Verbands- und Vereinsrechtes an die Elementargrundsätze der *zivilen* Rechtsordnung angebahnt, wodurch der einzelne in seiner mitgliedschaftlichen Stellung weitgehend vor einer bürgerlich-rechtlichen Grundprinzipien widersprechenden Handhabung der internen Straf- und Disziplinargewalt gesichert wurde.

[11] Zur umfangreichen Literatur dazu vgl. statt vieler *G. Leibholz*, Staat und Verbände, VVDStRL Heft 24 (1966), S. 5 ff.; *G. Winkler*, ebda, S. 34 ff. jeweils mit umfassenden Nachweisen.

[12] Vgl. dazu insbes. die Nachweise bei *U. Meyer-Cording*, JZ 1959, S. 649 ff.; NJW 1966, S. 225 ff.; *Sieg*, Die gerichtliche Nachprüfung verhängter Betriebsstrafen, RdA 1954, S. 361.

[13] So *Nikisch*, Arbeitsverhältnis und Gerichtsschutz, NJW 1964, S. 2388 ff., in bezug auf Betriebsbußen.

Es ist indes anhand der Rechtsprechung unschwer nachzuweisen, daß der Trend zur Durchdringung des autonomen Verbands- und Vereinsrechtes mit den Mitteln der zivilen Rechtsordnung zu einer wirklichen Entschärfung der Situation nur in den Fällen geführt hat, in denen der Zuschnitt des in Rede stehenden Mitgliedschaftsverhältnisses den Kategorien des bürgerlichen Vereinsrechtes entsprach und reibungslos auf der rechtsdogmatischen Grundlage der §§ 21 ff. BGB erfaßt werden konnte. Das nach Typus und Struktur tradierten Vorstellungen entsprechende Verbands- und Vereinswesen ist jedoch zunehmend zur Randerscheinung in der sozialen Realität geworden. Insbesondere entspricht das mit dem öffentlichen Funktions- und Interessenkreis verwobene Verbandswesen auf dem Sportsektor nicht dem überkommenen Bild des Gesangs- oder Taubenzüchtervereins, an dem man das bürgerliche Vereinsrecht auch gegenwärtig zu erläutern pflegt. De facto hat gerade die starre Ausrichtung an der Dogmatik dieses in mancher Beziehung antiquierten Rechtskomplexes den richtigen Zugang zum sozialen Phänomen der autonomen Verbandsjustiz verbaut. Das Recht der bürgerlich-rechtlichen Vereine, die „trotz mitunter sehr handfester Interessenvertretung und ihres oft als bedrohlich apostrophierten Machtpotentials noch immer als ‚ideale' bezeichnet werden“[14], hat sich für eine wirksame Eindämmung rechtlich bedenklicher oder mißbräuchlicher Verbandsaktivität in der gesellschaftlichen Ordnung letztlich als wenig geeignet erwiesen.

Der Grund dafür mag zuvörderst in dem Umstand liegen, daß dem klassischen Privatrecht die Kategorie der Macht zunächst überhaupt fremd war. Hier herrschte die Vorstellung einer Gesellschaft freier Individuen vor, die als gleichgeordnete Subjekte miteinander paktieren. Die Problematik der *realen Macht* und des *faktischen Einflusses* der Verbände wurde kaum bemerkt. Im Grunde hat erst die in starkem Maße vom öffentlichen Recht und speziell dem Verfassungsrecht durchsetzte Diskussion über die *Kartelle* den Blick für dieses soziale Phänomen in der Zivilrechtslehre geschärft[15]. So nimmt es auch nicht Wunder, daß sich die Zivilgerichtsbarkeit außerordentlich schwer tat, die *spezifisch rechtsstaatliche Fragwürdigkeit* einer mit *Organisationszwang* gegenüber den Individuen ausgeübten, durch Strafen und mit Hilfe einer „Sondergerichtsbarkeit“ durchgesetzten *Verbandsgewalt* zu erkennen und dieser Erscheinung mit rechtlich überzeugenden Argumenten und effektiven Mitteln zu begegnen. In der ordentlichen Gerichtsbarkeit, die ja nach unserem Rechtswegsystem zur Entscheidung dieserart Sachverhalte allein zuständig ist, blieb lange Zeit der Blick dafür getrübt, daß die rechtsstaatliche Verfassungsstruktur des Grund-

[14] So *U. Meyer-Cording*, NJW 1966, S. 225.

[15] Vgl. insbes. *Rasch*, Die Kartellsperre, 1938; *Lukes*, Der Kartellvertrag, 1959; *Biedenkopf*, Vertragliche Wettbewerbsbeschränkungen und Wirtschaftsverfassung, 1958.

gesetzes der Herausbildung von Machtkonzentrationen und obrigkeitlichen Zwangsverhältnissen ähnlichen Subordinationsbeziehungen *in der gesellschaftlichen Sphäre* keineswegs neutral gegenübersteht, sondern auch insoweit verbindliche Aussagen enthält, deren Aktualisierung keineswegs immer den Gang über die Notbrücke einer grundrechtlichen Drittwirkungslehre voraussetzt.

Welche konstruktiven Schwierigkeiten und sachlichen Unzulänglichkeiten sich aus der allzu starren Blickrichtung auf die bürgerlichrechtliche Dogmatik ergeben, vermag wohl am deutlichsten die Diskussion um das bekannte arbeitsrechtliche Problem der Betriebsbuße und Betriebsjustiz zu belegen[16], die deutliche Parallelen zur Verbandsjustiz der Sportgerichte aufweist: Lehre und Rechtsprechung haben diese weithin als Übel empfundene Einrichtung lange Zeit mit den Kategorien des Schuld- und Vertragsrechtes zu lösen versucht. Erst als sich die Rechtsprechung[17] auf die verfassungsrechtlichen Fundamentalsätze der Rechtsweggarantie in Art. 19 Abs. 4 GG sowie des Rechtsprechungsmonopols der unabhängigen staatlichen Gerichte in Art. 92 GG besann und die Betriebsbuße ihrer eindeutigen Straffunktion entsprechend als Ausübung von privater Disziplinar*gewalt* bezeichnet hatte, war der Weg für die Erkenntnis bereitet, daß sich hier innerhalb der gesellschaftlichen Sphäre eine unzulässige Form der Selbstjustiz etabliert hatte, durch die von der staatlichen Rechtsordnung mißbilligte Praktiken sanktioniert werden sollten.

## III.

Mir scheint, als weise unser bestehendes Vereins- und Verbandswesen auf dem Gebiet des Sports mit seinem aufgefächerten System eigener Kontrollinstanzen Folgeerscheinungen auf, die nicht nur die angedeuteten Probleme faktischer Unterwerfung des einzelnen unter eine stringente Verbandsgewalt in besonders eindringlicher Weise belegen, sondern das Erfordernis einer Rückbesinnung auf rechtsstaatliche Fundamentalprinzipien als unerläßlich erscheinen lassen. Denn nirgends treten die praktischen Konsequenzen der strikten Ausrichtung an der bürgerlichrechtlichen Dogmatik bei der Bewertung der von gesellschaftlichen Verbänden ausgeübten Macht sowie der faktischen Subordination des einzelnen unter die Verbandsgewalt deutlicher zutage. In diesem Bereich des gesellschaftlichen Lebens ist die weniger erstaunliche als besorgniserregende Übung zur Selbstverständlichkeit geworden, den einzelnen Sportler einem autonomen Verbandsrecht zu unterwerfen,

[16] Vgl. dazu insbes. *A. Arndt*, Private Betriebs-„Justiz"?, NJW 1965, S. 26 ff.; *F. Baur*, Betriebsjustiz, JZ 1965, S. 163 ff.; *Herbst*, Die betrieblichen Ordnungsstrafen, BB 1965, S. 419 ff.

[17] Vgl. insbes. BGHZ 13, 5 (11 ff.); 21, 371 (373 f.); 28, 131 (135); ferner BVerfGE 4, 74 (93); 4, 331 (336); umfassende Rechtsprechung bei *U. Meyer-Cording*, Die Vereinsstrafe, 1957, S. 43 ff., 112 ff.

das die Verhängung von Straf- und Disziplinarmaßnahmen wegen Handlungsweisen vorsieht, die von der staatlichen Rechtsordnung nicht nur gebilligt, sondern als *unveräußerliche und unentziehbare Rechte des einzelnen ausgewiesen sind.*

Auf der Grundlage der überkommenen Vorstellung von der strikten Trennung zwischen privater Sphäre mitsamt der ihr zugeordneten bürgerlichen Rechtsordnung und dem staatlichen, in der Verfassung eingebetteten Funktionsbereich hat sich im sportlichen Verbands- und Vereinsrecht ein eigenständiger und abgeschirmter Rechtskreis entwickelt, der sich wenig um die Fundamentalprinzipien der grundgesetzlichen Ordnung kümmert. Offenbar herrscht hier immer noch die Annahme vor, unter *privaten* Rechtssubjekten seien wie auch immer begründete Reglementierungen und Beschneidungen der persönlichen Entfaltungsmöglichkeiten unbedenklich zulässig, die im Verhältnis öffentlicher Rechtsträger zum Bürger als glatter Bruch von verbrieften Verfassungsrechten zu bewerten wären. Es ist ein unbestreitbares, die Situation im Sportwesen geradezu kennzeichnendes Faktum, daß die Verbände und Vereine, denen der einzelne Sportler häufig qua Organisationszwang angehört, eine ungleich größere Machtposition bzw. eine sehr viel ungebundenere Zwangsgewalt gegenüber den Mitgliedern innehaben als der institutionalisierten Staatlichkeit gegenüber den einzelnen Bürgern zusteht. Kurz, der Sportler steht zu seinem Verband in einem Gewaltverhältnis, in dem es fraglich ist, ob ihm die gleichen Rechte gewährleistet sind, die im staatlich-bürgerlichen Beziehungsfeld als unverbrüchlich anerkannt sind. Für den Juristen, zumal für den Verfassungsrechtler, stellt sich darum die Frage, ob der Staat die Ausformung und Anwendung eines autonomen Verbandsrechts gelten lassen darf, indem staatsexterne Institutionen in Freiheitsräume des Individuums eingreifen, die gegenüber Ingerenzen des Hoheitsverbandes als unveräußerliches Reservat der Eigenbestimmung abgeschirmt sind.

Ohne Anspruch auf Vollständigkeit zu erheben, möchte ich diese Erscheinung an Hand einiger, Ihnen sicherlich bekannter Beispiele erläutern, die zugleich die bedeutsamsten Reibungsflächen zwischen dem internen sportlichen Verbandsrecht und der Verfassungsordnung aufzeigen sollen. Im Rahmen dieses Referats wäre es indes ein zu hoch gestecktes Ziel, ein differenziertes Konzept zur Lösung dieser bislang von rechtswissenschaftlicher Seite kaum beachteten Problematik anzubieten. Es geht vielmehr darum, die Brisanz dieses Fragenkomplexes ins Blickfeld zu rücken und einige Grundgedanken vorzutragen, die einer rechtlich befriedigenden Lösung vorarbeiten wollen.

1. Kollisionen des internen Verbandsrechtes mit grundrechtlich geschützten *Freiheitsrechten* des einzelnen lassen sich zunächst anhand folgender beispielhaft ausgewählter Fälle aus der Praxis belegen:

— Ein Leichtathlet flüchtet wegen unerträglichen politischen Drucks aus dem anderen Teil Deutschlands in die BRD. Er wird daraufhin vom nationalen Leichtathletik-Verband der DDR gesperrt. Ein dagegen angerufener internationaler Kontrollausschuß bestätigt die Sperre.

— Einem Tennisspieler wird die Teilnahme an einem Wohltätigkeitsturnier, dessen Erlös der Witwe eines tödlich verunglückten Sportskameraden zukommen soll, von seinem Verein untersagt. Als er sich aus Motiven persönlicher Verbundenheit über das Verbot hinweggesetzt, wird er vom Tennisverband auf Dauer gesperrt.

— Einem Boxer wird vom nationalen Boxverband der Titel des Weltmeisters aller Klassen aberkannt, weil er den Wehrdienst aus religiösen Gründen verweigert.

— Die Mitglieder einer Hockeymannschaft werden vom nationalen Verband von der Teilnahme an der Landesmeisterschaft ausgeschlossen, weil sie sich an einem öffentlichen Protest gegen die Rassenpolitik eines anderen Landes beteiligt hatten.

Das besondere der genannten Fälle liegt in dem Umstand, daß hier Sportler wegen einer Handlungsweise bestraft werden, die weder gegen spezifisch sportliche Verhaltensnormen (fairplay, Wettkampfregeln etc.) noch gegen staatliches Ordnungsrecht (strafrechtliche Bestimmungen etc.) verstoßen, sondern im Gegenteil dem einzelnen als *Grundrechte* zuerkannt sind, wenn man einmal — stellvertretend zumindest für die westlichen Demokratien — von unserer Verfassungsordnung ausgeht: Der Leichtathlet kann sich auf das Recht der Ausreisefreiheit des Art. 13 Abs. 2 der Allgemeinen Menschenrechtskonvention der UNO, der Tennisspieler auf das Recht der allgemeinen Handlungsfreiheit des Art. 2 Abs. 1 GG, der Boxer auf das Recht der Kriegsdienstverweigerung des Art. 4 Abs. 3 GG, die Spieler der Hockeymannschaft auf die Rechte der freien Meinungsäußerung des Art. 5 Abs. 1 GG sowie der friedlichen Demonstration des Art. 8 GG berufen.

Kennzeichnend für diese Fälle ist ferner, daß die Handlungsweisen nicht *bei Gelegenheit* sportlicher Betätigung vorgenommen wurden. Wenn diese Handlungen gleichwohl Sanktionen gegen den Aktiven nach sich zogen, so allein deshalb, weil der Betroffene zufälligerweise dem organisierten Sportwesen angehörte und die Inanspruchnahme der bürgerlichen Freiheitsrechte den Verbandsinteressen, die nicht selten kommerzieller Natur sind, zuwiderlief.

Insofern unterscheiden sich diese Sachverhalte etwa von dem Vorfall bei den letzten Olympischen Spielen, daß zwei farbige Sprinter bei der Siegerehrung durch Erhebung einer behandschuhten Faust gegen die Rassendiskriminierung in den USA protestierten. Hier bedienten sich die Sportler der Wettkampfarena als Forum für politische Agitation und nutzten ihre publicity als siegreiche Sportler zu Demonstrationszwecken. Dies widerspricht dem apolitischen Wesen des Sports und dem darauf beruhenden sportlichen *Verhaltensrecht,* an das die Sportler gerade bei der Vornahme der inkriminierten Handlungen gebunden waren. Gegen ihren Ausschluß aus der Mannschaft und ihre Sperre durch den nationalen Verband sind daher prinzipielle rechtliche Bedenken nicht anzumelden.

Überblickt man diese Fälle, so wird deutlich: Das autonome Verbands- und Vereinsrecht des organisierten Sportwesens ahndet nicht selten die Wahrnehmung von individuellen Rechten und Freiheiten, die im Verhältnis zum Hoheitsverband mit den Sicherungen des Grundgesetzes ausgestattet sind, auch dann als Verstoß gegen die sportliche Rechts- und Disziplinarordnung, wenn die Handlungsweise selbst keinerlei Beziehung zur sportlichen Betätigung aufweist und auch nicht spezifisch sportlichen Belangen zuwiderläuft. Die freiheitsbeschränkende Wirkung des Verbandsrechtes geht über die von der *sportlichen* Verhaltensordnung geforderten Restriktionen hinaus und behindert den einzelnen bei der Inanspruchnahme seiner allgemeinen Freiheitsrechte.

Die Bedenklichkeit dieses Befundes läßt sich gewiß nicht mit dem Hinweis ausräumen, Grundrechte seien nun einmal *staatsgerichtete Verbürgungen,* die in der gesellschaftlich-privaten Rechtssphäre keine Geltung beanspruchen könnten. Dieses Argument geht in mehrfacher Hinsicht fehl:

Zunächst verkennt es die Charakteristika der mitgliedschaftlichen Beziehungen zwischen Verband bzw. Verein und Sportler. Wie das Reichsgericht[18] und der Bundesgerichtshof[19] zu Recht betont haben, handelt es sich bei diesen Beziehungen nicht etwa um ein Verhältnis der Gleichordnung, also nicht um Vertrags- und Schuldrecht, das Raum für ein Aushandeln der Mitgliedschaftsrechte und -pflichten läßt. Der einzelne unterwirft sich vielmehr der Verbands*gewalt;* er subordiniert sich dem autonomen Verbandsrecht, wobei der einzige Unterschied seines „vereinsrechtlichen" und seines allgemeinen „staatsrechtlichen" status subjectionis der ist, daß er im ersteren Falle „autonomem Recht gesellschaftlicher Institutionen, welches der Staat gelten läßt", unterworfen ist, während er im letzteren Falle unmittelbar der Staatsgewalt gegenübersteht. Der freiheitsreduzierende Effekt, dem für die Frage der Schutzwürdigkeit und -bedürftigkeit des Individuums primäre Bedeutung zukommt, ist in beiden Fällen der gleiche.

Überdies lassen sich mit formalen Einwänden, die sich auf Bedenken gegen die Anerkennung einer „unmittelbaren Drittwirkung" der Grundrechte stützen[20], tragfähige Argumente gegen eine verfassungsrechtliche Einbindung der Verbandsautonomie nicht herleiten. Der Streit um die

[18] RGZ 165, 143 f.

[19] BGHZ 13, 5 ff.; 21, 371 ff.; 28, 131 ff.

[20] Zur grundsätzlichen Erörterung des Problems vgl. *G. Dürig*, Grundrechte und Zivilrechtsprechung, in: Festschrift für H. Nawiasky, 1956, S. 157 ff.; *W. Leisner*, Grundrechte und Privatrecht, 1960; *Maunz-Dürig-Herzog*, Art. 1 Abs. III, Rdnr. 127 ff.

direkte oder analoge Anwendbarkeit von Grundrechten in privatrechtlichen Beziehungen gehört der Vergangenheit an und braucht in diesem Zusammenhang nicht neu belebt zu werden. In der Staatsrechtslehre besteht heute Einigkeit darüber, daß es sich bei der Aktualisierung von Grundrechten in der Privatrechtssphäre nur darum handelt, die Privatautonomie durch Fundamentalwerte einzugrenzen, um einer „bedingungslosen Manipulation" oder Mißbräuchen der Vertragsfreiheit Einhalt zu gebieten. Von sekundärer Bedeutung ist dabei, ob man der Methode zuneigt, Grundrechte analog heranzuziehen oder rechtsstaatliche Prinzipien über die zivilrechtlichen Generalklauseln in die Privatrechtsebene einfließen zu lassen oder sich zur Auffassung des Bundesverfassungsgerichts bekennt, im Grundrechtskatalog sei eine objektive Wertordnung beschlossen, die auch und gerade für die Gestaltung gesellschaftlicher Beziehungen Geltung erheische[21]. Letzteres scheint mir der sachadäquate Weg zu sein, auf dem sich im übrigen auch die Spruchpraxis des Bundesgerichtshofes und des Bundesarbeitsgerichtes bewegt.

Dreh- und Angelpunkt für die Lösung der Problematik bildet mithin nicht die Frage, *wie* sich eine stärkere Bindung der verbandsautonomen Regelungskompetenz gegenüber dem einzelnen Sportler realisieren läßt, sondern, *ob* man die geschilderte Verbandspraxis im Sportwesen aus rechtsstaatlich-freiheitlicher Sicht für unbedenklich erachtet. Die Antwort darauf steht und fällt mit der Bestimmung der Funktion des Sports im Staat und der durch sie abgesteckten freiheitsbeschränkenden Pflichten des Sportlers: Es ist evident, daß die für totalitäre Staaten charakteristische „Aufwertung" des Sports zur Staatsfunktion und des Sportlers zum Staatsfunktionär die Voraussetzung für die Inanspruchnahme individueller Freiheiten beseitigt. Dies ist keine Folge der Unfreiheitlichkeit der staatlichen Ordnung selbst, sondern liegt in der wesenhaften Unvereinbarkeit von staatlichen Zwecksetzungen und bürgerlichen Freiheiten begründet. Je mehr der Sport in die Funktionssphäre des Staates verlagert wird, desto ausgreifender und einschneidender werden die Freiheitsreduzierungen für den Sportler. Die Anhebung individueller Betätigungen in das Vorfeld des Staatlich-Institutionellen führt zwangsläufig zu einer Amputation bürgerlicher Freiheiten. Dies gilt für die rechtsstaatlich-freiheitliche Ordnung ebenso wie für etatistische Systeme östlicher Prägung.

Nicht ohne Grund hat daher unsere Verfassung deutliche Schranken gegen staatliches Eindringen in bürgerliche Aktivitätsbereiche aufgerichtet und den *eigentlichen Sportbetrieb* als Angelegenheit der staatsfreien individuellen Selbstbestimmung ausgewiesen. Das Grundgesetz hat sich eindeutig gegen jede Form des „Staatssportes" und eines an staatlichpolitischen Zwecksetzungen ausgerichteten sportlichen Funktionärstums ausgesprochen. Aus der Verflechtung des Sports mit dem öffentlichen

[21] Dazu insgesamt jüngst *J. Burmeister,* Vom staatsbegrenzenden Grundrechtsverständnis zum Grundrechtsschutz für Staatsfunktionen, 1971, S. 18 ff., 48 ff.

Aufgabenkreis und seiner Aufwertung zu einer Angelegenheit von öffentlichem Interesse resultieren für die Institutionen des Gemeinwesens allein Gewährleistungs- und Unterstützungspflichten, die den Handlungsspielraum des aktiven Sportlers substantiell unangetastet lassen müssen. Der Sportler steht weder als Amateur noch als Profi in einem irgendwie gearteten *Bindungs*verhältnis zum Staat.

In der politischen Diskussion betont man diesen Faktor lebhaft, insbesondere wenn es darum geht, im Zusammenhang mit Fragen des Amateurstatus auf die gravierenden Unterschiede zwischen unserem Sportwesen und dem östlicher Staaten hinzuweisen; man sollte sich seiner auch erinnern, wenn die Stellung, Rolle und Aufgabe der Sportverbände ins Gespräch kommt[22].

Die freiheitliche Konzeption unseres Sportwesens gilt es zu erhalten und zu verteidigen, was heißt: nicht nur einer staatlichen Reglementierung des Sportwesens deutlich markierte Grenzen zu setzen, sondern ebensolchen Erscheinungsformen der Disziplinierung von seiten der Verbände Einhalt zu gebieten. Nicht allein im Bereich des Sportwesens zeigt die Entwicklung, daß in der sozialen Wirklichkeit die Gefährdung der Liberalität durch *gesellschaftliche* Verbände und Institutionen weit virulenter als die Furcht vor der Omnipotenz des Staates ist, dessen Wächteramt zur faktischen Gewährleistung der von Verfassungs wegen garantierten Freiheit erfordert, Tendenzen zur Machtpotenzierung auf der gesellschaftlichen Ebene einzudämmen[23]. Man muß sich an die Grundwahrheit erinnern, daß die Freiheitlichkeit einer Gesellschaftsordnung nicht allein von der funktionalen Begrenzung des Hoheitsverbandes, sondern gleichermaßen von der realen Bewegungsweite des einzelnen gegenüber den gesellschaftlichen Kräften abhängig ist.

2. Eine zweite, nicht minder bedeutsame Reibung des internen Verbandsrechtes mit dem Verfassungsrecht ist im Zusammenhang mit der zunehmenden „Professionalisierung" des Sports zu sehen und betrifft speziell die Frage der Vereinbarkeit befristeter oder unbefristeter Sperren mit dem in Art. 12 Abs. 1 GG gewährleisteten Grundrecht der Berufsfreiheit[24]. Durch den Bestechungsskandal im Bundesligafußball hat dieser Aspekt besondere Aktualität gewonnen; seine Problematik erstreckt sich indes über den Fußballsport hinaus auf alle berufsmäßig wahrgenommenen Sportarten. Folgende Fälle aus der Praxis vermögen die neuralgischen Punkte besonders plastisch zu verdeutlichen:

[22] Tendenziell ebenso *F. Werner*, Sport und Recht, S. 15 f.; vgl. ferner *Schlosser*, Prozessuale Fragen um die privatrechtliche Vereinsgewalt, MDR 1967, S. 884 ff.

[23] Vgl. *P. Schlosser*, aaO., S. 884, der feststellt: „Der Verband benimmt sich auch juristisch wie ein Staat im Staate."

[24] Dazu jüngst *B. Preis*, Der Betrieb 1971, S. 1570 ff.

— Die Kontrollorgane einzelner nationaler Sportverbände erlassen Zeitsperren gegen professionelle Sportler (Tennisspieler, Boxer, Radrennfahrer usw.), weil sich diese z. B. über ein vereinsinternes Verbot zur Teilnahme an einer Sportveranstaltung hinweggesetzt haben.
— Ein Vertragsspieler eines Bundesligavereins wird nach einem Platzverweis wegen groben Fouls vom zuständigen Kontrollorgan des Deutschen Fußballbundes für sechs Monate gesperrt.
— Einem anderen Vertragsspieler wird wegen Entgegennahme von Bestechungsgeldern die Lizenz auf Lebenszeit entzogen.
— Ein Profi-Boxer wird vom nationalen Boxverband auf Lebenszeit gesperrt, weil er in einem Kampf den Ringrichter angegriffen hat.

Bei der Würdigung dieser Fälle hat man sich zunächst den Umstand zu vergegenwärtigen, daß sich „der Berufssport aus einer dem Arbeitsleben fremden sozialen Erscheinungsform entwickelt hat, die nach besonderen Grundsätzen und Wertvorstellungen geordnet ist“.[25] Für ihn besteht insofern eine gegenüber anderen Berufssparten fundamental unterschiedliche Situation, als der Zugang zur berufsmäßigen Betätigung in der Sportbranche auf dem *System der Lizensierung durch die einzelnen Verbände* beruht, die insoweit ein rechtlich abgesichertes *Monopol* innehaben. Wer sich als professioneller Fußballer, Boxer, Tennisspieler usw. betätigen will, bedarf einer Lizenz, die allein vom jeweiligen Verband erteilt wird und im einzelnen die Rechte und Pflichten des Sportlers bei der Ausübung seines Berufes festlegt. Sport ist mithin für berufliche Aktivitäten nicht frei zugänglich, sondern ein von außerstaatlichen Verbänden monopolistisch verwaltetes und autonom geregeltes Betätigungsfeld, in dem eine Art „Konzessionierungssystem“ in Form der Lizenzerteilung besteht. Der einzelne Profi-Sportler ist diesem Verbandsmonopol „unentrinnbar unterworfen“, wobei hier den unterschiedlichen Modalitäten der Lizenzerteilung im einzelnen nicht nachgegangen zu werden braucht.

Angesichts des verbandlichen Bestimmungsmonopols über das Ob und Wie beruflicher Betätigungsbefugnisse im Sport stellt sich zwangsläufig die Frage, ob nicht für die autonomen Verbände gleiche oder ähnliche Regelungsschranken gelten müssen wie für den staatlichen Gesetzgeber, der in den Bereich der berufsgrundrechtsgeschützten Sphäre vordringt. Auch diese Frage ist nicht einfach mit dem Hinweis auf die *antistaatliche Geltungsrichtung* des Berufsgrundrechts zugunsten einer bindungslosen Regelungskompetenz der Verbände beantwortet. Man muß sich vielmehr vergegenwärtigen, daß Art. 12 GG Ausdruck einer freiheitlichen Konzeption des Berufs- und Gewerbewesens darstellt, deren Sinn zuvörderst darin besteht, dem einzelnen eine weitestmögliche Bewegungs-, Gestaltungs- und Entscheidungsfreiheit gegenüber *jedweder Art* von einseitig-verbindlicher Reglementierung zu sichern. Soweit der Hoheitsverband einzelne Angelegenheiten der autonomen Regelung

[25] So *B. Preis,* aaO., S. 1571; ferner *F. Werner,* aaO., S. 16.

gesellschaftlicher Institutionen überantwortet, entbindet er diese nicht von der Achtung der freiheitlichen Grundprinzipien sowie von der Verpflichtung, die autonome Regelungskompetenz entsprechend den grundgesetzlichen Fundamentalprinzipien auszuüben. In diesem Sinne ist auch die vom Bundesverfassungsgericht im Apothekenurteil[26] entworfene Stufentheorie, die gewissermaßen als Magna Charta der Berufs- und Gewerbefreiheit bezeichnet werden kann, zu verstehen: sie verkörpert primär ein an der individuellen Freiheit orientiertes Regelungsschema, durch das verbindlich verfügte Beschränkungen der beruflichen Entfaltungsmöglichkeiten auf jeder Regelungsstufe auf das Maß des im Interesse des Gemeinwohles unerläßlich Notwendigen reduziert werden. Es versteht sich von selbst, daß diese Regelungsschranken für die autonome Rechtsetzung gesellschaftlicher Institutionen, die vom Staat anerkannt wird, gleichermaßen Geltung erheischen wie für die Legislativorgane des Hoheitsverbandes.

Auf eine kurze Formel gebracht, besagt die Stufentheorie des Bundesverfassungsgerichts: Im Bereich der Berufsausübung beschränkt sich der individuelle Grundrechtsschutz auf die Abwehr *übermäßig belastender* und nicht *zumutbarer* Auflagen; im Bereich der Berufswahl verstärkt sich der Grundrechtsschutz zu einem Abwehranspruch gegen subjektive Zulassungsvoraussetzungen, soweit diese nicht zum Schutze *besonders wichtiger Gemeinschaftsgüter* sowie gegen objektive Zulassungsvoraussetzungen, soweit diese nicht zum Schutze *überragend wichtiger Gemeinschaftsgüter* unerläßlich sind[27]. Bei der Übertragung dieser Regelungsschranken auf das autonome sportliche Verbandsrecht ist freilich zu berücksichtigen, daß als Gesichtspunkte einer zulässigen Grundrechtsbeschränkung des Gewaltunterworfenen nicht Belange des Gemeinwohles, sondern allein die vom grundrechtspflichtigen Verband legitimerweise verfolgten Aufgaben und Interessen, mithin ausschließlich Erfordernisse zur Aufrechterhaltung und Durchsetzung der sportlichen Verhaltensregeln, in Betracht kommen. Insofern wirkt sich das abgestufte Schrankenschema der Stufentheorie gegenüber den autonomen Verbänden in der Verpflichtung aus, beim Erlaß interner Rechts- und Strafordnungen auf eine abgewogene, dem Grundsatz der Verhältnismäßigkeit entsprechende Beziehung zwischen der inkriminierten unsportlichen Handlung und der dafür angedrohten Straf- bzw. Disziplinarmaßnahme zu achten. Kurz, die Dauer der bis auf Lebenszeit ausdehnbaren Sperre muß dem Schweregrad der widerrechtlichen Handlung des Sportlers in angemessener Weise entsprechen.

[26] BVerfGE 7, 377 ff.; seitdem ständige Rechtsprechung, vgl. E 9, 39 (48); 9, 338 (345); 16, 147 ff.; 21, 245 ff.; 22, 380 ff.

[27] Vgl. zur Stufentheorie statt vieler insbes. *H. H. Rupp*, Das Grundrecht der Berufsfreiheit in der Rechtsprechung des BVerfG, AöR Bd. 92 (1967), S. 235 ff.; O. *Bachof*, Die Grundrechte Bd. III/1, S. 217; *R. Herzog*, Art. „Berufsfreiheit“, Ev. Staatslexikon, Sp. 155 ff.

Mißt man die verbandliche Praxis bei der Festsetzung von Zeit- oder Dauersperren gegenüber professionellen Sportlern an diesem Grundschema, so zeigt sich, daß eine rechtlich unzulässige Überschreitung der Verbandskompetenzen insbesondere dann vorliegt, wenn die angeordnete Sperre nicht Reaktion auf die Verletzung *sportlicher* Verhaltensregeln darstellt, sondern allein der Verfolgung *davon unabhängiger Eigeninteressen* des Verbandes vor allem in wirtschaftlicher Hinsicht dient. Selbst eine nur kurzfristige Sperre betrifft den Berufssportler in seiner Berufsausübung und muß daher zu ihrer Rechtfertigung zumindest von „vernünftigen Erwägungen“ der sportlichen Verhaltensordnung getragen sein. Dies gilt um so mehr, je länger die Dauer der Sperre ist, ihre Anordnung mithin über die Kategorien einer reinen Ausübungsregelung hinaus sich als Tangierung der Freiheit der Berufswahl auswirkt.

Umgekehrt wird bei Anwendung des Schrankenschemas auf das verbandsinterne Recht aber auch deutlich, daß gegen die vom Deutschen Fußballbund geübte Praxis, einen Platzverweis wegen Regelverstoßes mit einer Zeitsperre sowie die Entgegennahme von Bestechungsgeldern mit einem Lizenzentzug auf Lebenszeit zu ahnden, rechtsgrundsätzliche Bedenken nicht bestehen. Denn insoweit handelt es um die Verfolgung spezifisch sportlicher Verhaltensprinzipien, nämlich um Maßnahmen zur Aufrechterhaltung des Wettkampfcharakters von Fußballspielen, deren Sanktionswirkung gegenüber dem Sportler im übrigen auch nicht in einem krassen Mißverhältnis zur Schwere von dessen strafwürdigem „unsportlichen“ Verhalten steht[28].

3. Abschließend seien noch einige Aspekte zur Institution der sportlichen Verbandsgerichtsbarkeit dargelegt, bei der ebenfalls potentielle Ungereimtheiten mit der Verfassungsordnung denkbar sind.

In der Vergangenheit sind mehrfach gegen die Inanspruchnahme „privater Straf- und Disziplinargewalt“ im Hinblick auf das in Art. 92 GG verankerte staatliche Rechtsprechungsmonopol sowie das Verbot von Ausnahmegerichten und den Anspruch auf den gesetzlichen Richter in Art. 101 GG verfassungsrechtliche Bedenken erhoben worden[29]. Diese Vorbehalte richten sich indes selten gegen die Institution der privaten Verbandsgerichtsbarkeit selbst. Die Verbandsjustiz hat sich auf dem Boden des geltenden Rechts entwickelt, das den Vereinen die Ausbildung einer eigenen „Gerichtsbarkeit“ ermöglicht, die gewisse äußere Ähnlichkeiten mit der staatlichen Justiz aufweist[30]. Die entscheidenden Einwände richten sich vielmehr gegen die mit der Statuierung von Verbandsgerichten zumeist verbundenen Klauseln, die einen „Ausschluß des ordentlichen Rechtsweges“ vorsehen.

[28] Ebenso *B. Preis*, aaO., S. 1575.

[29] Vgl. dazu insgesamt die Nachweise bei *U. Meyer-Cording*, NJW 1966, S. 225 ff.

[30] Vgl. BGHZ 13, 5 (11 ff.); 21, 371 (373 ff.); 28, 131 (135).

Schon das Reichsgericht[31] hat dieserart Verbotsklauseln zur Anrufung staatlicher Gerichte durch Mitglieder des Vereins in ständiger Rechtsprechung als unwirksam erklärt, und zwar vornehmlich auf Grund der Erwägung, daß die Verbandsjustiz keine „richterliche Tätigkeit" darstelle, die „notwendig von einem unbeteiligten Dritten ausgeübt werden" müsse. Es hat deshalb schon frühzeitig zu Recht die Straf- und Disziplinarbeschlüsse der Vereinsgerichte als „Verwaltungsmaßnahmen" bezeichnet, die der Kontrolle durch staatliche Gerichte unterliegen. Der BGH hat diese Rechtsprechung fortgeführt[32]. Auch er erkennt eine Ausnahme von der Kontrollbefugnis staatlicher Gerichte über Beschlüsse der Verbandsgerichte nur an, wenn eine wirksame Schiedsgerichtsvereinbarung getroffen wurde, die er indes nur als vorliegend erachtet, wenn sich das Schiedsgericht nicht nur aus Vereinsorganen zusammensetzt, sondern durch die Zusammensetzung des Spruchkörpers gewährleistet ist, daß eine wirklich neutrale, unparteiische Stelle Recht spricht.

Aus alledem ist — wie schon *Fritz Werner*[33] betont hat — zu folgern, daß sich die Sportgerichtsbarkeit nur unter der Voraussetzung retten läßt, daß für die richterliche Neutralität und Unabhängigkeit der Spruchkörper Sorge getragen ist. Dazu gehört vor allem eine organisatorische Selbständigkeit der Sportgerichte gegenüber dem übrigen Verbandskörper. Ferner ist erforderlich, daß die Mitglieder solcher Sportgerichte nicht auf allzu kurze Zeit berufen werden, die Grundsätze über die Ablehnung von Mitgliedern des Spruchkörpers Anwendung finden sowie den Beteiligten im Verfahren rechtliches Gehör gewährt wird[34].

Lassen Sie mich meine Ausführungen mit dem Bekenntnis schließen, daß vieles nur angedeutet blieb und manches nicht ausgelotet werden konnte. Mag der Sportler Jahr für Jahr durch Rekordleistungen neue Maßstäbe setzen, die wenigstens zeitweilig absolut sind, so muß sich der Wissenschaftler selbst bescheiden: ein Körnchen zur Wahrheit beizutragen oder — höher gegriffen — Steinchen in das Mosaikbild einer besseren Welt einzufügen. Das Tagungsmotto Recht und Sport würde früher Anlaß gegeben haben, über *Ortega y Gassets* Beitrag „Über des Lebens sportlich-festlichen Sinn" zu meditieren. Danach steht sicher weder Ihnen der Sinn, die Sie demnächst über einige der angesprochenen Rechtsfragen zu entscheiden haben, noch mir als einem von Sorgen geplagten Universitätsrektor.

[31] RGZ 165, 143 f.
[32] Nachweise in Fußnote 30.
[33] Sport und Recht, S. 15.
[34] So zutreffend *B. Preis,* aaO., S. 1575.

# Vereinsautonomie, Vereinsgerichtsbarkeit und ordentliche Gerichtsbarkeit

Von

Prof. Dr. WALTHER J. HABSCHEID, Würzburg/Genf

Seit Mitte 1971 ist es — Stichwort „Bundesligaskandal" — auch der nicht-juristischen Öffentlichkeit bekannt geworden, daß es eine Vereins- (oder Verbands-) Gerichtsbarkeit gibt, die — wie die ordentlichen Gerichte — „Strafen" verhängt: Da werden nicht nur Vereine aus der Bundesliga gestrichen und in Geldstrafen genommen; vielmehr geht es auch um Geldstrafen und Berufsverbote — Sperren und Lizenzentzug — gegen Spieler, Maßnahmen also, die tief in die Persönlichkeitssphäre eingreifen.

Dieses Phänomen der Vereins- und Verbandsgerichtsbarkeit ist nicht neu. Es beschäftigt unsere höchsten Gerichte vielmehr schon seit Beginn unseres Jahrhunderts[1]. Dennoch wird man sagen können, daß die Vereins- und Verbandsgerichtsbarkeit erst in unserem Gruppenstaat eine Bedeutung gewonnen hat, die vielleicht bereits als Gefährdung des staatlichen Rechtschutzmonopols angesehen werden kann[2]. Man nehme nur die Sportgerichtsbarkeit: Nicht die Vorfälle, die z. Z. als „Bundesligaskandal" Schlagzeilen machen, liefern die Hauptarbeit der Sportgerichte, vielmehr werden im Bereiche des Deutschen Fußball-Bundes ( DFB) jährlich rund 150 000 „Strafen" verhängt[3] — bei einer Mitgliederzahl von über 3 Millionen und über 1,5 Millionen „Aktiven" sicherlich eine nicht unrespektable Zahl.

Angesichts dessen ist es erforderlich, die Frage nach dem Wesen der Vereinsgerichtsbarkeit zu stellen, ihre Zulässigkeit zu erörtern und die Möglichkeiten richterlicher Überprüfung aufzuzeigen. Dabei spielt — darüber ist man sich einig — der Unterschied rechtsfähiger — nicht rechtsfähiger Verein keine Rolle[4].

## I. Grundlagen und Wesen der Vereinsgerichtsbarkeit

1. Jeder Verein muß, will er sich nicht selbst in Frage stellen, auf die Wahrung seiner Ordnung, die sich meist aus der Satzung ergibt, achten. In Rechtsprechung und Lehre ist es daher anerkannt, daß der Verein

[1] Siehe z. B. RGZ 49, 150 und RG JW 1900, 417.

[2] Zu dieser Problematik siehe *Fritz Werner*, Sport und Recht (1968), S. 11 ff.

[3] Angaben nach *P. Schlosser*, Vereins- und Verbandsgerichtsbarkeit (1972), Einl. II.

[4] *Soergel-Siebert/Schultze-v. Lasaulx* § 54 Rdn. 1, *Palandt/Danckelmann* § 54 Anm. 1, RGZ 143, 212, BGHZ 42, 210, 212; 43, 316, 319.

berechtigt ist, bei Verletzung dieser Ordnung „Strafen" zu verhängen[5]: Mißbilligung oder Zurechtweisung, Ausschluß von einzelnen Mitgliedschaftsrechten, Aberkennung von Ehrenämtern bis hin zur Geldstrafe und dem Ausschluß aus dem Verein. Diese „Strafen" werden als *echte Strafen* — vergleichbar mit einer Disziplinarstrafe — angesehen. Sie sollen eine psychische Wirkung auf den Bestraften ausüben und auf die übrigen Vereinsmitglieder abschreckend wirken. Soweit ist man sich also einig — sieht man von der prinzipiell ablehnenden Haltung *Flumes* ab, auf die noch einzugehen ist[6]. Forscht man aber nach der notwendigen Rechtsgrundlage, die jeder Eingrif in persönliche Verhältnisse haben muß, so findet man selten eine befriedigende dogmatische Begründung:

Der BGH meint, jeder Verein habe eine selbständige Vereinsgewalt, die der Staat gelten lasse[7]. Damit folgt er dem RG, das als Grundlage für die Vereinsstrafgewalt die Autonomie des Vereins ansah, sich selbst Regeln zu geben und auf ihre Einhaltung zu achten[8].

2. Damit sind wir auch schon bei einem der umstrittensten Punkte des Vereinsrechts angelangt: *der Frage nach dem Umfang der Vereinsautonomie.* Es braucht in diesem Zusammenhang nicht näher auf die Streitfrage nach der Rechtsnatur der Satzung eines Vereins eingegangen werden; denn spätestens seit den Untersuchungen von *Meyer-Cording*[9] dürfte für die h. M. feststehen, daß dem Verein mit der Befugnis, sich eine Satzung zu geben, Autonomie zusteht; aber keine Autonomie, die originär ist, vielmehr eine solche, die auf der gesetzlichen Bestimmung des § 25 BGB beruht und daher verliehen ist[10]. Diese Autonomie beinhaltet das Recht des Vereins, sich eine Satzung zu geben und das Recht der Selbst*verwaltung*[11]. Die Satzung ist somit das objektive Recht — das „Gesetz" — des Vereins. Diese Charakterisierung der Satzung als objektives Recht und nicht als Rechtsgeschäft[12] trägt nicht nur ihrer abstrakten Fassung Rechnung, sie erklärt auch bestimmte, an sich unbestrittene Rechtserscheinungen besser, so insbesondere den Rechtssatz, daß sich die Satzung an einen wechselnden Kreis von Mitgliedern, also auch an künftige Vereinsmitglieder, wendet[13]. Die Vereinsautonomie bleibt

[5] *Meyer-Cording,* Die Vereinsstrafe (1957), *Soergel-Siebert/Schultze-v. Lasaulx* § 25 Rdn. 16, *P. Schlosser* MDR 1967, 864 ff., 961 ff., RGZ 49, 50, BGH MDR 1967, 908 u. a.

[6] *Flume:* Die Vereinsstrafe, Festschrift für E. Bötticher, 1969, 101 ff.

[7] BGHZ 13, 5 ff., 11.

[8] RGZ 49, 154.

[9] *Meyer-Cording,* aaO., S. 31 ff.

[10] *Meyer-Cording,* aaO., S. 49.

[11] *Staudinger-Coing,* Vorbem. § 21 Rdn. 5g; BGH NJW 1968, 1131 ff.

[12] So aber die „Vertragstheorie": *v. Tuhr,* Der Allgemeine Teil des Deutschen Bürgerlichen Rechts, Bd. I, § 35 III, *Nipperdey in Enneccerus-Nipperdey* Bd. I, § 108 II; *Staudinger-Coing* § 25 Rdn. 6 ff.

[13] BGH NJW 1967, 1268, 1271.

aber immer Ausfluß der Privatautonomie; beim Satzungsakt handelt es sich um eine Rechtsschöpfung, die auf privater Willensbetätigung beruht. In einem Staat, der als Rechtsstaat seinen Bürgern auch im Zivilrecht lückenlosen Rechtsschutz zu gewähren hat[14], kann Vereinsautonomie auch nicht vom Staate im Prinzip unkontrollierte Gerichtsgewalt bedeuten.

*Ich weiß:* damit stelle ich mich in Gegensatz zur Rechtsprechung des RG und des BGH — auf die noch näher einzugehen sein wird. Aber: Wer ist je auf die Idee gekommen, anderen mit Autonomie begabten Verbänden — ich denke hier an Gemeinden und Universitäten — im Prinzip eine vom Staate unkontrollierte Rechtsprechung zuzubilligen? Hier gilt es als selbstverständlich, daß etwa universitäre Ordnungs- (Disziplinar-) Maßnahmen gerichtlich nachgeprüft werden. Man geht als selbstverständlich davon aus, daß es sich um *Verwaltungsakte* handelt, die der Kontrolle der Verwaltungsgerichte unterliegen. Bedenkt man aber, daß im modernen Verbände- und Gruppenstaat die Rechte der Bürger eher in und von diesen Gruppen als im und vom Staat bedroht werden, was liegt dann näher, als *einmal:* das was als *„Vereinsrechtsprechung"* bezeichnet wird als *Vereinsverwaltung* anzusehen — man mag auch untergliedernd von *„Vereinsgewalt"* sprechen — und zum anderen die im *Prinzip volle Überprüfbarkeit* der Akte dieser sog. „Vereinsrechtsprechung" durch die *ordentlichen Gerichte* zu verlangen — auch eingedenk der Tatsache, daß Vereinsautonomie nicht Freiheit von der Gesamtrechtsordnung heißen kann. *Rechtsvergleichend* sei in diesem Zusammenhange darauf hingewiesen, daß es in England, wo es ja ein besonders ausgeprägtes Vereinswesen gibt, die Vereinsgerichtsbarkeit — es gibt über 2000 Domestic- und Private Courts — der Rechtskontrolle durch den High Court unterliegt[15]. Eine „Überflutung" der einzigen Kammer des High Court (hier entscheiden 3 Richter!) mit Vereinssachen hat es bislang noch nicht gegeben, weil die Mehrzahl der der Vereinsgewalt Unterworfenen sich bei dem Spruch des Domestic- oder Private Court beruhigt.

Ist demnach von der Überprüfbarkeit von Akten der „Vereinsrechtsprechung" durch die ordentlichen Gerichte auszugehen, so ist damit die Zulässigkeit von „Vereinsstrafen" noch nicht beantwortet.

## II. Zur Zulässigkeit von Vereinsstrafen

1. Es gibt eine Reihe von Untersuchungen, die sich damit beschäftigen, die Rechtsnatur der Vereinsstrafe herauszuarbeiten. Ihre Analyse zeigt,

[14] Vgl. hierzu die hervorragende Studie von *Dütz,* Rechtsstaatlicher Gerichtsschutz im Privatrecht (1970) und *Habscheid,* Rechtsstaatliches Schiedsgutachtenverfahren in Ius et Commercium, Festschrift für Franz Laufke zum 70. Geburtstag (1971) S. 303 ff.

[15] Vgl. dazu *Habscheid,* Introduction à la procédure judiciaire (Barcelona 1968) S. 19.

daß sich der dogmatische Streit um die Rechtsnatur der Satzung in der Bestimmung der Rechtsnatur der Vereinsstrafe fortsetzt. Für diejenigen, welche die Satzung als Vertrag ansehen, liegt die Identifizierung der Vereinsstrafe mit bürgerlichen Rechtsgeschäften nahe, — eine Vereinsgeldstrafe wird als Vertragsstrafe, der Vereinsausschluß als Kündigung aus wichtigem Grund angesehen[16]; dabei ordnet man weitgehend die Vereinsstrafe unter die §§ 315 ff. BGB ein, so daß in der Bestimmung der „Strafe" die Bestimmung einer Leistung liegt[17]. Jene aber, die die Satzung als objektive Norm bewerten — und hiervon gehen wir aus — heben hervor, daß die Strafe (auch) auf die anderen Mitglieder des Vereins abschreckend wirken und ein soziales Unwerturteil über das gemaßregelte Mitglied aussprechen solle; daher setze sie Schuld voraus[18]; wohingegen Vertragsstrafen den Zweck hätten, die Erfüllung einer Obligation sicherzustellen und dem Gläubiger den Schadensbeweis, der nicht selten schwierig zu führen ist, zu erleichtern[19].

Die Vereinsstrafe wird daher als Ordnungsstrafe disziplinärer Art einzustufen sein, die durch einen privaten „*Vereinsverwaltungsakt*" verhängt wird, der dem öffentlich-rechtlichen Verwaltungsakt ähnlich ist[20]. Der BGH hat zu dieser Streitfrage insofern Stellung bezogen[21], als er ausgeführt hat, daß Vereinsstrafen, welche die Einhaltung mitgliedschaftlicher Pflichten sichern, *keine Vertragsstrafen sind*, da sie anders als die Vertragsstrafen nicht auf Vertrag, sondern auf der Unterwerfung der Mitglieder unter die Satzung beruhen.

2. So kontrovers die Meinungen zu dieser Frage auch sind, so wurde bisher die Vereinsstrafe als *Ordnungsmaßnahme des Vereins* — gleich wie man sie qualifiziert — nicht in Frage gestellt. Neuerdings hat aber *Flume* in der Festschrift für *Bötticher* (1969) die Vereins*strafgewalt* als solche abgelehnt[22]. Er beruft sich dabei u. a. auf eine Entscheidung des RG aus dem Jahre 1910, in der es heißt[23], daß die Autonomie den Verein nur dazu ermächtige, sich eine Satzung zu geben, daß aber die Anwendung dieser Vereinsverfassung schlichte Vereinsverwaltung darstelle. *Flume* übersieht dabei jedoch den Bezug, der von der Vereinsverwaltung zur Vereinsgewalt führt. Denn, wenn die Autonomie das Recht

[16] So *Heinsheimer*, Mitgliedschaft und Ausschließung in der Praxis des Reichsgerichts, 1913.

[17] *P. Schlosser* MDR 1967, 963: „Minderung von Leistungspflichten des Vereins", „Auferlegung von Leistungen dem Mitglied gegenüber".

[18] *Meyer-Cording* S. 62, *Soergel-Siebert/Schultze-v. Lasaulx* § 25 Anm. 13. RGZ 125, 338 BayObLG NJW 1960, 292.

[19] BGH NJW 1958, 1483.

[20] *Meyer-Cording*, S. 75 ff.; *P. Schlosser*, MDR 1967, 963; *Beuthien*, Betriebsberater, Beil. 12 zu Heft 33, 1968, S. 9.

[21] BGHZ 21, 373.

[22] S. 101 ff., 115.

[23] RGZ 73, 187 ff.

verleiht, eine Satzung zu erstellen, weshalb soll dieses Satzungsrecht dann nicht auch die Möglichkeit vereinsinterner Ahndung vorsehen — das alles natürlich, soweit und solange kein zwingendes Recht verletzt wird.

*Flume* will allerdings nicht jegliche Befugnis zur Ahndung von Vereinsunrecht ausschließen — es hätte für einen Verein auch katastrophale Folgen, könnte er sich etwa nicht von einem Mitglied trennen, das die Vereinsziele verletzt. *Flume* versucht vielmehr, das Problem rein privatistisch zu lösen[24]; er sagt hierzu, dem Verein könne nicht das Recht *strafweisen* Ausschlusses zugebilligt werden; denn die Legitimation zur Regelung von Vereinsangelegenheiten berechtige nicht zur Ausschließung als *Bestrafung*, sondern nur zur fristlosen Kündigung des Mitgliedschaftsverhältnisses[25]. Ähnlich sieht er auch die Problematik der anderen „Strafen", wie der Geldstrafen. Stets ist das Kriterium für *Flume*, ob ein diffamierendes Unwerturteil über den Betroffenen[26] gefällt wird. Zur Regelung der Vereinsangelegenheiten, so führt *Flume* aus, gehöre es nicht mehr, den Betroffenen mit einem *Unwerturteil* zu belasten.

*Flume* versucht also einen Trennungsstrich zu ziehen zwischen der Ausübung der Vereins*verwaltung*, die selbstverständlich dem Verein zustehe und in dessen Rahmen der Verein auch Maßnahmen treffen könne, die seine innere Ordnung beträfen, und der Ausübung der Vereins*gewalt*, die den Rechtsbruch eines Mitglieds ahndet. Gelten lassen will er nur eine Art Zurechtweisung, die sich jeden Unwerturteils über die Person des Zurechtgewiesenen enthält. An Stelle der Vereinsgeldstrafe gibt es daher nur die Vertragsstrafe[27], die für den Fall zu leisten ist, daß das Mitglied eine ihm aufgrund der Mitgliedschaft obliegende Verbindlichkeit nicht erfüllt, eine Handlung vornimmt oder unterläßt.
*Flume* gibt selber zu, daß sich seine Vorstellungen nur schwer verwirklichen lassen, da sich die Grenze — wann eine Zurechtweisung ohne oder mit Unwerturteil vorliegt — nur schwer ziehen lasse. Zudem wird man sagen müssen, daß das Unwerturteil letztlich von der Öffentlichkeit gefällt wird, die von der Vereinsstrafe Kenntnis erlangt.

3. Ich will hier die Besprechung der *Flume*'schen Thesen abbrechen; denn die Frage nach der Rechtsnatur der Vereinsstrafe wird hauptsächlich deswegen aufgeworfen, um das Ausmaß richterlicher Überprüfung zu bestimmen. Sollte es möglich sein, hierzu Regeln zu entwickeln, die dem Bedürfnis des Vereins nach Selbstverwaltung einerseits und dem des Mitglieds nach Rechtsschutz andererseits gleichermaßen gerecht werden, so kann die Frage nach der Rechtsnatur der Entscheidungen auf sich beruhen. Die Vereinsstrafe wäre dann als zulässiger Akt der Vereins-

[24] S. 116.
[25] S. 119.
[26] S. 123.
[27] *Flume*, aaO., S. 129.

gewalt anzusehen, den das Bürgerliche Gesetzbuch nicht regelt und der daher ein Rechtsinstitut sui generis darstellt. Notwendig aber ist es, herauszustellen, daß die Vereinsgewalt nur Mitglieder treffen darf. Nichtmitglieder unterliegen ihr daher nicht. So lautet auch die Rechtsprechung[28].

4. Allerdings bedürfen diese Thesen angesichts des Aufbaus von Massenverbänden einer Modifikation. Man nehme nur den DFB: Jede natürliche Person, die einem Fußball-Verein beitritt, wird in diesem Mitglied, der Verein wiederum ist Mitglied eines Landesverbandes — hier in Bayern des Bayerischen Fußballverbandes — der Landesverband endlich ist neben den Regionalverbänden Mitglied des DFB. Somit ist das einzelne Mitglied des Fußballvereins nicht Mitglied des DFB; eine Vereinsstrafe, welche die Organe des DFB verhängen, trifft mithin ein *Nicht*mitglied, denn durch den Eintritt in einen Verein wird eine unmittelbare *Verbands*mitgliedschaft nur dann begründet, wenn sowohl die Verbandssatzung als auch die des Vereins den unmittelbaren Erwerb der Verbandsmitgliedschaft durch Beitritt zum Verein vorsehen[29]. Weder der Verein allein noch der Verband können darüber entscheiden, ob die Einzelmitglieder auch die Verbandsmitgliedschaft erhalten oder nicht[30]. Ein Mitwirken des Einzelmitglieds wäre auf alle Fälle erforderlich.

Der DFB ist aber einen anderen Weg gegangen, um seine Verbandsgewalt auch auf die Mitglieder der Vereine zu erstrecken. Gemäß § 13 Ziff. 1b seiner Satzung sind die Mitglieder des DFB, also die einzelnen Landesverbände, verpflichtet, die Ordnungen und Statuten des DFB sinngemäß in ihre Satzungen aufzunehmen, so daß dadurch die Vereine als Mitglieder des Verbandes an diese gebunden sind. Ebenso hat der Landesverband in seiner Satzung die Vereine zu verpflichten, ihre Mitglieder durch die Vereinssatzung ebenfalls an die vom DFB aufgestellten Bestimmungen zu binden. Auf diese Weise sind die Einzelmitglieder den Entscheidungen der DFB-Organe unterworfen.

Die Möglichkeit, Pflichten aus einer Verbandssatzung durch Überleitungs- und Vermittlungsbestimmungen weiterzugeben, ist vom BGH sanktioniert worden[31]. Allerdings wird dadurch keine Verbandsgewalt begründet, sondern die Vereinsgewalt erweitert; denn die Einhaltung

[28] *Meyer-Cording*, aaO. S. 138, BGHZ 28, 131, 134, a. A. neuerdings *P. Schlosser* (oben Note 3), § 4 II, 3, der Vereinsstrafen auch gegen bereits ausgetretene Mitglieder zuläßt. *P. Schlosser* übersieht m. E. aber dabei, daß das gesamte Institut der Vereinsstrafe nur wegen der freiwilligen *Unterordnung* möglich ist. Endet diese und straft der Verein jetzt noch, so wird in das allgemeine Persönlichkeitsrecht des Ausgetretenen eingegriffen und der Verein macht sich gemäß § 823 I/II BGB schadensersatzpflichtig.

[29] BGHZ 28, 131, 148.

[30] *Ernst*, Die Ausübung der Vereinsgewalt, Diss. Köln 1969.

[31] BGH LM § 25 Nr. 2 = BGHZ 28, 131, ebenso *P. Schlosser* (oben zu Fußnote 3) § 4.

der fraglichen Bestimmung wird zu einer Mitgliedschaftspflicht gegenüber dem Verein, nicht jedoch gegenüber dem Verband, da das einzelne Mitglied dadurch nicht Mitglied des Verbandes wird. Dies hat der BGH übersehen, wenn er davon spricht, — ohne dies allerdings näher zu begründen — daß sich in einem solchen Fall das Mitglied der Autonomie des Dachverbandes unterworfen habe[32]; denn es handelt sich — um dies zu wiederholen — nicht um einen Beitritt zum Dachverband und die freiwillige mitgliedschaftliche Subordination, sondern um eine Erweiterung der Mitgliedschaftspflichten im Verein. Dem trägt auch der DFB Rechnung, wenn er in § 13 Ziff. 1c seiner Satzung die mitgliedschaftliche Verpflichtung ausspricht, die eigene und die den Landesverbänden von ihren Mitgliedern überlassene Strafgewalt dem DFB zur Ausübung im Rahmen seiner Zuständigkeit zu übertragen. Damit soll dem DFB die Möglichkeit gegeben werden, bei Verstößen gegen seine Statuten durch seine Rechtsorgane Vereinsstrafen aussprechen zu können. Dabei ist allerdings zu beachten, daß nach h. M. die Übertragung der Vereinsgewalt an einen Dachverband dem Vereinsrecht dann widerspricht, wenn die Würdigung des Gesamtcharakters des Vereins ergibt, daß ihm als Personenverband keine eigene Bedeutung mehr zukommt, er sich vielmehr nur noch als eine Sonderverwaltung des Dritten darstellt[33]. Ein *begrenzter* Einfluß Dritter ist jedoch zulässig; so kann die Satzung bestimmte Befugnisse einem Außenstehenden — und damit auch einem Dachverband — übertragen[34].

Allerdings muß diese Übertragung von Teilen der Vereinsgewalt in der Satzung selbst genau umrissen sein, damit der Eintretende weiß, inwieweit er im Ergebnis dritter Verbandsgewalt unterliegt.

Komplizierter wird die Frage allerdings bei den *Lizenzspielern* der Bundesliga. Diese Spieler sind nämlich — vornehmlich aus steuerrechtlichen Gründen — die Vereine würden sonst ihre Gemeinnützigkeit verlieren — nicht Mitglieder, sondern (bezahlte) Angestellte des Vereins[35] und unterliegen deshalb bei Rechtsstreitigkeiten zwischen Verein und Spieler dem Arbeitsrecht. Hier stellt sich sofort die Frage, wie der DFB dann zu einer Strafbefugnis gelangt. Die Antwort lautet: Der DFB hat den Weg des „Lizenzvertrages“ zwischen dem DFB und dem Lizenzspieler gewählt, in dem sich dieser letztere vertraglich den Ordnungen und Statuten des DFB unterwirft[36]. Dieser Lizenzvertrag verweist wiederum weitgehend auf die vom DFB aufgestellten Satzungen und enthält in § 4 die speziell für Lizenzspieler geltenden Sanktionen:

> „Bei Verstößen gegen Bestimmungen aus diesem Vertrag oder die Benutzungsvorschriften der Bundesliga ist der DFB berechtigt, eine Vertragsstrafe

[32] BGH LM § 25 Nr. 2.
[33] LG HildesheimNJW 1965, 2400. *Staudinger-Coing,* § 27 Anm. 3a.
[34] *Soergel-Siebert/Schultze-v. Lasaulx* § 27 Rdn. 12.
[35] Siehe dazu § 15 des Bundesligastatuts.
[36] § 16 des Bundesligastatuts.

gem. § 315 BGB festzusetzen..." Weiter werden die Zuständigkeit des Sportgerichts geregelt und die in Frage kommenden „Strafen" (Verwarnung, Sperre bis 6 Monate, Geldstrafen bis 100 000 DM und Lizenzentzug) bezeichnet. (Eine vorläufige Suspendierung sieht § 4 aaO. nicht vor. Das war auch der Grund, weshalb die Berliner Gerichte im Fall *Varga* im Wege der einstweiligen Verfügung den vorläufig gesperrten Spieler wieder zuließen.[37])

An der rechtlichen Möglichkeit, die Lizenzspieler an die Ordnungen des DFB zu binden, wird an sich nicht gezweifelt — im Rahmen der Privatautonomie können Vertragsparteien jegliche Vertragsgestaltung vornehmen, solange sie nicht gegen zwingendes Recht verstößt — die Meinungen stoßen sich aber an der rechtlichen Einordnung. Einerseits wird die Sanktion als Vertragsstrafe angesehen — hierfür spricht der Wortlaut — andererseits wird festgestellt, daß eine Bindung der Lizenzspieler an die Disziplinarordnung nur im Wege einer mitgliedschafts-*ähnlichen* Unterwerfung möglich sei[38], und deshalb keine Vertragsstrafe vorliege, sondern das gleiche Rechtsinstitut wie bei ordentlichen Mitgliedern.

Zu diesem Ergebnis gelangt *Ernst* in einer Kölner Dissertation aus dem Jahre 1969 mit einem Vergleich zum öffentlich-rechtlichen Anstaltsrecht, in dem ein Gewaltverhältnis freiwillig durch konkludentes Verhalten eingegangen wird[39]. Ebenso führe — so meint der Autor — die Teilnahme von Nichtmitgliedern an Verbandswettspielen — die Bundesliga ist eine Verbandseinrichtung des DFB[40] — zu unmittelbaren Kontakten zwischen dem DFB und den ausübenden Spielern. Die Spieler würden sich damit einer Verbandsgewalt unterwerfen, die aber nur so weit reiche, wie sie in unmittelbaren Zusammenhang mit dem internen Verbandsbereich stehe[41]. Auch das RG vertrat im übrigen die Meinung[42], Nichtmitglieder eines Verbandes seien bei Teilnahme an den Veranstaltungen dieses Verbandes dessen Vorschriften unmittelbar verpflichtet.

Die unterschiedlichen Auffassungen hängen auch hier letztlich wieder mit der entscheidenden Frage nach *der Ausgestaltung der richterlichen Überprüfung zusammen.* Für *zulässig* hält man jedenfalls eine derart gestaltete Unterwerfung[43]. Das mag zunächst genügen.

[37] Vgl. Pressemitteilung in DIE WELT vom 17. 12. 1971 Nr. 293, S. 7. Nun sieht allerdings § 12 der Rechts- und Verfahrensordnung des DFB vor, daß das Sportgericht auch Einstweilige Verfügungen erlassen kann. Ich halte diese Bestimmung jedoch für unzulässig. Schieds*gerichten* sind einstweilige Verfügungen untersagt. Das ist h. M. (vgl. statt aller *Baumbach-Schwab*, Schiedsgerichtsbarkeit, S. 79, OLG Frankfurt, NJW 1959, 1088). Was für das Schiedsgericht gilt, muß *erst recht* für ein Verwaltungsorgan wie das Sportgericht gelten!

[38] *Preis*, „Die Sportgerichtsbarkeit des Deutschen Fußball-Bundes und die ‚Bestechungsfälle' in der Bundesliga", Der Betrieb 1971, 1570 ff. *einerseits* und *Ernst* (oben Fußnote 30) S. 145, andererseits.

[39] *Ernst* aaO., S. 91.

[40] Präambel des Bundesligastatuts.

[41] *Ernst* aaO., S. 93.

[42] RG Seuff. Arch. 59, Nr. 118.

## III. Grundsätze des Vereinsstrafverfahrens

Bevor wir auf Einzelheiten der gerichtlichen Überprüfung von Straffestsetzungen eingehen, sind die Grundsätze zur Ausgestaltung des Verfahrens vorauszuschicken, wie sie durch Rechtslehre und Rechtsprechung anerkannt wurden:

Zwei Möglichkeiten sind zu unterscheiden. In der Satzung kann ein Schiedsgericht i. S. der §§ 1025 ff. ZPO angeordnet werden[44]. Auf dieses Verfahren sind die Vorschriften der §§ 1025 ff. ZPO anzuwenden: Unabhängigkeit und Unparteilichkeit der Schiedsrichter und rechtliches Gehör sind zu fordern; der judex suspectus kann abgelehnt werden; die Gültigkeit des Schiedsspruches richtet sich nach § 1040 ZPO. Andere Vereine beauftragen ein Vereinsorgan, die Mitgliederversammlung, den Vorstand, einen Ehrenrat oder ein „Ehrengericht" mit der Ahndung.

Der DFB schuf sich als zuständiges Organ das *Sportgericht* und als Kontrollinstanz das *Bundesgericht*[45]. Diese „Gerichte" werden ausdrücklich als „Rechtsorgane" des DFB bezeichnet. Die Satzung sieht sie nicht (ausdrücklich) als Schiedsgerichte an, ordnet vielmehr in ihrem § 14 getrennt eine besondere Schiedsgerichtsbarkeit für die Entscheidung von Streitigkeiten zwischen dem DFB und seinen Mitgliedern sowie für Streitigkeiten der Mitgliedsverbände untereinander.

Wie dem aber auch sei — ob Vereinsorgan oder Schiedsgericht — die Spruchstelle muß folgende Verfahrensregeln beachten, damit die Verhängung einer Vereinsstrafe als gültig angesehen werden kann[46]:

1. Die Strafe darf nur durch das *zuständige* Organ ausgesprochen werden.
2. Dieses Spruchorgan muß ordnungsgemäß besetzt sein.
3. Die Einberufung dieses Organs muß so erfolgen, daß alle Mitglieder rechtzeitig zur Beschlußfassung eingeladen werden.
4. Es muß eine ordnungsgemäße, faire Untersuchung stattfinden.
5. Dem Beschuldigten darf das rechtliche Gehör nicht versagt werden.
6. Bei der Verhängung der Strafe ist das „ne bis in idem" zu beachten. Eine bedingte Bestrafung ist unzulässig.
7. Die Bestrafung ist dem Mitglied bekanntzugeben und zu begründen.
8. Für eine Anfechtung der Entscheidung muß der satzungsgemäße Instanzenzug erschöpft werden. Erst danach ist eine Anrufung des ordentlichen Gerichts möglich.

[43] *P. Schlosser,* MDR 1967, 884 ff., *Beuthien,* Beilage Betriebsberater 1968; vgl. auch *Horschitz,* Vereinsstrafe – Betriebsstrafe – Vertragsstrafe, Diss. Heidelberg 1970, S. 139.

[44] BGHZ 48, 35, 43.

[45] Satzung des DFB § 16 Ziff. 1 Buchst. f., §§ 39 ff.

[46] *Habscheid,* AcP 158 S. 368 ff., *Meyer-Cording* aaO., S.79 ff.

Selbstverständlich dürfen auch nur Strafen verhängt werden, die ihre Grundlage in der Satzung als dem Grundgesetz des Vereins haben. Das zuständige Organ muß daher Tatsachen ermitteln, die Satzungsbestimmung auslegen und eine Subsumtion des ermittelten Sachverhalts unter die Strafvorschrift vornehmen. Grundsätzlich kann dabei nichts gegen Generalklauseln als tatbestandliche Strafnormen eingewandt werden, die, wie z. B. § 1 Abs. 2 der Rechts- und Verfahrensordnung des DFB, alle Formen unsportlichen Verhaltens unter Strafe stellen. Denn dem Normgeber ist es unmöglich, alle Formen unsportlichen Verhaltens in concreto aufzuzählen. Solche Generalklauseln sind bekanntlich auch im staatlichen Recht vorhanden. Sie werden allgemein als zulässig angesehen und verschiedentlich als unbestimmte Rechtsbegriffe bezeichnet, die der Ausfüllung durch die anwendende Stelle bedürfen[47].

## IV. Die Überprüfung durch die ordentlichen Gerichte

Ich habe mich bereits eingangs zu einer im Prinzip vollen Überprüfbarkeit von Akten der Vereinsgewalt und damit auch der Vereinsstrafgewalt bekannt. Lassen Sie mich diese These nun weiter begründen:

1. Grundlage der gerichtlichen Praxis ist nach wie vor die Rechtsprechung des RG, die unter dem Einfluß der Genossenschaftstheorie *Otto v. Gierkes*[48] betont, daß die Autonomie der Verbände eine *sachliche* Kontrolle ihrer Entscheidungen nicht gestattet. Das RG hatte sich daher darauf beschränkt zu prüfen, ob der Strafbeschluß seine satzungsgemäße Grundlage hatte und das von der Satzung vorgeschriebene Verfahren beachtet worden war[49]. Darüber hinaus wurde eine materielle Überprüfung strikte abgelehnt.

Später nahm das RG jedoch eine beschränkte sachliche Überprüfung dahin vor, ob der Vereinsstrafbeschluß mißbräuchlich oder offenbar unbillig sei[50], — das alles aber nur bei Vereinen von sozialer, wirtschaftlicher oder kultureller Bedeutung[51]. Auch der BGH beschränkte seine Überprüfung zunächst auf diese Vereine[52], bis er im Jahre 1967[53] die Überprüfbarkeit auf offenbare Unbilligkeit — und entsprechendes muß wohl auch von der Mißbräuchlichkeit gelten — nicht mehr von dem sozialen Gewicht des Vereins abhängig machte. Aber immer noch soll das staatliche Gericht nicht in der Lage sein, die dem Strafbeschluß zugrunde-

[47] Auch im Strafrecht kennen wir die normativen Tatbestandsmerkmale (= wertausfüllungsbedürftige Begriffe, wie zumutbar, verwerflich, niedrige Beweggründe oder sittenwidrige Verhaltensweisen).

[48] *Otto v. Gierke,* Die Genossenschaftstheorie und die deutsche Rechtsprechung, 1887, S. 183 ff.

[49] RGZ 49, 150, RGZ 82, 251.

[50] RGZ 107, 386 ff.

[51] RGZ 140, 24; 147, 15.

[52] So z. B. BGHZ 13, 5 ff.

[53] BGHZ 47, 381 ff. (Urteil vom 20. 4. 1967).

liegenden Tatsachen und die Subsumtion dieser Tatsachen unter die Satzungsbegriffe zu überprüfen. Der BGH führte hierzu aus[54]:

„Aus dem Rechtssatz, daß das Gericht nur zu prüfen hat, ob sich der Beschluß auf eine Vorschrift der Satzung stützt, ergibt sich umgekehrt, daß die Feststellung des zu beurteilenden Sachverhalts und die Subsumtion des festgestellten Sachverhalts unter die herangezogene Vorschrift zu den Maßnahmen gehört, die ein Verein in Ausübung seiner Verbandsgewalt eigenverantwortlich zu treffen hat und die grundsätzlich (– *Ausnahme:* Mißbräuchlichkeit und offenbare Unbilligkeit –) gerichtlich nicht nachgeprüft werden können."

Diese Rechtsprechung gilt es nun im einzelnen zu beleuchten.

2. Der BGH kommt zu seiner ablehnenden Haltung *bezüglich der Tatsachenkontrolle* auf Grund der dem Verein verliehenen Vereinsgewalt und seiner dadurch bestehenden Eigenverantwortung: Hier taucht also wieder die Vereinsautonomie auf, die uns schon bei der Bestimmung der Rechtsnatur der Satzung beschäftigte. Dort haben wir die Autonomie *zur Rechtssetzung* bejaht, aber auch gleichzeitig betont, daß es sich dabei um einen Rechtsakt handelt, der sich auf die Privatautonomie gründet. Autonomie *zur Rechtssetzung* bedeutet aber noch nicht grundsätzlich unumschränkte Kompetenz zur Tatsachenfeststellung und Subsumtion. *Eine solche kann im Rechtsstaat nur den staatlichen Gerichten zukommen.* In diesem Zusammenhange ist der Vergleich der Vereinsstrafe mit der Betriebsbuße interessant, der wegen des disziplinären Charakters der Betriebsbuße häufig gezogen wird[55]. Das BAG überprüft die Betriebsbuße voll, es stellt also auch den zur Buße führenden Sachverhalt fest[56]. Auch bei der Betriebsbuße haben wir es mit einem Autonomieproblem zu tun, der Autonomie, einen Arbeitsvertrag abzuschließen, der Normen für das Verhältnis Arbeitgeber-Arbeitnehmer aufstellt. Im übrigen liegt die Analogie zur Betriebsbuße gerade im Falle der Lizenzspieler nahe, die ja zu ihrem Verein in einem Arbeitsverhältnis stehen.

Autonomie gibt nur das Recht, Vorschriften zu erlassen und aufgrund dieser Vorschriften zu verwalten. Sie gibt nicht das Recht, *letztinstanzlich* festzustellen, ob diese Vorschriften verletzt sind. Auch das oft gebrachte Argument, die Unterwerfung des Mitglieds unter die Vereinsgewalt beinhalte den Verzicht auf richterliche Überprüfung einer Tatsachenfeststellung, kann nicht überzeugen. Abgesehen davon, daß meiner Ansicht nach ein Verzicht auf Grundrechte — hier des Art. 19 IV und des Art. 101 GG — in diesem Umfange nicht möglich ist, ist dieses Argument auch weit hergeholt und lebensfremd. Man frage nur einmal ein Vereinsmitglied, ob es eine solche Unterwerfung gewollt hat!

[54] BGH JZ 1967, 30 ff.

[55] *Meyer-Cording* NJW 1966, 225 ff.; *Herschel,* Betriebsbußen (1967), S. 64 ff.

[56] BAG JZ 1968, 335. Siehe auch die Heidelberger Dissertation (1970) von *Horschitz,* Vereinsstrafe – Betriebsstrafe – Vertragsstrafe. Dargestellt am Beispiel des Deutschen Lizenzfußballspielers.

Auch ein zweites Argument des BGH — das er freilich mehr obiter dictum ausspricht[57], — nämlich die Angst vor der Überflutung der Gerichte mit Vereinssachen, kann den grundsätzlichen Ausschluß richterlicher Überprüfung nicht tragen. Diese Feststellung bedarf in diesem Kreise wohl keiner näheren Begründung. Aber immerhin: Eine gewisse, auf offensichtlich willkürlich festgestellte Tatsachen beschränkte Kontrolle läßt der BGH bereits zu[58]. Von hier aus sollte der Schritt zur vollen Nachprüfung getan werden; denn der Ausschluß richterlicher Feststellung des Sachverhalts ist ungerechtfertigt und grenzt an Rechtsschutzverweigerung, wenn Vereinsmitglieder oder andere der Verbandsgerichtsbarkeit Unterworfene vor dem staatlichen Gericht mit der Behauptung nicht gehört werden, man tue ihnen Unrecht, weil der vom Vereinsorgan ermittelte Sachverhalt nicht zutreffe[59].

3. Wie jede rechtsanwendende Stelle muß auch das die Strafe festsetzende Vereinsorgan eine Subsumtion des festgestellten Sachverhalts unter den in der Vereinssatzung normierten Tatbestand vornehmen. Für eine spätere richterliche Überprüfung entsteht hier kein Problem, wenn die Tatbestandsseite der Norm fest umrissen ist. Wenn so z. B. ein Mitglied bei dreimonatigem Beitragsrückstand (= festumrissene Tatbestandsseite) laut Satzung auszuschließen ist und der Verein schon nach zweimonatigem Rückstand ausschließt, so ist diese Maßnahme nach der Rechtsprechung des BGH offensichtlich unbillig und daher überprüfbar. Allerdings zeigt gerade dieser Fall, daß die Vokabel „offenbare Unbilligkeit" hier nicht paßt. Man sollte vielmehr von *offenbarer Unrichtigkeit*[60] sprechen.

Stehen jedoch auf der Tatbestandsseite wertausfüllende Begriffe[61], so wirkt sich die Beschränkung der Nachprüfung auf offenbare Unrichtigkeit (oder Unbilligkeit) dahin aus, daß das staatliche Gericht die Subsumtion nicht voll nachvollzieht[62]. Diese Regel: Volle Nachprüfung bei festumrissenen Tatbeständen, lediglich limitierte Überprüfung bei wertausfüllungsbedürftigen Vorschriften prämiert einmal den Verein, dessen Satzungsbestimmungen verschwommen sind. Aber auch abgesehen davon begegnet diese Rechtsprechung aus folgenden Gründen Bedenken: Man vergleicht — wie mir scheint zu recht — das Verhältnis Verein-Mitglieder häufig mit dem Verhältnis Staat-Bürger. So stellt *Meyer-Cording*

[57] BGHZ 29, 362.
[58] BGHZ 29, 352, 361, 362.
[59] A. A. aber BGHZ 29, 352. Für im Prinzip volle Nachprüfbarkeit auch *P. Schlosser*, aaO. (zu Fußnote 3); *Horschitz* aaO. (zu Fußnote 56).
[60] Die Problematik ähnelt hier der des Schiedsgutachtens, vgl. dazu *Habscheid*, Festschrift für Franz Laufke, oben zu Note 14, sowie Festschrift für H. Lehmann (1956) S. 789 ff.
[61] So § 1 Abs. 2 der Rechts- und VerfahrensO des DFB: „Sportliche Vergehen, d. h. alle Formen unsportlichen Verhaltens werden geahndet."
[62] Dazu BGHZ 47, 381.

die Verwaltung eines Vereins der Verwaltung einer öffentlich-rechtlichen Körperschaft gegenüber[63] und *Peter Schlosser* spricht davon, daß sich der Vergleich zwischen dem staatlichen Verwaltungsakt und den reglementierenden Rechtsakten der großen Sportverbände geradezu aufdränge[64]. Auch im öffentlichen Recht kennen wir den Begriff des unbestimmten Rechtsbegriffes. Es ist aber auch anerkannt, daß die Anwendung eines unbestimmten Rechtbegriffes vom Gericht inhaltlich nachzuprüfen ist, da der Subsumtionsvorgang nur *ein* rechtlich richtiges Ergebnis haben kann.[65].

Allerdings kennt das öffentliche Recht auch den unbestimmten Rechtsbegriff *mit Beurteilungsspielraum,* wobei dieser Beurteilungsspielraum vom Gericht nicht überprüfbar ist. Dieses Institut wird nun von der h. M. auf das Vereinsrecht übertragen[66], wobei als Begründung angegeben wird, daß die Entscheidung darüber, was den Interessen des Vereins zuwiderlaufe, von Bewertungen abhänge, die auf Maßstäben aufbauten, welche nur die Rechtsüberzeugung der im Verein Zusammengeschlossenen zur Verfügung stelle[67].

Nun hat aber das BVerwG den Beurteilungsspielraum bei den hier in Rede stehenden Rechtsbegriffen immer mehr eingeschränkt und letztlich nur noch dort und insoweit zugelassen, wo eine Nachvollziehung der Erwägungen, die zur Ausfüllung des Begriffs geführt haben, durch *niemanden vorgenommen* werden kann[68], so bei Prüfungsentscheidungen oder Werturteilen des Dienstherrn im Beamtenrecht. Entscheidend sei immer, ob das Gericht die Situation, die zur Wertausfüllung führe, rekonstruieren könne. M. E. sollte man diese Rechtsprechung auf das Vereinsrecht übertragen: Dann aber wird man sagen müssen, daß der staatliche Richter durchaus in der Lage ist, vereinsrechtliche Wertungen — etwa die Frage, ob ein bestimmtes Verhalten unsportlich ist — nachzuvollziehen.

Die Vereinsautonomie schließt aber auch deshalb die Subsumtionskontrolle nicht aus, weil sie nur bedeutet, daß der Verein sich selbst verwaltet, nicht aber, daß er einen gerichtsfreien Raum regiert.

4. Allerdings: Dem Vereinsorgan ist *Handlungs*ermessen zuzubilligen. Es muß gestattet sein, einen Verstoß gegen die Vereinsordnung zu ahnden oder nicht. Jedoch ist in diesem Zusammenhange darauf zu achten, daß die Verhängung einer Vereinsstrafe nicht gegen das Gebot gleichmäßiger Behandlung der Mitglieder verstößt. Eine unterschied-

[63] *Meyer-Cording* aaO., S. 75, 76.

[64] *P. Schlosser,* MDR 1967, S. 884.

[65] *Redeker-v. Oertzen,* Kommentar zur VwGO 1969, § 114 Rdn. 3.

[66] *Meyer-Cording* aaO., S. 76, *Beuthien* aaO., S. 5, und mit Einschränkungen *P. Schlosser* (oben zu Fußnote 3) § 6 II, 2.

[67] *P. Schlosser,* § 6 II, 2.

[68] BVerwG DVBl. 1968, 428.

liche Behandlung gleicher Tatbestände ohne rechtfertigenden sachlichen Grund ist also unzulässig[69].

Dem Vereinsorgan steht aber auch bezüglich der Straf*höhe* ein Ermessen zu. Das RG und mit ihm der BGH haben hierzu den Satz aufgestellt, daß die Vereinsstrafe auch in bezug auf die Strafhöhe daraufhin zu überprüfen ist, ob sie satzungsgemäß, nicht sittenwidrig und nicht offenbar unbillig ist[70].

Diese Ansicht wird von der Literatur weitgehend übernommen[71]. Andererseits gibt es auch Stimmen, welche für eine Kontrolle gemäß oder analog § 343 BGB eintreten — eine Auffassung, die für diejenigen zwingend ist, welche die Vereinsstrafe als Vertragsstrafe ansehen[72]. Die Kontrolle gem. § 343 BGB geht dabei weiter als die Meinung der eingefahrenen Rechtsprechung; denn sie gestattet eine Herabsetzung jeder *unverhältnismäßig hohen* Strafe — ohne daß diese satzungswidrig, sittenverletzend oder offenbar unrichtig (bzw. unbillig) sein muß. Gleichviel wie man zu dem Theorienstreit um die Rechtsnatur der Vereinsstrafe steht: Man muß m. E. in § 343 BGB einen zum ordre public des deutschen Rechts zählenden Rechtssatz erblicken, dem zufolge eine übermäßige Privatsanktion vom Richter auf Antrag herabzusetzen ist[73]. Die staatlichen Gerichte sind daher berechtigt und verpflichtet, Schutz gegen *übermäßig hohe* — und daher ungerechte — Vereinsstrafen zu gewähren.

Ist jedoch die festgesetzte Vertragsstrafe satzungswidrig oder offenbar unrichtig oder unbillig — und damit auch sittenwidrig —, so ist sie nichtig[74], und diese Nichtigkeit ist auf Feststellungsklage hin festzustellen[75].

[69] BGHZ 47, 381/382.

[70] RG JW 1928 S. 2208. BGHZ 21, 370.

[71] *P. Schlosser*, MDR 1967, 884/887; ferner (oben zu Fußnote 3) § 6 II, 1b; *Meyer-Cording* aaO., S. 99; *Beuthien* aaO., S. 7/8, der allerdings „offenbare Unbilligkeit" durch „unverhältnismäßig hoch" ersetzt wissen will.

[72] *Staudinger-Kaduk* 10./11. Aufl. 1972, Vorbem. § 339 Rdn. 50, 52.

[73] M. E. handelt es sich bei § 343 BGB um eine privatrechtliche Ausformung des *Grundsatzes der Verhältnismäßigkeit von Verstoß und Strafe*. Der Verhältnismäßigkeitsgrundsatz ist im öffentlichen Recht entwickelt worden. Man sieht in ihm – zu Recht – eine aus dem Rechtsstaatsprinzip des Art. 20 GG und den Art. 2, 19 II GG abgeleitete verfassungsrechtliche Maxime (so *Maunz-Dürig*, GG, Art. 20 Rdn. 116, *Eyermann–Fröhler* VwGO 5. Aufl. 1971, § 114 Rdn. 16). Daß sie auch im Zivilrecht gilt, zeigt die Entscheidung des BGH vom 30. 4. 1969, NJW1969, 1384, wo der BGH strafähnliche Sanktionen in Allgemeinen Versicherungsbedingungen am Verhältnismäßigkeitsgrundsatz mißt (aaO., S. 1385). Der BGH verweist in diesem Zusammenhange ausdrücklich auch auf § 343 BGB.

[74] Vgl. BGHZ 47, 381, 386.

[75] Dazu *P. Schlosser*, oben zu Fußnote 3, § 6 II, 5b.

5. Unsere bisherigen Überlegungen gingen davon aus, daß die richterliche Überprüfung die Entscheidung einer Spruchstelle des Vereins betrifft, die nicht Schiedsgericht ist. Ein solches sehen auch die meisten Vereinssatzungen nicht vor. Auch das Sportgericht des DFB ist m. E. kein Schiedsgericht. Die Satzung kann jedoch ein Schiedsgericht i. S. d. § 1025 ff. ZPO bereits für die erstmalige Verhängung von Vereinsstrafen vorsehen. Sie kann ferner eine schiedsrichterliche Berufungsinstanz schaffen. Weiterhin ist denkbar, daß die Vereinsstrafe von einem Vereinsorgan festgesetzt, ihre Rechtmäßigkeit aber durch ein Schiedsgericht überprüft wird. Diesen Weg beschreitet der DFB für die Überprüfung von Entscheidungen des Sportgerichts bei Lizenzspielersachen. Der Lizenzspieler und der DFB schließen hierzu einen schriftlichen Schiedsvertrag, demzufolge jeder Vertragspartner einen Schiedsrichter bestellt, die sich auf einen Vorsitzenden einigen. In diesem Schiedsvertrag heißt es:

> „Das Schiedsgericht ist auch zuständig zur Überprüfung der vom DFB festgesetzten Vertragsstrafen auf ihre objektive Billigkeit und Angemessenheit. Objektiv unbillige Festsetzungen und Vertragsstrafen hat das Schiedsgericht angemessen herabzusetzen. Ebenso hat es sonstige, nach § 315 BGB getroffene unbillige Bestimmungen zu überprüfen und eine billige Regelung festzusetzen."

Allerdings ist die Zulässigkeit solcher Schiedsgerichtsbarkeit in der 1. Variante nicht zweifelsfrei. So wird argumentiert, ein Verfahren mit dem Ziele der Strafverhängung sei kein bürgerlicher Rechtsstreit, und nur ein solcher falle unter §§ 1025 ff. ZPO, daher sei die fragliche Spruchstelle kein Schiedsgericht, wenn ihr Verfahren der Strafgerichtsbarkeit nachgebildet sei, insbesondere, wenn einseitige Maßnahmen getroffen würden[76]. Werde jedoch die Maßnahme des die Strafe verhängenden Organs durch eine besondere Stelle nachgeprüft, dann liege Schiedsgerichtbarkeit vor, weil es hier um die Beurteilung des Rechtsverhältnisses zwischen Verein und Mitglied gehe[77]. Mir scheint jedoch wesentlich und entscheidend zu sein, daß die Verhängung von Vereinsstrafen Auswirkungen eines bürgerlich-rechtlichen Mitgliedschaftsverhältnisses betrifft, so daß insoweit keine Bedenken gegen die Schiedsgerichtsbarkeit bestehen.

Ein weiterer Einwand wiegt jedoch schwerer. Die Frage ist, ob der die §§ 1027 ZPO — Schriftlichkeit des Schiedsvertrages — und § 1025 II ZPO — Nichtigkeit des Schiedsvertrages bei Aufnötigung infolge sozialer oder wirtschaftlicher Überlegenheit einer Seite — tragende rechtspolitische Grund auch für satzungsgemäße Schiedsgerichte zutrifft. *Peter Schlosser* bejaht diese Frage für die Vereinsschiedsgerichte — mit der Folge, daß nur eine gesonderte schriftliche Unterwerfung ohne den in § 1025 II ZPO genannten Zwang die Zuständigkeit des Schieds-

[76] *Henke*, DVBl. 1967, 943.

[77] *Henke*, aaO.; *Jonas*, JW 1936 S. 2549 ff.

gerichts begründet[78]. Ich neige dazu, *Schlosser* Recht zu geben; denn die Schutzfunktion dieser Vorschriften trifft auf einen Vereinsbeitritt zumindest in gleicher Weise zu wie beim Abschluß schuldrechtlicher Verträge mit Schiedsklauseln. Das aber bedeutet die Aufgabe der reichsgerichtlichen Rechtsprechung, derzufolge bei satzungsgemäß angeordneten Schiedsgerichten jedenfalls § 1027 ZPO nicht anzuwenden ist[79].

Ich räume ein, daß eine konsequente Durchführung dieses Grundsatzes manche Großvereine und Verbände — nicht den DFB bezüglich der Lizenzspieler, denn hier wird der Schiedsvertrag schriftlich abgeschlossen — in Schwierigkeiten bringen wird. Dies kann jedoch angesichts der vom Gesetze anerkannten schutzwürdigen Interessen des Mitglieds nicht entscheidend sein.

Ist nun — nach dem Gesagten — ein solches Schiedsgericht entweder mit der erstmaligen Verhängung der Vertragsstrafe oder mit der Überprüfung der von einem Vereinsorgan — etwa dem DFB-Sportgericht — verhängten Strafe betraut, so unterliegen seine Entscheidungen nur noch der Rechtskontrolle durch die staatlichen Gerichte gem. § 1041 ZPO. Diese Kontrolle ist überwiegend formeller Natur und reicht daher weniger weit als die Kontrolle des „Vereinsverwaltungsaktes", mit dem eine Straffestsetzung erfolgt. Als Einfallstor für eine materielle Überprüfung bleibt lediglich der § 1041 Nr. 2 ZPO: Aufhebung des Schiedsspruches bei Verstoß gegen die guten Sitten oder die öffentliche Ordnung. Die guten Sitten werden nur in den wenigsten Fällen verletzt sein. Somit bleibt die Aufgabe, den Ordre-public-Vorbehalt für unsere Frage auszuleuchten.

Ich möchte hier jedenfalls die These wagen, daß der Schiedsspruch gegen den ordre public verstößt, der eine unverhältnismäßig hohe Vereinsstrafe auswirft oder bestätigt; denn die Rechtsordnung kann Strafen dieser Art nicht auch noch staatlich sanktionieren. Dies gilt in besonderem Maße für die Sportgerichtsbarkeit des DFB, deren Maßnahmen bis zum Lizenzentzug auf Lebenszeit reichen. Wie man diesen Lizenzentzug auch juristisch klassifizieren mag: Er ist de facto Berufsverbot und stellt damit den schärfsten Eingriff in die Persönlichkeitssphäre dar, den man sich denken kann. Daß hier auch ein verfassungsrechtliches Problem liegt — die Art. 1, 2, 12 GG sind angesprochen —, will ich nur andeuten[80]. Es mag genügen, die Überprüfbarkeit dieser Maßnahme auch gegenüber schiedsgerichtlicher Entscheidung festzustellen. Der Rechtsgedanke des § 343 BGB wirkt sich also auch hier aus. Um aber festzustellen, ob die Vereinsstrafe übermäßig hoch[81] und damit

[78] *P. Schlosser*, oben zu Fußnote 3, § 7 II, 3; *Stein-Jonas/Schlosser*, § 1048 Anm. II.

[79] Vgl. RGZ 153, 270; 165, 140.

[80] Vgl. dazu das Referat von *Stern*, oben S. 142 ff.

[81] Zur Begründung siehe Fußnote 73. Der Betroffene kann sich also, wenn das Schiedsgericht die Vereinsstrafe **bestätigt** hat, nicht mehr *dem Grunde nach*

der Tatbestand des § 1041 Nr. 2 ZPO erfüllt ist, hat das Staatsgericht die Tatsachen- und Subsumtionskontrolle. Das ist anerkannten Rechts. Von hier aus ist der Rückschluß gerechtfertigt, daß man dann dem Staatsgericht gegenüber dem Vereinsorgan, das *nicht* Schiedsgericht ist, auf alle Fälle eine weitergehende, also grundsätzlich volle Tatsachen- und Subsumtionskontrolle in den oben entwickelten Grenzen zuerkennen muß.

## V. Zusammenfassung

Unsere Überlegungen führten zu folgenden Ergebnissen:

1. Aus der Vereinsautonomie ergibt sich als Teil der Vereinsgewalt die Befugnis des Vereins, die Verletzung vereinsinternen Rechts zu ahnden. Diese Maßnahmen, die von einem Vereinsorgan oder von einem Schiedsgericht getroffen werden können, nennen wir Vereinsstrafen.

2. Die Ausübung dieser Vereinsstrafgewalt kann in der Satzung einem Dachverband überlassen werden.

3. Entgegen der Rechtsprechung ist zu fordern, daß Vereinsstrafen — ähnlich wie Verwaltungsakte („Vereinsverwaltungsakte") — von den Gerichten voll überprüfbar sind, soweit sie von einem Vereinsorgan (das nicht Schiedsgericht ist) verhängt wurden. Nur bei Rechtsbegriffen mit Beurteilungsspielraum findet — im Rahmen dieses Beurteilungsspielraums — eine Nachprüfung des Vereinsermessens nicht statt.

4. Entscheidungen eines Schiedsgerichts, das — erstinstanzlich oder als Kontrollinstanz — mit Vereinsstrafen befaßt ist, sind nur gem. § 1041 ZPO gerichtlicher Kontrolle unterworfen. Zu unterstreichen ist jedoch, daß — entgegen der Rechtsprechung — eine Satzungsbestimmung nicht genügt; es ist ein *schriftlicher* Schiedsvertrag zu fordern. Auch § 1025 II ZPO ist zu beachten: der Schiedsvertrag darf nicht durch die wirtschaftlich oder sozial überlegene Seite aufgenötigt worden sein.

Diese strengen Anforderungen sind nötig, weil Entscheidungen des Schiedsgerichts grundsätzlich — gem. § 1041 ZPO — nur noch einer Kontrolle bezüglich des Verfahrens unterliegen, mit Ausnahme des Ordre-public-Vorbehalts (§ 1041 Nr. 2 ZPO). Dieser besagt jedenfalls (§ 343 BGB!), daß übermäßig hohe Vertragsstrafen unzulässig sind.

gegen die Strafe wenden, sondern nur noch gegen ihre Höhe. Fraglich bleibt dann aber, ob – der Systematik des § 1041 zufolge – das staatliche Gericht den Schiedsspruch aufheben muß, wenn die Vereinsstrafe überhöht ist oder ob es sie auch herabsetzen kann. Ich würde mich für letzteres – im Sinne einer teilweisen Aufhebung des Schiedsspruches – aussprechen.

# Die Rechtsgrundlagen der Sportgerichtsbarkeit des Deutschen Fußball-Bundes

Von

Präsident Dr. Otto Rückert, Unna,
Vorsitzender des Bundesgerichts des Deutschen Fußball-Bundes

## A. Allgemeines

Bevor ich zu dem Kern des mir gestellten Themas komme, gestatten Sie mir, einige Vorbemerkungen zu machen, die das Milieu beleuchten sollen, aus dem heraus und in das hinein gesprochen werden, auch Recht gesprochen werden soll.

Der Sport ist ein gesellschaftspolitisches Phänomen unserer Zeit. Nicht etwa, daß erst in unseren Tagen Sport in erwähnenswerter Weise von uns betrieben und uns unterhalten würde! Wer wollte sich nicht zumindest im Olympiajahr 1972 daran erinnern, daß der Sport auch in der Antike bereits seinen festen und spektakulären Platz hatte? Ich meine vielmehr, daß der Sport in seinen Massenorganisationen unserer Zeit zu einem gesellschaftspolitischen Faktor eigener Prägung geworden ist, der neben seiner ursprünglichen Funktion als Förderer von Leib und Seele besonders im Zeichen der 5-Tage-Woche und zunehmender Freizeit Aufgaben hinsichtlich ihrer Gestaltung und der Abwehr von negativen Einflüssen übernommen hat. Ihm ist damit sicher auch eine soziale Funktion von weittragender Bedeutung auferlegt worden. Äußerlich wird dies insbesondere durch die sportlichen Institutionen sinnfällig, in die zumeist die sportlichen Fachrichtungen zusammengefaßt sind.

Da Spiel und Sport von jeher nach festen Regeln betrieben werden und ihnen begriffsnotwendig das Spannungsmoment des Wettkampfes innewohnt, kann es nicht ausbleiben, daß — wie bei allem Menschenwerk — Verletzungen der sportlichen Regeln, sei es schuldhaft oder nicht schuldhaft, vorkommen und die Gemüter der Beteiligten erhitzen. Ihre Verletzung würden Spiel und sportlichen Wettkampf selbst aufheben und am Ende zerstören, wenn dem nicht wirksam Einhalt geboten würde. Es müssen daher neben dem Regelwerk, das Sport und Spiel gestaltet, ausgleichende Faktoren wirksam werden, die auch in diesem Bereich für order and law sorgen. Volkstümlich ausgedrückt ist es notwendig, für eine ordnungsgemäße Abwicklung sportlichen Wettkampfes Überwachungsorgane einzusetzen, die dem Sport die ihm innewohnende Grundidee des fair play gewährleisten. Wettkampf und fair play sind wesentliche Merkmale und Bestandteile des Sports, die unlöslich miteinander verbunden sind und bei jeglicher Beurteilung des Sports als rechtsgültig anerkannt werden müssen. Im übrigen kann keine Organisation bestehen und keine Gemeinschaftsveranstaltung durchgeführt werden, die nicht bestimmten Gesetzmäßigkeiten und deren Durchsetzbarkeit unterliegt. Das simpelste Beispiel hierfür ist der Staat. Was für den Sport generell Geltung hat, gilt selbstverständlich auch für den Fußballsport.

## B. Der DFB

### 1. Organisation und Spielbetrieb

Die größte den Fußballsport in der Bundesrepublik betreibende — wenn auch nicht einzige — Organisation ist der Deutsche Fußball-Bund. Die Fußballspieler, seine Anhänger und Förderer sind jedoch nicht unmittelbar in diesem Bund zusammengeschlossen. Die kleinste Einheit, die natürliche Personen umfaßt, ist der Verein, wobei wir Vereine haben, die sich ausschließlich dem Fußballsport verschrieben haben, und auch solche, die Fußball und andere Sportarten betreiben. Diese Vereine sind in Landesverbänden zusammengefaßt, deren Gebiete teilweise mit den Ländern deckungsgleich sind. Teilweise bestehen aber auch in einem Land aus historischen Gründen mehrere Landesverbände, z. B. in Nordrhein-Westfalen, Baden-Württemberg und Rheinland-Pfalz. Die Landesverbände — mit Ausnahme des Landesverbandes Berlin — bilden vier Regionalverbände. Insgesamt sind im Deutschen Fußball-Bund als Dachverband mit den vier genannten Regionalverbänden und dem Verband Berliner Ballspielvereine, der auch die Stellung eines Regionalverbandes hat, noch 15 Landesverbände zusammengefaßt, in denen etwa 16 500 Vereine mit annähernd 3 000 000 Einzelmitgliedern organisiert sind.

Die Vereine stellen etwa 90 000 Fußballmannschaften, davon etwas mehr als die Hälfte Jugendmannschaften. Die Zahl der Aktiven kann mit 1,2 Millionen angesetzt werden. Es sind eher mehr als weniger.

Der Spielbetrieb für die oberste Spielklasse im DFB, die Bundesliga, wird von der Dachorganisation DFB organisiert und durchgeführt. Diese Spielklasse ist eine unmittelbare Vereinseinrichtung des DFB, zwar keine gegenständliche, wie z. B. eine Kantine, aber als Institution begreifbare Einrichtung. Ihre Benutzer, nämlich die Spieler, betreiben überwiegend das Fußballspiel gegen Entgelt und als Beruf, obwohl der DFB dies keineswegs verlangt. Die Möglichkeit zur Benutzung erhalten sie auf Grund eines Lizenzvertrages mit dem DFB und auf Grund eines Arbeitsvertrages mit dem Verein, für den sie spielen. Sie sind aus hier nicht näher zu erläuternden Gründen nicht Mitglieder ihres Vereins, dürfen dies nicht sein, sondern sind Angestellte. Die nicht gestattete Mitgliedschaft hängt mit der Gemeinnützigkeit der Vereine zusammen, für die sie spielen. Außerdem dürfen in der Bundesliga auch Amateurspieler mitwirken, und zwar bis zu drei Spieler in jedem Spiel. Voraussetzung für ihren Einsatz ist, daß sie mindestens 1 Jahr für ihren Veein spielberechtigt sind.

Die nächsttiefere Spielklasse ist die Regionalliga, die von den Regionalverbänden organisiert und deren Spielbetrieb von diesen durchgeführt wird. Die Spieler dieser Regionalligen stehen in einem Vertragsverhältnis zu ihrem Verein und sind dessen Mitglieder. Sie erhalten für ihre erhöhte sportliche Beanspruchung geldliche Bezüge, allerdings in einem geringeren Umfang als die Lizenzspieler, und üben in der Regel einen zivilen Beruf aus, was übrigens auch bei den Lizenzspielern nicht selten der Fall ist. Die Regionalligen stellen am Ende eines Spieljahres zwei Aufsteiger für die Bundesliga; die beiden Tabellenletzten der Bundesliga müssen umgekehrt den Weg in die Regionalliga antreten. Wenn ich vom Tabellenletzten spreche, so habe ich damit das international übliche Spielsystem des Fußballsports angesprochen, das Ihnen sicher bekannt ist und das daher hier keiner Erläuterung bedarf.

Die Summe der Lizenzspieler liegt bei einem Limit von 25 Spielern pro Verein und 18 Lizenzspielervereinen bei 450 Spielern. Vertragsspieler gibt es für insgesamt 83 Vertragsspielervereine entsprechend maximal 2075. Alle anderen Spieler im Bereich des DFB sind Amateurspieler ohne jegliche Vergütung, die nach Maßgabe des Amateurstatuts des DFB das Fußballspiel betreiben und deren Spielbetrieb von den Landesverbänden organisiert und durchgeführt wird. Die Summe der bezahlten Fußballspieler hat also, bezogen auf alle im DFB organisierten Fußballspieler, einen Anteil von etwa ¼ %.

Der Dachverband DFB ist ein eingetragener Verein des bürgerlichen Rechtes und hat sich durch seine Satzung und Ordnungen, zu denen auch das Bundesligastatut und Vertragsspielerstatut zählen, organisiert.

Das gesetzgebende Organ ist der Bundestag, das ist die Mitgliederversammlung des DFB, die nach dem Delegiertensystem beschickt wird; als Gesetzgebungsorgan für die Bundesliga und die Vertragsliga fungiert der Beirat des DFB, der aus den Mitgliedern des Vorstandes, den Vorsitzenden der Mitgliedsverbände und den Mitgliedern des Bundesligaausschusses bzw. Vertragsligaausschusses besteht.

Selbstverständlich hat der DFB ein Präsidium und einen Vorstand, dessen Aufgaben hier nicht weiter interessieren. Daneben fungieren als weitere Organe eine Reihe von Ausschüssen, z. B. Spielausschuß, Jugendausschuß, Schiedsrichterausschuß, Bundesligaausschuß, der in der Öffentlichkeit besonders bekannte Kontrollausschuß usw., und endlich die hier insbesondere interessierenden Rechtsorgane, nämlich das Sportgericht und das Bundesgericht.

## 2. Zweck, Aufgaben und Zuständigkeiten

Die Verfassung des DFB wird, wie für jeden eingetragenen Verein, durch die Vereinssatzung bestimmt. Sie enthält Vorschriften über Zweck und Aufgabe des DFB und regelt seine Zuständigkeiten und Rechtsgrundlagen. Zweck und Aufgabe des DFB sind u. a.:

a) Die Entwicklung des Fußballsportes zu fördern,
b) den deutschen Fußballsport im In- und Ausland zu vertreten und alle damit im Zusammenhang stehenden Fragen zum gemeinsamen Wohl aller Mitglieder in sportlichem Geiste zu regeln,
c) dafür zu sorgen, daß die Fußballspiele innerhalb des DFB-Gebietes nach den internationalen Fußballregeln ausgetragen werden, und die internationalen Fußballregeln verbindlich auszulegen,
d) die Ausbildung und Zulassung von Fußball-Lehrern und Übungsleitern zu regeln,
e) die Bundesliga als zentrale Spielklasse in einer Gruppe zu unterhalten und zu leiten,
f) deutsche Meisterschaften, Spiele um den DFB-Vereinspokal, überregionale Wettbewerbe (z. B. Amateur-Länderpokal), ferner Länderspiele und die zu ihrer Durchführung notwendigen Spiele und Lehrgänge zu veranstalten.

Seinen Geschäftsbereich regelt der DFB durch Ordnungen und Entscheidungen seiner Organe. Er hat zu diesem Zweck satzungsgemäß folgende Ordnungen erlassen:

a) eine Spiel-, eine Schiedsrichter- und eine Jugendordnung zur Durchführung der Bundesspiele,
b) eine Rechts- und Verfahrensordnung,
c) eine Geschäftsordnung,
d) eine Finanzordnung,
e) eine Ehrungsordnung.

Der Regelung durch den DFB unterliegen ferner

a) die Bestimmung der Grenzen des Amateurfußballsports und sein Schutz vor Übergriffen,
b) die den bezahlten Fußballsport betreffenden Angelegenheiten,
c) die Angelegenheiten der Fußball-Trainer.

Die Regelungen sind erfolgt durch den Erlaß des Amateurstatuts, des Bundesligastatuts, des Vertragsspielerstatuts und der Trainerordnung. Die Rechtspflege für die genannten Sachgebiete erfolgt auf der Grundlage der bereits erwähnten Rechts- und Verfahrensordnung.

Außer den genannten Kompetenzen hat der DFB das satzungsgemäße Recht mit einer $^2/_3$-Mehrheit des Bundestages die Regelung weiterer Sachgebiete oder Sachgebietsteile des Fußballsportes an sich zu ziehen. Die Regelung selbst erfolgt dann anschließend mit einfacher Stimmenmehrheit. Für größere Sachgebiete soll eine derartige Regelung durch eine Ordnung erfolgen. Auf der Grundlage dieser Ermächtigung hat der DFB eine allgemein verbindliche Spielordnung, Schiedsrichterordnung und Jugendordnung erlassen, durch die wenigstens die für einen einheitlichen Spielbetrieb grundlegenden Dinge geregelt wurden, z. B. Wartefristen beim Vereinswechsel, Anforderungen, die an Schiedsrichter zu stellen sind, Einteilung der Schüler- und Jugendklassen, Spielerwechsel über die Grenzen der Mitgliedsverbände hinaus, Verpflichtungen der Vereine zur Gestellung von Spielern für Repräsentativveranstaltungen usw.

Im übrigen ist das Bestreben der Mitgliedsverbände nach Eigenständigkeit recht stark, und es bedarf im Regelfall erheblicher Anstrengungen, um gemeinsame Regelungen durchzusetzen. Das föderalistische Prinzip ist also auch im DFB sehr ausgeprägt.

Alle übrigen, d. h. von mir nicht erwähnten Sachgebiete des Fußballsports, regeln die Mitgliedsverbände selbständig, wobei wiederum zu beobachten ist, daß die Regionalverbände gegenüber ihren Landesverbänden eine unterschiedlich starke Stellung haben. Wesentlichste Aufgabe der Regionalverbände ist die Unterhaltung der Organisation der Vertragsliga und die Durchführung ihres Spielbetriebes. Stärkster Regionalverband im Verhältnis zu seinen Landesverbänden ist der Westdeutsche Fußballverband, da ihm die Gesetzgebung auch seiner Landesverbände für den gesamten Spielbetrieb im weitesten Sinne unterliegt.

### 3. Rechtliche Bindung der Angehörigen

Zurück zum DFB. Aus meinen vorhergehenden Ausführungen erhebt sich mindestens für jeden Rechtskundigen die Frage, auf welche Weise es möglich ist, die Vereine und Vereinsmitglieder an die dem DFB satzungsgemäß verbrieften Rechte zu binden und diese durchzusetzen, da doch weder die Vereine noch deren Mitglieder dem DFB als Mitglieder angehören, in Wahrheit aber doch in erster Linie von allen in Frage stehenden Regelungen betroffen werden. Zur Gewährleistung der Durchsetzbarkeit der Rechte des DFB sind dessen Mitglieder satzungsgemäß verpflichtet, nicht nur die Satzung und die für sie verbindlichen Ordnungen, Entscheidungen und Beschlüsse des DFB zu befolgen, sondern darüber hinaus auch dafür zu sorgen, daß sie selbst, ihre Mitgliedsvereine und deren Einzelmitglieder die für die Mitgliedsverbände geltenden Verpflichtungen sinngemäß in ihre Satzungen übernehmen und sich der Satzung, den Ordnungen und Entscheidungen des DFB unterwerfen. Ihnen obliegt weiterhin die satzungsgemäße Pflicht, daß sie ihre eigene und die Ihnen von ihren Mitgliedern überlassene Vereinsstrafgewalt dem DFB zur Ausübung im Rahmen seiner Zuständigkeit übertragen, die der DFB dann erforderlichenfalls durch seine Rechtsorgane ausübt. Sie sind ferner verpflichtet, die Entscheidungen der DFB-Organe durchzuführen.

Diesen Verpflichtungen aus der DFB-Satzung sind die Mitglieder des DFB nachgekommen, ebenso ihre Vereine. Sie haben entsprechende Bestimmungen in ihre Satzungen aufgenommen. Hiermit haben sie den Erfordernissen aus der Entscheidung des BGH (BGHZ) in Band 28 S. 131 — dort für die Mitgliedschaft — entsprochen. Es bestehen daher auch verfahrungsrechtlich für den DFB keine Schwierigkeiten, alle Aufgaben, die sich aus dem gesamten Satzungswerk für ihn ergeben, zu erfüllen. Diese klare Gliederung und Durchstufung der Satzungen und Vereinstrafgewalt war nicht von jeher Bestandteil der DFB-Satzung. In der vorliegenden Form ist sie erst bei der Neufassung des gesamten Satzungswerkes im Jahre 1967 Bestandteil des DFB-Rechtes und des Rechtes seiner Mitgliedsverbände und Vereine geworden. Schwierigkeiten verfahrensrechtlicher Art, insbesondere auch hinsichtlich von Zuständigkeiten, hat es seither nicht gegeben. Es ist seitdem auch kein gerichtliches Verfahren in vereinsrechtlicher Hinsicht oder an seiner Stelle ein schiedsgerichtliches Verfahren anhängig geworden.

Wenn ich soeben das schiedsrichterliche Verfahren erwähnte, so geschah dies nicht nebensächlich. Denn die Mitglieder des DFB sind aus gutem Grund durch Satzungsvorschrift dazu verpflichtet, die aus ihrer Mitgliedschaft mit dem DFB oder überregional zwischen ihnen entstandenen Streitigkeiten zunächst den zuständigen Organen des DFB zur Entscheidung zu unterbreiten und nach Erschöpfung des Rechtsweges ein Schiedsgericht anzurufen, wenn sie die letzte Entscheidung des zuständigen DFB-Organs, im Regelfall des Bundesgerichts, nicht akzeptieren wollen. Diese Regelung entspricht den Erfordernissen der Praxis. In aller Regel haben Streitigkeiten den Spielbetrieb zum Gegenstand, der nach einem bestimmten Zeitplan ablaufen muß und der durch das ihm immanente System von Auf- und Abstieg spätestens am Ende des Spieljahres keine Entscheidungen ertragen kann, die noch später ergehen. Meisterschaft sowie Auf- und Abstieg müssen bis zum Ende eines jeden Spieljahres — Ende Juni — mit rechtlicher Absicherung geklärt und entschieden sein, da bereits im August der Ball ins neue Spieljahr, d. h. in den neuen Meisterschaftsbetrieb mit erneutem Auf- und Abstieg, rollt. Den einzigen Rechtsschutz für schnelle Entscheidungen bietet aber, wenn das Bedürfnis nach Überprüfung sportrechtlicher Entscheidungen besteht, das schiedsrichterliche Verfahren gemäß den §§ 1025 ff. der ZPO. Am Rande hat bei der Bindung an dieses Verfahren sicher auch das Bestreben Pate gestanden, Unstimmigkeiten im eigenen Haus möglichst unauffällig zur Erledigung zu bringen. Ob und inwieweit auch die Mitgliedsverbände oder ihre Vereine sich dieses Verfahrens bedienen, kann ich im einzelnen nicht sagen. Teilweise ist es mit Sicherheit der Fall. Auf der Ebene des DFB ersetzt es jedenfalls grundsätzlich die staatliche Gerichtsbarkeit. Die gleiche Regelung gilt auch notwendigerweise für Lizenzspieler, denen gegenüber die Schiedsgerichtsbarkeit allerdings nicht satzungsgemäß zum Zuge kommt, da sie nicht Vereinsmitglieder sind. Beim Abschluß des Lizenzvertrages schließt der DFB mit ihnen daher auch einen besonderen Schiedsvertrag ab.

### 4. Die Rechtsorgane und ihre Aufgaben

In seiner Struktur folgt der DFB rechtsstaatlichen Prinzipien. Seine autonome Vereinsgewalt übt er durch seine Gesetzgebungs-, Verwal-- tungs- und Rechtsorgane aus. Den Rechtorganen kommt ihre besondere

Bedeutung dadurch zu, daß sie dazu berufen sind, schuldhafte Verstöße gegen das DFB-Recht zu bestrafen und über Streitigkeiten aus dem DFB-Recht zu entscheiden, soweit diese Entscheidungen nicht ausdrücklich anderen Organen des DFB oder seiner Mitgliedsverbände vorbehalten sind. Letztere Bestimmung engt den Wirkungsbereich vornehmlich des Sportgerichts, aber auch zum Teil des Bundesgerichts, ein wenig ein. Denn z. B. für Entscheidungen über Ablösestreitigkeiten, die erstmalig unter Vertrag genommene Amateurspieler betreffen, ist in erster Instanz der Kontrollausschuß zuständig. Die zweite Instanz ist das Bundesgericht. Das Bundesgericht ist als höchste Rechtsinstanz — abgesehen von der Gesetzgebung — fast allzuständig und nimmt, wenn Sie mir den unbescheidenen Vergleich erlauben, Funktionen des Verfassungsgerichtes, der obersten ordentlichen Gerichtsbarkeit und des obersten Verwaltungsgerichtes unter Einschluß der Funktion eines Disziplinarsenates wahr. Wehren würde ich mich gegen weitergehende Vergleiche mit anderen Gerichtsbarkeiten des Art. 95 GG. Im übrigen sind Vergleiche mit der ordentlichen Gerichtsbarkeit auch nur in ganz beschränktem Umfang möglich. Das gilt sowohl für die zivilrechtliche wie auch für die strafrechtliche Seite.

Der Vollständigkeit halber sei jedoch ausdrücklich und ganz betont erwähnt, daß kein Mitglied eines Rechtsorgans des DFB etwa der abwegigen Meinung ist, diese Rechtsorgane würden mit ihren Entscheidungen eine Gerichtsbarkeit im Sinne des Art. 92 GG ausüben. Ich erwähne diese Binsenweisheit hier nur deswegen, weil auch in der Literatur hierauf mitunter hingewiesen wird und ich auch Irrtümern gegenüber denjenigen vorbeugen möchte, die nicht rechtskundig sind und daher möglicherweise aus dem Vokabular des Sportrechtswesens andere Schlüsse ziehen könnten. Natürlich handelt es sich bei den Entscheidungen der Rechtsorgane im Sport um nichts weiter als um „Vereinsverwaltungsakte", wie das Reichsgericht u. a. diese Entscheidungen m. E. zutreffend bezeichnet hat.

Es drängt sich mir deswegen auch seit geraumer Zeit der Gedanke auf, ob ich dem DFB für unsere Rechts- und Verfahrensordnung nicht ein anderes Vokabular vorschlagen soll, das Ausdrücke wie Bundesgericht, Richter, Urteil, Berufung, einstweilige Verfügung usw. vermeidet. Es sind für derartige Ausdrücke weniger verfängliche Worte wie z. B. Rechtsausschuß, Spruchkammer, Mitglied, Entscheidung, Beschwerde, vorläufige Maßnahme usw. denkbar. Ich bin mir aber darüber im klaren, daß ich sowohl aus Traditions- wie auch aus Sachgründen und solchen psychologischer Art nicht auf ungehemmte Gegenliebe stoßen werde, da insbesondere der Begriff der Vereinsgerichtsbarkeit seinen festen Platz in der Rechtspflege und im Vereinsleben hat und sich daraus auch entsprechende Folgerungen für Begriffsanwendungen ergeben.

Praktisch erstreckt sich die Tätigkeit der Rechtsorgane des DFB im wesentlichen auf die Ahndung sportlicher Vergehen von Spielern,

Trainern, Schiedsrichtern, Vereinsorganen und Vereinen auf Bundesebene und Entscheidungen über den Spielverkehr, insbesondere auf Einsprüche gegen die Wertung von Bundesspielen. Zu letzteren gehören alle Spiele, die der DFB veranstaltet, also im wesentlichen die Spiele der Bundesliga, aber auch die Pokalspiele in ihrer Endrunde, Aufstiegsspiele der Vertragsligen zur Bundesliga, Endrundenspiele um die deutsche Amateurmeisterschaft u. a. Grundsätzlich sind zwei Instanzen gewährleistet. Darüber hinaus ist das Bundesgericht aber auch als einzige Instanz dazu berufen, darüber zu entscheiden, ob die Entscheidungen der Verwaltungsorgane des DFB rechtmäßig sind oder nicht. Diese Kompetenz hat bereits einmal eine bedeutsame Rolle gespielt, als es nach dem Ausschluß eines Bundesligavereins um die Besetzung eines dadurch freigewordenen Platzes in der Bundesliga ging.

Schließlich ist das Bundesgericht auch noch „Kompetenzgerichtshof" für die zahlreichen DFB-Organe und muß endlich auch auf den Bundestagen sofort entscheiden, ob ein Antrag satzungsändernden Inhalt hat, wenn Zweifel in dieser Richtung angemeldet werden.

Ergänzt werden die in der Satzung verankerten Rechtsgrundlagen der Sportgerichtsbarkeit, die ich vorstehend erörtert habe, durch die ebenfalls schon erwähnten Ordnungen und Statuten des DFB. Hervorragende Bedeutung in der Praxis haben die Rechts- und Verfahrensordnung, die Spielordnung, das Vertragsspielerstatut, das Bundesligastatut und zum Teil auch die Trainerordnung, da es leider ab und zu auch vorkommt, daß Trainer gegen die sportliche Disziplin verstoßen. Ich glaube aber, alles ausklammern zu dürfen, was nicht zur Bestrafung von Verstößen gegen das DFB-Recht gehört, da Ihr Interesse in erster Linie der Ahndung sportlicher Vergehen durch die Sportgerichte gelten dürfte.

### 5. Die Strafnorm des DFB

In Anlehnung an die Satzungskompetenz der Rechtsorgane, Verstöße gegen das DFB-Recht zu bestrafen, erlegt § 1 Nr. 1 RVO/DFB dem DFB, seinen Mitgliedsverbänden, ihren Mitgliedsvereinen sowie deren Einzelmitgliedern und Spielern die Verpflichtung auf, für Ordnung, Recht und Sauberkeit im Fußballsport zu sorgen. Nr. 2 dieser Vorschrift bestimmt, daß sportliche Vergehen, d. h. alle Formen unsportlichen Verhaltens aller in Nr. 1 genannten Angehörigen des DFB geahndet werden. Diese Vorschrift Nr. 2 des § 1 a.a.O. ist also die viel umstrittene materielle Strafnorm des DFB, auf die seine Rechtsorgane die von ihnen verhängten Sanktionen stützen. Eine nähere Definition darüber, was unter einem „unsportlichen Verhalten" zu verstehen sei, existiert nicht. Es handelt sich also um einen unbestimmten Gesetzesbegriff, der der Interpretation und Ausfüllung durch die Rechtsprechung bedarf, vgl. z. B. ständige Vorsicht, gegenseitige Rücksicht (§ 1 StVO), gute Sitten (§ 1 UWG). Ergänzt wird die genannte Bestimmung durch die weitere, daß die Rechtsorgane unabhängig und ihre Mitglieder nur dem geschriebenen und ungeschriebenen Recht des Sportes sowie ihrem Gewissen unterworfen sind. Das Schwergewicht liegt in diesem Zusammenhang in der als selbstverständlich getroffenen Feststellung, daß ein ungeschriebenes Recht des Sportes existent ist. Außerdem enthalten die §§ 4 und 5 RVO/DFB eine Reihe von Straftatbeständen, die erfahrungsgemäß immer wieder vorkommen und in bezug auf die es daher zweckmäßig erschien, Anhaltspunkte für Strafzumessungen dadurch zu geben, daß Höchst- und Mindestgrenzen bestimmt wurden. Diese Strafkataloge haben aber keinen ausschließlichen Charakter, sondern sind nur Einzelfälle der Generalnorm, was vom Sportgesetzgeber bewußt und gewollt dadurch deutlich gemacht worden ist, daß es eingangs dieser Bestimmungen heißt: „Bei Bundesspielen gelten für Vereine *u. a.* folgende Strafen." Gegen die Anwendbarkeit des § 1 Nr. 2 RVO als sportrechtliche Strafrechtsnorm wird im wesentlichen in vergleichender Betrachtung mit staatlichen Strafnormen eingewendet, diese Vorschrift stelle deswegen keine tragfähige Rechtsgrundlage dar, weil sie ihrem Inhalt nach zu unbestimmt sei. Dieser Auffassung folgen die Rechtsorgane des DFB nicht, da sie einen Vergleich mit Anforderungen, die an eine staatliche Strafnorm zu stellen sind, für verfehlt halten. Sie sind vielmehr der Meinung, daß sich hier eher Parallelbetrachtungen mit dem Disziplinarrecht des öffentlichen Dienstes und dem Standesrecht anbieten, die im wesentlichen ebenfalls auf unbestimmte Gesetzesbegriffe abgestellt sind. Im Disziplinarrecht wird geahndet, wenn der Beamte nicht der Achtung und dem Vertrauen gerecht geworden ist, die sein Beruf erfordert. Im Standesrecht werden Sanktionen verhängt, wenn der Beschuldigte die Standesehre verletzt oder anderweitig gegen die Interessen seines Berufsstandes verstoßen hat. Im DFB besteht nun einmal das vereinsautonome Sportgesetz, daß derjenige bestraft wird, der sich „unsportlich" verhält, und daß die Rechtsorgane von Fall zu Fall zu entscheiden haben, ob eine bestimmte Verhaltensweise als unsportlich zu erachten und der Beschuldigte zu ahnden ist. Diesem Sportgesetz haben sich die Vereine und Spieler vereinsrechtlich bzw. vertraglich unterworfen.

Es darf in diesem Zusammenhang auch auf eine Antwort verwiesen werden, die der Bundesminister des Innern einem Bundestagsabgeordneten auf eine entsprechende Anfrage hin unter dem 16. 8. 1971 erteilt hat. Die Anfrage enthält zwei Fragen, von denen die eine und deren Beantwortung lautet:

„Teilt die Bundesregierung die Auffassung, die verschiedentlich in der Öffentlichkeit vertreten worden ist, daß die Verfahrensordnung bei den Sportgerichten des DFB rechtsstaatlichen Maßstäben nicht genügt?

**Antwort**

Die verschiedentlich in der Öffentlichkeit vertretene Meinung, die Verfahrensordnung für die Sportgerichte des DFB widerspreche rechtsstaatlichen Maßstäben, kann ich — ohne damit selbstverständlich den

Gerichten vorgreifen zu können — nicht teilen. In der Rechts- und Verfahrensordnung des DFB, die durch Bestimmungen des Satzungsrechts ergänzt wird, sind die strafbaren Tatbestände genau umschrieben. Das Verfahren ist eingehend geregelt. Insbesondere ist auch der Grundsatz des rechtlichen Gehörs gewahrt. Vorgesehen ist ein zweistufiges Verfahren; die Entscheidung des Sportgerichts wird vom Bundesgericht des DFB als Berufungsinstanz überprüft.

Soweit in dieser Kritik an der Verfahrensordnung des DFB die Tendenz zum Ausdruck kommen sollte, die Verbandsgerichtsbarkeit zugunsten der staatlichen Gerichtsbarkeit zurückzudrängen, wird zu bedenken sein, daß eine solche Entwicklung dem Sport abträglich sein dürfte. Der Sport — auch im Bereich des lizensierten Fußballspiels — wird vom fair play, das einer ins einzelne gehenden Normierung unzugänglich ist, beherrscht. Er ist auf flexible Vorschriften und wegen des Zeitdrucks der Spielpläne auf schnelle Entscheidungen angewiesen. Es erscheint daher sinnvoll, die ordentlichen Gerichte nur subsidiär nach Ausschöpfung des Instanzenzuges der Sportgerichtsbarkeit mit der Überprüfung von Strafbeschlüssen der Verbände zu befassen."

Abschließend sei zu diesem Komplex angemerkt, daß gerade die Sportvergehen, die im Zusammenhang mit den sogenannten Bundesligaskandalen begangen wurden, gezeigt haben, wie nützlich es war, daß der DFB nicht einen Katalog materiellrechtlicher Strafvorschriften erlassen hat, sondern es bei der Generalklausel beließ, und diese lediglich durch die bereits erwähnten §§ 4 und 5 RVO zum Teil interpretierte. Es würden sich sonst hinsichtlich der Ahndung dieser neuerdings aufgetretenen Vergehen erhebliche Schwierigkeiten ergeben haben. Wer konnte im übrigen auch schon bei Einrichtung der Bundesliga im Jahre 1963 ahnen, daß derartige Auswüchse vorkommen würden? Hätte ein Ahnungsvoller dennoch damals schon mit einer solchen Möglichkeit gerechnet, diese vorgetragen und entsprechende Strafvorschriften gefordert, so würde er mit Sicherheit zurückgewiesen worden sein und hätte sich wahrscheinlich auch noch obendrein den Vorwurf beleidigender Unterstellungen gefallen lassen müssen.

Als Beispiel für die Auffassung der Rechtsorgane des DFB über das, was im Fußballsport unter sportlichen Vergehen zu verstehen ist, möchte ich im Hinblick auf die aktuellen Vorfälle auf den sogenannten Kauf oder Verkauf eines Spieles eingehen, also auf das, was in diesem Zusammenhang gemeinhin auch unter „Bestechung" — aktiver oder passiver — verstanden wird.

### 6. Das „sportliche Vergehen"

Es besteht in den beteiligten Kreisen kein Streit darüber, daß ein sportliches Vergehen beiderseits vorliegt, wenn ein Beauftragter oder Vertreter eines Vereins einem Spieler der Mannschaft eines anderen Vereins Geld dafür anbietet, daß dessen Mannschaft ein Spiel verliert, und wenn der angesprochene Spieler das Angebot annimmt. Dabei ist es unerheblich, ob dessen Beitrag darin besteht, allein so schlecht spielen zu wollen, daß seine Mannschaft verlieren soll, oder ob er dies unter Gewinnung anderer Mannschaftskameraden organisieren will. Ob das Spiel tatsächlich wie vereinbart läuft, ist dann nur noch von untergeordneter Bedeutung. Praktisch können es die Sportgerichte nur auf die getroffene Vereinbarung und nicht auch auf den Erfolg — eventuell auch Mißerfolg — abstellen, da im einzelnen nicht festgestellt werden kann, ob der bestochene Spieler auch tatsächlich so schlecht gespielt hat, daß deswegen das Spiel für seine Mannschaft verloren wurde. Es ist sogar denkbar, daß er sich die größte Mühe gibt, schlecht zu spielen, und seine Mannschaft dennoch gewinnt, oder umgekehrt, daß dieser Spieler im Spieleifer, der dann über die gegebene Zusage dominiert, großartig spielt und seine Mannschaft dennoch, wie ursprünglich gewollt, verliert. Derartige Feststellungen zu treffen, ist schlechthin ausgeschlossen. Übrigens ist nach unseren Erfahrungen anzunehmen, daß auch für die Hingabe oder Einbehaltung des Bestechungsgeldes nicht das Verhalten einzelner Spieler, sondern lediglich der Spielausgang maßgeblich ist, es sei denn, es schlössen sich noch andere Sachverhalte in Richtung etwaiger Pressionen an.

Im Gegensatz zu vorstehenden Tatbeständen ist die Frage heftig diskutiert worden, ob auch die Aussetzung und Hingabe einer sogenannten Siegprämie an Spieler einer bestimmten Mannschaft durch einen dritten am Sieg dieser Mannschaft interessierten Verein und die Annahme des Angebotes oder des Geldes ein sportliches Vergehen darstellt. Die Rechtsorgane des DFB haben diese Frage bejaht. Der Einwand, es werde doch nur der ohnehin bei jeder Mannschaft vorhandene Siegeswille gestärkt, geht fehl. Zunächst ist festzustellen, daß das Bundesligastatut die Bezüge der Lizenzspieler in § 24 abschließend regelt und gemäß § 24 Nr. 9 BLSt andere als die dort aufgeführten Leistungen oder Zuwendungen an Lizenzspieler nicht gestattet sind. Zuwiderhandlungen werden demgemäß geahndet. Da der eigene Verein bereits den Beschränkungen des § 24 unterworfen ist, ist es den Bundesligavereinen selbstverständlich erst recht verboten, weitergehende Zuwendungen an Lizenzspieler anderer Vereine zu machen.

Die Unsportlichkeit liegt hier aber weniger im Formellen, als in den Begleitumständen, insbesondere den Beweggründen. Hier will ein Bundesligaverein in drastischer Weise einen ihm „in sportlicher Kameradschaft verbundenen" anderen Bundesligaverein in den Abstieg schicken, indem er Spieler eines dritten Vereins mit Hilfe von Geld vor seinen Karren spannt. Solches Geld ist — sportlich gesehen — schmutziges Geld. Das steht dem Sachverhalt nicht nur an der Stirn geschrieben, sondern wird auch durch die Heimlichkeit offenkundig, mit der diese Geschäfte betrieben werden. Aus der Heimlichkeit spricht das schlechte Gewissen. Solches Gebaren trägt auch bereits den Keim weitergehender Unredlichkeit in sich, da es für den Empfänger eines derartigen Angebotes nur noch ein Schritt dahin ist, mehr zu verlangen, als angeboten wurde, im Falle der Weigerung möglicherweise mit der Drohung eigener Niederlage verbunden. Der Zahlungswillige muß in jedem Fall damit rechnen, mit seiner Bereitschaft derartige Neigungen zu wecken. Nicht ohne Grund hatten bereits drei Bundesligavereine ihre Lizenzspieler schriftlich gewarnt, „Siegprämien" anderer Bundesligavereine anzunehmen, bevor das erste Verfahren dieser Art vom Bundesgericht abgeschlossen worden war.

Eine Verstärkung im Grad der Unsportlichkeit tritt also ein, wenn der Angebotsempfänger in vorstehender Weise reagiert oder darüber hinaus sogar höhere Zahlungen mit dem Hinweis erzwingt, der Gegner habe für die Ermöglichung des von ihm erstrebten Sieges einen höheren Betrag geboten, der zu überbieten sei oder dem man mindestens näher kommen müsse. Eine derartige Handlungsweise ist bestechlichen Spielern dann zuzutrauen, wenn sie befürchten, daß die eigene Niederlage zu sehr nach Schiebung aussehen würde, oder wenn sie sich für den Fall des zufälligen eigenen Sieges trotz der dem Gegner gegen Zahlung versprochenen eigenen Niederlage absichern wollen.

Daß die Rechtsorgane nur schuldhafte Verstöße gegen die Sportgesetze ahnden, sei ausdrücklich betont. Wir bemühen uns in jedem Fall, alle Voraussetzungen zu prüfen, die nach herrschender Auffassung vorliegen müssen, um einen Täter zu bestrafen, obwohl wir sicher nicht die gleichen Verpflichtungen haben, wie ein staatliches Gericht, und auch nicht etwa an die Strafprozeßordnung gebunden sind. Unsere eigene Verfahrensordnung wird selbstverständlich mindestens im Sinne des Bemühens beachtet.

## 7. Die Rechtstellung des Lizenzspielers

### a) Seine Rechtsbeziehungen zum DFB

Alles, was ich bisher vorgetragen habe, hat *vereinsrechtlich* Geltung für alle Angehörigen des DFB mit Ausnahme der Lizenzspieler, weil diese nicht Mitglieder der Vereine sind, für die sie spielen, sondern deren Angestellte. Gleichwohl unterliegt auch ihre Betätigung als Lizenzspieler und ihr damit verbundenes und dadurch bedingtes sportliches Verhalten oder auch Fehlverhalten der Beurteilung und Entscheidung der Organe, insbesondere auch der Rechtsorgane des DFB. Hierfür besteht eine Rechtsgrundlage.

Ich hatte schon eingangs erwähnt, daß die Bundesliga, in der die Lizenzspieler das Fußballspiel betreiben, eine Vereinseinrichtung des DFB ist. Die Möglichkeit, diese Vereinseinrichtung zu benutzen, eröffnet der DFB den Vereinen seiner Mitgliedsverbände und interessierten Spielern, die einen Vertragsabschluß mit einem dieser Vereine nachweisen, durch das Anerbieten, mit ihm unter bestimmten Voraussetzungen einen Erlaubnisvertrag, den sogenannten Lizenzvertrag, abzuschließen. Der Lizenzvertrag zwischen DFB und Verein darf hier als weniger interessant ausgeklammert werden, weil ohnehin schon die vereinsrechtliche Bindung über die bereits abgehandelte durchgestufte Unterwerfung besteht.

Von erheblich größerem Interesse ist der Lizenzvertrag zwischen DFB und Spieler, da er das Rechtsverhältnis zwischen den Vertragspartnern bestimmt. Durch den Lizenzvertrag erhält der Spieler die Erlaubnis, als Spieler bei einem Bundesligaverein an den Spielveranstaltungen der Bundesliga teilzunehmen. Eine weitergehende Verpflichtung des DFB, die über die Erlaubniserteilung hinausgehen würde, enthält der Vertrag nicht.

§ 1 des Vertrages deklariert für den Spieler verpflichtend, daß die Benutzungsvorschriften der Bundesliga ausschließlich der DFB durch seine Statuten und Ordnungen, insbesondere durch das Bundesligastatut, die Spielordnung und durch die Entscheidungen seiner Organe bestimmt, und ferner, daß der DFB in der Ausgestaltung der Benutzungsvorschriften keiner Beschränkung unterworfen ist. Nach § 2 des Vertrages ist der Spieler verpflichtet, sich gemäß den Statuten und Ordnungen des DFB in ihrer jeweiligen Fassung zu verhalten. Insbesondere ist er verpflichtet, die Benutzungsvorschriften in der jeweiligen Fassung einzuhalten.

Durch die vertragliche Bindung der §§ 1 und 2 des Lizenzvertrages ist der Lizenzspieler der Maßgeblichkeit der DFB-Regelungen hinsichtlich seiner Betätigung in der Bundesliga und damit auch der Vereinsstrafgewalt des DFB unterworfen. Denn das in Bezug genommene Bundesligastatut bestimmt ausdrücklich, daß die Verwaltung und Rechtsprechung sich nach den Bestimmungen der DFB-Satzung und seiner Ordnungen regeln (§ 1 Nr. 4), und daß schuldhafte Verstöße gegen das Bundesligastatut von den Rechtsorganen des DFB bestraft werden (§ 36). Außerdem deklariert das Bundesligastatut in § 16, obwohl rechtlich neben dem Lizenzvertrag sicher nicht unbedingt erforderlich, daß der Lizenzvertrag die Unterwerfung des Spielers unter die DFB-Satzung, die Ordnungen und die Entscheidungen der DFB-Organe regele. Am Rande sei erwähnt, daß jeder Lizenzspieler das gesamte Satzungswerk bei Abschluß seines Lizenzvertrages gegen Quittung erhält und ihm auch die ihn betreffenden späteren Änderungen mitgeteilt werden. Die DFB-Organe können demgemäß unter Anwendung des § 1 Nr. 2 RVO als vereinsrechtlicher Strafvorschrift des DFB auch gegen Lizenzspieler Strafverfahren einleiten und sie ebenso bestrafen wie die Spieler, die seiner Vereinsstrafgewalt ohne besonderen Vertrag vereinsrechtlich unterliegen. Diese Konstruktion war erforderlich, weil der Lizenzspieler aus Gründen der Gemeinnützigkeit seines Vereins nicht dessen Mitglied werden soll, auf der anderen Seite aber ein geregelter Spielbetrieb gewährleistet sein muß und nur dann gewährleistet ist, wenn der Träger der Vereinseinrichtung Bundesliga die Möglichkeit hat, bei Fehlverhalten der am Spielbetrieb Beteiligten, wozu auch die Mißachtung des Fair play gehört, wirksam einzuschreiten, und zwar unterschiedslos, ob es sich um Amateur- oder Lizenzspieler handelt.

Die gewählte Form der vertraglichen Unterwerfung unter die Vereinsstrafgewalt mit allen Konsequenzen, also auch hinsichtlich der Nachprüfbarkeit von Sanktionen durch staatliche Gerichte oder ersatzweise — wie hier vereinbart — durch ein Schiedsgericht, ist zwar noch nicht durch eine obergerichtliche Entscheidung bestätigt; jedoch haben wir unter Bezugnahme auf den das Zivilrecht beherrschenden Grundsatz der Vertragsfreiheit keine Bedenken, so zu verfahren. Im übrigen bedaure ich es persönlich, daß eben wegen des vereinbarten Schiedsverfahrens praktisch kaum die Möglichkeit bestehen wird, eine derartige Entscheidung herbeizuführen, da der DFB aus den oben angegebenen Gründen wohl nicht auf die prozeßhindernde Einrede verzichten wird, daß der Rechtsstreit durch Schiedsrichter zu entscheiden sei (§ 274 ZPO). Die Absicherung einer zügigen Durchführung des Spielbetriebes läßt dem DFB jedoch keine andere Wahl. Als negatives Beispiel hierfür darf erwähnt werden, daß das gerichtliche Verfahren, das seinerzeit der Verein Hertha BSC nach seinem strafweisen Ausschluß aus der Bundesliga im Jahre 1965 anhängig machte, heute noch nicht abgeschlossen ist.

Ein Argument gegen die gewählte Konstruktion könnte z. B. sein, daß der Lizenzspieler nicht die Einwirkungsmöglichkeit auf den Verein DFB hat, wie sein Kollege Amateurspieler, der auch in der Bundesliga spielt, da dieser Mitglied seines Vereins ist. Jedoch ist dessen einzelne Stimme als solche praktisch ohne Bedeutung. Einfluß im Verein wird in erster Linie der nehmen, der aufgrund seiner Persönlichkeitswerte hierzu das Zeug hat. Diese Möglichkeit hat aber in der Praxis des Vereinslebens auch der Lizenzspieler. Im übrigen hat der DFB ein gewisses Regulativ dadurch geschaffen, daß bei Verfahren gegen Lizenzspieler in den Rechtsorganen des DFB ein Lizenzspieler als Beisitzer mitwirkt.

Zusätzlich wurde als weitere Rechtsgrundlage für Sanktionen des DFB gegenüber Lizenzspielern die Vertragsstrafe bei Verletzung des Lizenzvertrages oder der Benutzungsvorschriften der Bundesliga in § 4 dieses Vertrages vorgesehen. Diese Vorschrift bestimmt, daß bei Verstößen gegen Bestimmungen aus dem Vertrag oder die Benutzungsvorschriften der Bundesliga der DFB berechtigt ist, eine Vertragsstrafe gegen den Spieler gemäß § 315 BGB festzusetzen, die objektiv nicht unbillig sein darf. Die Ermittlung des Sachverhaltes und die Festsetzung der Vertragsstrafe erfolgt durch die Rechtsorgane des DFB. Als Vertragsstrafen sind vereinbart: Verwarnung, Sperre bis höchstens 6 Monate, Geldstrafen bis zu DM 100 000,— und Lizenzentzug. Bei Verstößen gegen die Verpflichtungen aus dem Lizenzvertrag können damit unmittelbar aufgrund dieses Vertrages — ohne also auf die vertraglich vereinbarte Vereinsstrafgewalt abstützen zu müssen — die im Lizenzvertrag erwähnten Strafen verhängt werden. Dies geschieht ebenfalls durch das zuständige Rechtsorgan des DFB. Wenn durch ein Rechtsorgan des DFB gegenüber einem Lizenzspieler Strafen verhängt werden, die dem Strafrahmen beider Rechtsgrundlagen entsprechen, so sind diese Sanktionen also im Regelfall hierdurch rechtlich doppelt abgesichert. Eine Unterschiedlichkeit tritt lediglich ein, wenn eine Strafe im Rahmen der Vereinsstrafgewalt verhängt wird, die durch § 4 des Lizenzvertrages nicht abgedeckt ist, z. B. zweijährige Sperre. Die Unterschiedlichkeit erklärt sich daraus, daß für Sanktionen nach § 4 im Regelfall der dort speziell für Lizenzspieler festgelegte Strafrahmen ausreichend erschien, während durch den vereinsrechtlichen Strafrahmen die sportlichen Vergehen, die von allen Fußballspielern unter Einschluß der Lizenzspieler begangen werden können, erfaßt werden sollen, und der gesamte Fußballsport im DFB geschützt werden soll.

Vertreter von Lizenzspielern versuchen immer wieder, die vertraglich vereinbarte Vereinsstrafgewalt des DFB in Abrede zu stellen, indem sie vortragen, der DFB dürfe gegen einen Lizenzspieler lediglich auf der Grundlage des § 4 des Lizenzvertrages Vertragsstrafen verhängen. § 4 sei eine Spezialnorm des Vertrages, durch die eine etwaige Unterwerfung unter das Vereinsstrafrecht jedenfalls in der Weise eingeschränkt sei, daß Strafen nicht der Satzung und den Ordnungen des DFB, sondern nur dem § 4 des Lizenzvertrages entnommen werden dürfen. Auch diese Auffassung entspricht nicht den Absichten und Motiven des Sportgesetzgebers. Zu dieser Frage hat schon früher und auch kürzlich im Dezember 1971 ein Schiedsgericht Stellung genommen. Beide Schiedsgerichte vertreten die Auffassung des DFB, daß nämlich die Unterwerfung des Lizenzspielers unter die Vereinsstrafgewalt des DFB nicht etwa durch § 4 des Lizenzvertrages ausgeschlossen sei, sondern daß § 4 eine zusätzliche Möglichkeit eröffne, Sanktionen zu verhängen. § 4 sei z. B. sinnvoll anwendbar bei der Ahndung von Verstößen gegen wirtschaftliche Bestimmungen des Bundesligastatuts (§ 36, Nr. 2).

Abschließend sei zu diesem Kapitel noch erwähnt, daß die Vertragsstrafe nach § 4 des Vertrages dem bestraften Spieler für die Nachprüfung durch ein Schiedsgericht einen weiteren Spielraum einräumt als die vereinsrechtliche Strafe. In jenem Falle wäre das Schiedsgericht auch zur Überprüfung der vom DFB festgesetzten Vertragsstrafe auf ihre objektive Billigkeit und Angemessenheit hin zuständig, während es im Falle der Vereinsstrafe, wie bereits erwähnt, auf die Überprüfung der qualifizierten Unbilligkeit — grobe und offenbare — beschränkt ist.

### b) Lizenzentzug und Sperre

Einen besonders breiten Rahmen nimmt in der öffentlichen Diskussion um die Entscheidungen der Rechtsorgane des DFB die Frage ein, ob ein Lizenzspieler durch den Entzug seiner Lizenz und die gleichzeitig ausgesprochene Sperrstrafe auf Zeit oder auf Dauer oder auch durch die ohne Lizenzentzug auf kürzere Zeit bemessene Sperrstrafe in seiner Berufsausübung unzulässig behindert wird. Es wird die Auffassung vertreten, der Spieler werde hierdurch in seinem allgemeinen Persönlichkeitsrecht, dem Grundrecht auf freie Entfaltung der Persönlichkeit und dem Grundrecht auf freie Berufsausübung verletzt. Dieser Auffassung sind die Rechtsorgane des DFB nicht gefolgt. Abgesehen davon, daß die

Grundrechte nach der Rechtsprechung des BVerfGE Bd. 7 S. 196 ff. keine unmittelbare Wirkung im Privatrecht haben, sondern Abgrenzungsrechte gegenüber staatlichen Eingriffen sind, geht es hier im Verhältnis Spieler/DFB auch nicht um das Verbot der Berufsausübung. Der Lizenzspielervertrag ist kein Arbeitsvertrag und kein Dienstvertrag, sondern ein Erlaubnisvertrag, durch den der DFB dem Spieler lediglich gestattet, in der Vereinseinrichtung Bundesliga Fußball zu spielen, wenn er bei einem lizenzierten Verein einen entsprechenden Arbeitsvertrag nachweist. Der Lizenzvertrag ist im Prinzip ebenso zu betrachten, wie ein Vertrag, durch den die Benutzung einer anderen Vereinseinrichtung, z. B. einer Kantine, einer Turnhalle oder einer Bibliothek gestattet würde. In allen diesen Fällen werden normalerweise Benutzungsregeln aufgestellt, die der Benutzer bei Vermeidung der Erlaubnisentziehung zu beachten und zu befolgen hat. Auch der Fußballspieler hat keinen Anspruch darauf, die Vereinseinrichtung Bundesliga entgegen den Benutzungsregeln benutzen zu dürfen, und muß sich nach einem eigens für diesen Zweck geschaffenen Reglement richten. Es geht beim Lizenzentzug und bei einer Sperre also rechtlich nicht um ein Verbot zur Ausübung eines Berufes, sondern um ein Benutzungsverbot auf Dauer oder auf Zeit. Er kann sich außerhalb des DFB auch als Fußballspieler berufsmäßig oder nicht berufsmäßig nach Belieben betätigen.

Der Vollständigkeit halber sei hinzugefügt, daß der DFB mit dem Abschluß des Lizenzvertrages von dem lizenzierten Spieler nicht etwa verlangt, daß er den Fußballsport als Beruf ausübt. Der Spieler könnte auch Handwerker, Arzt oder Rechtsanwalt sein und lediglich zusätzlich Fußballsport betreiben. Lizenzspieler ist auch kein Lehrberuf und erfordert nicht etwa den Nachweis einer Qualifikation. Es soll jedoch nicht übersehen werden, daß die meisten Lizenzspieler den Fußballsport als Beruf betreiben. Ich möchte daher auch vorsorglich näher auf die Frage eingehen, ob ein Lizenzentzug und eine Sperre eine im Sinne des Artikels 12 GG unzulässige Behinderung in der Berufsausübung darstellen, zumal das Bundesarbeitsgericht die Auffassung vertritt, daß Artikel 12 GG im Arbeitsrecht unmittelbare Rechtswirkung habe.

Zunächst ist festzustellen, daß die Unmöglichkeit der Berufsausübung in der Bundesliga nicht eine absolute, sondern nur eine relative Unmöglichkeit darstellt. Niemand hindert Fußballspieler daran, sich außerhalb des DFB zusammenzuschließen und gegen Bezahlung Fußball zu spielen, wo immer sie dies können und wollen; niemand hindert Unternehmer daran, derartige Spiele zu veranstalten. Es gibt z. B. in Firmen, Behörden und mancherlei Organisationen Fußballmannschaften, die ihren Sport betreiben, aber nichts mit dem DFB zu tun haben. Ob sie oder manche Spieler dieser Mannschaften Zuwendungen irgendwelcher Art erhalten, also gegen Geld Fußball spielen, ist dem DFB nicht bekannt. Daß der DFB in der Bundesrepublik zur Zeit praktisch die einzige attraktive Betätigungsmöglichkeit für Fußballspieler bietet, soll nicht verkannt werden, zumal ein etwaiger zweiter Verband nicht Mitglied der FIFA werden könnte. Gleichwohl kann der DFB auf seine Ausübungsregelungen und etwaigen Ausschluß ebensowenig verzichten, wie der Staat, standesrechtliche Vereinigungen oder Firmen hinsichtlich ihrer Mitarbeiter, mögen für diese auch durch Gesetze besondere Regelungen getroffen worden sein.

Der Sport, insbesondere auch der Fußballsport, hat seine eigenen Gesetze, deren Zielsetzungen und Motivationen gesellschaftspolitisch und damit in letzter Konsequenz auch rechtlich anerkannt werden müssen, wenn der Sport überhaupt Anerkennung in unserer Gesellschaft finden soll. Daran will und wird aber niemand ernsthaft zweifeln. Diese Anerkennung gebührt ohne Einschränkung auch dem Berufsfußballsport mindestens soweit, wie der sportliche Wettkampf in Frage steht.

Den Berufsfußballspieler gibt es in der Bundesrepublik erst seit 8 Jahren. Erst durch die hier zur Erörterung stehenden Ereignisse ist er mehr in das Bewußtsein der Öffentlichkeit gerückt, als es bisher der Fall war. Er ist daher in der Vorstellung der Allgemeinheit weder soziologisch analysiert, noch hat er Veranlassung zu gesetzgeberischen Maßnahmen gegeben, wie das für andere Berufsstände vielfach der Fall ist. Es war bisher auch wohl kaum erforderlich. Diese Feststellung hat den DFB allerdings nicht daran gehindert, in Anpassung an die in seinen Reihen hierzu vertretenen Auffassungen die sportrechtlichen Bestimmungen zu beschließen, die dem Fußballsport und der Gesamtheit der Berufsfußballspieler dienen sollen. Es sind daher eine Reihe von Differenzierungen zur Gruppe der Vertragsspieler und zu der größten Gruppe der Amateurspieler erfolgt. Dort aber, wo der sportliche Wettbewerb und wo das Fairplay in Frage steht, wo es darum geht, daß im sportlichen Spiel ehrlich und unter sauberen Voraussetzungen gekämpft wird, läßt sich der DFB den Fußballsport nicht zerteilen und keine doppelte Moral aufzwingen. Er wehrt sich mit Entschiedenheit gegen die Auffassung, der bezahlte Fußballsport, also doch auch das sportliche Spiel, rücke in einen Grenzbereich, bei dem die Unterschiede zwischen Geschäft und Sport undeutlich würden, und es erscheine nicht geboten, den sportlichen Regeln bzw. Geboten innerhalb des bezahlten Fußballsportes den gleichen hohen gesellschaftlichen Rang beizulegen, wie ihn sonst sportliche Regeln haben mögen. Das Bundesgericht teilt derartige Auffassungen hinsichtlich der vom DFB veranstalteten Spiele nicht.

Das Bemühen des DFB, unteilbares sportliches fair play durchzusetzen, wird auch durch die Einleitung der bekannten Verfahren erkennbar, und es wäre bedauerlich, wenn staatliche Gesetze es verhindern müßten, dieses Bemühen zu praktizieren. Der DFB nimmt daher für sich in Anspruch, bei schwerwiegenden sportlichen Vergehen Lizenzspielern die Lizenz entziehen und Sperren auf Zeit oder auf Dauer verhängen zu dürfen. Das Bundesgericht hält derartige Sanktionen einmal im Hinblick auf den sittlichen Zwang, die Sauberkeit des sportlichen Wettbewerbs zu wahren, zum anderen aber auch gesetzlich für gerechtfertigt. Sperren die nicht auf Dauer gehen, sind ohnehin erlaubte Regelungen der Berufsausübung, Sperren auf Dauer Ausfluß vereinsautonomer Gesetzgebung, der sich die Lizenzspieler unterworfen haben.

Im übrigen ist der Lizenzentzug praktisch nichts weiter, als die fristlose Kündigung des Lizenzvertrages, zu dessen Einhaltung der DFB bei Vorliegen eines wichtigen Grundes nicht gezwungen werden kann. Das Bundesgericht hält es daher nicht für begründet, wenn die insoweit betroffenen Lizenzspieler sich darauf berufen, ein Lizenzentzug mit nachhaltiger Sperre verstoße gegen Artikel 12 GG. Es wird hierzu auch auf den Artikel „Sportjustiz und Rechtsstaat" des Bundesrichters *Faller* in der Tageszeitung „Badische Neueste Nachrichten" vom 3. 8. 1971 und den Aufsatz des Wissenschaftlichen Assistenten *Bernd Preis* der FU Berlin „Die Sportgerichtsbarkeit des Deutschen Fußball-Bundes (DFB) und die Bestechungsfälle in der Bundesliga" in der Wochenschrift „Der Betrieb" Nr. 33/1971 Seite 1570 ff. verwiesen.

**c) Einstweilige Verfügungen**

Ein weiteres Kapitel kritisierter Rechtsausübung durch die Rechtsorgane des DFB ist in jüngster Zeit die vorläufige Regelung von Sachverhalten des Fußballsportes der Lizenzspieler auf der Grundlage einer Bestimmung der Rechts- und Verfahrensordnung (§ 12), welche die Überschrift „Einstweilige Verfügungen" trägt. Gemeint sind hier vorläufige Sperren aufgrund von Tatbeständen, die den dringenden Verdacht eines schwerwiegenden Sportvergehens — etwa aktiver oder passiver Spielerbestechung — beinhalten. Erst kürzlich ist die vorläufige Sperre der Spieler *Varga* und *Gergely* des Vereins Hertha BSC und des Spielers *Ulsaß* der Braunschweiger Eintracht Gegenstand von Presseerörterungen gewesen. Nach der zitierten Bestimmung sind die Vorsitzenden der Rechtsorgane berechtigt, im Rahmen der Zuständigkeit ihrer Instanz schriftlich begründete einstweilige Verfügungen zu erlassen, soweit diese zur Aufrechterhaltung eines geordneten Rechtswesens oder der sportlichen Disziplin notwendig erscheinen.

Wir sind der Meinung, daß hierdurch auch die Verhängung vorläufiger Sperren gerechtfertigt ist, die in der Praxis des Spielbetriebes nicht etwa ein Novum darstellen. In unseren Spielordnungen, auch in der des DFB, ist z. B. jeder Spieler bei Feldverweis bis zur Entscheidung durch die zuständige Rechtsinstanz automatisch vorläufig gesperrt, ohne daß es eines besonderen Verfahrens oder einer besonderen Benachrichtigung bedarf. Das ist ein Erfordernis der sportlichen Disziplin und der Gewährleistung eines ungestörten Ablaufes des Spielbetriebes. Es ist ein von jeher praktiziertes Fußballgesetz — man könnte hier schon von Gewohnheitsrecht sprechen —, daß ein gravierend belasteter Spieler solange dem Spielbetrieb ferngehalten wird, bis sein Fall entschieden worden ist. Es ist auch nicht erkennbar, daß sich hierzu in den Kreisen der Sportöffentlichkeit andere gesellschaftspolitische Vorstellungen entwickelt hätten, die zu einer anderen Praxis führen müßten, wie etwa im staatlichen Verfahrensrecht bei der Vorbeugehaft, zu der im übrigen neuerdings auch wieder andere Auffassungen vertreten werden. Der DFB ist jedenfalls der Meinung, daß die Mitwirkung eines schwer belasteten Spielers auch in Zukunft unterbunden werden sollte, selbst wenn die hierzu berufenen Rechtsorgane noch nicht ihre endgültige Entscheidung getroffen haben. Was in dieser Richtung für Amateurspieler gilt, muß auch für Lizenzspieler Gültigkeit haben. Sicher liegt jeder Fall anders, und die Beurteilungsgrenzen sind fließend. Im Prinzip sollte aber an dieser Handhabung sportlicher Disziplin und zügiger Rechtsabwicklung nicht gerüttelt werden.

Im übrigen entfernt sich der DFB mit dieser Auffassung auch nicht etwa aus allgemein gültigen Rechtsvorstellungen, die im staatlichen Recht Niederschlag gefunden haben. Es ist allgemeines und anerkanntes Recht, schon im Vorstadium verschiedener Verfahren einstweilige Regelungen treffen zu können, wenn dies geboten erscheint. Als Beispiele mögen dienen: die Suspendierung eines Beamten bis zum Abschluß eines Disziplinarverfahrens, die einstweiligen Anordnungen nach den Bestimmungen der Zivilprozeßordnung für die Prozeßdauer in Ehesachen, die Anordnung der vorläufigen Fürsorgeerziehung nach § 67 des Jugendwohlfahrtgesetzes, die vorläufige Entziehung der Fahrerlaubnis nach der Strafprozeßordnung oder auch der Erlaß eines Haftbefehls. Die Beispiele zeigen, daß durch vorläufige Regelungen dieser Art auch die Existenz eines Betroffenen tangiert werden kann. Unsere Rechtsordnung nimmt dies hin. Warum sollte dem Fußballsport versagt bleiben, was dem Staat erlaubt ist?

## C. Zusammenfassung

### Sport als Gemeinschaftsaufgabe

Gestatten Sie mir, daß ich mit dieser etwas sorgenvollen Frage meine Betrachtungen zu den Rechtsgrundlagen und den damit verbundenen Problemen der Sportgerichtsbarkeit des DFB abschließe. Ich habe versucht, Ihnen darzulegen, daß der DFB eine Organisation des Fußballsportes darstellt, die sich bemüht hat und auch weiterhin bemüht,

1. ihr Organisationsgebäude durch ein umfassendes Satzungswerk klar und übersichtlich zu gestalten und mit vielen Fenstern zu versehen,
2. ihren Angehörigen — Mitgliedsverbänden, Vereinen und Spielern jeglicher Kategorie — eine ihrem Schutz dienende Hausordnung zu präsentieren und sie bei Vermeidung von Zurechtweisungen und Ausschluß aus der Gemeinschaft zu deren Einhaltung zu verpflichten,
3. in der Handhabung der Hausordnung allen Einwohnern in Anlehnung an rechtsstaatliche Grundsätze ein Höchstmaß an sachlicher Handhabung und Behandlung zu gewährleisten und
4. die hierfür erforderlichen vereinsautonomen Vorschriften und vertraglichen Vereinbarungen rechtlich so abzusichern, daß sie und die auf sie gegründeten Entscheidungen des Hausverwalters einer Über-

prüfung durch staatliche Gerichte oder an ihrer Stelle durch Schiedsgerichte standhalten.

Im allgemeinen haben unsere Bemühungen auch Erfolg gehabt, und zwar nicht zuletzt deswegen, weil unsere Einwohner wissen, daß unsere Hausordnung den eigenen Vorstellungen entspricht. Das wissen selbst diejenigen, die sich im Einzelfall als Betroffene ungerecht behandelt fühlen. Wenn wir mitunter Enttäuschungen erleben, so sind diese bisher nicht auf eine Fehlbeurteilung eines sportrechtlich zu würdigenden Sachverhaltes zurückzuführen, sondern darauf, daß die rechtliche Absicherung des von uns praktizierten Verfahrens in Frage gestellt wurde. Ich gebe dies gern vor diesem rechtskundigen Kreis zu, da der DFB und seine Mitarbeiter hinsichtlich der Abfassung und Vollständigkeit seiner Vorschriften noch nie für sich in Anspruch genommen haben, lücken- und fehlerlos gewesen zu sein. Wir sind daher stets für Anregungen der in Frage stehenden Art aus den Kreisen derer dankbar, die unsere Freunde in der Sache sind und uns in unserem Bemühen um die Durchsetzung eines sauber geregelten und sauber betriebenen Fußballsportes unterstützen. Auf der anderen Seite wären wir natürlich auch denjenigen die sich mit den Rechtsproblemen des Fußballsportes auseinandersetzen, sehr zu Dank verbunden, wenn sie die dem Sport — auch dem Fußballsport — innewohnende moralische Kraft des fair play als einen wesentlichen Bestandteil des Sportes und daher auch als rechtlich relevant anerkennen würden, und zwar unabhängig davon, ob der Sportler für die Ausübung seines Sportes eine Vergütung erhält oder nicht.

Ich will hier nicht mit Betrachtungen über den Zauber des Balles schließen, der Millionen in seinen Bann schlägt. Ich will hier lediglich feststellen, daß der Fußballsport eine weltumspannende Macht im Sinne der herrlichsten Nebensache der Welt ist, und daß er daher auch gesellschaftspolitisch Beachtung finden muß. Seine Mitarbeiter dienen ihm nicht nur aus Freude an der Sache, sondern auch deswegen, weil sie hiermit eine gesellschaftspolitische Aufgabe erfüllen. Sie hat ihren Rang gleichermaßen neben der Betätigung anderer Mitbürger in anderen Gemeinschaftsbereichen der pluralistischen Gesellschaft. Irgendwie in der Gemeinschaft und für sie mitzuarbeiten, sollte Aufgabe aller derer sein, die hierzu nach ihren Fähigkeiten sowie ihren beruflichen, wirtschaftlichen und familiären Belangen die Möglichkeit haben. Ich hoffe daher sehr, daß dieser und jeglicher Dienst für die Allgemeinheit auch tätige Anerkennung bei denen findet, die sich hiermit auseinandersetzen wollen und auch auseinandersetzen müssen.

# Aufbau, Aufgaben und Verfahren der Sportgerichte und des Kontrollausschusses des Deutschen Fußball-Bundes

von

Landgerichtsdirektor HANS KINDERMANN, Stuttgart,
Vorsitzender des Kontrollausschusses des Deutschen Fußball-Bundes

Wenn Sie gestern das Referat von Herrn Professor Dr. *Habscheid*[1] gehört haben, werden Sie heute enttäuscht sein; denn was Sie von mir hören — und das kommt schon aus der Stellung des Themas — ist eine reine Information. Mein Referat besteht daraus, Sie bekannt zu machen mit dem Aufbau, den Aufgaben und den Verfahren des Kontrollausschusses, des Sportgerichts und des Bundesgerichts des Deutschen Fußballbundes. Es ist, und auch dafür bitte ich um Verständnis, keine vollständige Information, und zwar deshalb, weil die Aufgaben der Organe des Deutschen Fußballbundes so umfangreich sind, daß es nicht möglich ist, sie auch nur annähernd erschöpfend innerhalb der kurzen Zeit, die mir zur Verfügung steht, zu schildern. Das klingt eigentlich etwas vermessen. Ist es denn wirklich so, daß bei einem Sportverband wie dem Deutschen Fußballbund, der juristisch ein eingetragener Verein ist, so viel los ist? Gibt es da wirklich soviel Geschäft, daß man das in 45 Minuten nicht sagen kann?

Der Deutsche Fußballbund ist der größte Sportverband der Erde, er hat rund 3 Millionen Mitglieder, und wenn Sie sich allein das vor Augen halten, dann werden Sie verstehen, daß die Aufgaben, die in diesem Verband zu meistern sind, eben wirklich sehr umfangreich sind und daß es ganz einfach nicht möglich ist, das alles in der Kürze der Zeit darzulegen. Der Deutsche Fußballbund besteht aus seinen Regional- und Landesverbänden, und der Sport wird auch in diesen Verbänden betrieben. Der DFB selbst betreibt bloß eine Spielklasse, nämlich die Bundesliga. Die Bundesliga ist also die oberste Spielklasse und ist damit eine Einrichtung des Deutschen Fußballbundes. Ich betone das von vornherein deshalb so stark, weil sehr viel von den Dingen, die wir im Kontrollausschuß und bei den Sportgerichten tun, mit dem Betrieb der Bundesliga zusammenhängt. Denn der Deutsche Fußballbund ist entscheidend für die Bundesliga verantwortlich. Er ist verpflichtet, der Bundesliga und den in ihr zusammengefaßten Vereinen einen geregelten Spielbetrieb zu garantieren, weil dieser geregelte Spielbetrieb die Grundlage für die wirtschaftliche Existenz der Lizenzvereine und der Lizenzspieler ist. Denn nur ein geregelter Sportbetrieb, der nach sportlichen Gesichtspunkten abläuft und der reguläre Ergebnisse erzielt, ist in der Lage, dem Zuschauer den Anreiz zu bieten, daß er kommt und bereit ist, seinen

[1] Siehe oben Seite 158 ff.

Obolus zu bezahlen, und Sie wissen, daß die Zahl der Zuschauer und damit das Eintrittsgeld, das in die Kassen der Vereine fließt, maßgeblich dafür ist, ob es einem Verein wirtschaftlich gut oder schlecht geht. Das heißt also, so lange der Sportbetrieb gesund ist, solange das Zuschauerinteresse vorhanden ist, solange sind wir auch in der Lage, die wirtschaftliche Existenz der Bundesliga einigermaßen zu garantieren. Wenn wir das einmal nicht mehr können, dann wird an der Wurzel des bezahlten Fußballs und der Bundesliga genagt. Und weil wir, nämlich der Deutsche Fußballbund, diese große Verantwortung für diese ganze Gruppe tragen, deshalb müssen wir auch alle jene Rechte haben und alle jene Rechte wahrnehmen, die notwendig sind, um die wirtschaftliche Existenz zu sichern und zwar gegen jedermann, gleichgültig, woher die Eingriffe kommen mögen.

Das nur kurz vorausgeschickt. Um die Vielzahl der Aufgaben, die es im Rahmen des Deutschen Fußballbundes zu bewältigen gibt, kurz vor Augen zu führen, darf ich aus § 16 unserer Satzung die Organe des DFB zitieren, nämlich Bundestag, Beirat, Präsidium, Vorstand und dann die Bundesausschüsse: Spielausschuß, Jugendausschuß, Sozialauschuß, Kontrollausschuß, Vertragsligaausschuß, Bundesligaausschuß, Presse- und Werbeausschuß, Schiedsrichterausschuß und ganz zum Schluß, also nicht als Bundesausschuß, auch noch ein Ehrungsausschuß; als Rechtsorgane bestehen das Bundesgericht und das Sportgericht. Schon aus der Vielzahl der Ausschüsse läßt sich ersehen, welche großen Aufgaben es in dem Apparat des Deutschen Fußballbundes zu bewältigen gibt.

Wir greifen uns nun aus den genannten Ausschüssen und den Rechtsorganen die Institutionen heraus, die man vielleicht — aber nur sehr beschränkt — als die Justiz des Deutschen Fußballbundes bezeichnen kann. Ich bin immer sehr skeptisch gegen die Übernahme von Begriffen der staatlichen Gerichtsbarkeit in die Sportgerichtsbarkeit; ich will das also auch hier nur in sehr beschränktem Rahmen tun. Nur um dafür einen Begriff zu haben, wähle ich den Ausdruck „DFB-Justiz"; sie besteht aus dem Kontrollausschuß, dem Sportgericht und dem Bundesgericht. Wenn ich diese drei Institutionen in dieser Reihenfolge abhandle, dann verbinde ich damit keine Rangordnung. Ich stehe nicht auf dem Standpunkt, daß der Kontrollausschuß, weil ich nun gerade sein Vorsitzender bin, der erste sein müßte und der wichtigste, sondern ich mache es in der Reihenfolge, wie sich die Verfahren abspielen. Sie beginnen beim Kontrollausschuß, gehen dann ans Sportgericht und enden beim Bundesgericht. Wenn man von der Bedeutung der Institutionen ausgeht, so müßte man sicher beim Bundesgericht anfangen.

Die Aufgabe des Kontrollausschusses ergibt sich aus § 48 der Satzung des Deutschen Fußballbundes:

> 1. Der Kontrollausschuß ist dazu berufen, die Einhaltung der Vorschriften des Bundesliga-, Vertragsspieler- und Amateurstatus sowie der Trainerordnung zu überwachen und bei Verstößen nach Durchführung einer Voruntersuchung Anklage bei den zuständigen Rechtsorganen des DFB und der

Mitgliedsverbände zu erheben. Er kann auch Unsportlichkeiten verfolgen, die im Zusammenhang mit Bundesligaspielen begangen wurden. Der Kontrollausschuß ist berechtigt, im Rahmen seiner Zuständigkeit gegen die Entscheidungen der Rechtsorgane Rechtsmittel einzulegen. 2. Dem Kontrollausschuß obliegt die Durchführung der ihm durch das Vertragsspieler- und Bundesligastatut sowie die Trainerordnung zugewiesenen besonderen Aufgaben.

Die Aufgaben des Kontrollausschusses sind also entscheidend die Überwachung der Einhaltung der Vorschriften und Ordnungen, Satzungen und Statuten; auch obliegt ihm, dafür Sorge zu tragen, daß Verstöße entsprechend geahndet werden. Diese Ahndung erfolgt durch das Sportgericht und durch das Bundesgericht. Ich darf, um hier im Zusammenhang zu bleiben, auch das verlesen, was für das Sport- und für das Bundesgericht maßgebend ist. Es heißt in § 40 der Satzung unter der Überschrift „Zuständigkeit der Rechtsorgane":

„Die Rechtsorgane des DFB bestrafen Verstöße gegen das DFB-Recht und entscheiden über Steitigkeiten nach dem DFB-Recht, soweit die Entscheidung nicht ausdrücklich einem anderen DFB-Organ vorbehalten ist. Für die Entscheidung über einen Streit der Mitgliedsverbände innerhalb eines Regionalverbandes ist der DFB nicht zuständig. Die Regelung derartiger Streitigkeiten bleibt den regionalen Verbänden vorbehalten."

Die Rechtsorgane des DFB befinden also über Verstöße gegen das DFB-Recht und entscheiden Streitigkeiten nach dem DFB-Recht. In § 41 und § 42 der Satzung ist niedergelegt, in welchem Umfang das Sportgericht und das Bundesgericht zuständig sind. Es läßt sich dafür zunächst einmal als Einführung sagen, daß grundsätzlich das Sportgericht die erste Instanz und das Bundesgericht die zweite Instanz ist.

Wir haben, das darf ich voranstellen, das Prinzip der Gewaltenteilung. Das ist im Rahmen der Satzung des Deutschen Fußballbundes gerade im Verhältnis zur Rechtsprechung sehr klar herausgestellt. Es beginnt schon rein formell damit, daß die Satzung deutlich unterscheidet zwischen einem Ausschuß und einem Rechtsorgan. Das Sportgericht und das Bundesgericht werden ausdrücklich als Rechtsorgane bezeichnet im Gegensatz zu den Ausschüssen, die, wenn Sie so wollen Verwaltungsorgane sind. In § 2 der Rechts- und Verfahrensordnung, die für die Verfahren maßgebend ist, ist ausdrücklich bestimmt:

„Die Rechtsorgane sind unabhängig, ihre Mitglieder sind nur dem geschriebenen und dem ungeschriebenen Recht des Sports sowie ihrem Gewissen unterworfen."

Die Unabhängigkeit der Sportrichter ist also ausdrücklich garantiert. Diese Unabhängigkeit der Sportrichter findet auch noch in einem anderen Punkt besonderen Ausdruck: in der Satzung ist nämlich bestimmt, daß Sportrichter, also Angehörige eines Rechtsorgans, in keinem Verwaltungsorgan des Deutschen Fußballbundes gleichzeitig tätig sein können, außer bei einer besonderen Ausnahme, die dann gesondert zu genehmigen wäre. Es ist ganz deutlich eine Trennung zwischen der Rechtsprechung, der Gesetzgebung und der Verwaltung vorhanden. Die

Unabhängigkeit der Sportgerichte findet ihren Niederschlag auch in der Bestimmung in der Rechts- und Verfahrensordnung, die das Beratungsgeheimnis sichert. Das ist also nicht nur an sich schon selbstverständlich, sondern es steht in der Rechts- und Verfahrensordnung ausdrücklich, daß das Beratungsgeheimnis zu wahren ist, daß niemand, der als Sportrichter bei der Beratung anwesend ist — und es dürfen auch satzungsgemäß nur die dabei sein, die bei der Entscheidung mitwirken dürfen —, darüber reden darf. Ich glaube, daß der Deutsche Fußballbund, zumindest was Gewaltenteilung und Unabhängigkeit der Sportrichter anbelangt, sich sicher rechtsstaatlicher Gesichtspunkte befleißigt. Der DFB ist auf diesem Sektor bis zur letzten Konsequenz gegangen; er hat vor einigen Jahren durch eine Satzungsänderung den Vorsitzenden des Bundesgerichts aus dem Vorstand herausgenommen. Bis dahin war der Vorsitzende des Bundesgerichts Mitglied des Verbandsvorstands. Man hat das geändert, um auf diesem Gebiet klarzustellen, daß man eine deutliche Trennung auch in der Praxis wünscht.

Und nun zunächst zum Aufbau des Kontrollausschusses. Der Kontrollausschuß ist ein Organ des Deutschen Fußballbundes. Er ist im Gegensatz zum Rechtsorgan ein Ausschuß des DFB, d. h. für ihn gelten alle jene Bestimmungen, die in der Satzung und in den verschiedenen Ordnungen für die Ausschüsse maßgebend sind. Sie können nach dem, was ich Ihnen vorhin über die Aufgabe des Kontrollausschusses verlesen habe, sicher sagen, daß er so eine Art Staatsanwaltschaft ist, allerdings nur unter größter Einschränkung. Ich wehre mich immer etwas dagegen, wenn man mich als den Staatsanwalt des Deutschen Fußballbundes bezeichnet. Das paßt in den ganzen Aufbau und das paßt auch in einen Sportverband so gar nicht hinein. Wir können aber andererseits nicht übersehen, daß der Kontrollausschuß von der Funktion her eine Art Staatsanwaltschaft darstellt. Der Kontrollausschuß als ein Ausschuß des DFB unterliegt allen Regeln, die für Ausschüsse gelten. Dies gilt schon für seine Zusammensetzung. Grundsätzlich geht der Deutsche Fußballbund davon aus, daß seine Ausschüsse aus je sechs Mitgliedern bestehen sollen, und zwar sollen fünf Mitglieder aus je einem Regionalverband im Ausschuß vertreten sein. Der Deutsche Fußballbund hat fünf Regionalverbände — Norden, Süden, Westen, Südwesten, Berlin. In jedem Ausschuß soll aus jedem Regionalverband ein Vertreter sein; dazu kommt als sechster der Vorsitzende, der nicht seinem Regionalverband zugerechnet wird, sondern sozusagen als Neutraler über den Regionalverbänden stehen soll. Das besagt aber nicht, das diese fünf Mitglieder in den Ausschüssen nur immer stur die Interessen ihres Regionalverbandes vertreten sollen; das kommt auch, wie man in der Praxis beobachten kann, nicht vor. Im übrigen gibt es von diesem Grundsatz auch Ausnahmen, und eine solche Ausnahme besteht gerade beim Kontrollausschuß. Der Kontrollausschuß hat sechs Mitglieder; die Ausnahme besteht darin, daß zwei aus dem westdeutschen Verband stammen und nur einer aus dem Süden, nämlich ich — das hat sich aus der Entwicklung der Besetzung des Ausschusses in den letzten Jahren so ergeben. Aber trotzdem gilt er als ordnungsgemäß besetzt. Die Mitglieder des Kontrollausschusses sind ehrenamtlich tätig. Das gilt im übrigen für alle Herren, die für den DFB tätig sind, nicht nur für die Mitglieder des Kontrollausschusses, sondern genauso für unsere Sportrichter. Es ist eine rein ehrenamtliche Tätigkeit, für die wir nichts erhalten außer manchmal Verdruß und Ärger. Häufig werde ich gefragt, was ich denn nun so eigentlich bei dem Geschäft beim DFB verdiene, und da muß ich immer wieder sagen: garnichts. Ich sehe dann oft erstaunte Kinderaugen, denn in den 70er Jahren des 20. Jahrhunderts ist es offensichtlich kaum mehr zu glauben, daß es auch Leute gibt, die so etwas umsonst und ehrenamtlich machen. Es ist das, was man eine Freizeitbeschäftigung nennt, und etwas vermessen könnte man es auch als ein Hobby bezeichnen.

Gewählt werden die Mitglieder, sei es des Kontrollausschusses, sei es des Sportgerichtes oder des Bundesgerichtes, vom Bundestag des Deutschen Fußballbundes, und zwar jeweils auf zwei Jahre. Der Bundestag des DFB ist, wenn man nun schon bei der Übertragung dieser Begriffe bleibt, das Parlament des DFB; er ist vom Vereinsrecht her gesehen die Mitgliederhauptversammlung. Wenn man es so betrachtet, dann kann man sagen, daß wir, die wir gewählt sind, unsere Gewalt vom DFB-Volk haben. Ich darf hier, weil es vielleicht nicht uninteressant ist, auch einmal auf die personelle Zusammensetzung des Kontrollausschussus eingehen. Von den sechs Mitgliedern sind drei Juristen, und zwar außer mir ein zweiter Richter, nämlich ein Amtsgerichtsdirektor aus dem Saarland, und ein Rechtsanwalt und Notar aus Oberhausen. Dann haben wir im Kontrollausschuß den Leiter der Volksbank von Eutin, einen Gastronomen aus dem Westen und aus Berlin einen Herren, der bei der Landesversicherungsanstalt in führender Stellung tätig ist. Also drei Juristen und drei Nichtjuristen. Ich darf Ihnen sagen, das gibt eine ganz gesunde Mischung; denn schon hier im Kontrollausschuß, aber auch bei den Sportgerichten, tritt immer ein Problem auf, nämlich ob wir zur Lösung unserer Aufgabe in erster Linie Juristen oder in erster Linie Sportler sein müssen oder sollen. Wenn man bedenkt, wie sehr wir uns gerade im Laufe des letzten halben Jahres mit juristischen Problemen herumzuschlagen hatten und wie stark wir in juristische Auseinandersetzungen hineingezogen worden sind, dann taucht natürlich sofort die Frage auf: Müssen Juristen in die Ausschüsse und Gerichte oder dürfen da keine Juristen hinein? Ist es zweckmäßig, nach juristischen Gesichtspunkten zu entscheiden? Die Lösung, die ich für richtig halte, ist die, wie sie im Kontrollausschuß praktiziert wird, daß also Juristen und Nichtjuristen zusammensitzen und daß jeder aus seiner Sicht seinen Teil beiträgt; dann kommt eine gesunde Entscheidung heraus. Denn das dürfen wir ganz einfach nicht aus dem Auge verlieren: wir dürfen nicht nur juristische Entscheidungen fällen, sondern wir müssen der Sache gerecht werden, mit der wir es zu tun haben. Und diese Sache ist der Sport, und es geht um sportliche Belange, und wenn ich als Nurjurist mit der Scheuklappe dorthin marschiere und alles das, was mir dort zur Entscheidung präsentiert wird, nur als der Jurist unter rein rechtlichen Gesichtspunkten sehe, dann liege ich in der Entscheidung mit Sicherheit früher oder später schief, weil ich nämlich beginne, die Materie zu vergewaltigen. Ich habe es schon immer als ein Übel als Richter empfunden, wenn ich oder andere Kollegen sich mit Dingen beschäftigen mußten und in Sachen Recht sprechen und Entscheidungen fällen sollten, bei denen sie die Materie, also die Sache, um die es ging, nicht im Griff hatten und nicht beherrscht haben. Und hier wird mir immer sehr deutlich, wie notwendig es ist, daß man nicht nur Jurist ist, sondern daß man von der Sache, um die es geht, auch etwas versteht und daß man bei Entscheidungen dann nicht nur die Juristerei, sondern auch die andere Seite sieht und die genau so zu Worte kommen läßt. Nur dann kommt man zu einer richtigen und vernünftigen Entscheidung.

Die Aufgaben des Kontrollausschusses habe ich oben dargelegt. Man kann daraus ersehen, daß wir nicht nur das Verhalten von Vereinen zu prüfen haben, sondern wir haben ggf. auch gegen Einzelpersonen vorzugehen, etwa gegen die, die in den Vereinen Funktionen zum Schaden des Fußballs ausüben. Wir sind aber auch berufen, das Verhalten der Lizenzspieler zu überwachen und ggf. zur Ahndung zu bringen. Zu dem Kreis der Personen, die der Überwachung — wenn ich diesen Ausdruck gebrauchen darf — unterliegen, zählen auch unsere Fußballehrer und Schiedsrichter. Dieser ganze Personenkreis einschließlich der Vereine ist dann auch ggf. durch Anklageerhebung vor das Sportgericht zu bringen und dort abzuurteilen. Es ist also ein sehr umfassendes Aufgabengebiet. Nach § 48 Abs. 2 der Satzung ist der Kontrollausschuß auch noch zuständig für Aufgaben, die ihm durch das Bundesliga- und das Vertragsligastatut zugewiesen sind. Dabei handelt es sich um rein verwaltungsmäßige Angelegenheiten, die ich nur kurz streifen darf, weil sie hier weniger interessieren. Wir sind danach auch zuständig in den Fragen der Reamateurisierung, wir sind zuständig für Einsprüche gegen Streitigkeiten, die mit der Transferliste zusammenhängen. Wir entscheiden über Ablösungen, also bei Ablösestreitigkeiten und Ähnlichem. Es ist ein sehr umfassendes Gebiet, das der Kontrollausschuß sicher meistert, wenn die Zeit normal und ruhig ist; er kommt natürlich in Schwierigkeiten, wenn ein solcher Skandal, wie im Augenblick, zu klären ist.

Jetzt zum Aufbau der Sportgerichte. Ich darf hier zunächst einmal beide, Sportgericht und Bundesgericht, zusammenfassen. Auch die Mitglieder der Rechtsorgane werden vom Bundestag gewählt, und zwar jeweils ein Vorsitzender und acht Beisitzer. Zu diesen acht Beisitzern kommen noch acht Lizenzspieler als beisitzende Richter in allen den Fällen, in denen sich das Verfahren gegen Lizenzspieler richtet. Es kommen weiter dazu zwei Fußballehrer als beisitzende Richter in den Fällen, in denen gegen Fußballehrer verhandelt wird. Die acht Lizenzspieler werden vorgeschlagen vom Bundesligaausschuß, also von dem Ausschuß des DFB, der primär für Bundesligaangelegenheiten zuständig ist. Er schlägt acht Lizenzspieler vor, und zwar in Zusammenarbeit mit der Gewerkschaft, und dem Bundestag obliegt es dann, diese acht Lizenzfußballbeisitzer zu bestätigen. Dasselbe Verfahren gilt bei den zwei Beisitzern aus dem Lager der Fußballehrer; sie werden vom Bund Deutscher Fußballehrer vorgeschlagen, und der Vorschlag wird vom Bundestag bestätigt. Insgesamt bilden also 19 Personen das Sportgericht bzw. das Bundesgericht. Während eine Strafkammer aus einem Vorsitzenden und vier oder fünf Beisitzern besteht, haben wir hier also eine Zahl von 1 : 18. In der Verhandlung, in der es dann um die Entscheidung geht, entscheiden fünf dieser Richter. Das ist die Höchstzahl; das Sportgericht und das Bundesgericht sind noch beschlußfähig, wenn mindestens drei Richter anwesend sind. Es treten also aus dem Gesamtgremium höchstens fünf Richter zusammen, um in der gerade anhängigen und zur Entscheidung stehenden Sache zu befinden. Ich möchte auch hier noch einmal das Problem des Juristen und des Nichtjuristen im Sport- und im Bundesgericht ansprechen, denn hier wird es besonders entscheidend. Wenn das Sport- oder das Bundesgericht über heikle Rechtsfragen zu befinden haben, die dann in einem Schiedsgerichtsverfahren überprüft werden, kommt man eben nicht mehr umhin, dafür zu sorgen, daß in diesen Gremien auch die gehörige Anzahl von Juristen sitzt. Ich persönlich würde mich aber ganz entschieden dagegen wehren, wenn Sportgerichte, also Gerichte eines Sportverbandes, nur aus Juristen bestehen würden; denn dann bestünde zweifellos die Gefahr, daß der Sport zu kurz käme. Das ist für mich jedenfalls eine echte Gefahr. Ich bin der Auffassung, daß jeder Sportverband gut beraten ist, wenn er seine Gerichte, die es dann mit dem Recht zu tun haben, gesund mit Juristen und Nichtjuristen mischt. Ich halte es dabei auch für keineswegs notwendig, daß die Juristen, die in den Sportgerichten sitzen, unbedingt immer Richter, nämlich Berufsrichter, sein müssen, auch wenn deren forensische Erfahrung natürlich von nicht unerheblicher Bedeutung sein kann. Wenn man die Vor- und die Nachteile aller dieser Regelungen abwägt, bin ich der Meinung, daß es so, wie es zur Zeit beim Deutschen Fußballbund gehandhabt wird, gut ist. Diese Mischung zwischen Juristen und Nichtjuristen ist eine glückliche Lösung, und zwar auch in den Rechtsorganen; denn es sitzen eben auch Leute drin, die vielleicht weniger von der Juristerei verstehen, aber ihr sportliches Rechtsempfinden mit in die Waagschale werfen, und dies scheint mir jedenfalls in diesem Zusammenhang von nicht unerheblicher Bedeutung.

Wenn nun aus der Besetzung 1 : 18 bzw. 1 : 8 in der konkreten Sache fünf oder sogar nur drei Richter mitwirken, dann steht natürlich vor jedem Juristen alles das, was wir im Laufe der letzten Jahre mit dem Problem des gesetzlichen Richters erlebt haben. Es stehen vor uns alle die Fragen, mit denen wir uns im Laufe der letzten Jahre im Zusammenhang mit BGH-Entscheidungen über die ordnungsgemäße Besetzung von Gerichten zu beschäftigen hatten, und es steht vor uns vor allem auch jene unglückliche Bestimmung des Gerichtsverfassungsgesetzes, wonach der Vorsitzende jedes Kollegialgerichts einen internen Geschäftsverteilungsplan seiner Kammer oder seines Senats machen muß. Wer damit in der Praxis schon befaßt worden ist, der weiß vielleicht, warum ich diese Bestimmung als unglücklich bezeichnet habe. Wir können aber im Sport ganz einfach nicht alle diese Dinge übernehmen, mit denen wir uns bei der staatlichen Gerichtsbarkeit so herumzuschlagen haben. Ganz abgesehen davon, daß es eben auch Dinge gibt, die von der Natur und vom Wesen her stärker sind, als höchstrichterliche Rechtsprechung oder bestimmte Vorschriften im Gerichtsverfassungsgesetz. Hier sind nämlich die Gegebenheiten, die Fakten, ganz einfach stärker als alle jene Zweifel, die man bei der nicht ordnungsgemäßen Besetzung von staatlichen Gerichten in den Vordergrund stellt. Wir sind ehrenamtlich tätig. Und weil wir ehrenamtlich tätig sind, ist es ausgeschlossen, von den Mitgliedern der Sportgerichte jederzeit eine Teilnahme an der Verhandlung zu verlangen. Schon allein deshalb ist es notwendig, daß das Reservoir an Sportrichtern, aus dem nun die Einzelbesetzung geschöpft werden muß, größer ist. Die größten Schwierigkeiten bei der Terminierung von Sport- und Bundesgerichtssitzungen macht z. B. die Herbeischaffung des Lizenzspielerrichters, also des beisitzenden Lizenzspielers, denn die Lizenzspieler haben meist so viel anderes zu tun, daß sie kaum zur Verfügung stehen, um ihre richterliche Funktion auszuüben. Das ist auch der Grund dafür, daß der letzte Bundestag des DFB beschlossen hat, die bisherige Zahl der Beisitzer der Lizenzspieler von 6 auf 8 zu erhöhen. Es hatte sich nämlich herausgestellt, daß Bundesgerichts- bzw. Sportgerichtssitzungen deshalb nicht haben stattfinden können, weil es ganz einfach nicht möglich war, den Lizenzspieler herbeizuschaffen. Die Tatsache, daß der Lizenzspieler als Richter mitwirkt, wenn sich das Verfahren gegen Lizenzspieler richtet, und das der Fußballehrer als Richter im Sportgericht sitzt, wenn sich das Verfahren gegen Fußballehrer richtet, zeigt, daß der Deutsche Fußballbund wirklich bestrebt ist, auch hier den Interessen der Beteiligten Rechnung zu tragen. Der Lizenzspieler als Richter und der Trainer als Richter sind Richter mit gleichen Rechten und gleichen Pflichten. Sie haben eine Stimme so wie jeder andere Richter auch. Sie sind in etwa vergleichbar mit einem Schöffen oder einem Geschworenen. Wenn in den Verfahren gegen Lizenzspieler eine der richterlichen Positionen, nämlich mindestens eine der fünf oder mindestens eine der drei immer von einem Lizenzspieler eingenommen wird, dann ist, glaube ich, den Interessen dieser Gruppe mit Sicherheit Rechnung getragen. Ein Grund dafür, daß wir so viele Leute zur Verfügung haben müssen, ist auch, daß wir in unserer Rechts- und Verfahrensordnung eine eigene Vorschrift über Befangenheit haben. Nach § 9 der Rechts- und Verfahrensordnung ist der Richter ausgeschlossen, wenn er selbst oder sein Verein unmittelbar beteiligt oder interessiert ist oder wenn er sich selbst für befangen hält und das Rechtsorgan ohne Beteiligung des betreffenden Mitglieds entsprechend beschließt. Sie sehen also hier die beiden Ablehnungsgründe, wie wir sie etwa aus der Strafprozeßordnung kennen, nämlich einmal die Befangenheit kraft Gesetzes und zum anderen die Befangenheit dann, wenn sich der Richter selbst für befangen hält. Dazu kommt die Interessenlage. Wenn man die Schwierigkeiten bei der Einteilung von Schiedsrichtern bedenkt, wird man verstehen, warum wir ganz einfach bei der Besetzung unserer Rechtsorgane auf die Interessenlage Rücksicht nehmen müssen. Es wäre töricht, einen Richter in einem Sportgericht oder in einem Bundesgericht sitzen zu haben, von dem man sagen, er oder sein Verband oder sein Verein seien in irgendeiner Form am Ausgang dieses Verfahrens auch nur entfernt interessiert. Ich selbst habe es schon erlebt bei Verfahren vor dem Sport- und vor dem Bundesgericht, daß insbesondere dann, wenn Herren am Verfahren beteiligt waren, die dem Sport nicht gerade nahe standen, sondern etwas sportfremd waren, sich ungehalten geäußert haben über die Besetzung des Sportgerichts, weil sie der Meinung waren, irgendein Sportrichter hätte aus der Interessenlage heraus nicht mitwirken dürfen. Wir brauchen also nicht nur wegen der Ehrenamtlichkeit eine größere Anzahl von Sportrichtern, sondern wir brauchen sie auch deshalb, damit das Sportgericht so zusammengesetzt ist, daß man von vornherein den Vorwurf der Manipulation ausschließen kann. Ein weiteres Beispiel: nehmen Sie etwa die Lizenzspieler. Wenn ein Spieler eines Vereins hinausgestellt worden ist, der am unteren Tabellenende gegen den Abstieg kämpft und es geht nun um die Frage, wird er gesperrt und wie lange, dann wäre es sicher unglücklich, wenn in dem Sportgericht, das dann zu entscheiden hat, ein Spieler säße, der einem Verein angehört, der ebenfalls gegen den Abstieg kämpft. Man könnte uns den Vorwurf machen, wir hätten einen Konkurrenten mitreden lassen. Aus diesem Grund sind wir der Meinung, daß das jeder vernünftigen richterlichen Überprüfung standhält, wenn wir so praktizieren und unsere Sportgerichte und Bundesgerichte sich so verhalten. In diesem Zusammenhang darf ich auch auf die Unabhängigkeit der Richter und das Beratungsgeheimnis hinweisen.

Jetzt zur Frage der Verfahren für Kontrollausschuß und Sportgericht. Wir haben neben der Satzung, die natürlich die Grundlage ist, eine Rechts- und Verfahrensordnung des DFB. Nach der Satzung und nach der Rechts- und Verfahrensordnung des DFB verfahren wir. Wir verfahren aber auch nach den Verfassungsgrundsätzen des Grundgesetzes, und wir bekennen uns selbstverständlich zu den rechtsstaatlichen Prinzipien. Das sind die Grundlagen unserer Arbeit im Kontrollausschuß und in den Sportgerichten. Wir verwenden nicht zwingend Vorschriften der Strafprozeßordnung oder der Zivilprozeßordnung, etwa dort, wo unsere Rechts- und Verfahrensordnung uns die Möglichkeit gibt, anders zu verfahren. Wir sind insbesondere bei Verfahren, die einem Strafverfahren ähnlich sind, nicht der Meinung, daß wir Lücken in unserer Rechts- und Verfahrensordnung durch die Anwendung von ähnlichen Bestimmungen der Strafprozeßordnung füllen müßten, sondern im Gegenteil, wir sind der Auffassung, daß es auch bei unserem Verfahren vor dem Sport- und dem Bundesgericht der Sache, nämlich dem Sport, gerecht zuzugehen hat, und nicht unbedingt immer nach Bestimmungen der StPO, ganz abgesehen davon, daß die Existenz einer Bestimmung etwa in der Straf- oder der Zivilprozeßordnung keine Gewähr dafür gibt, daß es unbedingt so sein müßte und nicht auch anders sein könnte; die Richtigkeit meiner Behauptung stützt sich auf die Tatsache, daß gerade in unserer Strafprozeßordnung laufend Änderungen vorgenommen werden und auch jetzt wieder vorgenommen werden sollen. Das ist wohl der beste Beweis dafür, daß das, was wir an Gesetzen haben, nicht der Weisheit letzter Schluß ist. Deshalb kann man es uns im DFB nicht verübeln, wenn wir uns hier keineswegs daran gebunden fühlen, sondern wenn wir sagen, wir füllen die Lücken unserer Ordnung so aus, wie wir es verantworten können und wie wir es für richtig halten. Klar ist folgendes: es darf kein Verfahren geben, ohne daß das rechtliche Gehör gewahrt ist, das ist selbstverständlich. Es ist weiter ganz selbstverständlich, daß keine Strafe ausgesprochen wird, die nicht auf einer Norm des DFB beruht, und zwar auf einer Norm, die in dem Zeitpunkt galt, als die Tat begangen wurde. Es ist weiter selbstverständlich, daß der Grundsatz ne bis in idem beachtet wird und daß wir nicht einmal so und einmal so entscheiden, daß also in etwa gleich zu behandelnde Fälle gleich entschieden werden. Wir bemühen uns ja gerade nach den Richtlinien, die das Bundesgericht des DFB als das oberste Gericht aufgestellt hat, alle Fälle so einzupassen, daß wir jedem einzelnen gegenüber verantworten können, warum so und nicht anders entschieden wurde.

Für den Kontrollausschuß gibt es in der Rechts- und Verfahrensordnung keine Vorschriften darüber, wie er sein Ermittlungsverfahren durchzuführen hat. Wir haben uns selbstverständlich als Organ des DFB nach der Geschäftsordnung zu richten. Der DFB hat eine Geschäftsordnung, die für alle Organe gilt; sie regelt aber nur die interne Sitzungsordnung, also etwa, wie bei Abstimmungen und Ähnlichem intern im Ausschuß zu verfahren ist. Bestimmungen nach außen hin, wie wir zu ermitteln haben, gibt es nicht. Die Ermittlungsverfahren können wir gestalten, wie wir es verantworten können. Wir verfahren daher nach den Prinzipien des Grundgesetzes und des Rechtsstaates. Wir sind bei unseren Ermittlungen — und es ist ja gerade jetzt wieder bei diesem Bundesligaskandal sehr deutlich geworden — von Anfang an peinlich genau bedacht gewesen, nichts zu tun, das später einmal in irgendeiner Form der Nachprüfung durch ordentliche Gerichte nicht standhalten würde. Was wir im Kontrollausschuß tun, überlegen wir uns vorher genau auch unter dem Blickwinkel: Wie würde ich oder Herr *Ott* als Amtsgerichtsdirektor oder wie würde Herr *Dubbert* als Rechtsanwalt zu der Entscheidung stehen, wenn wir uns in unseren Berufen mit ihr zu befassen hätten. Und nur, wenn wir der Überzeugung sind, daß sie richtig ist, daß wir es auch als Richter akzeptieren würden, erst dann geschieht es. Wir haben es z. B. immer so gehalten, daß jeder, den wir zu einer

Vernehmung gebeten haben und bei dem die Gefahr besteht, daß er selbst in irgendeiner Form beteiligt sein könnte, ausdrücklich belehrt wird, daß er vor uns keine Angaben machen muß, wenn er nicht will, daß er also nicht gezwungen wird. Ich sage nur den Leuten, bei denen es von vornherein offensichtlich ist, daß sie wirklich nur Zeugen und nichts anderes sind, daß also keine Interessenkollision bei ihnen vorliegt, daß wir von ihnen erwarten, daß sie Aussagen machen, allen anderen sage ich das nicht. Wir nehmen das, was sie sagen, zu Protokoll; es wird diktiert, sie unterschreiben es, ich unterschreibe es, der Protokollführer unterschreibt es und dann geben wir sogar eine Abschrift des Protokolls demjenigen mit, den wir vernommen haben, damit er das, was er uns gesagt hat, auch schwarz auf weiß nach Hause tragen kann. Ich glaube nicht, daß es Bedenken gegen diese Verfahren gibt. Wir ermitteln dabei so lange, bis der Sachverhalt klar ist. Selbst wenn wir uns der Gefahr aussetzen, daß in der Öffentlichkeit der Eindruck entsteht, wir würden aus irgendeinem Grund bestimmte Anklagen zurückhalten, erheben wir so lange keine Anklage, so lange der Sachverhalt nicht geklärt ist. Denn im Kontrollausschuß gibt es einen Grundsatz: wir bringen keine Sache an das Sportgericht, d. h. wir klagen nichts an, das nicht so geklärt ist, daß man es verantworten kann, damit an das Sportgericht und damit auch an die Öffentlichkeit zu gehen. Wir klagen nur die Vorgänge an, bei denen wir überzeugt sind, daß wir verurteilen würden, wenn wir die Sportrichter wären. Wir lehnen im Rahmen des Kontrollausschusses des DFB das Prinzip ab, das bei der staatlichen Staatsanwaltschaft durchaus Berechtigung hat, daß nämlich hinreichender Tatverdacht genügt und man abwarten kann, wie das Gericht entscheidet. Wenn die Staatsanwaltschaft so denkt, halte ich es für legitim. Wir machen es als Kontrollausschuß bewußt anders. Wir ziehen niemanden in die Öffentlichkeit und niemanden vor das Sportgericht, wenn wir nicht wirklich der Überzeugung sind, daß die Beweiskette, die wir vorlegen können, so vollständig ist, daß sie zur Überzeugung der Sportrichter von der Schuld des Betroffenen ausreichen muß. Wenn Bedenken bestehen, tun wir es nicht. Ich will Ihnen auch offen sagen, daß wir noch einen anderen Gesichtspunkt damit verfolgen: wir halten es nicht für richtig, wenn in einer solchen Affäre wie der jetzigen der Kontrollausschuß mit halbfertigen Anklagen an das Sportgericht kommt, mit Anklagen, die nicht richtig fundiert sind und beim Sportgericht zu einem Freispruch führen. Damit ist niemandem gedient, und wir wollen derartige Dinge vermeiden. Die Verfahren beim Kontrollausschuß enden dann durch Anklageerhebung, oder wie es an einer anderen Stelle heißt, durch Anträge an das Sportgericht, wobei wir auch eine Verjährungsvorschrift in unserer Rechts- und Verfahrensordnung haben. Grundsätzlich verjähren Verstöße gegen die Statuten und Ordnungen in zwei Jahren, Verstöße, die im Zusammenhang mit Bundesspielen begangen werden, dagegen schon in vier Monaten. Also alle die Vorgänge, die auf dem Spielfeld passieren, Tätlichkeiten, Schiedsrichterbeleidigung, unsportliches Verhalten, alles das, was bei einem Spiel direkt auf dem Spielfeld oder um das Spielfeld herum geschieht, verjährt in vier Monaten. Man muß als Anklagebehörde ganz schön flugs sein, wenn man verhindern will, daß nicht eine Reihe von Dingen verjährt; ich glaube, daß man mit einer so relativ kurzen Verjährungszeit der Rechtssicherheit und dem Rechtsfrieden ein sehr großes Opfer gebracht hat. Es kann vor allem passieren, daß Vorgänge bei Spielen einer Bundesligamannschaft im Ausland verjähren, denn da sind die vier Monate sehr schnell zur Aufklärung herum. Mit der Verjährung nehmen wir es sehr ernst. Als Herr *Holst* in Berlin und Herr *Stemmer* in München vor Jahren in eine Bestechungsaffäre verwickelt waren, haben wir uns im Kontrollausschuß auf den Standpunkt gestellt, um diesen Vorfall zu klären, seien die Mittel des Kontrollausschusses und des DFB zu gering, das müsse man dem ordentlichen Gericht überlassen. Das Ergebnis war: a) die Angelegenheit ist bis heute noch nicht geklärt, sie ist jetzt glücklich in der zweiten oder dritten Instanz anhängig; b) im Rahmen des Deutschen Fußballbundes ist der Verstoß in der Zwischenzeit verjährt. Als wir gemerkt haben, daß es bei der ordentlichen Gerichtsbarkeit nicht weiter geht und die Herren *Holst* und *Stemmer* vor das Sportgericht zitieren wollten, hat das Sportgericht erklärt, die Sache sei verjährt und hat das Verfahren eingestellt, und unsere Beschwerde hatte keinen Erfolg, weil auch das Bundesgericht die Sache für verjährt erklärt hat. Obwohl der Vorgang für den DFB sicher interessant war, nehmen unsere Rechtsorgane es mit dem Recht sehr genau; es interessiert hier nicht die Verbandspolitik, sondern das Recht, und nach dem Recht war der Vorgang verjährt. Wir warten heute noch auf die Entscheidungen der ordentlichen Gerichte, und es ist wohl damit zu rechnen, daß im Laufe der nächsten Jahre einmal eine rechtskräftige Entscheidung getroffen wird. Wenn ich manchmal etwas kritisch gegenüber der staatlichen Justiz bin, der ich ja selber angehöre, dann deshalb, weil ich mir ihrer Mängel bewußt bin. Ich bin mit Leib und Seele Richter und vor allem überzeugter Strafrichter. Das ändert aber nichts daran, daß ich auch sehe, wo bei uns noch das eine oder andere im Argen liegt, und das sollte man dann auch nicht verschweigen. Denn es wird ja immer an uns und gerade an mich die Frage gestellt: Können Sie denn überhaupt verantworten, daß dieser Bundesligaskandal durch die DFB-Organe geklärt und geahndet wird? Gerade Sie als Richter müßten doch eigentlich dafür sorgen, daß das an die ordentliche Gerichtsbarkeit kommt. Meine Antwort ist klar. Abgesehen davon, daß kein Staatsanwalt sich für sportliche Vergehen interessiert, und zwar völlig zu Recht, es also schon von der Sache her nicht opportun ist, die ordentliche Gerichtsbarkeit einzuschalten, ist es gerade die Länge der Verfahren, die wir nicht brauchen können, denn wir müssen die Sachen schnell bereinigen. Ich glaube, so wie die Sache jetzt gelaufen ist, darf ich sagen, daß wir in der Lage sind, damit fertig zu werden.

Jetzt folgt die Anklageerhebung an das Sportgericht. Damit wird nach der Satzung das Verfahren eingeleitet, der Betroffene wird von der

Einleitung des Verfahrens unterrichtet. Es handelt sich um zwingendes Satzungsrecht, das steht in der Rechts- und Verfahrensordnung. Der Betroffene wird benachrichtigt, er bekommt die Anklage und wird gleichzeitig gebeten, dazu Stellung zu nehmen. Dann wird terminiert, und es findet eine Hauptverhandlung statt. Für diese Verhandlung vor dem Sportgericht haben wir einige Verfahrensvorschriften, die wesentlich sind. Es gibt eine Ladungsfrist, es muß also zwischen der Ladung und der Verhandlung ein bestimmter Zeitraum verstrichen sein; wir versuchen also, uns hier anzugleichen, um wirklich allen Gesichtspunkten der Betroffenen gerecht zu werden. Grundsätzlich werden alle Verfahren in mündlicher Verhandlung durchgeführt. Die Verhandlungen sind öffentlich; Presse, Rundfunk, Fernsehen können zugelassen werden und werden ständig zugelassen. Im schriftlichen Verfahren werden nur Fälle erledigt, die von geringer Bedeutung sind und wenn die Betroffenen damit einverstanden sind; diese Praxis, die eine Art Strafbefehlsverfahren darstellt, ist erst eine neuere Entwicklung, bei der man sogar Zweifel haben kann, ob sie in jedem Punkt von der Rechts- und Verfahrensordnung gedeckt ist. Grundsätzlich sind nämlich nach der Rechts- und Verfahrensordnung alle Verhandlungen mündlich, außer — das ist eine kluge Ausnahme — wenn bloß eine Rechtsfrage zu entscheiden, der Sachverhalt also klar und unbestritten ist. Daß man dann nicht extra in Frankfurt ein Gremium zusammenkommen läßt, ist sicher richtig. Aber sonst ist die Verhandlung grundsätzlich öffentlich und mündlich.

Wir haben keine Bestimmungen darüber, wie die Beweisaufnahme durchzuführen ist. Es heißt in dem maßgebenden Paragraphen: Der Vorsitzende leitet die Verhandlung, er gibt nach der Eröffnung die Besetzung des Gerichts bekannt und stellt die Anwesenheit fest, er ermahnt die Zeugen zur Wahrheit und entläßt sie bis zu ihrer Vernehmung aus dem Verhandlungsraum, er vernimmt anschließend die Parteien und Zeugen; die Beisitzer und Parteien können Fragen stellen, ebenso Personen, die auf Antrag als Verhandlungsteilnehmer zugelassen sind. Fragen von Personen, die nicht dem Gericht angehören, kann das Gericht für unzulässig erklären. Soweit in der Rechts- und Verfahrensordnung keine Bestimmungen über die Beweiserhebung enthalten sind, wird sie nach freiem Ermessen durchgeführt, so wie sie eben der freien Gestaltung eines unabhängigen Gerichts unterliegt. Wir kennen nicht etwa eine dem § 244 der Strafprozeßordnung ähnliche Vorschrift, sondern die Beweisaufnahme geschieht so, wie es notwendig ist, um möglichst nahe an die Wahrheit zu kommen. Wir haben am letzten Wochenende sogar in der Beweiserhebung ein Novum erlebt, als ein Zeuge, der zweimal nicht gekommen war — er war auf der Messe in Köln —, erklärte, er sei dort telefonisch zu erreichen. Nun lag ein Beweisantrag der Verteidigung, wenn Sie so wollen, vor, den Zeugen zu hören. Daraufhin hat das Sportgericht beschlossen, ihn telefonisch zu vernehmen. Die Verbindung wurde hergestellt, wobei er erst beim zweiten oder dritten Mal zu erreichen war, denn er hatte offensichtlich nicht gerechnet, daß man diesen Weg gehen würde. An einem Telefon im DFB-Haus saß der Vorsitzende des Sportgerichts und an einem gleichgeschalteten Apparat der Stenograf; der Vorsitzende hat dem Zeugen gesagt, worum es gehe, er mache ihn darauf aufmerksam, daß das Gespräch, das jetzt geführt werde, der Stenograf mithöre und zu Protokoll nehme. Der Zeuge erklärte sich damit einverstanden und dann hat der Vorsitzende ihm die Fragen gestellt, die das Sportgericht in einer Art Beweisbeschluß beschlossen hatte. Der Zeuge hat die Fragen beantwortet, das ganze ist sofort geschrieben und bei Fortsetzung der Verhandlung allen Prozeßbeteiligten bekanntgegeben worden, die dann auch dazu Stellung nehmen konnten. Daß ein solches Verfahren nach der Strafprozeßordnung unmöglich wäre, ist klar. Ich habe aber an diesem Beispiel gesehen, daß es auch anders geht, daß man durchaus auch zu Ergebnissen kommt, wenn man nicht unbedingt nach der Strafprozeßordnung sieht; denn ich habe gerade bei dieser Art der Beweiserhebung festgestellt, wie schnell und wie zügig man auch Leute befragen kann, ohne daß sie unbedingt anwesend sind. Wir Beteiligten, also die Verteidigung auf der einen Seite, der Kontrollausschuß auf der anderen Seite, hätten jederzeit diesem Verfahren widersprechen können, weil wir vielleicht auch Fragen an den Betreffenden gehabt hätten. Nach Beendigung der Beweisaufnahme erhalten die Beschuldigten und Parteien das Schlußwort, über die Verhandlung wird ein Protokoll geführt. Wir haben also auch hier ausdrücklich das letzte Wort der Betroffenen und wir haben die Verpflichtung, daß über die Verhandlung ein Protokoll — in den großen Verfahren, die wir im Augenblick unter der Überschrift Bundesligabestechungsskandal durchführen, regelmäßig von einem Parlamentsstenografen — ge-, führt wird. Wie haben über diese Verfahren Protokolle vorliegen, was sich manchmal als sehr vorteilhaft erwiesen hat, wenn nämlich Verfahrensbeteiligte sich später nicht mehr erinnern konnten, was sie uns eigentlich alles gesagt oder nicht gesagt hatten. Dann folgt die Urteilsberatung. Sie ist geheim und unterliegt der Verschwiegenheitspflicht. Das Urteil wird entweder im Anschluß an die Urteilsberatung verkündet und kurz begründet oder den Betroffenen zugestellt. Es ist immer eine Rechtsmittelbelehrung dabei, sie ist zwingend vorgeschrieben. Es gibt grundsätzlich die Berufung, außer bei Bagatellsachen. Die Berufung ist einzulegen innerhalb einer Woche ab Verkündung oder Zustellung. Die Berufung kann auf einzelne Punkte beschränkt werden, etwa auf das Strafmaß. Sie ist innerhalb von 14 Tagen nach Zustellung des Urteils zu begründen; jeder, der eine Berufung führt, muß sie begründen. Ich muß gestehen, daß ich diese Vorschrift für äußerst weise halte; ich wäre manchmal froh, wenn ich in der Strafprozeßordnung etwas ähnliches finden würde, denn man fragt sich sehr häufig, gerade als Richter in der zweiten Instanz, was soll die Berufung? Da hat man die Akten dreimal von vorne bis hinten durchgelesen und weiß eigentlich gar nicht, wo die Berufung hinaus will, weil man beim besten Willen nicht erkennen kann, wodurch der Berufungsführer sich beschwert fühlt. Ich finde, es ist sehr klug, zu sagen, wer Berufung einlegt, muß sie begründen. Nach der Satzung kann das Berufungsgericht die Sache bei formellen Verstößen an die Vorinstanz zurückverweisen. Es ist also möglich, daß formelle Verstöße geheilt werden. Wir haben in unserer Rechts- und Verfahrensordnung auch ausdrücklich das Verbot der reformatio in peius. Ich glaube, mehr wird man von der Rechts- und Verfahrensordnung eines Sportverbandes — und wir sind ja ein eingetragener Verein, der Sport betreibt — sicher nicht erwarten können. Die Vollstreckung der Entscheidungen des Sportgerichts ist grundsätzlich ausgesetzt. Vollstreckung also erst mit Rechtskraft; das Sportgericht kann jedoch eine Entscheidung für sofort wirksam erklären. Das ist möglich, geschieht auch auf Antrag, ist aber nicht die Regel. Der Grundsatz, daß die Vollstreckung erst mit Rechtskraft eintritt, muß zwangsläufig dort seine Grenze haben, wo wir es mit automatischen Sperren zu tun haben. Wenn ein Spieler des Feldes verwiesen wird und automatisch gesperrt ist und das Sportgericht verurteilt ihn, sperrt ihn z. B. auf sechs Wochen, dann wäre es sinnlos, wenn der Spieler wieder 3 oder 4 Wochen spielen könnte, bis das Bundesgericht entschieden hat und dann wieder drei oder vier Wochen nicht spielen dürfte. Deshalb gilt diese Bestimmung aus gutem Grund nicht für Sachen, in denen eine vorläufige Sperre vorliegt. Neben der Berufung besteht als weiteres Rechtsmittel die Beschwerde, nämlich gegen alle Entscheidungen, die nicht der Urteilsfällung vorausgehen, das ist in etwa der Strafprozeßordnung nachgebildet. Es gibt die Möglichkeit der Wiederaufnahme des Verfahrens bei Vorliegen neuer Tatsachen oder neuer Beweismittel, auch das ist der StPO ähnlich. Die Vollstreckung des Urteils obliegt den Verwaltungsorganen des DFB. Das ist also in groben Zügen das Verfahren.

Zum Schluß möchte ich noch in wenigen Sätzen Stellung nehmen zu der brennenden Frage, die ja immer wieder an uns gestellt wird: Meistern die Organe des DFB einschließlich der Rechtsorgane eigentlich mit diesen Mitteln, die sie hier haben, die ihnen gestellten Aufgaben? Bei der Schaffung unserer Vorschriften sind wir natürlich davon ausgegangen, daß wir regelmäßig zu entscheiden haben über Fälle wie eine Schiedsrichterbeleidigung oder über eine Ohrfeige des einen Spielers gegen den anderen, sei es in Europa oder in Übersee, oder daß irgendwo ein Torpfosten angefault ist und während des Spieles bricht, so daß das Spiel abgebrochen werden muß. Wir haben auch Fälle in Rechnung gestellt, daß jemand zuviel Handgeld genommen oder zwei Vereine bei der Ablöse irgendwelche Unregelmäßigkeiten begangen haben oder ein Spieler einen unzulässigen Vorvertrag geschlossen hat oder ähnliches. Man hat natürlich nicht mit Skandalen dieses Ausmaßes gerechnet. Und trotzdem glaube ich sagen zu können, haben wir es bisher geschafft. Wir haben zwar große Schwierigkeiten, aber ich denke, wir sind ihrer immer Herr geworden, und ich bin der Überzeugung, daß alles das, was dort bisher geschehen ist, jeder Überprüfung durch ein ordentliches Gericht selbst dann standhalten würde, wenn man mit Herrn Professor Dr. *Habscheid* der Meinung ist, daß man über das Schiedsgericht hinaus auch eine weitere Überprüfung durch ein ordentliches Gericht zulassen sollte. Wir haben in diesem Verfahren mit Schwierigkeiten zu kämpfen, gerade in den letzten Wochen und Monaten. Es waren Schwierigkeiten, die mir jedoch auch für meinen Beruf viele wertvolle Erkenntnisse vermittelt haben. Man kann nämlich in der Position, in der ich bin, sehr genau beobachten, welche Leute mit welchen Mitteln unter welchen Einsätzen sich bemühen, die Wahrheitserforschung zu erschweren, wenn nicht sogar unmöglich zu machen; ich muß sagen, das, was ich auf dem Sektor beobachtet habe, wie man hier Mauern aufbaut, um zu verhindern, daß wir an die Wahrheit kommen, hätte ich vor allem auch von den Leuten, die hier eine Rolle spielen und die einem bestimmten Stand angehören, eigentlich nicht erwartet. Wir hatten tatsächlich große Schwierigkeiten damit, da wir diese Mauern erst durchstoßen mußten. Ich kann Ihnen aber sagen, es ist uns gelungen, wir sitzen in weiten Bereichen bereits hinter diesen Mauern und die Versuche, uns hinters Licht zu führen, sind weitgehend gescheitert. Ich bin natürlich nicht der Meinung, daß wir 100%ig alle Sünder packen werden, aber wir werden vielleicht eine Aufklärungsquote haben, auf die manche Kriminalpolizei und manche Staatsanwaltschaft stolz sein könnte.

# Sport im Strafvollzug

von

Regierungsdirektor Dr. Helmut Ruderisch, Ebrach

Die angegangene Strafrechtsreform, das beabsichtigte und in Entwürfen vorliegende Strafvollzugsgesetz, überhaupt die gewandelten Ansichten von einem neuzeitlichen Vollzug, haben diesen für neue Ideen und Perspektiven geöffnet. Auch der Sport wurde im Laufe der letzten Jahre mehr und mehr für die Sozialisation Straffälliger eingesetzt.

1. In der „Bekanntmachung über die Strafvollzugsverordnung für das Land Bayern" vom 20. Januar 1949 war vom Sport in zwei Bestimmungen die Rede. Einmal waren „Spiel und Sport im Anstaltshof" als „Vergünstigung" für den Gefangenen aufgeführt. Für die Gewährung waren einwandfreie Führung und gute Arbeitsleistung Voraussetzung; „die Verhängung des Arrestes" hatte „den Verlust der bisher gewährten Vergünstigungen zur Folge" (Nr. 104 und Nr. 67 der Bekanntmachung). Nr. 113 dieser Bekanntmachung räumte ein, daß auch während der vorgeschriebenen täglichen „Bewegung im Freien" — auf freiwilliger Basis — Leibesübungen getrieben werden konnten.

Auch die im Jahre 1961 bundeseinheitlich in Kraft getretene „Dienst- und Vollzugsordnung" brachte zunächst keine wesentlich andere Bewertung des Sportes. Die „Teilnahme am Sport" erschien in dem Katalog der Nr. 62 neben der „Aushändigung von Lichtbildern nahestehender Personen", dem „Besitz eigener Bücher" oder dem „Ausschmücken des Haftraumes mit Blumen" als stets widerrufliche Vergünstigung.

In der neueren Fassung der „Dienst- und Vollzugsordnung" werden diese Vergünstigungen zu „Maßnahmen zur Förderung und Betreuung", die vom Beginn des Vollzugs allgemein zugelassen sind. Die „Teilnahme am Sport" fällt nicht mehr unter die „Maßnahmen", die im Wege des Hausstrafverfahrens entzogen werden können.

In der Untersuchungshaftvollzugsordnung (in der Fassung vom 1. 12. 1970) ist der Begriff „Sport" nicht zu finden; lediglich im Abschnitt „Junge Untersuchungsgefangene" ist eine Bestimmung enthalten, daß „die Zeit der Bewegung im Freien" „nach Möglichkeit für Leibesübungen ausgenützt" wird.

Im neuen österreichischen Strafvollzugsgesetz vom 26. 3. 1969 fehlt ebenfalls eine eigene Bestimmung für den Sport; er kann während der obligaten „Bewegung im Freien" ausgeübt werden und rangiert bei den Freizeitbeschäftigungen neben der „Teilnahme am Empfang geeigneter Rundfunksendungen" und „Gesellschaftsspielen".

Wie steht es mit dem Sport im geplanten Strafvollzugsgesetz? Im Entwurf der Strafvollzugskommission ist der Gefangenensport unter der Überschrift „Erwachsenenbildung und Freizeit" in § 60 behandelt, der lautet:

„Der Gefangene erhält Gelegenheit, in seiner Freizeit am Unterricht, einschließlich Sportunterricht, an Lehrgängen und sonstigen Veranstaltungen der Erwachsenenbildung, an Freizeitgruppen, Gruppengesprächen sowie an Sportveranstaltungen teilzunehmen und sich sonstwie in sinnvoller Weise zu beschäftigen, namentlich eine Bücherei zu benutzen".

In den Grundsätzen der Strafvollzugskommission (Stand 16. 5. 1969) wird sogar empfohlen:

„a) Die sportliche Betätigung ist Unterrichtsfach.
Sportstätten mit der nötigen Ausrüstung sind zu schaffen.
Die Leitung des Sports durch entsprechend ausgebildete Kräfte muß sichergestellt sein.

b) Darüber hinaus ist die Pflege des Sports ein wesentlicher Zweig der Freizeitgestaltung.
In der Freizeit sind Sportgruppen einzurichten.
Der Sportverkehr dieser Gruppen mit der Außenwelt ist zu fördern.
Möglichkeiten zum Erwerb von sportlichen Abzeichen innerhalb dieser Gruppen sind zu schaffen".

Der Referentenentwurf des Bundesjustizministeriums regelt den Anstaltssport ähnlich (ohne den „Sportunterricht"); in der über 200 Seiten umfassenden Begründung dieses Referentenentwurfs ist aber mit keinem Wort der Gefangenensport erwähnt.

Wenn auch in diesen Entwürfen eine eigene Bestimmung über eine sportliche Betätigung im Vollzug nicht enthalten ist, so wird doch dem Sport mehr Gewicht beigemessen als in den bisherigen Vollzugsbestimmungen. Zum erstenmal wird die Vollzugsbehörde verpflichtet, dem Gefangenen Gelegenheit zu geben, am Sportunterricht (so Entwurf der Strafvollzugskommission) und an Sportveranstaltungen (so beide Entwürfe) teilzunehmen.

Es kommen damit Aufgaben auf die Anstalten zu, die —soweit übersehen werden kann — mit dem vorhandenen Personal und den sachlichen Mitteln bis jetzt nur in sehr wenigen Anstalten angegangen werden können. Auch verlangt ein erweiterter Sportbetrieb — besonders im Hinblick auf Sportveranstaltungen mit auswärtigen Vereinsmannschaften — einen ausreichenden Versicherungsschutz für Sportunfälle. Darauf wird noch zurückzukommen sein.

Erfreulicherweise werden im Jugendgerichtsgesetz vom 4. 8. 1953 die „Leibesübungen" in § 91 Abs. 2 unter Ordnung, Arbeit, Unterricht und sinnvoller Beschäftigung in der freien Zeit als Grundlagen der Erziehung aufgezählt. Der Sport wird damit in seinem pädagogischen Wert angesprochen. In der Jugendstrafvollzugsordnung vom 1. 9. 1944, die kaum noch herangezogen wird, ist die Durchführung von Leibesübungen — natürlich vom Geist der damaligen Zeit geprägt — in fünf Paragraphen fixiert. In § 43 Abs. 2 heißt es: „Die Leibesübungen sollen die körperliche Entwicklung des Gefangenen fördern, ihn zu einem straffen und frischen Menschen und dadurch lebenstüchtig und gemeinschaftstauglich machen. Sie sollen zugleich dazu beitragen, seine Aufmerksamkeit, Geistesgegenwart und Entschlossenheit und seinen Willen zur Einfügung in ein größeres Ganzes zu stärken". In den folgenden Bestimmungen sind sogar Frühsport, Marsch- und Ordnungsübungen, Turnunterricht und Sonntagsturnen beschrieben.

Die Verpflichtung des zur Jugendstrafe Verurteilten, an den Leibesübungen teilzunehmen, stellt zwar der „Vorläufige Referentenentwurf einer Rechtsverordnung über den Vollzug der Jugendstrafe" vom Mai 1966 in § 24 fest, beschreibt aber recht dürftig den Sinn der „Körperlichen Ertüchtigung": „Die Leibesübungen sollen, insbesondere im gelockerten Vollzug, auch Wettkämpfe und Spiele umfassen, die den Willen zur Einordnung in eine Gemeinschaft fördern". Dieser Referentenentwurf wurde im Hinblick auf die Arbeit am Strafvollzugsgesetz nicht mehr weiter verfolgt.

Eine Intensivierung des Sportbetriebes auf der Grundlage einer pädagogisch ausgerichteten *Sporttherapie* für Jugendstrafanstalten ergibt sich aus dem Auftrag des Jugendgerichtsgesetzes. Wenn daher in einem künftigen Strafvollzugsgesetz Regelungen für den Sport enthalten sind, die für einen sinnvollen Jugendvollzug nicht ausreichen, dann sollte ihm die Möglichkeit gegeben werden, in eigenen Vollzugsvorschriften seine Fortschritte und Belange gegenüber dem Erwachsenenvollzug zu wahren. Nach Abschluß der Arbeiten an einem Strafvollzugsgesetz sollte daher der Jugendvollzug eigens geregelt werden — am sinnvollsten auf der Ermächtigungsgrundlage des § 115 JGG in einer Jugendvollzugsordnung.

2. Das Verständnis für den Gefangenensport verlangt zuvor einen Blick in die praktische Sportarbeit einer Vollzugsanstalt.

Wesentliche Voraussetzungen sind geeignete Platzverhältnisse, die einen sinnvoll ausgewählten Sport zulassen, und ausgebildete und engagierte Vollzugsbedienstete, die aus dürftigen Verhältnissen einen Sportbetrieb organisieren können.

Ein Markstein im Sportleben der Justizvollzugsanstalt Ebrach in der sich z. Zt. etwa 400 zur Jugendstrafe Verurteilte, größtenteils über 20 Jahre alt, befinden, war die Fertigstellung einer modernen Allwetter-Sportanlage im Sommer 1968. Sie erbrachte die Grundvoraussetzungen für einen geordneten Sportbetrieb.

Vor dem Bau des Sportplatzes ereigneten sich — was vom Anstaltsarzt mit recht gemischten Gefühlen betrachtet wurde — immer wieder gefährliche Unfälle, die angesichts der unzureichenden Gefangenen-Unfallversicherung im Hinblick auf eine mögliche Minderung der Erwerbsfähigkeit als recht bedenklich erschienen. So ereigneten sich 1967, also im Jahre vor der Errichtung der Sportanlage, bei 57 Gesamtunfällen 29 Sportunfälle, dagegen 1968 nurmehr drei Sportunfälle, 1969 sechs, 1970 ein und 1971 kein Unfall. Auf dem provisorischen Sportplatz innerhalb der Anstalt traten vor 1968 vor allem beim Fußballspielen an Verletzungen auf: Schlüsselbein-, Rippen-, Nasenbeinbrüche, Meniskus-,

Wirbelsäulen- und stumpfe Bauchverletzungen. Nur dem Umstand einer langen Vollzugsdauer — in Ebrach werden Jugendstrafen bis 10 Jahre verbüßt — war es zu verdanken, daß die Verletzungen in der Krankenabteilung der Anstalt folgenlos ausgeheilt werden konnten. Als sich die Unfälle beim Fußballspiel häuften, wurde vom Anstaltsarzt die Einstellung dieser Sportart angeregt. Seit die neue Allwetter-Sportanlage zur Verfügung steht, ereigneten sich nur Bagatellverletzungen.

Am 10. Juni 1968 wurde die neue Sportanlage in sehr fair ausgetragenen Wettkämpfen (Handball, Leichtathletik) gegen eine Mannschaft der Theologischen Fakultät der Universität Würzburg eröffnet. Alle nicht aktiv beteiligten Gefangenen erlebten die Kämpfe in begeisterter Anteilnahme mit.

Die Gefangenen legten stets Wert auf eine vom Anstaltsleiter ausgehändigte Siegerurkunde — der Wunsch nach Anerkennung eines sportlichen Verhaltens und einer echten Leistung kam deutlich zum Ausdruck.

Nach diesem erfolgversprechenden Auftakt wurden immer mehr Kontakte mit auswärtigen Mannschaften — sei es auf dem anstaltseigenen Platz oder auch auf fremden Plätzen außerhalb des Sicherungsbereiches der Anstalt — gesucht. So gastierten in der Anstalt Mannschaften aus dem Universitätsbereich, von Schulen und regulären Sportvereinen, u. a. auch aus der Bundesliga (Großwallstadt aus der Handball-Bundesliga). Handball-, Fußball- und Basketballmannschaften der Gefangenen (trainiert vom Anstaltspsychologen, einem aktiven Sportler) spielten auf auswärtigen Vereinsplätzen. Die Gefangenen-Mannschaft des Außenbetriebes „Feuerland“ kämpfte, 70 km von der Anstalt entfernt, wiederholt gegen die Betriebsmannschaft der Feuerlandwerkstätten.

Wie sehr es auf das persönliche Engagement einzelner Vollzugsbediensteten ankommt, beweist das am 15. 4. 1967 begonnene Training zum Erwerb des Bayerischen Sportabzeichens unter Leitung des katholischen Anstaltspfarrers. Ursprünglich meldeten sich 118 Gefangene. Nach Bekanntgabe der Bedingungen unterschrieben 93 Gefangene die Anmeldungen. Schließlich erwarben von 45 Gefangenen 16 das Leistungssportabzeichen in Bronze und ein Gefangener das Abzeichen in Silber[1].

Der provisorische Sportplatz der Anstalt war für die leichtathletischen Übungen mit eigenen Kräften vorbereitet worden; das Schwimmen wurde nach längeren Verhandlungen im 40 km entfernten Bamberg und später im Gemeindebad durchgeführt. Anstaltsbedienstete stellten sich freiwillig während der dienstfreien Zeit zur Verfügung. Der Anstalts-

[1] Im Jahre 1968 verweigerte der Landessportverband Niedersachsen die Verleihung des Sportabzeichens in Bronze an junge Gefangene der Anstalt Wolfenbüttel, welche die Prüfung dafür bestanden hatten. Das Präsidium des Deutschen Sportbundes faßte auf diesen Vorfall hin den Beschluß, daß Prüfungen für das Sportabzeichen auch von Gefangenen während der Haftzeit abgelegt werden können; die Verleihung des Abzeichens erfolgt am Entlassungstag.

pfarrer und ein Aufsichtsbeamter erhielten vom Bayerischen Landessportverband die Lizenz zur Abnahme der Prüfungen.

Mit der Fertigstellung der neuen Sportanlage in Ebrach steigerten sich Trainingsleistungen und Ergebnisse bei den Prüfungen für das Sportabzeichen; es entwickelte sich während der Sommermonate mehr und mehr ein systematischer Sportbetrieb. Insgesamt beteiligten sich im vergangenen Jahr etwa 80 % regelmäßig wöchentlich an zwei Stunden Sport, der vornehmlich in die Arbeitszeit fällt; 20 % interessierten sich nicht dafür. Für die Gefangenen, die für das Landessportabzeichen und das Mehrkampfabzeichen trainieren, und für die Anstaltsmannschaften werden darüber hinaus weitere Sportstunden abgehalten.

Während der Wintermonate wird Gelegenheit zum Sport im Kinosaal der Anstalt geboten. Möglich sind folgende Sportarten: Tischtennis, Bodenübungen, Übungen an der Sprossenwand mit Gewichthanteln und am Rudergerät, Reckturnen, Gewichtheben und neuerdings Boxen.

Um auch in den Wintermonaten einen systematischen Sportbetrieb für möglichst alle Gefangenen durchführen zu können, ist eine Mehrzweckhalle mit Turngeräten erforderlich; sie ist im Bauprogramm der Anstalt vorgesehen. Zwei Beamte, die selbst aktive Sportler sind und an einem Lehrgang an der Sportschule Grünwald teilnahmen, leiteten in Zusammenarbeit mit Anstaltspfarrer und Anstaltspsychologen die Sportveranstaltungen; zwei weitere Beamte sind für einen Lehrgang vorgesehen.

Der kurze Aufriß des Sportprogramms einer Anstalt sollte kein Eigenlob beinhalten; auch in anderen Anstalten werden kühne und erfolgreiche Wege gegangen, ich erinnere nur an die Anstalten Vechta und Schwäbisch Hall.

Hervorzuheben ist, daß beim Ebracher Sport in und außerhalb der Anstalt kaum Verstöße gegen Disziplin und kein Entweichungsversuch vorkamen.

3. Ein erweitertes und breitgefächertes Sportangebot verlangt eine ausreichende Versicherung der Gefangenen bei Sportunfällen.

Während das Unfallversicherungs-Neuregelungsgesetz vom 30. 4. 1963 dem Unfallrecht der Gefangenen, soweit es sich um Arbeitsunfälle handelt, eine neue gesetzliche Grundlage gab, blieb der Unfall des Gefangenen in der Freizeit und beim Sport unversichert[2]. Die Vollzugsverwaltungen hatten zwar die Aufnahme einer Zusatzvorschrift zu § 540 RVO in das Gesetz angeregt, nach welcher der Versicherungsschutz auch für Unfälle gewährt wird, deren Ursache in den besonderen Verhältnissen der Freiheitsentziehung begründet sei. Der Gesetzgeber folgte jedoch diesem Vorschlag nicht, weil die RVO nur Schutz für Arbeitsunfälle gewähren will. Eine Vorschrift, die andere Unfälle einbezöge, würde den Rahmen des Gesetzes sprengen; es wurden auch Bedenken geltend gemacht,

[2] *Rotthaus:* Das neue Unfallrecht der Gefangenen, Justizverwaltungsblatt 1963, S. 155.

den Gefangenen von einem Risiko freizustellen, das der gesetzestreue Bürger als selbstverständlich zu tragen habe. Der Gesetzgeber lehnte es daher ab, dem außerhalb des Arbeitsbetriebes verletzten Gefangenen einen Anspruch auf Entschädigung anzuerkennen.

Die Staatliche Ausführungsbehörde für Unfallversicherung in München weigerte sich in mehreren Fällen, Sportunfälle — auch wenn sie als Ausgleich für die Arbeit geltend gemacht wurden — als Arbeitsunfälle anzusehen. Sie fühlte sich an die Bestimmungen der RVO, in welcher der Begriff „Arbeitsunfall" exakt definiert ist, gebunden. Somit würde auch nach der Enlassung für die Folgen von Sportunfällen keine Versicherung eigener Art bestehen.

Nicht ausgeschlossen hat der Gesetzgeber eine Billigkeitsentschädigung. So kann nach der Verwaltungsvorschrift des Bayerischen Staatsministeriums der Justiz vom 1. 8. 1967 und auch anderer Landesministerien für einen Unfall, der nicht Arbeitsunfall im Sinne der RVO ist, eine Billigkeitsentschädigung gewährt werden, wenn der Unfall in den besonderen Verhältnissen der Freiheitsentziehung begründet ist. Billigkeitsentschädigungen werden aber nur widerruflich und für die Dauer von höchstens drei Jahren bewilligt.

Nach der Praxis wird die Billigkeitsentschädigung gewährt, wenn auf Seiten des Verletzten kein Verschulden oder keine besondere hohe Fahrlässigkeit vorliegt. In der Regel wird dem Verletzten — in Bayern ist Entscheidungsbehörde der Generalstaatsanwalt in München, in anderen Bundesländern das jeweilige Justizministerium — der Verdienstausfall in Höhe der Arbeits- und Leistungsbelohnung, den er auf Grund der Verletzung erhalten hat, erstattet.

In Bayern gab es bisher keine Komplikationen in der Heilbehandlung von Sportunfällen. Kein Gefangener wurde als teilweise oder völlig erwerbsunfähig aus der Anstalt entlassen. Sollte jedoch einmal ein solcher Fall eintreten, so könnte m. E. der Staat sich einem Rentenanspruch nicht ganz entziehen.

*Geiger* berichtete auf einer Tagung der Evangelischen Akademie Bad Boll am 14./15./6. 1971, die sich mit dem „Sport im Strafvollzug" befaßte, von einem tragischen Fall:

Am 5. 4. 1968 zog sich ein Jugendstrafgefangener in der Vollzugsanstalt Schwäbisch-Hall während einer Sportveranstaltung bei einem freien Salto infolge Überdrehung des Sprungs einen Kompressions- und Trümmerbruch des 6. Halswirbels zu. Die Folge war eine Querschnittslähmung. Der Gefangene wurde in ein Krankenhaus in Schwäbisch-Hall eingeliefert; die Strafvollstreckung wurde etwa zwei Wochen nach dem Unfall unterbrochen. Der Vorfall war versicherungsrechtlich in keiner Weise gedeckt. Dem Vater, dessen Ersparnisse bald aufgebraucht waren, wurde seitens des Justizministeriums erklärt, daß eine Rechtsgrundlage für eine Staatshaftung nicht vorliege; der Verletzte habe ja freiwillig und in Kenntnis der Tatsache am Sport teilgenommen (in vielen Anstalten wird der Gefangene beim Zugang belehrt, daß die Teilnahme am

Sport freiwillig ist und für Sportunfälle kein Versicherungsschutz besteht; vielfach wird eine schriftliche Erklärung des Gefangenen hierüber zu seinen Akten genommen).

Der Vater setzte gegen das Ministerium alle Hebel in Bewegung. Auf Weisung des Generalstaatsanwaltes vom Mai 1968 wurde schließlich die Unterbrechung der Strafe wieder aufgehoben mit der Folge, daß der Fiskus für die Kosten zumindest solange aufkommen mußte, bis eine erneute Strafunterbrechung erfolgt oder der Verletzte aus der Strafhaft entlassen worden wäre. Inzwischen stand auf Grund fachärztlicher Gutachten fest, daß es sich um einen hoffnungslosen Fall handelte, insbesondere, was die Lebenserwartung anging. Nach mehreren Wochen konnte der Gefangene in eine Fachklinik aufgenommen werden, in der sich die täglichen Behandlungskosten auf über 150,- DM beliefen. Inzwischen stand nach umfangreichen Ermittlungen fest, daß eine Amtshaftung des Staates — etwa wegen Verletzung der Aufsichtspflicht durch den Sportleiter — nicht vorlag; Verhandlungen mit dem Arbeits- und Sozialministerium ergaben, daß es sich nicht um einen — versicherten — Arbeitsunfall handle, obwohl der Sport während der Arbeitszeit stattgefunden hatte.

Da somit jede Rechtsgrundlage für eine Haftung fehlte, stellte das Justizministerium beim Finanzministerium mehrere Anträge auf Genehmigung von überplanmäßigen Haushaltsmitteln aus Billigkeitsgründen. Diese wurden schließlich bewilligt. Inzwischen war die Frage einer vorzeitigen Entlassung akut geworden, die der Jugendrichter in richterlicher Unabhängigkeit zu prüfen hatte. Vor der Entscheidung vergewisserte sich der Richter, daß die Kosten der Spezialbehandlung auch nach der Entlassung vorläufig vom Staat aus Billigkeitsgründen getragen werden. Die Strafvollstreckung wurde schließlich im Mai 1969, also nach etwas mehr als einem Jahr nach dem Unfall, unterbrochen. An eine Entlassung war jedoch nicht zu denken, weil sich der Gesundheitszustand des Verletzten laufend verschlechtert hatte. Es bestand akute Lebensgefahr. Schließlich trat eine unerwartete Wende ein. Der Württembergische Gemeindeunfallversicherungsverband erkannte den Sportunfall gemäß § 540 i. V. mit § 548 der RVO doch als Arbeitsunfall an und übernahm die angefallenen erheblichen Kosten. Dabei wurde entscheidend berücksichtigt, daß die Sportveranstaltung während der Arbeitszeit des Gefangenen stattgefunden hatte. Der querschnittsgelähmte junge Mann ist dann im Mai 1970 nach etwa zweijähriger Krankheit verstorben.

Ein derartig schwerwiegender Unfall kann sich bei einem ausgedehnten Sportbetrieb jederzeit wiederholen. Besonders prekär wurde die Situation, wenn Spiele zwischen Gefangenen- und Vereinsmannschaften ausgetragen wurden. Auch wenn diese über den zuständigen Landessportverband gegen Sportunfälle (in Bayern beim Gerling-Konzern) versichert sind, tritt der Versicherungsschutz dann nicht ein, wenn sogenannte „schwarze“ Spiele , d. h. Spiele gegen nicht dem Landessportverband angehörende Mannschaften ausgetragen werden. Dies gilt entsprechend auch für Universitäts- und Schulmannschaften.

Auswärtige Mannschaften wurden daher vorher darauf hingewiesen, daß sie gegen eine Gefangenenauswahl spielen, die nicht Mitglied des Landessportverbandes und daher nicht versichert ist. Daß dadurch Spiele mit auswärtigen Mannschaften zurückgingen, liegt auf der Hand.

Einen besonderen Weg ist die Justizvollzugsanstalt Vechta gegangen. Seit dem 12. 2. 1971 besteht dort ein anstaltsinterner Sportverein, dem bei einer Belegung von 365 jungen Gefangenen 110 Mitglieder angehören. Sein Zweck ist nach der Satzung die „körperliche und charakterliche Erziehung und Fortbildung junger Straftäter durch gleichberechtigte gemeinsame sportliche Betätigung von Bediensteten und Gefangenen der Justizvollzugsanstalt Vechta („Vechtaer Modell"). Die Mitglieder (die Beiträge sind sehr niedrig gehalten) besitzen durch den Niedersächsischen Fußballverband genehmigte Spielerpässe und sind gegen Sportunfälle versichert. Die Fußballmannschaft des Vereins nimmt z. Zt. in der Kreisklasse den ersten Platz ein; auch Tischtennis-, Handball- und Schwimmabteilungen sind in die Vereinsarbeit miteinbezogen.

Solche Versuche sind besonders dann erfolgversprechend, wenn die Vereinsarbeit nicht auf Spitzensportler beschränkt bleibt, sondern möglichst viele Gefangene miteinbezieht und so das Anliegen einer allgemeinen Sporttherapie gewahrt wird. Schwierigkeiten dürfte der — durch Entlassungen und Neuzugänge bedingte — Mitgliederwechsel bereiten, der von der Bestandserhebungsabteilung eines Landessportverbandes kaum bewältigt werden kann.

Mit großem Verständnis für den Anstaltssport hat nunmehr der Bayerische Fußballverband für Mannschaften, die zu Fußballspielen in Strafvollzugsanstalten in Bayern eingeladen werden, Dauergenehmigungen erteilt, damit für diese Mannschaften die Versicherungsfrage geklärt ist. Verbandsmitglieder, die sich demnach an Sportbegegnungen in Vollzugsanstalten beteiligen, bleiben in der Sportversicherung beim Gerling-Konzern versichert. Das Verbandspräsidium des Bayerischen Landessportverbandes hat in entgegenkommender Weise mit Schreiben vom 21. 2. 1972 an den Bayerischen Handball-, den Leichtathletik- und den Basketball-Verband das Ersuchen gerichtet, zu prüfen, ob von diesen Fachverbänden ebenfalls solche Dauergenehmigungen erteilt werden können.

Das Bundessozialgericht hat einige Merkmale für die Anerkennung eines unfallversicherten Betriebssportes herausgearbeitet, die bisweilen als Richtschnur für einen versicherten Gefangenensport herangezogen werden. Diese scheinen mir aber nicht ausreichend. Denn der Betriebssport dient allein dem Ausgleich für die Tätigkeit im Betrieb, darf keinen Wettkampfcharakter besitzen und muß auch zeitmäßig und hinsichtlich der Dauer im Zusammenhang mit der Betriebstätigkeit stehen. Dies trifft aber nicht das Wesen einer anzustrebenden allgemeinen Sporttherapie, vor allem für jugendliche Gefangene.

4. Der Sport stellt unstreitig einer der wichtigsten Bereiche des menschlichen Lebens dar. Gerade für den Gefangenen kann er mit einem vielgefächerten Angebot Betätigungsmöglichkeiten eröffnen, die eine Verbindung zum Freiheitsbereich herstellen. Er kann in der Anstalt einen eigenständigen Erlebnis- und Erfahrungsraum vermitteln, der menschliche Grundwerte anklingen läßt, aus der Isolation herausführt und Kontakte in der Anstalt und zu Außenstehenden auf natürliche Weise verbessert.

Dem Gefangenensport werden gesundheitliche (besonders als Ausgleich für Bewegungsmangel), hygienische (erhöhter Anreiz zur Körperpflege), pädagogische und psychische Funktionen zuerkannt. *Lotz*[3] stellt die Sozialisation durch den Sport im allgemeinen ausdrücklich heraus. Bereits werden Ansätze gemacht, den Sport bei verhaltensgestörten Personen als Therapie anzuwenden[4] — beachtenswert für sozialtherapeutische Anstalten.

Denn der Sport kann Verhaltensweisen und Wertmaßstäbe vermitteln. Er ist immer Aufruf zum Tätigwerden, zur Überwindung von Trägheit und Bequemlichkeit. Er lehrt Selbstbescheidung, fördert Verständnis für den Mitmenschen und Toleranz. Der Anknüpfung von persönlichen Kontakten bietet er einen weiten Raum (erfahrungsgemäß waren nur ganz wenige Gefangene Angehörige von Sportvereinen). Er wird so zum Übungsfeld sozialen Verhaltens und sozialer Aktivität. Der Mitspielende ist ja nicht nur ein Gegner, sondern gleichfalls ein Partner, ein Gleichstrebender. Das sportliche Üben braucht Ordnung, verlangt die Anerkennung von Normen und Regeln und die Achtung des Gegners. Normen und Grenzen anzuerkennen ist ein Zeichen von Reife, nicht aber, wenn man sich — aus falsch verstandener Freiheit — über sie hinwegsetzt. Nicht wenige verhaltensgestörte Gefangene lassen erkennen, daß sie ohne Norm, Sittenregeln und Ordnung aufgewachsen sind. Der Sport kann sozial-ethisches Verhalten ausprägen, das ein menschliches Handeln über den sportlichen Bereich hinaus bestimmt. Selbstbeherrschung, Hilfsbereitschaft, Regeltreue, Fairneß, Teamwork sind Bedingung und Ergebnis sportlichen Verhaltens und Handelns zugleich. Wenn dem Gefangenen in der Anstalt die nämlichen Sportarten wie in der Freiheit

[3] *Lotz*, „Sport und Sozialisation" in Festschrift für Fleckenstein, Würzburg 1972.

[4] Vgl. *Kiphard:* Leibesübung als Therapie, 1970; *Rieder:* Psychomotorische und soziometrische Diagnostik als Grundlage einer heilpädagogischen Sporttherapie für verhaltensgestörte Kinder, Würzburg 1970. Auf der Tagung der Deutschen Richterakademie referierte ferner Oberpfarrer *Dr. Balthasar Gareis* (Ebrach) über „Sport als therapeutischer Faktor in Justizvollzugsanstalten". Dieser Vortrag konnte aus Platzgründen nicht aufgenommen werden. *Gareis* berichtete von wissenschaftlichen Experimenten über die Integration des Sportes in einen pädagogischen Gesamtplan. Interessenten seien auf *Gareis:* „Psychagogik im Strafvollzug", München 1971, verwiesen.

angeboten werden, so bedeutet dies schon eine Brücke in das bürgerliche Leben.

Gegenüber der weitgehenden Liberalisierung und des dadurch bedingten Überangebots auch im Strafvollzug kann der Sport die Freizeit so ausfüllen, daß Anstaltsthemen Nr. Eins wie Hypersexualität, Perversität, Drogen- und Rauschmittelersatzmißbrauch zumindest zeitweilig verdrängt werden. Vielleicht kann der Sport sogar gegebenenfalls in die bisher recht bescheidenen Behandlungsmethoden bei Drogenabhängigen als Therapiebestandteil miteinbezogen werden.

Einem gewissen politischen Standort entsprechend wird der Sport aber auch als eine Art Dienstleistungsfunktion gegenüber der herrschenden Gesellschaftsordnung abgelehnt. Er sei ein Phänomen unserer (natürlich pathologischen) Gesellschaft und bedürfe erst selbst einmal einer Therapie. Um einen Ansatz für eine Sportarbeit im Gefängnis zu finden, müsse erst einmal das Gesellschaftsbewußtsein analysiert werden; Kriminalität sei ja auch kein individuelles Versagen, sondern letztlich ein gesellschaftlicher Defekt. Der Sport wird nach dieser Anschauung im Vollzug vornehmlich als repressives Mittel benutzt; da nur ganz wenige am Sport teilnehmen, werde eine Rangordnung unter den Gefangenen hervorgerufen und unsoziales Verhalten in den Anstalten erzeugt.

Durch solch einseitige, tendenziöse und an einem Wertrelativismus orientierte Gesellschaftskritik, die sich zum Richter über alles aufwirft, soll Unruhe in die Anstalten hineingetragen werden. Ihr kann durch eine sinnvolle und an den durchhaltenden Werten orientierte Sportarbeit begegnet werden, welche die Möglichkeiten des Sports — dem Individuum zu helfen, sein Verhältnis zu der ihn aufnehmenden Gesellschaft zu ordnen und sie mitzuverantworten — immer wieder kritisch überprüft.

# Anhang

# Satzung des Deutschen Sportbundes

*vom 10. 12. 1950 (zuletzt geändert am 24. 4. 1970).*

## § 1

### *Name — Wesen — Sitz*

Der Deutsche Sportbund (DSB) ist eine freie Gemeinschaft der deutschen Turn- und Sportverbände und Sportinstitutionen.
Er ist in das Vereinsregister mit dem Sitz in Berlin eingetragen.

## § 2

### *Zweck*

Zweck des DSB ist

a) Turnen und Sport zu fördern und dafür erforderliche gemeinsame Maßnahmen zu koordinieren,

b) die gemeinschaftlichen Interessen seiner Mitgliedsorganisationen gegenüber Staat und Gemeinden und in der Öffentlichkeit zu vertreten,

c) den deutschen Sport in überverbandlichen und überfachlichen Angelegenheiten im Inland und Ausland zu vertreten und die damit zusammenhängenden Fragen zum Wohle seiner Mitgliedsorganisationen zu regeln.

## § 3

### *Grundsätze für die Tätigkeit des DSB*

1. Der DSB erstrebt die Einigkeit im deutschen Sport. Er steht auf dem Boden des Amateursports und wird ehrenamtlich geführt.
2. Der DSB erkennt die organisatorische, finanzielle und fachliche Selbständigkeit seiner Mitgliedsorganisationen an und fördert deren freundschaftliche Zusammenarbeit.
   Die offizielle Sportvertretung Deutschlands bei internationalen Wettkämpfen im In- und Ausland erfolgt durch die für das jeweilige Fachgebiet zuständigen Spitzenverbände, für die Olympischen Spiele durch das Nationale Olympische Komitee für Deutschland.
3. Der DSB tritt ein für den Grundsatz der Freiheit und Freiwilligkeit in Sportausübung und Sportgemeinschaft. Organisationszwang lehnt er ab.
4. Der DSB ist parteipolitisch neutral. Er räumt allen Rassen die gleichen Rechte ein. Er vertritt den Grundsatz religiöser und weltanschaulicher Toleranz. Er lehnt den Mißbrauch des Sports zu militärischen Zwecken ab.
5. Der DSB fördert die Pflege des Geistigen in Turnen und Sport. Er tritt ein für sportliche Gesinnung und Haltung. Er achtet die kulturellen und religiösen Werte im deutschen Volk.
6. Der DSB erstrebt die Förderung und Auswertung der wissenschaftlichen Forschung für den Sport.
7. Der DSB will der Gesundheit und Tüchtigkeit, der Lebenskraft und Lebensfreude des deutschen Volkes dienen. Er bemüht sich deshalb auch um entsprechende sportliche Formen für eine sinnvolle Freizeiterfüllung.
8. Der DSB will in internationaler Zusammenarbeit seinen Beitrag zu Völkerverständigung und Völkerfrieden leisten.
9. Der DSB verfolgt ausschließlich und unmittelbar gemeinnützige Zwecke im Sinne der Gemeinnützigkeitsverordnung vom 24. 12. 1953. Seine Organe arbeiten ehrenamtlich, seine Mitgliedsorganisationen haben nicht teil an

seinem Vermögen, und keine Person wird durch Vergütungen begünstigt, die dem Zweck fremd oder unangemessen sind.

## § 4

### *Aufgaben*

Der DSB erfüllt seine Aufgaben

durch Austausch der Erfahrungen unter seinen Mitgliedsorganisationen,
durch Tagungen und Ausschußarbeit,
durch besondere Lehrgänge und Kongresse,
durch Unterrichtung der Öffentlichkeit und Förderung der Öffentlichkeitsarbeit,
durch gemeinschaftliche langfristige Planungsarbeit,
durch Anstellung von Trainern und wissenschaftlichen Mitarbeitern,
durch Entwicklung von Modellen und Arbeitshilfen,
durch gutachtliche Tätigkeit für Organisationen und Behörden,
durch Mitarbeit bei Gesetzentwürfen,
durch Verleihung des Deutschen Sportabzeichens.

## § 5

### *Mitgliedschaft*

1. Dem DSB gehören ordentliche und außerordentliche Mitgliedsorganisationen an. Ordentliche Mitgliedsorganisationen sind die Landessportbünde und die Spitzenverbände, die international ein oder mehrere Fachgebiete vertreten.
   Außerordentliche Mitgliedsorganisationen sind Verbände und Institutionen, die keine Spitzenverbände vorstehend bezeichneter Art sind oder für die der Sport nur ein Teil ihres Aufgabengebietes darstellt. Die letztgenannte Gruppe wird unter der Bezeichnung Anschlußorganisationen zusammengefaßt.
2. Für jedes Bundesland und das Land Berlin kann nur ein Landessportbund in den DSB aufgenommen werden. Besteht für international anerkannte Fachgebiete im DSB ein Spitzenverband, kann kein anderer Spitzenverband für diese Fachgebiete in den DSB aufgenommen werden.
   Die Spitzenverbände müssen auch innerhalb der Landessportbünde organisatorisch vertreten sein.
3. Über die Aufnahme von Mitgliedsorganisationen und deren Zugehörigkeit zur Gruppe der ordentlichen oder der außerordentlichen Mitgliedsorganisationen entscheidet der Hauptausschuß mit $^2/_3$-Mehrheit.
   Wird die Aufnahme vom Hauptausschuß abgelehnt, so entscheidet auf Antrag die nächste Mitgliederversammlung endgültig.
4. Der Austritt einer Mitgliedsorganisation kann nur durch eingeschriebenen Brief an das Präsidium zum Ende des Kalenderjahres erklärt werden.
   Ausschluß einer Mitgliedsorganisation kann durch die Mitgliederversammlung erfolgen, wenn die Mitgliedsorganisation gegen diese Satzung verstoßen hat. Der Beschluß bedarf einer $^2/_3$-Mehrheit der anwesenden Stimmberechtigten.

## § 6

### *Ehrenpräsident und Ehrenmitglieder*

1. Persönlichkeiten, die sich um den deutschen Sport verdient gemacht haben, können von der Mitgliederversammlung (Bundestag) zu Ehrenpräsidenten oder Ehrenmitgliedern ernannt werden.

2. Der Ehrenpräsident gehört dem Präsidium mit Stimmrecht an. Die Ehrenmitglieder sind zu den Mitgliederversammlungen (Bundestagen) sowie zu den Sitzungen des Hauptausschusses einzuladen und haben dort beratende Stimme.

## § 7

## *Rechte und Pflichten der Mitgliedsorganisationen*

1. Die Mitgliedsorganisationen haben das Recht,
   a) in ihren Angelegenheiten, soweit durch sie nicht die Interessen anderer Mitgliedsorganisationen oder des DSB berührt werden, jede ideelle Unterstützung vom DSB zu beanspruchen und zu erhalten,
   b) an den Mitteln, die der DSB zur Förderung des Sports erhält, beteiligt zu werden,
   c) die Einrichtungen des DSB zu benutzen und sich in Fragen der Verwaltung, der Organisation und der sporttechnischen Einrichtungen wie Sportstättenbau u. a. beraten zu lassen.
2. Jede ordentliche Mitgliedsorganisation besitzt in der Mitgliederversammlung entsprechend ihrer eigenen Mitgliederzahl

| | |
|---|---|
| bis zu 25 000 | 1 Stimme |
| bis zu 50 000 | 2 Stimmen |
| bis zu 100 000 | 3 Stimmen |
| für jede weiteren angefangenen 100 000 | eine weitere Stimme. |

   Das Stimmrecht der Mitgliedsorganisationen wird durch Vertreter ausgeübt. Ein Vertreter kann das Stimmrecht bis zu fünf Stimmen wahrnehmen.
   Bei Mitgliedsorganisationen mit Frauensport sollen die weiblichen Mitglieder angemessen vertreten sein.
3. Jede außerordentliche Mitgliedsorganisation besitzt ohne Rücksicht auf ihre eigene Mitgliederzahl eine Stimme.
   Die Mitglieder des Präsidiums haben je eine Stimme. Das Stimmrecht ist nicht übertragbar.
   Eine Übertragung des Stimmrechts einer Mitgliedsorganisation auf Vertreter einer anderen Mitgliedsorganisation ist ausgeschlossen.
4. Die Mitgliedsorganisationen sind verpflichtet, ihre Arbeit den Grundsätzen und Beschlüssen des DSB entsprechend durchzuführen und sich für die gemeinsamen Interessen und Aufgaben im deutschen Sport einzusetzen, auch in ihren Unterorganen und in ihrem Schrifttum.

## § 8

## *Organe*

Die Organe des DSB sind:
   a) die Mitgliederversammlung,
   b) der Hauptausschuß,
   c) das Präsidium.

## § 9

## *Die Mitgliederversammlung (Bundestag)*

1. Die Mitgliederversammlung (Bundestag) besteht aus
   a) den von den Mitgliedsorganisationen bestellten Vertretern,
   b) dem Präsidium.

2. Die ordentliche Mitgliederversammlung findet in jedem zweiten Jahr zwischen dem 1. Januar und 30. Juni statt.
   Auf Antrag von $^1/_3$ der Mitgliedsorganisationen oder auf Grund eines Beschlusses des Hauptausschusses oder des Präsidiums ist eine außerordentliche Mitgliederversammlung einzuberufen.
3. Das Präsidium bestimmt Ort, Termin und Tagesordnung der Mitgliederversammlung, sofern die voraufgegangene Mitgliederversammlung hierüber keinen Beschluß gefaßt hat.
   Der Präsident beruft die Mitgliederversammlung durch schriftliche Benachrichtigung der Mitgliedsorganisationen mindestens 6 Wochen vor dem Tagungstermin ein.
4. Die Mitgliederversammlung ist das oberste Organ des Deutschen Sportbundes. Sie hat über grundsätzliche Fragen und Angelegenheiten der deutschen Turn- und Sportbewegung zu beschließen und in jedem 4. Jahr die Mitglieder des Präsidiums zu wählen.
   Die Tagesordnung der ordentlichen Mitgliederversammlung (Bundestag) hat folgende Punkte zu enthalten:
   a) Entgegennahme der Berichte des Präsidiums, der Bundesausschüsse, der Deutschen Sportjugend und der Kassenprüfer,
   b) Genehmigung der Jahresrechnung (soweit nicht gem. § 10 Abs. 2 b vom Hauptausschuß vorzunehmen),
   c) Entlastung des Präsidiums in jedem 2. Jahr,
   d) Wahl der Mitglieder des Präsidiums in jedem 4. Jahr,
   e) Bestätigung in jedem 2. Jahr
      aa) des Vorsitzenden der Deutschen Sportjugend (§ 13)
      bb) der Vorsitzenden des Bundesausschusses für Frauensport (§ 14)
      cc) des Vorsitzenden des Bundesausschusses zur Förderung des Leistungssports (§ 15)
   f) Wahl der Mitglieder des Schlichtungsausschusses (gem. § 21),
   g) Wahl der Kassenprüfer,
   h) Beschluß über Änderungen der Satzung und andere vorliegende Anträge.
5. Anträge zur Mitgliederversammlung können stellen:
   a) die Mitgliedsorganisationen,
   b) der Hauptausschuß,
   c) das Präsidium,
   d) die Deutsche Sportjugend gem. § 13.

   Die Anträge müssen schriftlich mit Begründung spätestens 5 Wochen vor der Tagung beim Präsidenten eingereicht werden. Das Präsidium läßt eine Zusammenstellung der Anträge spätestens 3 Wochen vor der Tagung den Mitgliedsorganisationen zugehen.
   Dringlichkeitsanträge können nur behandelt werden, wenn sie schriftlich eingebracht werden und $^2/_3$ der anwesenden Stimmberechtigten der Behandlung zustimmen.
   Die Frist für die Einberufung einer außerordentlichen Mitgliederversammlung kann im Dringlichkeitsfall auf 2 Wochen verkürzt werden. In diesem Fall verkürzt sich auch die Frist für die Stellung von Anträgen auf eine Woche.
   Die ordnungsmäßig einberufene Mitgliederversammlung ist beschlußfähig, ohne Rücksicht auf die Anzahl der vertretenen Mitgliedsorganisationen.

6. Über die Beschlüsse der Mitgliederversammlung ist ein Protokoll zu fertigen, das vom Versammlungsleiter und dem Protokollführer des Bundestages zu unterzeichnen ist.

## § 10

## *Der Hauptausschuß*

1. Der Hauptausschuß besteht aus
   a) den Vorsitzenden der ordentlichen und außerordentlichen Mitgliedsorganisationen (im Verhinderungsfall deren bevollmächtigten Vertretern),
   b) dem Präsidium.
2. Dem Hauptausschuß obliegen folgende Aufgaben:
   a) Beratung und Beschlußfassung über Angelegenheiten von grundsätzlicher Bedeutung, soweit sie nicht der Mitgliederversammlung selbst vorbehalten sein sollen,
   b) Genehmigung der Jahresrechnung in den Jahren, in denen keine ordentliche Mitgliederversammlung stattfindet,
   c) Beratung und Beschlußfassung über den jährlichen Haushaltsvoranschlag,
   d) Entscheidung über die Aufnahme neuer Mitgliedsorganisationen,
   e) Nachwahl von Mitgliedern des Präsidiums.
3. Der Hauptausschuß tritt mindestens zweimal im Jahr zusammen. Er muß außerdem einberufen werden, wenn mehr als 1/3 der Mitgliedsorganisationen die Einberufung verlangt.
4. Das Präsidium bestimmt Ort, Termin und Tagesordnung für die Tagung des Hauptausschusses, sofern hierüber keine Beschlüsse des Hauptausschusses vorliegen.
   Der Präsident beruft den Hauptausschuß durch schriftliche Benachrichtigung der Mitgliedsorganisationen mindestens 4 Wochen vor dem Tagungstermin ein. Die Tagesordnung soll den Mitgliedsorganisationen 3 Wochen vorher zugehen.
5. Bei Abstimmung wird das Stimmrecht gem. § 7 Abs. 2 und 3 angewandt, wofür die Vorsitzenden der ordentlichen Mitgliedsorganisationen (oder deren Vertreter) die Stimmen der jeweiligen Mitgliedsorganisationen auf sich vereinigen.
   Die Mitglieder des Präsidiums haben je eine Stimme. Das Stimmrecht ist nicht übertragbar.

## § 11

## *Das Präsidium*

1. Das Präsidium besteht aus
   dem Präsidenten,
   zwei Vizepräsidenten,
   dem Schatzmeister,
   dem Ehrenpräsidenten,
   acht weiteren Präsidialmitgliedern
   und dem Generalsekretär (mit beratender Stimme).
2. Von Mitgliedern des Präsidiums sind folgende Aufgabenbereiche wahrzunehmen:

| | |
|---|---|
| a) Verbindung zu den Mitgliedsorganisationen | – Vizepräsident |
| b) Internationale Aufgaben | – Vizepräsident |
| c) Finanzfragen | – Schatzmeister |

| | |
|---|---|
| d) Jugendsport<br>e) Frauensport<br>f) Breitensport<br>g) Leistungssport<br>h) Wissenschaft und Bildung<br>i) Führungsfragen und Ausbildung<br>j) Rechts-, Sozial- und Steuerfragen<br>k) Öffentlichkeitsarbeit | Präsidialmitglieder |

3. Der Präsident, die Vizepräsidenten, der Schatzmeister und die Präsidialmitglieder zu 2 f und h-k werden jeweils für vier Jahre in Einzelwahl von der ordentlichen Mitgliederversammlung gewählt.
Die Präsidialmitglieder zu 2 d, e und g sind gem. § 9 Abs. 4 e jeweils für zwei Jahre von der ordentlichen Mitgliederversammlung zu bestätigen.
4. Der Generalsekretär ist der verantwortliche Leiter der Hauptverwaltung des Deutschen Sportbundes. Er ist hauptamtlich angestellt. Die Stelle ist öffentlich auszuschreiben. Die Entscheidung über die Anstellung erfolgt durch das Präsidium.
5. Vorstand im Sinne des § 26 BGB ist der Präsident in Verbindung mit einem Vizepräsidenten oder dem Schatzmeister oder dem Generalsekretär. Im Falle der Verhinderung tritt an die Stelle des Präsidenten ein Vizepräsident. Die Verhinderung braucht im Einzelfall nicht nachgewiesen zu werden.
Im übrigen vertritt der Präsident den DSB. Er beruft die Sitzungen des Präsidiums, Hauptausschusses und der Mitgliederversammlung ein und leitet sie auch. Im Verhinderungsfall vertritt ihn ein Vizepräsident.
6. Der Präsident bestimmt Ort, Termin und Tagesordnung der Sitzungen des Präsidiums, sofern hierüber nicht Beschlüsse des Präsidiums vorliegen.
Die Einberufung zur Sitzung des Präsidiums ist unter Angabe der Tagesordnung 2 Wochen vorher allen Mitgliedern des Präsidiums schriftlich zuzustellen. In begründeten Ausnahmefällen kann diese Frist bis auf eine Woche verkürzt werden.
7. Das Präsidium berät und erfüllt die Aufgaben des DSB im Rahmen und im Sinne der Satzung und der Beschlüsse der Mitgliederversammlung und des Hauptausschusses.
Das Präsidium hat das Recht, sich jederzeit über die Tätigkeit der Bundesausschüsse und der Deutschen Sportjugend zu unterrichten. Beschlüsse der Bundesausschüsse, die nicht die Billigung des Präsidiums finden, können von ihm aufgehoben und zur erneuten Beratung und Beschlußfassung an den zuständigen Bundesausschuß zurückverwiesen werden. Bei weiterem Meinungsunterschied entscheidet das Präsidium endgültig.
8. Das Präsidium ist beschlußfähig, wenn außer dem Präsidenten oder einem Vizepräsidenten mindestens noch sechs andere Mitglieder nach ordnungsgemäßer Einladung anwesend sind. Die Beschlüsse werden mit einfacher Stimmenmehrheit gefaßt. Stimmengleichheit bedeutet Ablehnung.
9. Beschlüsse des Präsidiums werden grundsätzlich in Sitzungen gefaßt. Sie können ausnahmsweise auch schriftlich durch Rundfrage bei allen Mitgliedern unter genauer Angabe des Beschlußgegenstandes herbeigeführt werden.
10. Das Präsidium erläßt eine allgemeine Geschäftsordnung, in der auch die Abgrenzung der unter 2. aufgeführten Aufgabenbereiche vorgenommen wird; sie ist vom Hauptausschuß zu bestätigen.

## § 12
### *Bundesausschüsse*

1. Für folgende Aufgabenbereiche werden Bundesausschüsse tätig:
   a) Verbindung zu den Mitgliedsorganisationen,
   b) Internationale Aufgaben,
   c) Finanzfragen,
   d) Frauensport,
   e) Breitensport,
   f) Leistungssport,
   g) Wissenschaft und Bildung,
   h) Führungsfragen und Ausbildung,
   i) Rechts-, Sozial- und Steuerfragen,
   j) Öffentlichkeitsarbeit.
   Der Aufgabenbereich Jugendsport (gem. § 11 Abs. 2 d) wird von der Deutschen Sportjugend wahrgenommen.
2. Die Mitglieder der Bundesausschüsse zu 1 d und f werden gem. §§ 14 und 15 gewählt, zu 1 a–c, e, g–j vom Präsidium jeweils auf 4 Jahre berufen; sie können auf Antrag vom Hauptausschuß abberufen werden. Die Bundesausschüsse sollen in der Regel nicht mehr als sieben Mitglieder haben.
   Die für den jeweiligen Aufgabenbereich zuständigen Abteilungsleiter oder Referenten der Hauptverwaltung des DSB gehören den Bundesausschüssen mit beratender Stimme an.
3. Vorsitzende der Bundesausschüsse sind die für den jeweiligen Aufgabenbereich (gem. § 11 Abs. 2) von der Mitgliederversammlung gewählten bzw. bestätigten Mitglieder des Präsidiums; die stellvertretenden Vorsitzenden (mit Ausnahme von 1 d) werden von den Mitgliedern der Bundesausschüsse aus ihrer Mitte gewählt.
4. Die Bundesausschüsse nehmen ihre Aufgabenbereiche in eigener Verantwortung unter der Aufsicht des Präsidiums wahr. Sie haben dabei die Beschlüsse der Mitgliederversammlung, des Hauptausschusses und des Präsidiums zu beachten.
5. Bundesausschüsse können zur Erledigung von Teilaufgaben mit Zustimmung des Präsidiums Ausschüsse berufen, deren Vorsitzende wiederum Mitglieder dieses Bundesausschusses sein müssen.

## § 13
### *Deutsche Sportjugend*

1. Die Jugend der deutschen Turn- und Sportverbände ist in der Deutschen Sportjugend (DSJ) zusammengeschlossen. Die DSJ bezweckt die Förderung der gemeinsamen sportlichen und überfachlichen Aufgaben der Jugenderziehung und Jugendpflege.
2. Die Deutsche Sportjugend führt und verwaltet sich (im Rahmen der Satzung des Deutschen Sportbundes) selbständig. Sie entscheidet auch über die Verwendung der ihr zufließenden Mittel in eigener Zuständigkeit.
3. Die Führungsgremien der DSJ sind
   a) die Vollversammlung,
   b) der Vorstand.
4. Die Vollversammlung der Deutschen Sportjugend setzt sich aus den Delegierten der Jugend der Mitgliedsorganisationen des DSB und aus den Mitgliedern des Vorstandes zusammen.

5. Der Vorstand besteht aus dem 1. und 2. Vorsitzenden und sieben weiteren Mitgliedern, von denen mindestens zwei Jugendleiterinnen sein müssen. Er wird von der Vollversammlung jeweils auf zwei Jahre gewählt. Die Beschlüsse der Vollversammlung sind für den Vorstand bindend.
6. Die Deutsche Sportjugend gibt sich im Rahmen der Satzung des Deutschen Sportbundes eine eigene Jugendordnung. Sie bedarf der Bestätigung durch das Präsidium.
7. Haushaltsvoranschlag und Jahresrechnung der DSJ sind nach ihrer Annahme durch die Vollversammlung in den Voranschlägen und Jahresrechnungen des DSB der Mitgliederversammlung bzw. dem Hauptausschuß zur Genehmigung vorzulegen.
8. Beschlüsse der Deutschen Sportjugend, die nicht die Billigung des Präsidiums gefunden haben, werden vor ihrer Ausführung an die Vollversammlung bzw. den Vorstand der Deutschen Sportjugend zurückverwiesen. Finden sie dort ihre erneute Bestätigung, so entscheidet der Hauptausschuß endgültig.

## § 14

### *Bundesausschuß für Frauensport*

1. Der Bundesausschuß für Frauensport befaßt sich mit allen gemeinsamen und grundsätzlichen Aufgaben im Frauensport, insbesondere mit der Gewinnung der Frau für Turnen, Spiel und Sport.
2. Der Bundesausschuß gliedert sich in
   a) die Vollversammlung,
   b) den Vorstand.
3. Die Vollversammlung setzt sich zusammen aus den Vertretern der Mitgliedsorganisationen des DSB und aus den Mitgliedern des Vorstandes.
4. Der Vorstand besteht aus der Vorsitzenden, zwei Stellvertretern und vier weiteren Mitgliedern. Er wird von der Vollversammlung jeweils auf zwei Jahre gewählt. Die Beschlüsse der Vollversammlung sind für den Vorstand bindend.
5. Der Bundesausschuß für Frauensport gibt sich eine eigene Geschäftsordnung. Sie bedarf der Bestätigung durch das Präsidium.

## § 15

### *Bundesausschuß zur Förderung des Leistungssports*

1. Der Bundesausschuß zur Förderung des Leistungssports berät und koordiniert mit den Mitgliedsorganisationen des DSB erforderliche gemeinsame Maßnahmen zur Förderung des Leistungssports.
2. Der Bundesausschuß gliedert sich in
   a) die Vollversammlungen,
   b) die Beiräte und Kommissionen,
   c) den Vorstand.
3. Alle 2 Jahre wählen die Spitzenverbände (ordentliche Mitgliedsorganisationen), deren Sportwarte, Trainer und Sprecher der Aktiven in getrennten Vollversammlungen ihre Vertreter für die Beiräte der Spitzenverbände und der Aktiven sowie für die Technische und Trainer-Kommission. Die Mitglieder der Wissenschaftlichen Kommission werden vom Präsidium berufen. Beiräte und Kommissionen wählen ihre Vorsitzenden jeweils aus dem Kreis ihrer Mitglieder.

4. Der Vorstand ist das Führungsorgan des Bundesausschusses und besteht aus den 5 Vorsitzenden der Beiräte und Kommissionen, dem Beauftragten des NOK und dem Leitenden Sportdirektor. Sie wählen aus ihrer Mitte den Vorsitzenden des Bundesausschusses und dessen Stellvertreter.
5. Der Bundesausschuß gibt sich eine eigene Geschäftsordnung. Sie bedarf der Bestätigung durch das Präsidium.

## § 16

## *Wissenschaftlicher Beirat des Deutschen Sportbundes*

1. Der Wissenschaftliche Beirat berät das Präsidium in allen wissenschaftlichen und kulturellen Fragen.
2. In den Wissenschaftlichen Beirat werden Persönlichkeiten berufen, die durch Kenntnisse und Erfahrungen in besonderer Weise geeignet und gewillt sind, an dieser Aufgabe mitzuwirken.
   Das Präsidium beruft die Mitglieder des Wissenschaftlichen Beirates jeweils auf 4 Jahre.
3. Der Wissenschaftliche Beirat wählt seinen Vorsitzenden aus dem Kreis seiner Mitglieder. Er bedarf der Bestätigung durch das Präsidium.
4. Der Wissenschaftliche Beirat gibt sich eine eigene Geschäftsordnung. Sie bedarf der Bestätigung durch das Präsidium.

## § 17

## *Anschlußorganisationen*

1. Der DSB unterstützt im Rahmen seiner Zuständigkeit und Möglichkeiten die Arbeit der Anschlußorganisationen. Diese nehmen ihrerseits an den Aufgaben der deutschen Turn- und Sportbewegung u. a. dadurch teil, daß sie das Ergebnis ihrer Arbeit und ihre Erfahrungen zur Auswertung den Organen des DSB zur Kenntnis bringen.
2. Die Anschlußorganisationen sollten wenigstens einmal im Jahr zu einer Arbeitstagung zusammentreten, für die der Wissenschaftliche Beirat des DSB Ort, Termin und Tagesordnung festlegt.

## § 18

## *Abstimmungen und Wahlen*

1. Beschlüsse der Organe, der Deutschen Sportjugend, der Bundes- und anderer Ausschüsse werden mit einfacher Stimmenmehrheit gefaßt. Stimmenthaltungen und ungültige Stimmen werden nicht mitgezählt. Stimmengleichheit bedeutet Ablehnung.
   Beschlüsse über Satzungsänderungen und die Aufnahme neuer Mitgliedsorganisationen bedürfen einer $^{2}/_{3}$-Mehrheit der anwesenden Stimmberechtigten.
   Für Beschlüsse über grundsätzliche Angelegenheiten und über Aktionen, für welche die Mitarbeit aller Mitgliedsorganisationen erwartet werden muß, ist mindestens eine $^{2}/_{3}$-Mehrheit erforderlich.
2. Wahlen sind grundsätzlich schriftlich und geheim vorzunehmen. Wird für ein Amt nur eine Person vorgeschlagen und ist diese bereit, das Amt zu übernehmen, so kann die Wahl durch offene Abstimmung mit Handzeichen erfolgen, wenn nicht geheime Wahl beantragt wird.
   Abwesende können gewählt werden, sofern sie vorher ihre Bereitwilligkeit, das Amt anzunehmen, schriftlich erklärt haben.

3. Steht für ein Wahlamt nur ein Kandidat zur Wahl, so ist er gewählt, wenn er die Mehrheit der abgegebenen Stimmen erhält. Stehen mehrere Kandidaten zur Wahl, ist derjenige gewählt, der mindestens die Hälfte der abgegebenen Stimmen erhalten hat. Wird diese Stimmenzahl von keinem Kandidaten erreicht, so findet zwischen den zwei Kandidaten, die im ersten Wahlgang die meisten Stimmen erhalten haben, eine Stichwahl statt, bei der einfache Stimmenmehrheit entscheidet. Bei Stimmengleichheit ist nach einer Pause die Wahl zu wiederholen. Ergibt sich erneut Stimmengleichheit, so entscheidet das Los.
4. Bei der Wahl der Bundes- und anderer Ausschüsse sind diejenigen Kandidaten gewählt, die die Mehrheit der abgegebenen Stimmen auf sich vereinigen.

## § 19

### *Wirtschaftsführung*

1. Die Wirtschaftsführung des DSB und die Tätigkeit des Bundesausschusses für Finanzfragen werden in einer Finanzordnung geregelt, die vom Hauptausschuß zu erlassen ist.
2. Der Bundesausschuß für Finanzfragen stellt für jedes Geschäftsjahr den Haushaltsvoranschlag und die Jahresrechnung auf, die vom Präsidium der Mitgliederversammlung oder dem Hauptausschuß (gem. §§ 9 und 10) zur Genehmigung vorzulegen sind. Geschäftsjahr ist das Kalenderjahr.
Die Jahresrechnung unterliegt der Rechnungsprüfung. Sie ist in jedem Jahr vorzunehmen. Der Prüfungsbericht wird der Mitgliederversammlung bzw. dem Hauptausschuß vorgelegt.
3. Für die Erfüllung der Aufgaben des DSB und die Bestreitung der Unkosten der Geschäftsführung werden nach Beschluß der Mitgliederversammlung Beiträge von den Mitgliedsorganisationen erhoben.
4. Kosten, die den Vertretern der Mitgliedsorganisationen bei der Teilnahme an Mitgliederversammlungen oder an Tagungen des Hauptausschusses entstehen, werden von den entsendenden Mitgliedsorganisationen getragen.
Die Kosten der Mitglieder des Präsidiums, der Bundes- und anderer Ausschüsse trägt der DSB entsprechend seiner Reisekostenordnung, die vom Hauptausschuß zu bestätigen ist.

## § 20

### *Verfahren in Streitfragen*

1. Streitfragen zwischen dem DSB und seinen Mitgliedsorganisationen und Streitigkeiten der Mitgliedsorganisationen des DSB untereinander, die sich aus dem Mitgliedschaftsverhältnis oder aus der Tätigkeit eines Organs des DSB ergeben, werden unter Ausschluß des ordentlichen Rechtsweges durch ein Schiedsgericht entschieden.
2. Das Schiedsgericht darf jedoch erst dann angerufen werden, wenn der Versuch zur Schlichtung des Streitfalles durch Beauftragte des Präsidiums des DSB erfolglos geblieben ist.
3. Das Schiedsgericht besteht aus 3 Schiedsrichtern, von denen mindestens der Vorsitzende die Befähigung zum Richteramt haben muß. Als Schiedsrichter können nur solche Personen genannt werden, die in dem Zeitpunkt, in dem eine Partei durch schriftliche Mitteilung gegenüber der anderen Partei auf Anrufung des Schiedsgerichts besteht, bereits seit mindestens einem Jahr Mitglied eines dem DSB angeschlossenen Verbandes (Vereins) sind.

Jede Partei ernennt einen Schiedsrichter. Die beiden Schiedsrichter haben sich binnen 10 Tagen nach der Benennung des zweiten Schiedsrichters auf einen Vorsitzenden zu einigen. Kommt die Einigung innerhalb dieser Frist nicht zustande und einigen sich die beiden Schiedsrichter auch nicht auf eine angemessene Frist, binnen der sie die Wahl des Vorsitzenden vornehmen werden, so wird der Vorsitzende auf Antrag einer Partei von dem Oberlandesgerichtspräsidenten des für den Sitz des Anklägers zuständigen Oberlandesgerichts ernannt.

4. Die Partei, die das Schiedsgericht anrufen will, hat dies der anderen Partei unter kurzer Angabe des Sachverhalts durch einen eingeschriebenen Brief mitzuteilen und gleichzeitig den Schiedsrichter zu benennen. Die andere Partei hat spätestens 10 Tage nach Erhalt der Mitteilung ihrerseits einen Schiedsrichter zu benennen. Erfolgt diese Benennung nicht, hat die anrufende Partei eine nochmalige Nachfrist von weiteren 10 Tagen zu setzen, nach deren Ablauf sie die Benennung des zweiten Schiedsrichters durch den Oberlandesgerichtspräsidenten des für den Sitz des Anklägers zuständigen Oberlandesgerichts beantragen kann.
5. Bei Wegfall oder Verhinderung eines Schiedsrichters wird der Nachfolger ebenso ausgewählt wie der Vorgänger.
6. Die Schiedsrichter sind bei ihrer Entscheidung an die Satzung und Ordnungen des DSB und die Vorschriften des materiellen Rechts gebunden. Soweit in der Satzung und in den Ordnungen des DSB nicht anders bestimmt ist, gelten für das Schiedsverfahren die allgemeinen Vorschriften der Zivilprozeßordnung. Die Schiedsrichter haben insbesondere in jeder Lage des Verfahrens auf eine gütliche Einigung der Parteien hinzuwirken.

## § 21

### *Ausschlüsse von Einzelmitgliedern*

1. Ausschlüsse, die Mitgliedsorganisationen gegen ihre Einzelmitglieder wegen schwerer Verfehlungen angeordnet haben, werden von allen Mitgliedsorganisationen des DSB anerkannt und übernommen, wenn die ausschließende Mitgliedsorganisation ein entsprechendes Ersuchen stellt.
   Die Aufnahme eines aus einer Mitgliedsorganisation ausgeschlossenen Einzelmitgliedes in eine andere Mitgliedsorganisation kann nur mit Zustimmung der ausschließenden Mitgliedsorganisation erfolgen.
2. Will eine Mitgliedsorganisation aus besonderen Gründen dem Ersuchen auf Ausschluß nicht entsprechen oder wünscht sie trotz der Verweigerung der Zustimmung zur Aufnahme, das aus einer Mitgliedsorganisation ausgeschlossene Einzelmitglied doch aufzunehmen, so kann sie die Entscheidung des Schlichtungsausschusses anrufen.
   Gegen die Entscheidung des Schlichtungsausschusses kann binnen einer Woche nach Bekanntgabe Beschwerde eingelegt werden, über die das Präsidium endgültig entscheidet.
3. Der Schlichtungsausschuß besteht aus fünf in der sportlichen Rechtspflege besonders erfahrenen Persönlichkeiten, die von der Mitgliederversammlung gewählt werden. Den Vorsitzenden wählt er aus dem Kreis seiner Mitglieder. Dem Schlichtungsausschuß ist auf Anforderung das gesamte dem Ausschlußurteil zugrunde liegende Material zur Verfügung zu stellen. Seine Beratungen sind vertraulich.

4. Wird ein Mitglied des Präsidiums, des Vorstandes der Deutschen Sportjugend, der Bundes- oder anderer Ausschüsse aus einer Mitgliedsorganisation rechtskräftig ausgeschlossen, so scheidet es aus dem betreffenden Gremium aus. Die Ausschlußentscheidung ist dem Präsidium schriftlich mitzuteilen.

## § 22

### *Auflösung*

Die Auflösung des DSB kann rechtswirksam durch Beschluß der Mitgliederversammlung mit einer Stimmenmehrheit von $^3/_4$ der vertretenen Stimmen erfolgen. Die Einladung muß spätestens 4 Wochen vor dem Termin der Versammlung ergehen. Sie muß den Antrag auf Auflösung mit Begründung enthalten.

Das zum Zeitpunkt der Auflösung vorhandene Vermögen ist der Bundesregierung zur Verwendung für gemeinnützige Zwecke von Turnen und Sport zu übereignen.

# Satzungen des Nationalen Olympischen Komitees für Deutschland

## vom 28. 6. 1972

### § 1

*Name und Sitz*

1. Der Name des Vereins lautet „Nationales Olympisches Komitee für Deutschland" (NOK).
2. Das NOK ist gemäß den Regeln des Internationalen Olympischen Komitees (IOC) unabhängig und selbständig. Es hat seinen Sitz in München und ist in das Vereinsregister eingetragen.

### § 2

*Zweck*

1. Das NOK dient der Verbreitung des olympischen Ideengutes in der Bundesrepublik Deutschland in allen seinen Erscheinungsformen.
2. Das NOK bereitet die Teilnahme des deutschen Sports an Olympischen Spielen vor und führt die Aufgaben durch, die den Nationalen Olympischen Komitees vom IOC gestellt werden. Es pflegt Kontakte mit den NOKs in der ganzen Welt.

### § 3

*Mitgliedschaft*

1. Mitglieder des NOK sind:
   a) je ein Vertreter der deutschen Sportfachverbände, deren Sportarten im olympischen Programm enthalten sind,
   b) die deutschen Mitglieder des IOC,
   c) der Präsident des Deutschen Sportbundes,
   d) zwei Vertreter der Deutschen Olympischen Gesellschaft (DOG),
   e) persönliche Mitglieder,
   f) der Ehrenpräsident,
   g) die Ehrenmitglieder.
2. Die Mitglieder zu a) und d) werden von den betreffenden Verbänden zur Hauptversammlung des NOK für die laufende Geschäftszeit schriftlich benannt. Sie können jederzeit abberufen werden. Im Falle des Ausscheidens dieser Mitglieder durch Abberufung, Austritt oder Tod kann unverzüglich mit sofortiger Wirkung eine Neubenennung erfolgen. Für jede olympische Sportart kann nur ein Fachverband mit dem Recht der Benennung eines Mitgliedes anerkannt werden. In Zweifelsfällen entscheidet die Hauptversammlung.
3. Für die Mitglieder zu a) können die Sportfachverbände je 1 ständigen Vertreter benennen, der im Falle der Verhinderung des Mitgliedes an seiner Stelle Sitz und Stimme in den Versammlungen wahrnimmt.
4. Die Mitglieder zu b) gehören dem NOK für die Dauer ihrer Mitgliedschaft im IOC an.
5. Die Mitglieder zu e) werden durch die Hauptversammlung oder eine Mitgliederversammlung für die laufende Geschäftszeit gewählt.

6. Die Zahl der Mitglieder zu e) darf die Zahl der Mitglieder zu a) nicht übersteigen.
7. Die Mitglieder zu f) und g) werden durch die Hauptversammlung auf Lebenszeit gewählt.
8. Der Austritt von Mitgliedern ist durch fristlose schriftliche Mitteilung an das NOK möglich.

## § 4

### *Organe*

Organe des NOK sind:

a) die Hauptversammlung,
b) die Mitgliederversammlung,
c) das Präsidium,
d) Ausschüsse.

## § 5

### *Hauptversammlung*

Die Mitglieder treten in dem den Olympischen Spielen folgenden Kalenderjahr zur Hauptversammlung zusammen. Sie hat insbesondere folgende Aufgaben:

a) Entgegennahme des Berichts des Präsidiums über die vergangene Geschäftszeit,
b) Entlastung des Präsidiums,
c) Wahl der Mitglieder zu § 3e, 3f und 3g,
d) Wahl des Präsidiums,
e) Wahl der Rechnungsprüfer,
f) Satzungsänderungen,
g) Beschlußfassung über Arbeits- und Haushaltsplan,
h) Beschlußfassung über vorliegende Anträge.

## § 6

### *Mitgliederversammlung*

1. In den übrigen Jahren treten die Mitglieder zur Mitgliederversammlung zusammen. Sie hat insbesondere folgende Aufgaben:
   a) Entgegennahme des Berichts des Präsidiums über das vergangene Geschäftsjahr,
   b) Ergänzungswahlen für ausgeschiedene Mitglieder des Präsidiums und der Ausschüsse sowie ggf. Wahlen zu 3e, 3f und 3g,
   c) Satzungsänderungen,
   d) Beschlußfassung über Arbeits- und Haushaltsplan,
   e) Beschlußfassung über vorliegende Anträge.
2. Darüber hinaus können jederzeit nach Bedarf Mitgliederversammlungen einberufen werden. Das muß auf Beschluß des Präsidiums oder auf Antrag von mindestens einem Drittel der Mitglieder geschehen.

## § 7

### *Präsidium*

1. Das Präsidium besteht aus:
   a) dem Präsidenten,
   b) den drei Vizepräsidenten (zwei Vizepräsidenten für den Sommersport, ein Vizepräsident für den Wintersport),
   c) dem Schatzmeister,

d) bis zu 4 Beisitzern, darunter der Vertreter des NOK im Vorstand des des DSB-Bundesausschusses zur Förderung des Leistungssports,
c) den beiden Vertretern der Deutschen Olympischen Gesellschaft,
f) den deutschen Mitgliedern des IOC,
g) dem Präsidenten des Deutschen Sportbundes,
h) dem Ehrenpräsidenten,
i) den Ehrenmitgliedern.

2. Die Präsidiumsmitglieder zu a–d werden durch die Hauptversammlung für die Dauer der Geschäftszeit gewählt.
3. Der Schatzmeister des NOK soll gleichzeitig Schatzmeister der DOG sein. Die Präsidenten beider Organisationen sollen sich auf eine geeignete Persönlichkeit einigen und sie zur Wahl vorschlagen.
4. Vorstand im Sinne des § 26 BGB sind der Präsident und die Vizepräsidenten, von denen je zwei gemeinsam handeln.
5. Im übrigen vertritt der Präsident das NOK. Seine Vertretung kann durch die Entscheidung des Präsidenten oder der Haupt- oder Mitgliederversammlung einem oder mehreren Vizepräsidenten übertragen werden.
6. Das Präsidium führt die Geschäfte des NOK im Sinne der Beschlüsse der Hauptversammlung und der Mitgliederversammlungen. Es bedient sich dabei einer Geschäftsstelle unter der Leitung des Generalsekretärs, der u. a. die Aufgabe eines Schriftführers erfüllt und dem Präsidium und allen Versammlungen mit beratender Stimme angehört.

## § 8

### *Ausschüsse und Vertretung*

1. Das Präsidium kann zu seiner Beratung besondere Ausschüsse für die Geschäftszeit berufen. Die Berufung der Mitglieder dieser Ausschüsse erfolgt aus den Vorschlägen der Hauptversammlung in der dieser Versammlung folgenden Präsidialsitzung.
   Ständige Ausschüsse sollen sein:
   a) das Kuratorium Olympische Akademie
   zur Beratung über die deutsche Beteiligung an der Internationalen Olympischen Akademie,
   b) der Finanzausschuß
   zur Beratung des Schatzmeisters und des Präsidiums in Finanzfragen.
2. Das Präsidium kann für bestimmte Aufgaben Referenten ernennen oder Vertreter delegieren.
3. Für eine Vertretung des NOK im Präsidium der DOG beruft das Präsidium in der der Hauptversammlung folgenden Sitzung für die Dauer der Geschäftszeit zwei seiner Mitglieder.

## § 9

### *Verfahrensordnung*

1. Die Geschäftszeit beträgt 4 Jahre und läuft von Hauptversammlung zu Hauptversammlung. Das Präsidium bleibt bis zur Neuwahl im Amt.
2. Das Geschäftsjahr ist das Kalenderjahr.
3. Die Haupt- und Mitgliederversammlungen werden vom Präsidenten spätestens 8 Wochen vor dem Termin schriftlich einberufen und sind stets beschlußfähig. Anträge auf Satzungsänderungen müssen dem NOK mindestens 5 Wochen vor dem Termin eingereicht werden. Sie sind den Mit-

gliedern mit der Tagesordnung 4 Wochen vorher bekanntzugeben. Anträge zur Haupt- und Mitgliederversammlung können die Mitglieder und das Präsidium stellen.

4. Das Präsidium tagt nach Bedarf. Jede Sitzung muß 14 Tage vorher schriftlich vom Präsidenten einberufen werden und ist stets beschlußfähig.
5. Der Präsident oder ein Stellvertreter leitet die Sitzungen des Präsidiums sowie der Haupt- und Mitgliederversammlung.
6. Die Ausschüsse sind dem Präsidium verantwortlich und berichten ihm. Die Mitglieder des Präsidiums haben das Recht, an den Sitzungen der Ausschüsse mit beratender Stimme teilzunehmen.
7. Vertreter des NOK in anderen Organisationen sind dem Präsidium verantwortlich. Zur Erörterung grundsätzlicher Fragen ihres Arbeitsgebietes im Präsidium sind sie einzuladen.
8. Das Präsidium gibt sich selbst und den Ausschüssen eine Geschäftsordnung, die nicht Bestandteil dieser Satzung ist.
9. Über alle Sitzungen ist ein Protokoll zu führen, das den Verlauf und die Beschlüsse wiedergibt. Es ist vom Sitzungsleiter und vom Protokollführer zu unterzeichnen.

## § 10

### *Abstimmungen*

1. Die Mitglieder des NOK nach § 3a) haben je drei Stimmen, alle übrigen Mitglieder je eine Stimme. Bei Abstimmungen entscheidet die einfache Stimmenmehrheit. Beschlüsse über Satzungsänderungen und über die Zulassung von Dringlichkeitsanträgen bedürfen der Zweidrittelmehrheit.
2. Wahlen sind schriftlich und geheim durchzuführen, wenn nicht durch einstimmigen Beschluß der zuständigen Versammlung darauf verzichtet wird.
3. Der Ehrenpräsident, die Ehrenmitglieder und die persönlichen Mitglieder bedürfen zu ihrer Wahl der einfachen Mehrheit der anwesenden Stimmen.
4. Mitglieder des Präsidiums werden in getrennten Wahlgängen, wenn nicht anders beschlossen wird, mit einfacher Mehrheit der anwesenden Stimmen gewählt. Wird in zwei Wahlgängen diese Mehrheit nicht erreicht, so gilt der zweite Wahlgang als Stichwahl, aus der nur die beiden Kandidaten mit den meisten Stimmen den dritten Wahlgang erreichen. Es gilt als gewählt, wer im dritten Wahlgang die meisten Stimmen auf sich vereinigt.

## § 11

### *Finanzverwaltung*

1. Das NOK finanziert seine Arbeit durch Beiträge, Spenden und Zuschüsse der Öffentlichen Hand. Die Mitglieder zu 3a) zahlen aus den Mitteln ihrer Verbände einen bis zum 31. 3. fälligen Jahresbeitrag, dessen Höhe von der Hauptversammlung jeweils für die Geschäftszeit beschlossen wird.
   Bei Nichtzahlung erlischt das Stimmrecht, nach Ablauf des Beitragsjahres auch die Mitgliedschaft. Alle übrigen Mitglieder sind beitragsfrei.
2. Vom Schatzmeister wird über die Jahresausgaben ein Haushaltsplan erstellt und der Haupt- bzw. Mitgliederversammlung des Vorjahres vom Präsidium zur Genehmigung vorgelegt. Der Schatzmeister verwaltet die Mittel gemeinsam mit der Geschäftsführung und erstattet einen jährlichen Finanzbericht zur Mitgliederversammlung und einen abschließenden Bericht zur Hauptversammlung.

3. Eine Rechnungsprüfung erfolgt durch eine anerkannte Prüfungsgesellschaft sowie durch die Rechnungsprüfer des NOK jeweils zum Schluß eines geraden Kalenderjahres für den Zeitraum von 2 Jahren. Zwei Rechnungsprüfer wählt die Hauptversammlung für die Geschäftszeit, einen dritten Prüfer benennt die DOG. Die Rechnungsprüfer prüfen die Wirtschaftlichkeit und Sparsamkeit der Ausgaben nach Durchsicht des Berichtes der Prüfungsgesellschaft und berichten der Haupt- bzw. Mitgliederversammlung. Sie sind nur der Hauptversammlung verantwortlich.
4. Das Präsidium gibt sich eine Finanzordnung, die nicht Bestandteil dieser Satzung ist.

## § 12

### *Gemeinnützigkeit*

1. Das NOK ist ausschließlich gemeinnützig, verfolgt keine wirtschaftlichen Zwecke und strebt keinen Gewinn an.
2. Die Mitglieder dürfen bei ihrem Ausscheiden oder bei Auflösung des Komitees nicht mehr als ihre geleisteten Bareinlagen und den gemeinen Wert gegebener Sacheinlagen zurückerhalten.
3. Es dürfen keine Personen durch Ausgaben, die vom Satzungszweck fremd sind oder durch unverhältnismäßig hohe Vergütungen besonders begünstigt werden.

## § 13

### *Auflösung*

1. Die Auflösung des NOK kann nur von einer Hauptversammlung mit $^{3}/_{4}$ der anwesenden Stimmen beschlossen werden und nur, wenn der Antrag auf der Tagesordnung der schriftlichen Einberufung gestanden hat.
2. Das Vermögen des NOK fällt nach seiner Auflösung an die Bundesregierung mit der Auflage, daß sie es nur für die in dieser Satzung als Aufgabe des NOK genannten Zwecke verwenden darf.

Anmerkung:

Das NOK ist wegen Förderung internationaler Gesinnung und der Völkerverständigung als gemeinnützige Körperschaft im Sinne der Gemeinnützigkeitsverordnung vom 24. 12. 1953 durch das Finanzamt Frankfurt/Main anerkannt (zuletzt durch Freistellungsbescheid vom 26. 5. 1966).

# Satzung des Deutschen Fußball-Bundes

## Präambel

Die Fußball-Landes- und Regionalverbände im Gebiet der Bundesrepublik Deutschland haben zur Wahrung ihrer Interessen im In- und Ausland den Deutschen Fußball-Bund gebildet. Zur Erfüllung und Durchführung seiner Aufgaben gibt sich der Deutsche Fußball-Bund folgende Satzung:

## I. Allgemeine Bestimmungen

*Name, Sitz und Rechtsform*

§ 1

Der Deutsche Fußball-Bund (DFB) ist die Vereinigung der Regional- und Landesverbände, in denen Fußballsport betrieben wird.

Der Deutsche Fußball-Bund ist der Nachfolger des im Jahre 1900 gegründeten Deutschen Fußball-Bundes mit dem damaligen Sitz in Berlin.

Der Deutsche Fußball-Bund ist ein eingetragener Verein und hat seinen Sitz in Frankfurt (Main).

§ 2

Der Deutsche Fußball-Bund ist parteipolitisch, religiös und rassisch neutral.

*Zweck und Aufgabe*

§ 3

Zweck und Aufgabe des DFB ist es,

a) die Entwicklung des Fußballsportes zu fördern,

b) den deutschen Fußballsport im In- und Ausland zu vertreten und alle damit im Zusammenhang stehenden Fragen zum gemeinsamen Wohl aller Mitglieder in sportlichem Geiste zu regeln,

c) dafür zu sorgen, daß die Fußballspiele innerhalb des DFB-Gebietes nach den internationalen Fußballregeln ausgetragen werden, und die internationalen Fußballregeln verbindlich auszulegen,

d) die Ausbildung und Zulassung von Fußball-Lehrern und Übungsleitern zu regeln,

e) die Bundesliga als zentrale Spielklasse in einer Gruppe zu unterhalten und zu leiten,

f) deutsche Meisterschaften, Spiele um den DFB-Vereinspokal, überregionale Wettbewerbe (z. B. Amateur-Länderpokal), ferner Länderspiele und die zu ihrer Durchführung notwendigen Spiele und Lehrgänge zu veranstalten,

g) ein Sozialwerk zur Hilfeleistung und Unterstützung notleidender Angehöriger des DFB oder ihrer Hinterbliebenen zu unterhalten und aus Anlaß besonderer Notfälle aus Mitteln des Sozialwerkes Hilfe zu leisten, soweit der Sport betroffen ist.

*Gemeinnützigkeit*

§ 4

1. Der DFB dient den im § 3 bezeichneten gemeinnützigen Zwecken im Sinne der Gemeinnützigkeitsverordnung vom 24. Dezember 1953 ausschließlich und unmittelbar.

2. Etwaige Gewinne dürfen nur für die satzungsmäßigen Zwecke verwendet werden. Die Mitglieder erhalten keine Gewinnanteile.
3. Kein Mitglied und keine Person darf durch zweckfremde und unangemessene Vergütungen begünstigt werden.

### *Zuständigkeit und Rechtsgrundlagen*

### § 5

1. Der DFB regelt seinen eigenen Geschäftsbereich durch Ordnungen und Entscheidungen seiner Organe. Er erläßt zu diesem Zwecke insbesondere
   a) eine Spiel-, eine Schiedsrichter- und eine Jugendordnung zur Durchführung der Bundesspiele,
   b) eine Rechts- und Verfahrensordnung,
   c) eine Geschäftsordnung,
   d) eine Finanzordnung,
   e) eine Ehrungsordnung.
2. Der Regelung durch den DFB unterliegen ferner
   a) die Bestimmung der Grenzen des Amateurfußballsports und sein Schutz vor Übergriffen durch ein Amateurstatut,
   b) die den bezahlten Fußballsport betreffenden Angelegenheiten durch ein Bundesliga- und ein Vertragsspieler-Statut,
   c) die Angelegenheiten der Fußball-Lehrer und Übungsleiter durch eine Trainerordnung,
   d) die Rechtspflege für die Sachgebiete unter a) bis c) durch eine Rechts- und Verfahrensordnung.
3. Dem DFB kann durch Bundestagsbeschluß mit $^{2}/_{3}$-Mehrheit die Regelung weiterer Sachgebiete des Fußballsports (auch Sachgebietsteile) übertragen werden. Die Regelung im einzelnen erfolgt anschließend mit einfacher Mehrheit; für größere Sachgebiete soll die Regelung durch Ordnungen erfolgen.
4. Die im Rahmen der Nummern 1 bis 3 erlassenen Ordnungen, Statuten und Entscheidungen der DFB-Organe sind in diesen Zuständigkeitsbereichen für die Mitgliedsverbände, ihre Vereine und deren Mitglieder verbindlich. Die Mitgliedsverbände gewährleisten insoweit ihre Verbindlichkeit durch Einhaltung ihrer Pflichten gemäß § 13, Nr. 1.

## II. Mitgliedschaft

### *Mitglieder*

### § 6

1. Als Mitglieder können nur Regional- und Landesverbände aufgenommen werden. § 10 bleibt unberührt.
2. Dem DFB gehören folgende Verbände als Mitglieder an:
   I. der Westdeutsche Fußballverband als Regionalverband und die in ihm zusammengeschlossenen Landesverbände:
      a) Fußballverband Mittelrhein
      b) Fußballverband Niederrhein
      c) Fußball- und Leichtathletikverband Westfalen
   II. der Süddeutsche Fußballverband als Regionalverband und die in ihm zusammengeschlossenen Landesverbände:
      a) Badischer Fußballverband

b) Bayerischer Fußballverband
c) Hessischer Fußballverband
d) Südbadischer Fußballverband
e) Württembergischer Fußballverband

III. der Norddeutsche Fußballverband als Regionalverband und die in ihm zusammengeschlossenen Landesverbände:
a) Bremer Fußballverband
b) Hamburger Fußballverband
c) Niedersächsischer Fußballverband
d) Schleswig-Holsteinischer Fußballverband

IV. der Fußball-Regionalverband Südwest als Regionalverband und die in ihm zusammengeschlossenen Landesverbände:
a) Fußballverband Rheinland
b) Saarländischer Fußballverband
c) Südwestdeutscher Fußballverband

V. der Verband Berliner Ballspielvereine.

*Erwerb der Mitgliedschaft*

§ 7

1. Die Aufnahme von Mitgliedern erfolgt durch Bundestagsbeschluß. Der Beirat kann eine vorläufige Aufnahme genehmigen.
2. Aus Bereichen von Mitgliedsverbänden dürfen keine weiteren Verbände aufgenommen werden.
3. Erlischt die Mitgliedschaft eines Mitgliedsverbandes, so kann ein neuer Verband für das betreffende Gebiet an seiner Stelle aufgenommen oder die Verwaltung dieses Gebietes von einem bestehenden Verband übernommen werden. Nr. 1 gilt entsprechend.

*Erlöschen der Mitgliedschaft*

§ 8

1. Die Mitgliedschaft im DFB erlischt:
   a) durch Auflösung des Mitgliedsverbandes,
   b) durch Austritt,
   c) durch Ausschluß.
2. Der Austritt muß 6 Monate vor Ablauf des Geschäftsjahres des DFB durch Einschreibebrief dem DFB mitgeteilt werden. Die Aufkündigung der Mitgliedschaft darf nur dann ausgesprochen werden, wenn auf einem vorhergehenden Verbandstag der Austritt aus dem DFB mit der für Satzungsänderungen dieses Mitgliedsverbandes vorgesehenen Mehrheit beschlossen worden ist.

§ 9

Der Ausschluß eines Mitgliedes kann nur durch den Bundestag erfolgen, und zwar nur in den nachfolgend bezeichneten Fällen:

1. wenn die in § 13 vorgesehenen Pflichten der Mitglieder gröblich verletzt und die Verletzungen trotz durch den Vorstand erfolgter Abmahnung fortgesetzt werden,
2. wenn der Mitgliedsverband seinen dem DFB oder einem anderen Mitgliedsverband gegenüber eingegangenen Verpflichtungen trotz Fristsetzung durch den Vorstand unter Androhung des Ausschlusses nicht nachkommt,
3. wenn das Mitglied in grober Weise gegen die Grundsätze der geschriebenen und ungeschriebenen Sportgesetze verstößt.

*Ehrenmitglieder und Ehrenpräsident*

§ 10

1. Auf Antrag des Vorstandes können vom Bundestag Personen, die sich um den Fußballsport besonders verdient gemacht haben, zu Ehrenpräsidenten und Ehrenmitgliedern ernannt werden. Ehrenpräsidenten gehören dem Vorstand mit Stimmrecht an. Die Ehrenmitglieder werden zu allen Bundestagen eingeladen und haben dort beratende Stimme.
2. Die Verleihung von Auszeichnungen und Erinnerungszeichen an Personen und Vereine, die sich um den Fußballsport Verdienste erworben haben, wird in einer Ehrungsordnung geregelt.

## III. Rechte und Pflichten der Mitglieder

*Rechte der Mitglieder*

§ 11

1. Die Mitgliedsverbände regeln innerhalb ihrer Bereiche alle mit der Pflege des Fußballsportes zusammenhängenden Fragen selbständig, soweit nicht diese Fragen der Beschlußfassung durch den DFB vorbehalten sind.
2. Die Mitgliedsverbände sind berechtigt, durch ihre Vertreter an den Sitzungen des Beirates und am Bundestag teilzunehmen, bei der Fassung der Beschlüsse mitzuwirken und ihr satzungsgemäßes Stimmrecht auszuüben sowie Anträge zur Beschlußfassung einzubringen.
3. Die Mitgliedsverbände sind berechtigt, alle Einrichtungen und Anlagen des DFB in dem in der Satzung und den Ordnungen bestimmten Umfang zu benutzen.

*Gebietsschutz*

§ 12

Die Zugehörigkeit von Vereinen und Gebieten zu einem Mitgliedsverband ist besonders geschützt und darf nur in begründeten Ausnahmefällen angetastet werden. Wenn es sich um überregionale Grenzstreitigkeiten handelt, entscheidet hierüber der Vorstand des DFB endgültig.

*Pflichten der Mitglieder*

§ 13

Die Mitgliedsverbände sind verpflichtet,

1. a) die Satzung und die für sie verbindlichen Ordnungen, Entscheidungen und Beschlüsse des DFB zu befolgen,
   b) dafür zu sorgen, daß sie selbst, ihre Mitgliedsvereine und deren Einzelmitglieder die für Mitgliedsverbände geltenden Verpflichtungen sinngemäß in ihre Satzungen übernehmen und sich der Satzung, den Ordnungen und Entscheidungen des DFB unterwerfen,
   c) ihre eigene und die ihnen von ihren Mitgliedern überlassene Vereinsstrafgewalt dem DFB zur Ausübung im Rahmen seiner Zuständigkeit zu übertragen, die der DFB durch seine Rechtsorgane ausübt,
2. die Entscheidungen der DFB-Organe durchzuführen,
3. die beauftragten Vertreter des DFB-Vorstandes an ihren Verbandstagen teilnehmen zu lassen und ihnen auf Verlangen das Wort zu erteilen,
4. Streitigkeiten, die aus der Mitgliedschaft beim DFB mit diesem oder überregional zwischen ihnen erwachsen, den zuständigen Organen des DFB zur Entscheidung zu unterbreiten,

5. nach Ausschöpfung des DFB-Instanzenzuges unter Vermeidung des ordentlichen Rechtsweges ein Schiedsgericht anzurufen,
6. die eigenen Beschwerden und solche ihrer Vereine gegen ausländische Verbände und Vereine dem DFB vorzulegen,
7. Schriftverkehr mit FIFA-Verbänden in grundsätzlichen Fragen über den DFB zu führen.

### *Schiedsgericht*

### § 14

1. Streitigkeiten zwischen dem DFB und seinen Mitgliedern und Streitigkeiten der Mitgliedsverbände untereinander, die sich aus dem Mitgliedschaftsverhältnis ergeben, werden unter Ausschluß des ordentlichen Rechtsweges durch ein Schiedsgericht entschieden.
2. Das Schiedsgericht darf erst dann angerufen werden, wenn alle Rechtsorgane und Verwaltungsinstanzen, die nach der Satzung und den Ordnungen des DFB oder des Regionalverbandes zur Klärung und Entscheidung des Streitfalls berufen sind, in der Sache endgültig entschieden haben und dem betroffenen Streitbeteiligten nach der Satzung und den Ordnungen des DFB oder des Regionalverbandes keine andere Abhilfemöglichkeit mehr zur Verfügung steht.
3. Das Schiedsgericht besteht aus drei Schiedsrichtern, von denen mindestens der Vorsitzende die Befähigung zum Richteramt haben muß. Als Schiedsrichter können nur solche Personen ernannt werden, die in dem Zeitpunkt, in dem eine Partei durch schriftliche Mitteilung gegenüber der anderen Partei auf Anrufung des Schiedsgerichts besteht (§ 14 Nr. 4), bereits seit mindestens sechs Monaten Mitglied in einem Sportverein des DFB-Bereichs sind, in dem Fußballsport betrieben wird. Jede Partei ernennt einen Schiedsrichter. Die beiden Schiedsrichter haben sich binnen zehn Tagen nach der Benennung des zweiten Schiedsrichters auf einen Vorsitzenden zu einigen. Kommt die Einigung innerhalb dieser Frist nicht zustande, und einigen sich die beiden Schiedsrichter auch nicht auf eine angemessene Frist, binnen der sie die Wahl des Vorsitzenden vornehmen werden, so wird der Vorsitzende auf Antrag einer Partei von dem Oberlandesgerichtspräsidenten des für den Sitz des Klägers zuständigen Oberlandesgerichtes ernannt.
4. Die Partei, die das Schiedsgericht anrufen will, hat dies der anderen Partei unter kurzer Angabe des Sachverhaltes durch eingeschriebenen Brief mitzuteilen und gleichzeitig einen Schiedsrichter zu benennen. Die andere Partei hat spätestens zehn Tage nach Erhalt der Mitteilung ihrerseits einen Schiedsrichter zu benennen. Erfolgt diese Benennung nicht, hat die anrufende Partei eine nochmalige Nachfrist von weiteren zehn Tagen zu setzen, nach deren Ablauf sie die Benennung des zweiten Schiedsrichters durch den Oberlandesgerichtspräsidenten des für den Sitz des Klägers zuständigen Oberlandesgerichtes beantragen kann.
5. Bei Wegfall oder Verhinderung eines Schiedsrichters wird der Nachfolger ebenso ausgewählt wie der Vorgänger.
6. Die Schiedsrichter sind bei ihrer Entscheidung an die Satzung und Ordnungen des DFB und die Vorschriften des materiellen Rechts gebunden. Soweit in der Satzung und in den Ordnungen des DFB nichts anderes bestimmt ist, gelten für das Schiedsverfahren die allgemeinen Vorschriften der Zivilprozeßordnung; die Schiedsrichter haben insbesondere in jeder Lage des Verfahrens auf eine gütliche Einigung der Parteien hinzuwirken.

*Finanzierung*

§ 15

Der DFB bestreitet seine Ausgaben aus den Einnahmen aus Länderspielen, aus Beiträgen sowie aus den vom Beirat festzusetzenden Abgaben aus Meisterschafts- und Pokalspielen.

Soweit diese Einnahmen zum Bestreiten der Ausgaben nicht ausreichen, können Umlagen von den Mitgliedern erhoben werden. (Siehe § 21, Nr. 2 e der DFB-Satzung.)

## IV. Organe des DFB

§ 16

1. Die Organe des DFB sind:
   a) der Bundestag
   b) der Beirat
   c) der Vorstand
   d) das Präsidium
   e) die Bundesausschüsse:
      1. der Spielausschuß
      2. der Jugendausschuß
      3. der Sozialausschuß
      4. der Kontrollausschuß
      5. der Vertragsliga-Ausschuß
      6. der Bundesliga-Ausschuß
      7. der Presse- und Werbeausschuß
      8. der Schiedsrichterausschuß
   f) die Rechtsorgane:
      1. das Bundesgericht
      2. das Sportgericht
2. In die Organe des DFB können nur Personen gewählt werden, die Mitglieder von Vereinen der Mitgliedsverbände sind und weder in Mitgliedsverbänden noch deren Vereinen eine berufliche Tätigkeit ausüben, soweit die Satzung nicht Ausnahmen zuläßt.
3. Die Amtsdauer der Mitglieder des Vorstandes, der Rechtsorgane und der Bundesausschüsse beträgt zwei Jahre und endet mit der Abstimmung über die Entlastung.

## Bundestag

*Einberufung*

§ 17

1. Der DFB hält alljährlich im Oktober eine als Bundestag bezeichnete Versammlung ab.
2. Der Bundestag wird von dem Präsidenten oder dessen Stellvertreter nach den Bestimmungen der Geschäftsordnung geleitet.
3. Die Einberufung erfolgt schriftlich durch den Vorstand unter Einhaltung einer Einberufungsfrist von sechs Wochen und unter gleichzeitiger Bekanntgabe der Tagesordnung.

*Zusammensetzung*

§ 18

1. Der Bundestag setzt sich zusammen aus:
   a) den Delegierten der Regionalverbände
   b) den Delegierten der Landesverbände
   c) den Mitgliedern des Vorstandes
   d) den Mitgliedern der Rechtsorgane und Ausschüsse
   e) den Ehrenmitgliedern
2. Stimmberechtigt sind:
   a) die Regionalverbände mit je 2 Stimmen
   b) die Landesverbände

| | | |
|---|---|---|
| im Süddeutschen FV | mit insges. | 44 Stimmen |
| im Westdeutschen FV | mit insges. | 25 Stimmen |
| im Norddeutschen FV | mit insges. | 25 Stimmen |
| im FRV Südwest | mit insges. | 18 Stimmen |

   c) der Verband Berliner Ballspielv. mit 5 Stimmen
   d) die Vorstandsmitglieder mit je 1 Stimme; § 30 Nr. 1 o) und p) bleiben unberührt;
   e) die Regionalverbände und der VBB mit soviel weiteren Stimmen, wie Bundesligavereine ihrem Bereich angehören. Jedem Bundesligaverein ist eine dieser Stimmen zur Ausübung zu übertragen.
3. Die Stimmenzahl der Landesverbände wird von den Regionalverbänden im Rahmen der Stimmenzahl der Nr. 2 festgesetzt.
4. Mitglieder der Rechtsorgane und Ausschüsse und Ehrenmitglieder, die nicht über Nr. 2 stimmberechtigt sind, nehmen am Bundestag mit beratender Stimme teil.
5. Niemand darf abstimmen, wenn die Beschlußfassung ihn selbst unmittelbar betrifft.
6. Das Stimmrecht der Delegierten eines Mitgliedsverbandes entfällt, wenn über ihn gemäß § 9 abgestimmt wird.

*Delegierte des Bundestages*

§ 19

1. Die Mitgliedsverbände sind berechtigt, für jede ihnen zustehende Stimme einen Delegierten zum Bundestag zu entsenden.
2. Es ist den Mitgliedsverbänden gestattet, einem Delegierten ihres Verbandes bis zu drei Stimmen zur einheitlichen Stimmabgabe zu übertragen.

*Kosten*

§ 20

Die Kosten des Bundestages tragen:

1. Der DFB
   a) für den Vorstand,
   b) für die Mitglieder der Rechtsorgane und der Ausschüsse sowie für die Ehrenmitglieder,
2. die Mitgliedsverbände für ihre Delegierten,
3. die Bundesligavereine für die Delegierten gemäß § 18, Nr. 2 e).

## *Aufgaben des Bundestages*

### § 21

1. Dem Bundestag steht die Beschlußfassung in allen Bundesangelegenheiten zu, soweit sie nicht satzungsgemäß anderen Organen des DFB übertragen ist.
2. Seiner Beschlußfassung unterliegen insbesondere:
   a) die Wahl des Vorstandes,
   b) die Wahl der Vorsitzenden und anderen Mitgliedern der Rechtsorgane und Ausschüsse oder deren Bestätigung, soweit sie durch Sonderbestimmung anderweitig benannt werden,
   c) die Wahl der Kassenprüfer,
   d) die Entlastung des Vorstandes und der Ausschüsse,
   e) die Genehmigung des Haushaltsplanes und etwaiger Umlagen,
   f) die Satzung, Ordnungen und deren Änderungen,
   g) die Erledigung von Anträgen,
   h) der Erlaß von Amnestien,
   i) die Bestimmung des Bekanntmachungsorgans,
   k) die Aufnahme und der Ausschluß von Landes- und Regionalverbänden,
   l) die Ernennung von Ehrenpräsidenten und Ehrenmitgliedern,
   m) die Auflösung des DFB und die Verwendung seines Vermögens.
3. Beschlüsse des Bundestages werden in ein Protokoll aufgenommen, das vom Präsidenten oder dessen Vertreter und dem Protokollführer unterzeichnet wird.

## *Tagesordnung*

### § 22

Die Tagesordnung des Bundestages muß folgende Punkte enthalten:

1. Feststellung der Stimmberechtigten und Bestimmung der Wahlprüfungskommission,
2. Rechenschaftsbericht des Vorstandes und der Organe des DFB,
3. Bericht der Kassenprüfer und Genehmigung des Haushaltsplanes,
4. Entlastung (nur alle zwei Jahre),
5. Neuwahl des Vorstandes, der Rechtsorgane, der Ausschüsse und der Kassenprüfer (nur alle zwei Jahre, es sei denn, daß Ersatzwahlen erforderlich sind),
6. Anträge auf Satzungsänderungen,
7. andere Anträge,
8. Bestimmung des Tagungsortes für den folgenden ordentlichen Bundestag,
9. Anfragen und Mitteilungen.

## *Abstimmungsregelungen und Wahlen*

### § 23

1. Zur wirksamen Beschlußfassung genügt einfache Mehrheit der gültig abgegebenen Stimmen. Stimmenthaltungen werden nicht mitgezählt.
2. Satzungsänderungen bedürfen einer Zweidrittelmehrheit der abgegebenen Stimmen. Bestehen Zweifel darüber, ob ein Antrag eine Satzungsänderung zum Inhalt hat, so entscheidet hierüber das Bundesgericht sofort. Ordnungen gelten nicht als Teile der Satzung, auch nicht im Sinne von § 25 BGB.

3. Bei der Beschlußfassung über Angelegenheiten, für die eine qualifizierte Mehrheit erforderlich ist, gelten Stimmenthaltungen und ungültige Stimmzettel als abgegebene Stimmen.
4. Bei der Beschlußfassung gemäß § 21 Nr. 2 m) dürfen Vorstandsmitglieder nicht mitstimmen.
5. Die Wahlen auf dem Bundestag sind grundsätzlich geheim. Liegt nur ein Vorschlag vor, so kann die Wahl durch Zuruf oder offene Abstimmung erfolgen.
   Bei mehreren Vorschlägen ist derjenige Vorgeschlagene gewählt, der die absolute Mehrheit der abgegebenen Stimmen auf sich vereinigt.
6. Hat im ersten Wahlgang keiner der Vorgeschlagenen die absolute Mehrheit erlangt, so erfolgt in einem zweiten Wahlgang eine Stichwahl zwischen denjenigen beiden Vorgeschlagenen, die im ersten Wahlgang die meisten Stimmen erhalten haben.
7. Haben mehrere Vorgeschlagene gleichviele Stimmen und mehr als die übrigen Vorgeschlagenen erhalten, so erfolgt die Stichwahl zwischen ihnen. Haben mehrere Vorgeschlagene gleichviel Stimmen, aber weniger Stimmen als nur ein anderer Vorgeschlagener erhalten, so nehmen außer demjenigen, der die meisten Stimmen erhalten hat, auch sie an der Stichwahl teil.
8. Bei einer Stichwahl entscheidet die einfache Mehrheit. Bei Stimmengleichheit wird die Wahl wiederholt.
9. Mitglieder der Rechtsorgane und Ausschüsse, die nicht den Vorsitz führen, können jeweils in einem schriftlichen Wahlgang gewählt werden. In diesem Fall darf jeder Wahlberechtigte höchstens so viele Namen auf den Stimmzettel schreiben, wie Anwärter zu wählen sind. Stimmzettel, die mehr Namen enthalten, sind ungültig. Gewählt sind diejenigen, die die meisten Stimmen erhalten haben.

### *Anträge*

### § 24

Anträge zum Bundestag können nur von den Organen des DFB und den Mitgliedsverbänden eingebracht werden. Sie sind spätestens acht Wochen vor dem Bundestag bei der DFB-Geschäftsstelle einzureichen und den Verbänden nach dieser Frist sofort bekanntzugeben. Später einlaufende Anträge dürfen, soweit sie nicht Abänderungs- oder Ergänzungsanträge zu vorliegenden Anträgen sind, nur als Dringlichkeitsanträge behandelt werden.

### *Beschlußfähigkeit des Bundestages*

### § 25

1. Ein satzungsgemäß einberufener Bundestag ist und bleibt beschlußfähig, wenn bei der Mandatsfeststellung mindestens die Hälfte der Gesamtstimmen vertreten ist.
2. Wird ein bei der Mandatsfeststellung beschlußunfähiger Bundestag auch nicht innerhalb einer Frist von drei Stunden beschlußfähig, so kann er innerhalb der nächsten drei Stunden mit mündlicher Ladung an Ort und Stelle für einen Zeitpunkt des nächsten Tages mit einer Ladungsfrist von mindestens acht Stunden erneut einberufen werden. Findet diese Einberufung nicht statt, so ist der Bundestag innerhalb einer Woche mit einer Ladungsfrist von mindestens einer Woche und höchstens sechs Wochen erneut einzuberufen. Diese Bundestage sind ohne Rücksicht auf die Zahl der vertretenen Gesamtstimmen beschlußfähig.

### *Außerordentlicher Bundestag*

### § 26

1. Der Vorstand kann aus wichtigem Grund einen außerordentlichen Bundestag einberufen. Zur Einberufung ist er jedoch verpflichtet, wenn mindestens zwei Regional- oder sechs Landesverbände Anträge auf Einberufung eines außerordentlichen Bundestages in gleicher Sache stellen. Angelegenheiten, die auf einem ordentlichen Bundestag behandelt und durch Beschlüsse verabschiedet worden sind, können erst nach dem nächsten ordentlichen Bundestag wieder Anlaß zur Einberufung eines außerordentlichen Bundestages sein.
2. Tagesordnungspunkte eines außerordentlichen Bundestages können nur solche sein, die zu seiner Einberufung geführt haben. Andere Tagesordnungspunkte können auf einem außerordentlichen Bundestag nur behandelt werden, wenn sie die Qualifikation eines Dringlichkeitsantrages besitzen.
3. Ein ordnungsgemäß beantragter außerordentlicher Bundestag muß spätestens sechs Wochen nach Einreichung der Anträge stattfinden. Für die Berechnung dieser Frist ist der Tag maßgebend, an dem durch Eingang auf der DFB-Geschäftsstelle die Zahl der zur Einberufung eines außerordentlichen Bundestages erforderlichen Antragssteller erreicht ist. Die Tagesordnung mit Anträgen ist den Mitgliedsverbänden mit einer Ladungsfrist von mindestens zwei Wochen mitzuteilen.

### *Zulassung der Öffentlichkeit*

### § 27

Die Bundestage sind grundsätzlich öffentlich. Die Öffentlichkeit kann jedoch durch Mehrheitsbeschluß des Bundestages ausgeschlossen werden.

## Beirat

### *Zusammensetzung und Vorsitz*

### § 28

1. Der Beirat besteht aus:
   a) den Mitgliedern des Vorstandes,
   b) den Vorsitzenden der Mitgliedsverbände,
   c) den Vorsitzenden der Ausschüsse (§ 16), die nicht bereits dem Vorstand angehören,
   d) den Vorsitzenden der Rechtsorgane (§ 16).
2. Die Mitglieder unter 1 a)—c) haben je eine Stimme, die unter 1 d) beratende Stimme.
3. Die Vorsitzenden der Mitgliedsverbände können sich durch ein anderes Vorstandsmitglied ihrer Verbände vertreten lassen.
4. Ist ein Vorsitzender eines Mitgliedsverbandes gleichzeitig Vorstandsmitglied oder Ausschußvorsitzender im DFB, so kann der Mitgliedsverband an dessen Stelle ein anderes bevollmächtigtes Vorstandsmitglied in den Beirat entsenden.
5. In Fragen des Bundesligastatuts haben die hierzu bestimmten Mitglieder des Bundesliga-Ausschusses, in Fragen des Vertragsspieler-Statuts die Mitglieder des Vertragsliga-Ausschusses Sitz und Stimme im Beirat. Sie können sich nicht vertreten lassen, ihre Stimme ist nicht übertragbar.
6. Die Beiratssitzungen werden vom Präsidenten oder seinem Vertreter geleitet.
7. Die Kosten der Beiratstagungen trägt der DFB.

*Aufgaben, Zusammentreten, Beschlußfähigkeit*

§ 29

1. Der Beirat ist zuständig zur Beratung und Beschlußfassung über Angelegenheiten, die ihm der Bundestag überträgt.
2. Der Beirat kann Bestimmungen der Ordnungen und andere nicht satzungsändernde Beschlüsse des Bundestages bei Dringlichkeit vorbehaltlich der Genehmigung durch den nächsten Bundestag einstweilen in und außer Kraft setzen, jedoch nicht die Beschlüsse der Bundestage des letzten Jahres.
3. Der Beirat beschließt über die Fassung und Änderung des Bundesliga- und Vertragsspielerstatuts; der Bundestag kann solche Beschlüsse des Beirates mit Wirkung vom nächsten 1. Juni an aufheben oder abändern. Die Beschlüsse des Bundestages sind für den Beirat verbindlich. Nr. 2 ist nicht anwendbar.
4. Die Einberufung des Beirates erfolgt schriftlich durch den Vorstand. Dieser muß den Beirat innerhalb von zwei Wochen einberufen, wenn 6 Mitgliedsverbände dies beantragen. Der Beirat soll mindestens dreimal im Jahr zusammentreten.
5. Anträge für die Beiratssitzung sind spätestens zwei Wochen vor der Tagung einzureichen. Später eingehende Anträge können nur als Dringlichkeitsanträge behandelt werden. Anträge zur Änderung des Bundesliga- und Vertragsspieler-Statuts müssen bis spätestens Ende Februar eines jeden Jahres eingereicht sein.
6. Für die Beschlußfähigkeit des Beirates und seine Abstimmungen gelten § 25 bzw. § 23 Nr. 1, Nr. 2 Satz 3 entsprechend.

## Vorstand

*Zusammensetzung*

§ 30

1. Der Vorstand besteht aus:
   a) dem Präsidium
      Präsidialmitglieder sind:
      der Präsident
      der Vizepräsident
      der Schatzmeister
      der Vorsitzende des Bundesliga-Ausschusses
      der Vertreter der Mitgliedsverbände
   b) den Vorsitzenden der DFB-Ausschüsse:
      Spielausschuß
      Jugendausschuß
      Sozialausschuß
      Kontrollausschuß
      Vertragsliga-Ausschuß
      Schiedsrichterausschuß
   c) dem Beauftragten für DSB-Angelegenheiten
   d) dem Beauftragten für Wirtschafts- und Steuerrecht
   e) fünf Vertretern der Mitgliedsverbände, die aus den Regionalbereichen vorgeschlagen werden
   f) dem Generalsekretär mit beratender Stimme.
2. Der Präsident darf nicht Vorsitzender eines Mitgliedsverbandes oder eines Vereins sein.

3. Die Vorsitzenden der Rechtsorgane haben das Recht, im Vorstand über Angelegenheiten ihres Wirkungsbereiches gehört zu werden.

*Vertretung*

§ 31

1. Die Vertretung des DFB obliegt dem Vorstand.
2. Vertreter im Sinne des § 26 BGB sind der Präsident, der Vizepräsident oder der Schatzmeister.

## Rechte und Pflichten

*Vorstand*

§ 32

1. Der Vorstand nimmt die Aufgaben des DFB (§ 3) wahr, soweit diese nicht dem Bundestag nach § 21 Nr. 2 oder einem anderen Organ des DFB ausdrücklich vorbehalten sind und soweit der Bundestag oder der Beirat sie noch nicht geregelt haben.
2. Der Vorstand überwacht die Tätigkeit der Ausschüsse. Er kann die Beschlüsse der Ausschüsse außer Kraft setzen und in der Sache neu entscheiden. Dies gilt nicht für die Entscheidung der von Weisungen des DFB unabhängigen Rechtsorgane.
3. Der Vorstand ist berechtigt, Vorstands- und Ausschußmitglieder bei grober Pflichtverletzung oder bei Unwürdigkeit mit sofortiger Wirkung ihrer Tätigkeit im DFB durch schriftlich begründete Entscheidung bis zum nächsten ordentlichen Bundestag zu entheben. Der Betroffene ist vorher zu hören.
   Er hat das Recht der Beschwerde beim Bundesgericht innerhalb einer Woche nach Zustellung der Entscheidung. Hat die Beschwerde Erfolg, befindet sich der Beschwerdeführer wieder im Amt.
4. Mitglieder der Rechtsorgane können bei grober Pflichtverletzung auf Antrag des Vorstandes vom Sportgericht ihrer Tätigkeit enthoben werden. Nr. 3 gilt entsprechend.
5. Der Vorstand ist befugt, Mitglieder des Vorstandes, der Rechtsorgane und Ausschüsse, die während der Wahlperiode ausscheiden, zu ersetzen, in den Fällen Nr. 3 und 4 jedoch erst nach Rechtskraft der Entscheidung.
6. Der Vorstand ist zuständig für die Freigabe von Spielern oder Schiedsrichtern beim Wechsel zu einem ausländischen Verband.
7. Der Vorstand tritt bei Bedarf, jedoch mindestens viermal jährlich, zusammen. Er ist beschlußfähig, wenn mindestens die Hälfte seiner stimmberechtigten Mitglieder anwesend ist. Er beschließt mit einfacher Stimmenmehrheit.

*Präsidium*

§ 33

1. Der Vorstand überträgt dem Präsidium für die laufende Wahlperiode bestimmte Aufgaben, die jeweils in einer besonderen Geschäftsordnung zusammengefaßt werden. Das Präsidium unterrichtet den Vorstand über seine Tätigkeit.

2. Das Präsidium bestimmt auf Vorschlag des Spielausschusses die Austragungsorte für die Länderspiele, Meisterschaftsendspiele und Pokalendspiele.
3. Das Präsidium benennt auf Vorschlag des Spiel- und Schiedsrichterausschusses der FIFA die deutschen Schiedsrichter, die bei internationalen Spielen Verwendung finden sollen und genehmigt die Ausübung des Schiedsrichteramtes im Ausland durch nicht der FIFA gemeldete Schiedsrichter.
4. Das Präsidium ist zuständig für die Entscheidung über Gnadengesuche, die Bestrafungen durch DFB-Instanzen betreffen. Vor seiner Entscheidung muß es den Vorsitzenden der zuletzt tätig gewesenen Rechtsinstanz hören.

*Schatzmeister*

**§ 34**

1. Der Schatzmeister ist der verantwortliche Leiter des Kassenwesens. Er verwaltet das Vermögen des DFB.
2. Der Schatzmeister ist in der Ausübung seines Amtes an die Bestimmungen der Finanzordnung und an die Beschlüsse des Bundestages, des Beirates und des Vorstandes gebunden.

*Kassenprüfer*

**§ 35**

Die Kassenführung des DFB wird durch drei ehrenamtliche Kassenprüfer überprüft. Diese werden vom Bundestag auf die Dauer von zwei Jahren gewählt. Die Kassenprüfer können wiedergewählt werden. Ein Kassenprüfer kann jedoch nicht länger als vier Jahre hineinander im Amt sein. Die Aufgaben der Kassenprüfer sind in der Finanzordnung festgelegt.

*Geschäftsstelle, Geschäftsjahr*

**§ 36**

1. Der Vorstand bedient sich zur Durchführung seiner Aufgaben der vom DFB unterhaltenen Geschäftsstelle. Die Leitung obliegt dem Generalsekretär, der die Geschäfte unter Beachtung der Rechtsgrundlagen des DFB führt.
2. Das Geschäftsjahr läuft vom 1. 8. bis 31. 7. des nächsten Jahres.

*Rechtsorgane*

**§ 37**

1. Rechtsorgane sind das Bundesgericht und das Sportgericht; sie nehmen ihre Aufgaben nach den Bestimmungen der Satzung, der Ordnungen (§ 5) und der vom DFB geschlossenen Verträge wahr.
2. Mitglieder des Bundesgerichts und des Sportgerichts dürfen Verwaltungsorganen des DFB nur angehören, soweit dies in der Satzung vorgesehen ist.

*Bundesgericht*

**§ 38**

1. Das Bundesgericht besteht aus einem Vorsitzenden und acht Beisitzern. Es wählt aus den Beisitzern einen zum stellvertretenden Vorsitzenden. Das Bundesgericht soll in der Regel in der Besetzung von fünf Mitgliedern entscheiden, ist jedoch in der Mindestbesetzung mit drei Mitgliedern beschlußfähig.
2. In Verfahren gegen Fußball-Lehrer und Übungsleiter wirkt ein Fußball-Lehrer als Beisitzer mit, der vom Vorsitzenden an Stelle eines anderen Beisitzers in das Bundesgericht berufen wird. Die Auswahl erfolgt unter zwei Fußball-Lehrern, die der Bund Deutscher Fußball-Lehrer dem Bundestag benennt, und die dessen Bestätigung bedürfen.

3. In Verfahren gegen Lizenzspieler wirkt ein Lizenzspieler als Beisitzer mit, der vom Vorsitzenden an Stelle eines anderen Beisitzers in das Bundesgericht berufen wird. Die Auswahl erfolgt unter acht Lizenzspielern, die der Vorstand auf Vorschlag des Bundesliga-Ausschusses dem Bundestag benennt, und die dessen Bestätigung bedürfen.

### *Sportgericht*

### § 39

Für die Zusammensetzung des Sportgerichts gilt § 38 entsprechend.

### *Zuständigkeit der Rechtsorgane*

### § 40

1. Die Rechtsorgane des DFB bestrafen Verstöße gegen das DFB-Recht und entscheiden über Streitigkeiten nach dem DFB-Recht, soweit die Entscheidung nicht ausdrücklich einem anderen DFB-Organ vorbehalten ist.
2. Für die Entscheidung über einen Streit der Mitgliedsverbände innerhalb eines Regionalverbandes ist der DFB nicht zuständig. Die Regelung derartiger Streitigkeiten bleibt den Regionalverbänden vorbehalten.

### § 41

1. Das Sportgericht entscheidet als erste Instanz, soweit nicht die erstinstanzliche Zuständigkeit des Bundesgerichts begründet ist.
2. Dem Sportgericht obliegt insbesondere:
   a) die Rechtsprechung über Verstöße gegen die Vorschriften des Bundesliga- und Vertragsspielerstatuts,
   b) die Rechtsprechung bei sportlichen Vergehen in und im Zusammenhang mit Bundesspielen,
   c) die Entscheidung über Einsprüche gegen die Wertung von Bundesspielen,
   d) die Rechtsprechung in Verfahren gegen Fußball-Lehrer und Übungsleiter gemäß den Bestimmungen der Trainingsordnung,
   e) die Rechtsprechung in Verfahren gegen Schiedsrichter gemäß den Bestimmungen der Schiedsrichterordnung,
   f) die Beschlußfassung nach § 32 Nr. 4.

### § 42

Das Bundesgericht ist zuständig zur Entscheidung

1. als Rechtsmittelinstanz
   a) gegen Entscheidungen des Sportgerichts,
   b) gegen Entscheidungen der obersten Rechtsorgane der Mitgliedsverbände, soweit eine Entscheidung für nachprüfbar erklärt worden ist und die Verletzung von DFB-Recht behauptet wird,
2. gemäß den besonderen Bestimmungen in der Satzung und den Ordnungen des DFB,
3. in erster und letzter Instanz
   a) über einen Sachverhalt, der ihm erst in einem vor dem Bundesgericht anhängigen Verfahren bekannt geworden ist und mit diesem Verfahren im Zusammenhang steht. In diesem Falle kann das Verfahren an das sonst zuständige Rechtsorgan abgegeben werden,
   b) über die Rechtmäßigkeit der Entscheidung eines Verwaltungsorgans des DFB,
   c) über die Zuständigkeit eines DFB-Organs in Zweifelsfällen.

### *Strafarten*

### § 43

1. Als Strafen sind zulässig:
   a) Verwarnung,
   b) Verweis,
   c) Geldstrafe,
   d) Verhängung eines Platzverbotes für einzelne Personen,
   e) Aberkennung der Fähigkeit, auf Zeit oder Dauer ein Amt im Verein, Verband oder DFB zu bekleiden,
   f) Sperre auf Zeit oder auf Dauer,
   g) Ausschluß auf Zeit oder auf Dauer,
   h) Entzug der Zulassung für Fußball-Lehrer und Übungsleiter auf Zeit oder Dauer,
   i) Platzsperre,
   k) Aberkennung von Punkten,
   l) Versetzung in eine tiefere Spielklasse.
2. Die Strafen können auch nebeneinander verhängt werden. Außerdem sind erzieherische Maßnahmen zulässig (z. B. Auflagen und Bußen).

### *Ehrengericht*

### § 44

1. Wird die persönlich-sportliche Ehre eines Mitgliedes eines DFB-Organs durch ein anderes oder ein Mitglied eines Verbandsorgans angegriffen, so kann der Betroffene an Stelle der Rechtsorgane ein Ehrengericht anrufen. Das gleiche gilt, wenn die persönlich-sportliche Ehre eines Mitgliedes eines Verbandsorgans durch ein Mitglied eines DFB-Organs angegriffen wird.
2. Das Ehrengericht besteht aus drei Mitgliedern. Der Betroffene und der Beschuldigte benennen innerhalb einer Frist von zwei Wochen je einen Ehrenrichter, die sich auf einen Vorsitzenden einigen müssen. Kommt eine Einigung innerhalb einer weiteren Frist von zwei Wochen nicht zustande, so benennt diesen der Präsident des DFB, im Falle dessen Verhinderung der Vorsitzende des Bundesgerichts.
   Hat der Beschuldigte einen Ehrenrichter nicht fristgerecht benannt, so benennt auch diesen der Präsident des DFB bzw. der Vorsitzende des Bundesgerichts.
3. Die Anrufung des Ehrengerichts ist durch Mitteilung an den Präsidenten des DFB einzuleiten.
4. Hat der Betroffene ein Ehrengericht angerufen, so entfällt ein Verfahren gegen den Beschuldigten in gleicher Sache vor den Rechtsorganen des DFB. Hat der Betroffene ein Verfahren gegen den Beschuldigten beim Sportgericht eingeleitet, so kann er vom Sportgericht auf den Weg der Ehrengerichtsbarkeit verwiesen werden, wenn das Interesse des DFB die Durchführung eines solchen Verfahrens nicht geboten erscheinen läßt.
5. Hat der Vorstand des DFB oder eines Mitgliedsverbandes ein solches Verfahren bei dem Sportgericht eingeleitet, so entfällt ein vom Betroffenen beantragtes oder bereits eingeleitetes Ehrengerichtsverfahren.

## Ausschüsse

### *Spielausschuß*

### § 45

1. Der Spielausschuß hat die Leitung aller DFB-Spiele nach den Bestimmungen der DFB-Spielordnung und des Bundesliga-Statuts.
2. Der Spielausschuß schlägt dem Präsidium Ort und Termin der Länderspiele und der Meisterschafts- und Pokalendspiele vor.
3. Der Spielausschuß wirkt bei der Auswahl der für die Leitung internationaler Spiele geeigneten Schiedsrichter des DFB mit.
4. Der Spielausschuß legt in Zusammenarbeit mit dem Schiedsrichterausschuß den deutschen Text der international verbindlichen Spielregeln und deren Auslegung fest.

### *Jugendausschuß*

### § 46

1. Der Jugendausschuß hat die Aufgabe, die Fußballjugend sportlich zu fördern und die jugendlichen Spieler zur Disziplin, zur Ritterlichkeit und Kameradschaft zu erziehen. Er soll durch seine Arbeit erreichen, daß die Allgemeinheit, alle amtlichen Stellen und die Erziehungsberechtigten Verständnis für diese Arbeit aufbringen und sie unterstützen.
2. Dem Jugendausschuß obliegt die Leitung aller Jugendangelegenheiten gemäß der Jugendordnung. Er führt jährlich eine Jugendtagung durch.
3. In Fragen der Zusammenarbeit mit den Schulen und Schulbehörden ist dem Jugendausschuß ein Schulfußballausschuß angegliedert.
4. Zum Zwecke der Förderung der Zusammenarbeit mit den Jugendausschüssen der Landesverbände hat der DFB-Jugendausschuß jährlich mindestens einmal den Jugend-Beirat einzuberufen.

### *Sozialausschuß*

### § 47

Dem Sozialausschuß obliegt die Verwaltung des vom DFB geschaffenen Sozialwerkes zur Hilfeleistung und Unterstützung von Personen im Rahmen einer vom Vorstand zu genehmigenden Geschäftsordnung. Er hat ferner die Vereine und Verbände bei der sozialen Sicherstellung ihrer Mitglieder zu beraten und gegebenenfalls mit den Trägern der Sozialversicherung zu verhandeln.

### *Kontrollausschuß*

### § 48

1. Der Kontrollausschuß ist dazu berufen, die Einhaltung der Vorschriften des Bundesliga-, Vertragsspieler- und Amateur-Statuts sowie der Trainerordnung zu überwachen und bei Verstößen nach Durchführung einer Voruntersuchung Anklage bei den zuständigen Rechtsorganen des DFB und der Mitgliedsverbände zu erheben. Er kann auch Unsportlichkeiten verfolgen, die im Zusammenhang mit Bundesspielen begangen werden. Der Kontrollausschuß ist berechtigt, im Rahmen seiner Zuständigkeit gegen die Entscheidungen der Rechtsorgane Rechtsmittel einzulegen.
2. Dem Kontrollausschuß obliegt die Durchführung der ihm durch das Vertragsspieler- und Bundesliga-Statut sowie die Trainerordnung zugewiesenen besonderen Aufgaben.

*Vertragsligaausschuß*

§ 49

Der Vertragsligaausschuß hat die Interessen der Vereine mit Vertragsspielermannschaften unter Berücksichtigung der Gesamtinteressen des DFB zu vertreten.

*Bundesligaausschuß*

§ 50

Der Bundesligaausschuß hat die Interessen der Bundesliga-Vereine und -Spieler unter Berücksichtigung der Gesamtinteressen des DFB zu vertreten. Seine besonderen Aufgaben ergeben sich aus dem Bundesliga-Statut.

*Presse- und Werbeausschuß*

§ 51

Der Presse- und Werbeausschuß hat die Aufgabe, die Öffentlichkeit über die Probleme und Ziele des Fußballsports aufzuklären. Zur Erreichung dieses Zweckes soll er mit Presse, Rundfunk, Fernsehen und anderen öffentlichen und privaten Einrichtungen, die hierfür geeignet sind, zusammenarbeiten.

*Schiedsrichterausschuß*

§ 52

Der Schiedsrichterausschuß hat folgende Aufgaben zu erfüllen:

1. Das Schiedsrichterwesen im DFB nach den Bestimmungen der Schiedsrichterordnung einheitlich auszurichten,
2. die einheitliche Ausbildung der Schiedsrichter in den Mitgliedsverbänden zu fördern,
3. Lehrgänge für die zur Leitung von Bundesspielen berufenen Schiedsrichter durchzuführen,
4. über die Aufnahme von Schiedsrichtern in die Bundesschiedsrichterliste und gegebenenfalls über deren Löschung zu entscheiden,
5. im Einvernehmen mit dem Spielausschuß dem Vorstand alljährlich eine Liste der für die Leitung internationaler Spiele geeigneten Schiedsrichter des DFB vorzulegen,
6. den Spielausschuß bei der Festlegung des deutschen Textes der international verbindlichen Spielregeln und deren Auslegung zu beraten,
7. Maßnahmen gegen Schiedsrichter zu ergreifen, die wegen der Leitung von Spielen erforderlich werden, mit der sie der DFB beauftragt hat.

*Zusammensetzung*

§ 53

1. Jeder Ausschuß besteht aus einem Vorsitzenden und fünf Mitgliedern. In der Regel sollen die Mitglieder je einem Regionalverband und dem VBB angehören.
2. Dem Jugendausschuß gehört zusätzlich der Vorsitzende des Schulfußballausschusses an.
3. Die Zusammensetzung des Bundesligaausschusses wird durch das Bundesligastatut geregelt.
4. Dem Presse- und Werbeausschuß gehört der Leiter der Pressestelle des DFB mit beratender Stimme an.
5. Die Mitglieder des Jugendausschusses und des Schulfußballausschusses werden vom Jugendtag des DFB gewählt und bedürfen der Bestätigung des Bundestages.

6. Für den Vertragsligaausschuß benennen die Regionalverbände und der VBB je ein Mitglied. Diese bedürfen der Bestätigung des Bundestages.
7. Für den Presse- und Werbeausschuß gilt Nr. 6 entsprechend.
8. Die Ausschußvorsitzenden werden in jedem Falle vom Bundestag gewählt.

### *Haftungsausschuß*

### § 54

Aus Entscheidungen der DFB-Organe können keine Ersatzansprüche hergeleitet werden.

## V. Auflösung

### § 55

1. Die Auflösung des DFB (§ 21 Nr. 2 m) darf nur auf Grund ordnungsgemäß bekanntgegebener Tagesordnung mit Dreiviertelmehrheit der abgegebenen Stimmen beschlossen werden. Diese Bestimmung kann nicht mit Hilfe des § 23 Nr. 2 geändert werden.
2. Ein Antrag auf Auflösung kann nicht als Dringlichkeitsantrag oder als Änderungs- oder Ergänzungsantrag zu einem anderen Antrag gestellt werden.
3. Bei Auflösung des DFB muß das Vermögen einer gemeinnützigen Organisation zufließen, die es unmittelbar für Zwecke der gemeinnützigen Jugendpflege zu verwenden hat.

## VI. Inkrafttreten

### § 56

Diese Satzung tritt mit Ausnahme der Bestimmungen über die Zusammensetzung des Vorstandes und der Ausschüsse mit der Eintragung in das Vereinsregister in Kraft. Gleichzeitig tritt die bisher gültige Satzung außer Kraft. Die Bestimmungen über die Zusammensetzung des Vorstandes und der Ausschüsse treten jedoch erst im Anschluß an die Abstimmung über die Entlastung dieser Organe auf dem der Eintragung folgenden Bundestag in Kraft. Bis zu den genannten Zeitpunkten bleiben die entsprechenden Bestimmungen der jetzt gültigen Satzung in Kraft.

# Rechts- und Verfahrensordnung des Deutschen Fußball-Bundes

*Grundregel*

§ 1

1. Der Deutsche Fußball-Bund, seine Mitgliedsverbände, ihre Mitgliedsvereine und die Einzelmitglieder und Spieler sorgen für Ordnung, Recht und Sauberkeit im Fußballsport.
2. Sportliche Vergehen, d. h. alle Formen unsportlichen Verhaltens aller in Nr. 1 genannten Angehörigen des DFB, werden geahndet.

*Rechtsorgane*

§ 2

1. Zur Erfüllung der in § 1 genannten Aufgaben sind das Sportgericht und das Bundesgericht berufen.
2. Die Rechtsorgane sind unabhängig. Ihre Mitglieder sind nur dem geschriebenen und ungeschriebenen Recht des Sports sowie ihrem Gewissen unterworfen.

*Zuständigkeit, Strafen*

§ 3

1. Die Zuständigkeiten und zulässigen Strafarten ergeben sich aus der Satzung des DFB.
2. Sperren, die gegen Spieler verhängt werden, erstrecken sich auf den Spielverkehr innerhalb des DFB und grundsätzlich auch auf den internationalen Spielverkehr. Der Spielausschuß des DFB kann jedoch gesperrte Spieler auf begründeten Antrag hin für die Mitwirkung in internationalen Wettbewerben freigeben, wenn die internationalen Wettbewerbsbestimmungen dies nicht verbieten.
3. Für Geldstrafen, die gegen Einzelmitglieder und Spieler verhängt werden, kann der Verein des Bestraften von dem entscheidenden Rechtsorgan in Anspruch genommen werden.

*Strafen gegen Vereine in einzelnen Fällen*

§ 4

1. Bei Bundesspielen gelten für Vereine unter anderem folgende Strafen:
   a) für Spielen ohne Genehmigung Geldstrafe bis zu DM 50 000,—
   b) für schuldhaft verspätetes Antreten oder schuldhaftes Nichtantreten zu einem Spiel Geldstrafe bis zu DM 10 000,—
   c) für nicht ordnungsgemäße Platzherrichtung und nicht ausreichenden Ordnungsdienst Geldstrafe bis zu DM 10 000,—
   d) für mangelnden Schutz des Schiedsrichters, der Linienrichter oder des Gegners Geldstrafe bis zu DM 10 000,—
   e) für schuldhaftes Herbeiführen eines Spielabbruchs Geldstrafe bis zu DM 10 000,—
   f) für Spielenlassen eines Spielers ohne Vorlage des Spielerpasses Geldstrafe bis zu DM 500,—
   g) für Spielenlassen eines nicht spielberechtigten Spielers Geldstrafe bis zu DM 5000,—

h) für nicht ordnungsgemäße Erfüllung von Auflagen Geldstrafe bis zu DM 500,—.

2. Bei Vergehen, die mit einer höheren Geldstrafe als DM 500,— bedroht sind, kann in schweren Fällen an Stelle oder neben der Geldstrafe eine Spiel- oder Platzsperre bis zu drei Monaten verhängt werden.

3. Die Strafbestimmungen der Nr. 1 finden sinngemäße Anwendung auch auf Mitgliedsverbände, die mit ihren Mannschaften an Bundesspielen teilnehmen.

*Strafen gegen Spieler in einzelnen Fällen*

§ 5

1. Bei Bundesspielen gelten für Spieler unter anderem folgende Strafen:
   a) für unsportliches Verhalten während des Spiels oder im Zusammenhang mit diesem Sperre von zwei bis acht Wochen; für unsportliches Verhalten außerhalb der Spielzeit kann anstatt einer Sperrstrafe auf Verwarnung, Verweis oder Geldstrafe erkannt werden,
   b) für rohes Spiel gegen den Gegner mindestens vier Wochen Sperre,
   c) für Tätlichkeiten gegen Gegner oder Zuschauer mindestens acht Wochen Sperre,
   d) für Tätlichkeiten gegen Schiedsrichter oder Linienrichter mindestens sechs Monate Sperre,
   e) für Beleidigung oder Bedrohung des Schiedsrichters oder der Linienrichter mindestens zwei Wochen Sperre, in leichteren Fällen Geldstrafe bis zu 1000,— DM,
   f) für Nichtbefolgung der Anordnungen des Schiedsrichters zwei Wochen bis sechs Monate Sperre,
   g) für schuldhaftes Herbeiführen eines Spielabbruches acht Wochen bis sechs Monate Sperre,
   h) für Spielen ohne Spielberechtigung mindestens vier Wochen Sperre,
   i) für Spielen für einen Nicht-Verbandsverein ohne besondere Genehmigung zwei Wochen bis sechs Monate Sperre.

2. An Stelle der in Nr. 1 genannten Strafen kann auch auf Sperre für eine bestimmte Anzahl von Pflichtspielen erkannt werden. Die Sperre für ein Pflichtspiel entspricht einer Zeitstrafe von einer Woche. Während des Laufes dieser Sperrstrafe ist der Spieler auch für jeden anderen Spielverkehr gesperrt.

3. In schweren Fällen kann neben der Sperre auch Entziehung der Lizenz beantragt werden.

*Verjährung*

§ 6

1. Verstöße im Zusammenhang mit Spielen verjähren in vier Monaten. Verstöße anderer Art verjähren in zwei Jahren.
   Die Einleitung eines Verfahrens unterbricht die Verjährung. Maßgeblich ist der Zeitpunkt des Eingangs einer Einleitungsschrift bei der Geschäftsstelle oder einem Organ des DFB.

2. Entzieht sich ein Betroffener durch Austritt einem Strafverfahren, so wird dieses nach Erwerb einer neuen Mitgliedschaft eingeleitet oder fortgesetzt.
   Der Austritt unterbricht die Verjährung bis zu diesem Zeitpunkt.

### *Einleitung von Verfahren*

### § 7

1. Verfahren können nur schriftlich eingeleitet werden. Die Einleitung geschieht insbesondere durch:
   a) Anklage des Kontrollausschusses bei Verstößen gegen das Bundesliga- und Vertragsspielerstatut und die Trainerordnung,
   b) Anklage des Kontrollausschusses oder eines Mitgliedsverbandes bei Vergehen gegen das Amateurstatut,
   c) Anrufung des Sportgerichts durch den Kontrollausschuß wegen der Vorfälle, die sich im Zusammenhang mit Bundesspielen ereignet haben,
   d) Anzeigen von Verstößen gegen Satzung und Ordnungen des DFB sowie wegen unsportlichen oder sportschädigenden Verhaltens der Spieler oder anderer Personen, auf die das DFB- und Bundesrecht Anwendung findet,
   e) Einsprüche von Vereinen oder Mitgliedsverbänden gegen die Wertung eines Bundesspieles, die sich auf die Spielberechtigung eines Spielers, auf einen entscheidenden Regelverstoß des Schiedsrichters oder auf besondere das Spiel beeinflussende Vorfälle stützen.
2. In allen Fällen sind die Schriftsätze in dreifacher Ausfertigung bei der DFB-Geschäftsstelle einzureichen.

### *Benachrichtigung der Betroffenen*

### § 8

Von der Einleitung eines Verfahrens sind die Betroffenen unter Darlegung des Vorwurfs und Aufforderung zur Stellungnahme mit Fristsetzung unverzüglich zu benachrichtigen. Die Benachrichtigung und Aufforderung erfolgt durch das einleitende, bei Anzeigen Dritter durch das für die Sachbearbeitung zuständige Organ des DFB. Nach Feldverweisen können Benachrichtigung und Aufforderung unterbleiben. Soweit Verfahren gegen Angehörige der Organe des DFB oder der Mitgliedsverbände anhängig gemacht werden, sind auch die betreffenden Vorstände unverzüglich zu benachrichtigen.

### *Befangenheit von Richtern*

### § 9

1. Ein Mitglied eines Rechtsorgans darf in einem Verfahren nicht mitwirken, an dem es selbst oder sein Verein unmittelbar beteiligt oder interessiert ist, oder wenn es sich für befangen hält und das Rechtsorgan ohne Beteiligung des betreffenden Mitglieds entsprechend beschließt.
2. Über Ablehnungen entscheidet das Rechtsorgan gleichermaßen.

### *Verfahrensvorschriften*

### § 10

Für die Verhandlung und Entscheidung durch die DFB-Rechtsorgane gelten folgende Bestimmungen:

1. Entscheidungen ergehen mit Ausnahme solcher über Fristversäumnisse auf Grund mündlicher Verhandlung; jedoch kann mit Einverständnis der Parteien auch im schriftlichen Verfahren entschieden werden. Schriftliches Verfahren kann vom Vorsitzenden angeordnet werden, wenn bei unstreitigem Sachverhalt lediglich über Rechtsfragen zu entscheiden ist.

2. Bleibt eine Partei zur mündlichen Verhandlung trotz ordnungsgemäßer Ladung aus, so kann ohne sie verhandelt und entschieden werden. Die Verkündung des Urteils ist in diesem Falle auszusetzen. Der dann anzusetzende Verkündungstermin ist der säumigen Partei durch eingeschriebenen Brief mitzuteilen. Die Verkündung erfolgt nicht, wenn innerhalb einer Woche nach Zustellung des Briefes die ausgebliebene Partei die Schuldlosigkeit an ihrem Ausbleiben nachweist und daraufhin auf ihren Antrag erneut mündliche Verhandlung angeordnet wird. Über den Nachweis der Schuldlosigkeit entscheidet der Vorsitzende.

3. Der Vorsitzende bestimmt den Termin zur mündlichen Verhandlung und verfügt die Ladungen. Zu laden sind neben den Parteien, Zeugen und Sachverständigen im Falle des § 8 Satz 2 auch die betreffenden Vorstände. Ladungen erfolgen durch eingeschriebenen Brief; sie sollen dem zu Ladenden eine Woche vor der Verhandlung zur Kenntnis gelangen.

4. Die Verhandlungen der Rechtsorgane sind öffentlich für Zuhörer, die den Vereinen der Mitgliedsverbände des DFB angehören. Presse und Rundfunk können zugelassen werden. In Ausnahmefällen kann die Öffentlichkeit durch Beschluß des Rechtsorgans ausgeschlossen werden.

5. Für eine Partei sind höchstens zwei Vertreter zugelassen. Vertreter können nur Mitglieder von Vereinen eines Mitgliedsverbandes sein. Dies gilt nicht für Lizenzspieler. Für die Vertretung ist schriftliche Vollmacht erforderlich.

6. Der Vorsitzende leitet die Verhandlung. Er gibt nach der Eröffnung die Besetzung des Gerichts bekannt und stellt die Anwesenheit fest. Er ermahnt die Zeugen zur Wahrheit und entläßt sie bis zu ihrer Vernehmung aus dem Verhandlungsraum. Er vernimmt anschließend die Parteien und Zeugen. Die Beisitzer und Parteien können Fragen stellen, ebenso Personen, die auf Antrag als Verhandlungsteilnehmer zugelassen sind. Fragen von Personen, die nicht dem Gericht angehören, kann das Gericht für unzulässig erklären. Nach Beendigung der Beweisaufnahme erhalten die Beschuldigten und Parteien das Schlußwort. Über die Verhandlung wird ein Protokoll geführt.

7. Die Urteilsberatung ist geheim und unterliegt der Verschwiegenheitspflicht. An der Beratung dürfen nur die in dem Einzelfall beschließenden Mitglieder des Rechtsorgans teilnehmen. Stimmenthaltung ist unzulässig. Bei Stimmengleichheit gibt die Stimme des Vorsitzenden den Ausschlag. Bei Abstimmungen über Schuld- und Straffragen ist jedoch eine Mehrheit erforderlich.

   In Verfahren, in denen sowohl gegen Vereine und Vereinsmitglieder als auch gegen Lizenzspieler und Trainer verhandelt wird und daher die Besetzung der Rechtsorgane nach den entsprechenden Satzungsbestimmungen unterschiedlich sein muß, gilt das Beratungsgeheimnis als gewahrt, wenn alle beteiligten Mitglieder der Rechtsorgane miteinander beraten und bei den zu treffenden Entscheidungen anwesend sind.

8. Das Urteil ist außer im Falle von Nr. 2, Satz 2 im Anschluß an die Urteilsberatung vom Vorsitzenden zu verkünden und kurz zu begründen. Außerdem wird es mit der Begründung zugestellt, sofern die Parteien hierauf nicht verzichten. Das Urteil wird in den Amtlichen Mitteilungen des DFB und den amtlichen Organen der Mitgliedsverbände veröffentlicht, soweit es sich um Verfahrensgegenstände aus ihrem Bereich handelt. Die Verkündung entfällt, wenn die Beratung nicht in angemessener Zeit nach Schluß

der Verhandlung beendet werden kann oder andere wichtige Gründe dies angezeigt erscheinen lassen; in diesem Fall ist das Urteil zuzustellen.

9. Entscheidungen, die dem Urteil vorausgehen, erfolgen durch Beschluß, der nicht selbständig angefochten werden kann.

*Sitzungsordnung*

§ 11

Zur Aufrechterhaltung der Ordnung bei mündlichen Verhandlungen und im Schriftverkehr können vom Vorsitzenden Ordnungsstrafen verhängt werden. Diese können in Verwarnungen, Verweisen, Geldstrafen oder Ausschluß vom Schriftverkehr oder von einer mündlichen Verhandlung bestehen. Beschwerden hiergegen sind nicht zulässig.

*Einstweilige Verfügungen*

§ 12

Der Vorsitzende eines Rechtsorgans ist berechtigt, im Rahmen der Zuständigkeit seines Organs schriftlich begründete einstweilige Verfügungen zu erlassen, soweit dies zur Aufrechterhaltung eines geordneten Rechtswesens oder der sportlichen Disziplin notwendig erscheint. Sie können ohne mündliche Verhandlung ergehen. Gegen die einstweilige Verfügung ist innerhalb einer Frist von einer Woche Widerspruch zulässig, über den das jeweilige Rechtsorgan im ordentlichen Verfahren entscheidet. Der Widerspruch hat keine aufschiebende Wirkung.

*Eidesstattliche und ehrenwörtliche Erklärungen*

§ 13

Eidesstattliche und ehrenwörtliche Erklärungen sind als Beweismittel unzulässig.

*Rechtsmittelbelehrung*

§ 14

Jede Entscheidung eines Rechtsorgans muß eine Rechtsmittelbelehrung oder den Hinweis enthalten, daß ein Rechtsmittel nicht zulässig ist. In der Rechtsmittelbelehrung sind die Art des Rechtsmittels, die Rechtsmittelfrist und die Stelle für die Einreichung des Rechtsmittels anzugeben. Bei fehlender oder unvollständiger Belehrung wird die Entscheidung erst nach Ablauf von drei Monaten ab Verkündung oder mangels Verkündung ab Zustellung unanfechtbar.

*Berufung*

§ 15

1. Gegen die Urteile des Sportgerichts ist die Berufung zum Bundesgericht zulässig.
2. Die Berufung ist bei Sperrstrafen von zwei Wochen oder zwei Pflichtspielen, Verwarnungen, Verweisen sowie bei Geldstrafen bis zu DM 200,– gegen Einzelpersonen und bis zu DM 1000,– gegen Vereine ausgeschlossen; dies gilt nicht, wenn die Entscheidung durch die Vorinstanz für berufungsfähig erklärt ist.

*Einlegung der Berufung*

§ 16

1. Die Berufung ist innerhalb einer Woche nach Verkündung oder mangels Verkündung nach Zustellung des angefochtenen Urteils schriftlich beim Bundesgericht einzulegen. Sie ist spätestens innerhalb von zwei Wochen nach Zustellung der schriftlichen Urteilsbegründung schriftlich zu begründen. Der

Vorsitzende kann auf Antrag für die Begründung eine weitere Frist von zwei Wochen einräumen. In dringenden Fällen kann die Vorinstanz die Berufungsfrist auf 24 Stunden abkürzen. Die Berufungsbegründung ist dreifach einzureichen.

2. Die Rechtsmittelfristen sind gewahrt, wenn die Schriftsätze am letzten Tag der Frist abgesandt werden und die Absendung durch Poststempel nachgewiesen wird.
3. Versäumnis der Frist zur Einlegung oder zur Begründung des Rechtsmittels hat dessen Verwerfung zur Folge. Bei Fristversäumnis kann jedoch Wiedereinsetzung in den vorherigen Stand gewährt werden, wenn der Betroffene nachweist, daß das Versäumnis durch außerhalb seines Willens liegende Umstände verursacht worden ist.

§ 17

1. Zur Einlegung der Berufung sind die Betroffenen und die am Verfahren beteiligten DFB-Organe berechtigt. Sonderbestimmungen bleiben unberührt.
2. Das Recht zur Berufung haben auch zunächst nicht am Verfahren beteiligte Mitgliedsverbände, ihre Vereine sowie deren Einzelmitglieder und Spieler, die ein unmittelbares berechtigtes Interesse an der Entscheidung nachweisen.

§ 18

Die Berufung kann sich auch gegen einzelne Teile des Urteils oder nur gegen das Strafmaß richten, jedoch nicht allein gegen die Kosten- und Gebührenentscheidung. Einer Nachprüfung unterliegt das Urteil nur insoweit, als es angefochten ist.

*Rückverweisung an die Vorinstanz*

§ 19

Das Bundesgericht kann bei Verfahrensmängeln die Sache an die Vorinstanz zurückverweisen.

*Verbot der Schlechterstellung*

§ 20

Legt ein von einem Urteil Betroffener Berufung ein, so kann das Berufungsgericht auf seine Berufung hin weder eine höhere Strafe aussprechen noch eine Entscheidung fällen, die dem Berufungskläger Nachteile gegenüber der angefochtenen Entscheidung bringen würde.

*Wirkung der Einlegung eines Rechtsmittels*

§ 21

1. Die rechtzeitige Einleitung eines Berufungsverfahrens hindert die Vollziehung der vorinstanzlichen Entscheidung, es sei denn, die Vorinstanz hat die sofortige Wirksamkeit ihrer Entscheidung ausdrücklich angeordnet.
2. Sperrstrafen, die das Sportgericht gemäß § 5 verhängt hat, unterliegen ohne besondere Anordnung der sofortigen Vollziehung.

*Beschwerde*

§ 22

1. Gegen Beschlüsse des Sportgerichts, die über sein Verfahren abschließend entscheiden, ist die Beschwerde beim Bundesgericht zulässig.
2. Für Beschwerden, über die das Bundesgericht zu entscheiden hat, gelten die Bestimmungen über die Berufung entsprechend, soweit nicht im Einzelfall etwas anderes bestimmt ist.

3. Die verfahrensmäßige Behandlung anderer in der Satzung und den Ordnungen vorgesehener Beschwerden richtet sich gleichermaßen nach den Bestimmungen über die Berufung.

## *Wiederaufnahme von Verfahren*

### § 23

1. Ein Rechtsorgan kann ein von ihm durchgeführtes und durch rechtskräftige Entscheidung abgeschlossenes Verfahren wiederaufnehmen, wenn neue, bisher unbekannte Tatsachen und Beweismittel vorgebracht oder bei Offizialverfahren dem Rechtsorgan bekannt werden. Ein Antrag auf Wiederaufnahme des Verfahrens kann von einer Partei, einem Bestraften oder einem an dem Verfahren beteiligten DFB-Organ gestellt werden. Über den Antrag entscheidet das Rechtsorgan, das über den Fall rechtskräftig entschieden hat, durch Beschluß.
2. Der Antrag kann nur innerhalb von zwei Wochen nach Kenntnis der Wiederaufnahmegründe, höchstens jedoch zwei Jahre nach Rechtskraft der betreffenden Entscheidung gestellt werden.

## *Vorsitzender*

### § 23 a)

Vorsitzender im Sinne dieser Ordnung ist der Vorsitzende des zuständigen Rechtsorgans, im Falle seiner Verhinderung der stellvertretende Vorsitzende. Sind beide an der Wahrnehmung ihrer Aufgaben nach dieser Ordnung verhindert, so bestimmt der Vorsitzende bzw. der stellvertretende Vorsitzende ein anderes Mitglied seines Rechtsorgans zur Wahrnehmung dieser Aufgaben.

## *Gebühren und Kosten*

### § 24

Jede Entscheidung, die eine Instanz abschließt, muß einen Ausspruch über die Kosten enthalten und, wenn Gebühren zu erheben waren, auch hierüber.

## *Gebühren*

### § 25

1. Wird ein Verfahren in erster oder zweiter Instanz vor den Rechtsorganen anhängig gemacht, so sind an den DFB Gebühren zu zahlen. Der Zahlungsnachweis ist innerhalb einer Frist von drei Wochen zu führen. Erfolgt die Zahlung nicht innerhalb dieser Frist und einer vom Vorsitzenden zu bestimmenden Nachfrist, so wird das erstinstanzliche Verfahren durch unanfechtbaren Beschluß eingestellt oder das Rechtsmittel verworfen. Organe des DFB sind von der Gebührenpflicht befreit.
2. Die Gebühren betragen:
   a) für Verfahren vor dem Sportgericht DM 300,–
   b) für Verfahren vor dem Bundesgericht DM 500,–.
3. Unterliegt die gebührenpflichtige Partei, so sind die Gebühren verfallen; obsiegt sie ganz oder teilweise, so sind die Gebühren entsprechend zu erstatten. Eine Verrechnung mit den Kosten findet nicht statt.

### *Kosten*

### § 26

1. Die Kosten eines Verfahrens trägt in der Regel die bestrafte oder unterliegende Partei. Die Rechtsorgane können nach ihrem Ermessen eine andere Kostenentscheidung fällen. § 3 Nr. 3 gilt sinngemäß.
2. Ist ein Verfahren von einer DFB- oder Verbandsinstanz eingeleitet, so trägt im Falle der Einstellung oder des Freispruchs der DFB bzw. der Verband die Kosten.

### § 27

1. Geladene Zeugen, Sachverständige und ein Vertreter jeder Partei haben Anspruch auf Kostenerstattung für Fahrt und andere Auslagen.
2. Verdienstausfall wird nur bei Vorlage einer Ausfallbescheinigung des Arbeitgebers bis zum Höchstsatz von DM 40,– pro Tag vergütet.

### *Vollziehung von Entscheidungen*

### § 28

1. Entscheidungen der Rechtsorgane werden von den Verwaltungsorganen vollzogen. § 6 Nr. 2 gilt entsprechend, wenn der Betroffene nicht zivilrechtlich in Anspruch genommen wird.
2. Entscheidungen der Rechtsorgane des Deutschen Fußball-Bundes und seiner Mitgliedsverbände sind für letztere und deren Mitgliedsvereine verbindlich.

### *Zeitpunkt der Wirksamkeit*

### § 29

Der Tag des Inkrafttretens dieser Rechts- und Verfahrensordnung wird vom Vorstand des DFB in den Amtlichen Mitteilungen des DFB bekanntgegeben. Mit diesem Tag tritt die bisher geltende Rechtsordnung außer Kraft.

## FIS-Regeln für den Skilauf

Das Skifahren bringt wie jeder Sport für den Ausübenden Risiken, aber auch Verantwortung zivilrechtlicher und strafrechtlicher Art mit sich.

1. Rücksichtnahme auf die anderen
   Jeder Skifahrer muß sich so verhalten, daß er keinen anderen gefährdet oder schädigt.
2. Beherrschung der Geschwindigkeit und der Fahrweise
   Jeder Skifahrer muß seine Geschwindigkeit und seine Fahrweise seinem Können und den Gelände- und Witterungsverhältnissen anpassen.
3. Wahl der Fahrspur
   Der von hinten kommende Skifahrer muß seine Fahrspur so wählen, daß er vor ihm fahrende Skifahrer nicht gefährdet.
4. Überholen
   Überholt werden darf von oben oder unten, von rechts oder von links, aber immer nur in einem Abstand, der dem überholten Skifahrer für alle seine Bewegungen genügend Raum läßt.
5. Pflichten des unteren und des querenden Skifahrers
   Jeder Skifahrer, der in eine Abfahrtsstrecke einfahren oder ein Skigelände queren (traversieren) will, muß sich nach oben und unten vergewissern, daß er dies ohne Gefahr für sich und andere tun kann. Dasselbe gilt nach jedem Anhalten.
6. Verweilen auf der Abfahrt
   Jeder Skifahrer muß es vermeiden, sich ohne Not an engen oder unübersichtlichen Stellen einer Abfahrtsstrecke aufzuhalten. Ein gestürzter Skifahrer muß eine solche Stelle so schnell wie möglich freimachen.
7. Aufstieg
   Der aufsteigende Skifahrer darf nur den Rand einer Abfahrtsstrecke benutzen; er muß auch diesen bei schlechten Sichtverhältnissen verlassen. Dasselbe gilt für den Skifahrer, der zu Fuß absteigt.
8. Beachtung der Zeichen
   Jeder Skifahrer muß die Zeichen auf den Abfahrtsstrecken beachten.
9. Verhalten bei Unfällen
   Bei Unfällen ist jeder zur Hilfeleistung verpflichtet.
10. Ausweispflicht
    Jeder, ob Zeuge oder Beteiligter, ob verantwortlich oder nicht, muß im Falle eines Unfalls seine Personalien angeben.

Bei Fragen zur Produktsicherheit wenden Sie sich bitte an:
If you have any questions regarding product safety,
please contact:

Walter de Gruyter GmbH
Genthiner Straße 13
10785 Berlin
productsafety@degruyterbrill.com